THE

DE SENECTUTE, DE AMICITIA, PARADOXA, AND SOMNIUM SCIPIONIS

OF

CICERO,

AND

THE LIFE OF ATTICUS,

BY

CORNELIUS NEPOS,

WITH

ENGLISH NOTES, CRITICAL AND EXPLANATORY

BY CHARLES ANTHON, LL.D.,

PROFESSOR OF THE GREEK AND LATIN LANGUAGES IN COLUMBIA COLLEGE, NEW YORK, AND RECTOR OF THE GRAMMAR-SCHOOL.

NEW YORK:

HARPER & BROTHERS, PUBLISHERS,

FRANKLIN SQUARE.

1869.

TO

JOHN W. FRANCIS, M.D.,

PRESIDENT OF THE NEW YORK ACADEMY OF MEDICINE

IN WHOM

THE PROFOUND AND VARIED KNOWLEDGE OF THE ACCOMPLISHED PHYSICIAN IS SO HAPPILY BLENDED WITH HIGH ENDOWMENTS OF INTELLECT,

AND WHO,

AMID THE ARDUOUS DUTIES OF EXTENSIVE PROFESSIONAL AVOCATIONS, CAN STILL FIND LEISURE FOR THE SUCCESSFUL CULTIVATION OF GENERAL LITERATURE,

This Work is Dedicated,

BY HIS OLD AND SINCERE FRIEND.

PREFACE

The treatises of Cicero on Old Age and Friendship have long formed a favorite course of reading in many of our colleges, and are well deserving of such a distinction. They are here presented in a form which it is hoped, will render them still more attractive and useful than they have hitherto proved. To these two treatises are appended the Paradoxa and Somnium Scipionis of the same writer, and the life of Atticus by Cornelius Nepos; the whole forming a text-book for Latin recitations which, it is conceived, will be found well adapted for the younger classes in our collegiate institutions.

The notes have been prepared with a direct view to utility, and to the removing of those difficulties which so often embarrass and discourage the student, and drive him, in the absence of better aids, to the mischievous use of badly-executed translations. The success which has attended the editor's efforts in introducing this system of annotation on the ancient writers is extremely gratifying to him; nor less gratifying is the fact that many, who were loud in their opposition to extended commentaries, are now so convinced of the superior advantages of these as to have adopted them, in several instances, in their own works. It is to be hoped, for the sake of American scholarship, that the practice will become still more general.

The materials for the notes have been obtained from the best sources, among which the following may be named:

1. Ciceronis Opera, ed. Orelli; Turici, 1826, &c., 12 vols. 8vo.
2. Ciceronis Opera Philosophica, ed. Bouillet (Lemaire, Bibl Lat.); Paris, 1828, 6 vols. 8vo.
3. Ciceronis Cato Major, Laelius, Somnium Scipionis, et Paradoxa, cum commentariis Betuleii, Erasmi, &c.; Paris, 1556, 4to.
4. Ciceronis Cato Major, Laelius, et Paradoxa, ed. Wetzel; Lignit., 1808, 8vo.
5. Ciceronis Cato Major, et Paradoxa, ed. Gernhard; Lips., 1809, 8vo.
6. Ciceronis Laelius, ed. Gernhard; Lips., 1825, 8vo.
7. Cicero's Cato Major and Laelius, with notes by E. H. Barker Lond., 1826, 12mo.
8. Ciceronis Laelius, ed. Beier; Lips., 1828, 12mo.
9. Ciceronis Cato Major, Somnium Scipionis, Laelius, et Paradoxa, ex Græcis interpretationibus Gazæ, Planudis, &c., ed. Hess; Hal., 1833.
10. Ciceronis Cato Major et Laelius, ed. Madvig; Hauniæ, 1835.
11. Ciceronis Cato Major et Paradoxa, ed. Billerbeck; Hanov. 1837, 8vo.
12. Ciceronis Laelius, ed. Seyffert; Brandenb., 1844, 8vo.
13. Cicero de Senectute, from the text of Otto, with English Notes, Cambridge, 1840, 18mo.
14. Cicero de Republica, ed. Moser; Francof., 1826, 8vo.
15. Ciceronis Paradoxa, ed. Moser; Götting., 1846, 8vo.
16. Cornelii Nepotis Vitæ excellentium imperatorum, ed. Van Staveren; Lugd. Bat., 1734, 8vo.
17. Cornelii Nepotis Vitæ, &c., ed. Tzschucke; Lips., 1791, 18mo
18. Cornelii Nepotis Vitæ, &c., ed. Fischer; Lips., 1806, 8vo.
19. Cornelius Nepos, ed. Descuret (Lemaire, Bibl. Lat.); Paris 1820, 8vo.
20. Cornelius Nepos, ed. Bardili; Stutgard, 1820, 2 vols. 8vo.
21. Cornelii Nepotis quæ exstant, ed. Daehne; Lips., 1827, 18mo.
22. Cornelii Nepotis Vitæ, &c., ed. Hohler; Vienn., 1844.

---

23. Cicero's Essays on Old Age and Friendship, by Melmoth Lond., 1820, 8vo.
24. Cicero's Cato Major, with notes, by Benjamin Franklin, LL.D. Philadelph., 8vo.
25. La République de Ciceron, par M. Villemain; Bruxelles, 2 vols. 12mo.
26. Ciceron, Du Gouvernement, par M. Liez; Paris, 1835, 8vo.

It remains but to add that great care has been taken that the present work should be marred by no typographical errors, in striving to effect which the editor has, as usual, been greatly aided by the careful and accurate scholarship of his friend and colleague Professor Drisler.

Columbia College, Jan. 3, 1848

M TULLII CICERONIS

CATO MAJOR,

SIVE

DE SENECTUTE.

M. T. CICERONIS CATO MAJOR,

SIVE

DE SENECTUTE.

Ad TITUM POMPONIUM ATTICUM.

I. *O Tite, si quid ego adjuro, curamve levasso,*
Quæ nunc te coquit, et versat in pectore fixa,
Ecquid erit præmî?

Licet enim versibus eisdem mihi affari te, Attice, quibus affatur Flamininum,

Ille vir, haud magna cum re, sed plenu' fidei:

quamquam certo scio, non, ut Flamininum,

Sollicitari te, Tite, sic noctesque diesque.

Novi enim moderationem animi tui, et æquitatem: teque non cognomen solum Athenis deportasse, sed humanitatem et prudentiam intelligo. Et tamen te suspicor eisdem rebus, quibus me ipsum, interdum gravius commoveri, quarum consolatio et major est, et in aliud tempus differenda. Nunc autem visum est mihi de *senectute* aliquid ad te conscribere. 2. Hoc enim onere, quod mihi commune tecum est, aut jam urgentis, aut certe adventantis senectutis, et te et me ipsum levari volo: etsi te quidem id modice ac sapienter, sicut omnia, et ferre, et laturum esse certo scio. Sed mihi, cum de senectute vellem aliquid scribere, tu occurrebas dignus eo munere, quo uterque nostrum communiter uteretur. Mihi quidem ita jucunda hujus libri confectio fuit, ut non modo omnes absterserit senectutis molestias, sed effecerit mollem etiam et jucundam senectutem. Nunquam igitur satis laudari digne philosophia poterit, cui qui pareat, omne tempus ætatis sine molestia possit degere. 3. Sed de ceteris et diximus multa, et sæpe dicemus: hunc librum de senectute ad te misimus. Omnem autem sermonem tribuimus, non Tithono, ut Aristo Cius; (parum enim esset auctoritatis in fabula;) sed M. Catoni seni, quo majorem auctoritatem haberet oratio. Apud quem Lælium et Scipionem facimus admirantes, quod is tam facile senectutem ferat, iisque eum respondentem. Qui si eruditius videbitur disputare, quam consuevit ipse in suis libris, attribuito Græcis literis, quarum constat eum perstudiosum fuisse in senectute. Sed quid opus est plura? jam enim ipsius Catonis sermo explicabit nostram omnem de senectute sententiam.

II. 4. SCIPIO. Sæpenumero admirari soleo, cum hoc C. Lælio, tum ceterarum rerum tuam excellentem, M. Cato, perfectamque sapientiam, tum vel maxime, quod nunquam senectutem tibi gravem esse senserim, quæ plerisque senibus sic odiosa est, ut onus se Ætna gravius dicant sustinere.

CATO. Rem haud sane, Scipio et Læli, difficilem admirari videmini. Quibus enim nihil est in ipsis opis ad bene beateque vivendum, iis omnis ætas gravis est: qui autem omnia bona a se ipsis petunt, iis nihil potest malum videri, quod naturæ necessitas afferat. Quo in genere est in primis senectus, quam ut adipiscantur omnes optant, eandem accusant adeptam: tanta est stultitiæ inconstantia atque perversitas. Obrepere aiunt eam citius quam putavissent. Primum, quis coëgit eos falsum putare? quid enim? citius adolescentiæ senectus, quam pueritiæ adolescentia obrepit? Deinde, qui minus gravis esset iis senectus, si octingentesimum annum agerent, quam octogesimum? Præterita enim ætas, quamvis longa, cum effluxisset, nulla consolatione permulcere posset stultam senectutem. 5. Quocirca si sapientiam meam admirari soletis (quæ utinam digna esset opinione vestra, nostroque cognomine!) in hoc sumus sapientes, quod naturam optimam ducem, tamquam deum, sequimur, eique paremus: a qua non verisimile est, cum ceteræ partes ætatis bene discriptæ sint, extremum actum, tamquam ab inerti poëta, esse neglectum. Sed tamen necesse fuit esse aliquid extremum, et, tamquam in arborum baccis terræque frugibus, maturitate tempestiva quasi viëtum et caducum, quod ferendum est molliter sapienti. Quid est enim aliud gigantum modo bellare cum diis, nisi naturæ repugnare?

6. Lælius. Atqui, Cato, gratissimum nobis, ut etiam pro Scipione pollicear, feceris, si, quoniam speramus (volumus quidem certe) senes fieri, ante multo a te didicerimus, quibus facillime rationibus ingravescentem ætatem ferre possimus.

Cato. Faciam vero, Læli; præsertim si utrique vestrum, ut dicis, gratum futurum est.

Lælius. Volumus sane, nisi molestum est, Cato, tamquam longam aliquam viam confeceris, quam nobis quoque ingrediendum sit, istuc, quo pervenisti, videre, quale sit

III. 7. Cato. Faciam, ut potero, Læli. Sæpe enim interfui querelis meorum æqualium (pares autem, vetere proverbio, cum paribus facillime congregantur), quæ C. Salinator, quæ Sp. Albinus, homines consulares, nostri fere æquales, deplorare solebant: tum quod voluptatibus carerent, sine quibus vitam nullam putarent; tum quod spernerentur ab iis, a quibus essent coli soliti. Qui mihi non id videbantur accusare, quod esset accusandum. Nam, si id culpa senectutis accideret, eadem mihi usu venirent reliquisque omnibus majoribus natu; quorum ego multorum cognovi senectutem sine querela, qui se et libidinum vinculis laxatos esse non moleste ferrent, nec a suis despicerentur. Sed omnium istiusmodi querelarum in moribus est culpa, non in ætate. Moderati enim, et nec difficiles, nec inhumani senes, tolerabilem agunt senectutem: importunitas autem et inhumanitas omni ætati molesta est.

8. Lælius. Est, ut dicis, Cato; sed fortasse dixerit quispiam, tibi propter opes, et copias, et dignitatem tuam, tolerabiliorem senectutem videri: id autem non posse multis contingere.

Cato. Est istuc quidem, Læli, aliquid; sed nequaquam in isto omnia. Ut Themistocles fertur Seriphio cuidam in jurgio respondisse, cum ille dixisset, non eum sua, sed patriæ gloria splendorem assecutum: *Nec hercule*, inquit, *si ego Seriphius essem, nobilis; nec tu si Atheniensis esses, clarus unquam fuisses.* Quod eodem modo de senectute dici potest. Nec enim in summa inopia levis esse senectus potest, ne sapienti quidem: nec insipienti etiam in summa copia non gravis. 9. Aptissima omnino sunt, Scipio et Læli, arma senectutis, artes, exercitationesque virtutum; quæ in omni ætate cultæ, cum diu multumque vixeris, mirificos efferunt fructus, non solum quia nunquam deserunt, ne extremo quidem tempore ætatis (quamquam id maximum est), verum etiam quia conscientia bene actæ vitæ, multorumque benefactorum recordatio jucundissima est.

IV. 10. Ego Q. Maximum—eum, qui Tarentum recepit—adolescens ita dilexi senem, ut æqualem. Erat enim in illo viro comitate condita gravitas, nec senectus mores mutaverat: quamquam eum colere cœpi non admodum grandem natu, sed tamen jam ætate provectum. Anno enim post consul primum fuerat, quam ego natus sum; cumque eo quartum consule adolescentulus miles ad Capuam profectus sum, quintoque anno post ad Tarentum. Quæstor deinde quadriennio post factus sum, quem magistratum gessi, consulibus Tuditano et Cethego; cum quidem ille admodum senex, suasor legis Cinciæ de donis et muneribus fuit. Hic et bella gerebat, ut adolescens, cum plane grandis esset, et Hannibalem juveniliter exultantem patientia sua molliebat: de quo præclare familiaris noster Ennius,

Unus homo nobis cunctando restituit rem:
Non enim rumores ponebat ante salutem.
Ergo postque magisque viri nunc gloria claret.

11. Tarentum vero qua vigilantia, quo consilio recepit! um quidem, me audiente, Salinatori, qui, amisso oppido, fugerat in arcem, glorianti atque ita dicenti: *Mea opera, Q. Fabi, Tarentum recepisti: Certe,* inquit ridens: *nam, nisi tu amisisses, nunquam recepissem.* Nec vero in armis præstantior, quam in toga; qui consul iterum, Sp. Carvilio collega quiescente, C. Flaminio tribuno plebis, quoad potuit, restitit, agrum Picentem et Gallicum viritim contra senatus auctoritatem dividenti: augurque cum esset, dicere ausus est, *optimis auspiciis ea geri, quæ pro reipublicæ salute gererentur; quæ contra rempublicam ferrentur, contra auspicia ferri.* 12. Multa in eo viro præclara cognovi; sed nihil est admirabilius, quam quomodo ille mortem filii tulit, clari viri et consularis. Est in manibus laudatio: quam cum legimus, quem philosophum non contemnimus! Nec vero ille in luce modo, atque in oculis civium magnus; sed intus, domique præstantior. Qui sermo! quæ præcepta! quanta notitia antiquitatis! quæ scientia juris augurii! multæ etiam, ut in homine Romano, literæ. Omnia memoria tenebat, non domestica solum, sed etiam externa bella: cujus sermone ita tum cupide fruebar, quasi jam divinarem id, quod evenit, illo extincto, fore unde discerem neminem.

V. 13. Quorsum igitur hæc tam multa de Maximo? quia profecto videtis, nefas esse dictu, miseram fuisse talem senectutem. Nec tamen omnes possunt esse Scipiones, aut Maximi, ut urbium expugnationes, ut pedestres navalesve pugnas, ut bella a se gesta, ut triumphos recor dentur. Est etiam quiete, et pure, et eleganter actæ ætatis placida ac lenis senectus, qualem accepimus Platonis, qui uno et octogesimo anno scribens mortuus est; qualem Isocratis, qui eum librum, qui *Panathenaicus* inscribitur, quarto et nonagesimo anno scripsisse se dicit, vixitque quinquennium postea: cujus magister Leontinus Gorgias centum et septem complevit annos, neque unquam in suo studio atque opere cessavit. Qui, cum ex eo quæreretur, cur tamdiu vellet esse in vita: *Nihil habeo*, inquit, *quod accusem senectutem.* 14. Præclarum responsum, et docto homine dignum! Sua enim vitia insipientes, et suam culpam in senectutem conferunt; quod non faciebat is, cujus modo mentionem feci, Ennius,

Sicut fortis equus, spatio qui sæpe supremo
Vicit Olympia, nunc senio confectu' quiescit.

Equi fortis et victoris senectuti comparat suam: quem quidem probe meminisse potestis. Anno enim undevicesimo post ejus mortem hi consules, T. Flamininus et M'. Acilius, facti sunt: ille autem, Cæpione, et Philippo iterum, consulibus, mortuus est, cum ego quidem quinque et sexaginta annos natus, legem Voconiam magna voce, et bonis lateribus suasissem. Annos septuaginta natus (tot enim vixit Ennius) ita ferebat duo, quæ maxima putantur, onera, paupertatem et senectutem, ut eis pæne delectari videretur. 15. Etenim, cum contemplor animo, quatuor reperio causas, cur senectus misera videatur: unam, quod avocet a rebus gerendis; alteram, quod corpus faciat infirmius; tertiam, quod privet omnibus fere voluptatibus; quartam, quod haud procul absit a morte. Earum, si placet, causarum quanta, quamque sit justa unaquæque, videamus.

VI. A rebus gerendis senectus abstrahit.—Quibus? An iis, quæ juventute geruntur et viribus? Nullæne igitur res sunt seniles, quæ, vel infirmis corporibus, animo tamen administrentur? Nihil ergo agebat Q. Maximus? nihil L. Paulus, pater tuus, Scipio, socer optimi viri, filii mei? ceteri senes, Fabricii, Curii, Coruncanii, cum rempublicam consilio et auctoritate defendebant, nihil agebant? 16. Ad Appii Claudii senectutem accedebat etiam, ut cæcus esset: tamen is, cum sententia senatus inclinaret ad pacem cum Pyrrho fœdusque faciendum, non dubitavit dicere illa, quæ versibus persecutus est Ennius:

Quo vobis mentes, rectæ quæ stare solebant
Antehac, dementes sese flexere viai?

ceteraque gravissime: notum enim vobis carmen est; et tamen ipsius Appii extat oratio. Atque hæc ille egit septem et decem annis post alterum consulatum, cum inter duos consulatus anni decem interfuissent, censorque ante superiorem consulatum fuisset; ex quo intelligitur, Pyrrhi bello grandem sane fuisse; et tamen sic a patribus accepimus. 17. Nihil igitur afferunt, qui in re gerenda versari senectutem negant, similesque sunt, ut, si qui gubernatorem in navigando nihil agere dicant, cum alii malos scandant, alii per foros cursent, alii sentinam exhauriant, ille [autem] clavum tenens quietus sedeat in puppi. Non facit ea, quæ juvenes: at vero multo majora et meliora facit. Non viribus, aut velocitatibus, aut celeritate corporum res magnæ geruntur; sed consilio, auctoritate, sententia; quibus non modo non orbari, sed etiam augeri senectus solet. 18. Nisi forte ego vobis, qui et miles, et tribunus, et legatus, et consul versatus sum in vario genere bellorum, cessare nunc videor, cum bella non gero. At senatui, quæ sint gerenda, præscribo, et quomodo: Carthagini, male jam diu cogitanti, bellum multo ante denuntio; de qua vereri non ante desinam, quam illam excisam esse cognovero. 19. Quam palmam utinam dii immortales, Scipio, tibi reservent, ut avi reliquias persequare! cujus a morte tertius hic et tricesimus annus est: sed memoriam illius viri omnes excipient anni consequentes. Anno ante me censorem mortuus est, novem annis post meum consulatum, cum consul iterum, me consule, creatus esset. Num igitur, si ad centesimum annum vixisset, senectutis eum suæ pœniteret? nec enim excursione, nec saltu, nec eminus hastis, aut comminus gladiis uteretur; sed consilio, ratione, sententia. Quæ nisi essent in senibus, non summum consilium majores nostri appellassent *senatum.* 20. Apud Lacedæmonios quidem ii, qui amplissimum magistratum gerunt, ut sunt, sic etiam nominantur senes. Quod si legere, aut audire voletis externa, maximas respublicas ab adolescentibus labefactas, a senibus sustentatas et restitutas reperietis.

Cedo, quî vestram rempublicam tantam amisistis tam cito?
Sic enim percontantur, ut est in Nævii Ludo: respondentur et alia, et hoc in primis:

Proveniebant oratores novi, stulti, adolescentuli.

Temeritas est videlicet florentis ætatis, prudentia senescentis.

VII. 21. At memoria minuitur.—Credo, nisi eam exerceas, aut si sis natura tardior. Themistocles omnium civium perceperat nomina: num igitur censetis eum, cum ætate processisset, qui Aristides esset, Lysimachum salutare solitum? Equidem non modo eos novi, qui sunt; sed eorum patres etiam, et avos. Nec sepulcra legens vereor (quod aiunt), ne memoriam perdam: his enim ipsis legendis in memoriam redeo mortuorum. Nec vero quemquam senum audivi oblitum, quo loco thesaurum obruisset. Omnia, quæ curant, meminerunt: vadimonia constituta; qui sibi, cui ipsi debeant. 22. Quid jurisconsulti, quid pontifices, quid augures, quid philosophi senes? quam multa meminerunt! Manent ingenia senibus, modo permaneat studium et industria: nec ea solum in claris et honoratis viris, sed in vita etiam privata et quieta. Sophocles ad summam senectutem tragœdias fecit: quod propter studium, cum rem negligere familiarem videretur, a filiis in judicium vocatus est, ut, quemadmodum nostro more male rem gerentibus patribus bonis interdici solet; sic illum, quasi desipientem, a re familiari removerent judices. Tum senex dicitur eam fabulam, quam in manibus habebat, et proxime scripserat, *Œdipum Coloneum* recitasse judicibus, quæsisseque, num illud carmen desipientis videretur. Quo recitato, sententiis judicum est liberatus. 23. Num igitur hunc, num Homerum, num Hesiodum, num Simonidem, num Stesichorum, num, quos ante dixi, Isocratem, Gorgiam, num philosophorum principes, Pythagoram, Democritum, num Platonem, num Xenocratem, num postea Zenonem, Cleanthem, aut eum quem vos etiam Romæ vidistis, Diogenem Stoicum, coëgit in suis studiis obmutescere senectus? an in omnibus his studiorum agitatio vitæ æqualis fuit? 24. Age, ut ista divina studia omittamus, possum nominare ex agro Sabino rusticos Romanos, vicinos et familiares meos, quibus absentibus, nunquam fere ulla in agro majora opera fiunt, non serendis, non percipiendis, non condendis fructibus. Quamquam in aliis minus hoc mirum; nemo enim est tam senex, qui se annum non putet posse vivere: sed iidem in eis elaborant, quæ sciunt nihil ad se omnino pertinere.

Serit arbores, quæ seclo prosint alteri,

ut ait Statius noster in Synephebis. 25. Nec vero dubitet agricola, quamvis senex, quærenti, *cui serat*, respondere: *Diis immortalibus, qui me non accipere modo hæc a majoribus voluerunt, sed etiam posteris prodere.*

VIII. Melius Cæcilius *de sene alteri sæculo prospiciente*, quam illud idem:

Ædepol, senectus, si nil quidquam aliud vitî
Apportes tecum, cum advenis; unum id sat est,
Quod diu vivendo multa, quæ non vult, videt.

Et multa fortasse, quæ vult: atque in ea quidem, quæ non vult, sæpe etiam adolescentia incurrit. Illud vero idem Cæcilius vitiosius:

Tum equidem in senecta hoc deputo miserrimum,
Sentire ea ætate esse se odiosum alteri.

26. Jucundum potius, quam odiosum! Ut enim adolescentibus, bona indole præditis, sapientes senes delectantur, leviorque fit eorum senectus, qui a juventute coluntur et diliguntur: sic adolescentes senum præceptis gaudent, quibus ad virtutum studia ducuntur. Nec minus intelligo, me vobis, quam mihi vos esse jucundos. Sed videtis, ut senectus non modo languida atque iners non sit, verum etiam sit operosa et semper agens aliquid, et moliens; tale scilicet, quale cujusque studium in superiore vita fuit. Quid, qui etiam addiscunt aliquid? ut Solonem versibus gloriantem videmus, qui se quotidie aliquid addiscentem dicit senem fieri; ut ego feci, qui Græcas literas senex didici: quas quidem sic avide arripui, quasi diuturnam sitim explere cupiens, ut ea ipsa mihi nota essent, quibus me nunc exemplis uti videtis. Quod cum fecisse Socratem in fidibus audirem, vellem equidem etiam illud (discebant enim fidibus antiqui): sed in literis certe elaboravi.

IX. 27. Nec nunc quidem vires desidero adolescentis (is enim erat locus alter de vitiis senectutis), non plus, quam adolescens tauri, aut elephanti desiderabam. Quod est, eo decet uti, et, quidquid agas, agere pro viribus Quæ enim vox potest esse contemtior, quam Milonis Crotoniatæ? qui, cum jam senex esset, athletasque se in curriculo exercentes videret, adspexisse lacertos suos dicitur, illacrimansque dixisse, *At hi quidem mortui jam sunt.* Non vero tam isti, quam tu ipse nugator! Neque enim ex te unquam es nobilitatus, sed ex lateribus et lacertis tuis. Nihil Sex. Ælius tale, nihil multis annis ante Ti. oruncanius, nihil modo P. Crassus, a quibus jura civibus præscribebantur: quorum usque ad extremum spiritum est provecta prudentia. 28. Orator, metuo, ne languescat senectute: est enim munus ejus non ingenii solum, sed laterum etiam, et virium. Omnino canorum illud in voce splendescit etiam, nescio quo pacto, in senectute; quod equidem adhuc non amisi; et videtis annos. Sed tamen est decorus sermo senis quietus et remissus, facitque persæpe ipsa sibi audientiam diserti senis comta et mitis oratio. Quam si ipse exsequi nequeas, possis tamen Scipioni præcipere et Lælio. Quid enim jucundius senectute, stipata studiis juventutis? 29. An ne eas quidem vires senectuti relinquemus, ut adolescentulos doceat, instituat, ad omne officii munus instruat? quo quidem opere quid potest esse præclarius? Mihi vero Cn. et P. Scipiones, et avi tui duo, L. Æmilius et P. Africanus, comitatu nobilium juvenum fortunati videbantur: nec ulli bonarum artium magistri non beati putandi, quamvis consenuerint vires, atque defecerint. Etsi ista ipsa defectio virium adolescentiæ vitiis efficitur sæpius quam senectutis. Libidinosa enim, et intemperans adolescentia effœtum corpus tradit senectuti. 30. Cyrus quidem apud Xenophôntem eo sermone, quem moriens habuit, cum admodum senex esset, negat se unquam sensisse, senectutem suam imbecilliorem factam, quam adolescentia fuisset. Ego L. Metellum memini puer (qui cum quadriennio post alterum consulatum pontifex maximus factus esset, viginti et duos annos ei sacerdotio præfuit), ita bonis esse viribus extremo tempore ætatis, ut adolescentiam non requireret. Nihil necesse est mihi de me ipso dicere: quamquam est id quidem senile, ætatique nostræ conceditur.

31. Videtisne, ut apud Homerum sæpissime Nestor rtutibus suis prædicet? Tertiam enim jam ætatem hominum vivebat; nec erat ei verendum, ne, vera prædicans de se, nimis videretur aut insolens, aut loquax. Ete-

nim, ut ait Homerus, *ex ejus lingua melle dulcior fluebat oratio;* quam ad suavitatem nullis egebat corporis viribus; et tamen dux ille Græciæ nusquam optat, ut Ajacis similes habeat decem, at ut Nestoris; quod si acciderit, non dubitat, quin brevi sit Troja peritura. 32. Sed redeo ad me Quartum annum ago et octogesimum: vellem equidem idem posse gloriari, quod Cyrus; sed tamen hoc queo dicere, non me quidem iis esse viribus, quibus aut miles bello Punico, aut quæstor eodem bello, aut consul in Hispania fuerim, aut quadriennio post, cum tribunus militaris depugnavi apud Thermopylas, M'. Acilio Glabrione consule: sed tamen, ut vos videtis, non plane me enervavit, nec afflixit senectus: non curia vires meas desiderat, non rostra, non amici, non clientes, non hospites. Nec enim unquam sum assensus veteri illi laudatoque proverbio, quod monet, *mature fieri senem, si diu velis esse senex.* Ego vero me minus diu senem esse mallem, quam esse senem ante, quam essem. Itaque nemo adhuc convenire me voluit, cui fuerim occupatus. At minus habeo virium, quam vestrum utervis! 33. Ne vos quidem T. Pontii centurionis vires habetis: num idcirco est ille præstantior? moderatio modo virium adsit, et tantum, quantum potest quisque, nitatur; næ ille non magno desiderio tenebitur virium! Olympiæ per stadium ingressus esse Milo dicitur, cum humeris sustineret bovem vivum. Utrum igitur has corporis, an Pythagoræ tibi malis vires ingenii dari? Denique isto bono utare, dum adsit; cum absit, ne requiras: nisi forte adolescentes pueritiam, paulum ætate progressi adolescentiam debeant requirere. Cursus est certus ætatis, et una via naturæ, eaque simplex; suaque cuique parti ætatis tempestivitas est data; ut et infirmitas puerorum, et ferocitas juvenum, et gravitas jam constantis ætatis, et senectutis maturitas naturale quiddam habeat, quod suo tempore percipi debeat. 34. Audire te arbitror, Scipio, hospes tuus avitus Masinissa quæ faciat hodie, nonaginta annos natus: cum ingressus iter pedibus sit, in equum omnino non adscendere; cum equo, ex equo non descendere: nullo imbre, nullo frigore adduci, ut capite operto sit: summam esse in eo corporis siccitatem: itaque omnia exsequi regis officia et munera. Potest igitur exercitatio, et temperantia etiam senectuti conservare aliquid pristini roboris.

XI. Non sunt in senectute vires. Ne postulantur quidem vires a senectute. Ergo et legibus et institutis vacat ætas nostra muneribus iis, quæ non possunt sine viribus sustineri. Itaque non modo, quod non possumus, sed ne quantum possumus quidem, cogimur. 35. At ita multi sunt imbecilli senes, ut nullum officii, aut omnino vitæ munus exsequi possint. At id quidem non proprium senectutis vitium est, sed commune valetudinis. Quam fuit imbecillus P. Africani filius, is qui te adoptavit! quam tenui, aut nulla potius valetudine! quod ni ita fuisset, alterum illud exstitisset lumen civitatis: ad paternam enim magnitudinem animi doctrina uberior accesserat. Quid mirum igitur in senibus, si infirmi sunt aliquando, cum id ne adolescentes quidem effugere possint? Resistendum, Læli et Scipio, senectuti est, ejusque vitia diligentia compensanda sunt; pugnandum, tamquam contra morbum, sic contra senectutem. 36. Habenda ratio valetudinis; utendum exercitationibus modicis; tantum cibi et potionis adhibendum, ut reficiantur vires, non opprimantur. Nec vero corpori soli subveniendum est, sed menti atque animo multo magis: nam hæc quoque, nisi tamquam lumini oleum instilles, exstinguuntur senectute. Et corpora quidem exercitatione ingravescunt; animi autem se exercendo levantur. Nam quos ait Cæcilius, *comicos stultos senes:* hos significat credulos, obliviosos, dissolutos: quæ vitia sunt non senectutis, sed inertis, ignavæ, somniculosæ senectutis. Ut petulantia, ut libido magis est adolescentium, quam senum; nec tamen omnium adolescentium, sed non proborum: sic ista senilis stultitia (quæ deliratio appellari solet) senum levium est, non omnium. 37. Quatuor robustos filios, quinque filias, tantam domum, tantas clientelas Appius regebat et cæcus et senex. Intentum enim animum, tamquam arcum, habebat, nec languescens succumbebat senectuti. Tenebat non modo auctoritatem, sed etiam imperium in suos: metuebant servi, verebantur liberi, carum omnes habebant: vigebat in illa domo mos patrius et disciplina. 38. Ita enim senectus honesta est, si se ipsa defendit, si jus suum retinet, si nemini mancipata est, si usque ad ultimum spiritum dominatur in suos. Ut enim adolescentem, in quo senile aliquid, sic senem, in quo est adolescentis aliquid, probo: quod qui sequitur, corpore senex esse poterit, animo nunquam erit. Septimus mihi Originum liber est in manibus; omnia antiquitatis monumenta colligo; causarum illustrium, quascunque defendi, nunc quam maxime conficio orationes; jus augurum, pontificum, civile tracto; multum etiam Græcis literis utor, Pythagoreorumque more, exercendæ memoriæ gratia, quid quoque die dixerim, audierim, egerim, commemoro vesperi. Hæ sunt exercitationes ingenii, hæc curricula mentis; in his desudans atque elaborans, corporis vires non magnopere desidero. Adsum amicis: venio in senatum frequens, ultroque affero res multum et diu cogitatas, easque tueor animi, non corporis viribus. Quæ si exsequi nequirem, tamen me lectulus oblectaret meus, ea ipsa cogitantem, quæ jam agere non possem: sed ut possim, facit acta vita. Semper enim in his studiis laboribusque viventi non intelligitur, quando obrepat senectus. Ita sensim sine sensu ætas senescit; nec subito frangitur sed diuturnitate exstinguitur.

XII. 39. Sequitur tertia vituperatio senectutis, quod eam carere dicunt voluptatibus. O præclarum munus ætatis, si quidem id aufert nobis, quod est in adolescentia vitiosissimum! Accipite enim, optimi adolescentes, veterem orationem Archytæ Tarentini, magni in primis et præclari viri, quæ mihi tradita est, cum essem adolescens Tarenti cum Q. Maximo. Nullam capitaliorem pestem, quam corporis voluptatem, hominibus dicebat a natura datam: cujus voluptatis avidæ libidines temere et effrenate ad potiundum incitarentur. 40. Hinc patriæ proditiones, hinc rerumpublicarum eversiones, hinc cum hostibus clandestina colloquia nasci; nullum denique scelus, nullum malum facinus esse, ad quod suscipiendum non libido voluptatis impelleret; stupra vero, et adulteria, et omne tale flagitium, nullis excitari aliis illecebris, nisi voluptatis. Cumque homini sive natura, sive quis deus nihil mente præstabilius dedisset; huic divino muneri ac dono nihil esse tam inimicum, quam voluptatem. 41. Nec enim libidine dominante temperantiæ locum esse; neque omnino in voluptatis regno virtutem posse consistere. Quod quo magis intelligi posset, fingere animo jubebat tanta incitatum aliquem voluptate corporis, quanta percipi posset maxima: nemini censebat fore dubium, quin tamdiu, dum ita gauderet, nihil agitare mente, nihil ratione, nihil cogitatione consequi posset. Quocirca nihil esse tam detestabile, tamque pestiferum, quam voluptatem: si quidem ea, cum major esset atque longior, omne animi lumen exstingueret. Hæc cum C. Pontio Samnite, patre ejus, a quo, Caudino prœlio, Sp. Postumius, T. Veturius, consules, superati sunt, locutum Archytam, Nearchus Tarentinus, hospes noster, qui in amicitia populi Romani permanserat, se a majoribus natu accepisse dicebat, cum quidem ei sermoni interfuisset Plato Atheniensis: quem Tarentum venisse, L. Camillo, Appio Claudio, consulibus, reperio. 42. Quorsus hæc? Ut intelligatis, si voluptatem aspernari ratione et sapientia non possemus, magnam habendam senectuti gratiam, quæ effecerit, ut id non liberet, quod non oporteret. Impedit enim consilium voluptas; rationi inimica est ac mentis (ut ita dicam) præstringit oculos, nec habet ullum cum virtute commercium. Invitus feci, ut fortissimi viri T. Flaminini fratrem, L. Flamininum, e senatu ejicerem, septem annis postquam consul fuisset: sed notandam putavi libidinem. Ille enim cum esset consul in Gallia, exoratus in convivio a scorto est, ut securi feriret aliquem eorum, qui in vinculis essent damnati rei capitalis. Hic Tito, fratre suo, censore (qui proximus ante me fuerat), elapsus est: mihi vero et Flacco neutiquam probari potuit tam flagitiosa et tam perdita libido, quæ cum probro privato conjungeret imperii dedecus.

XIII. 43. Sæpe audivi a majoribus natu, qui se porro pueros a senibus audisse dicebant; mirari solitum C. Fabricium, quod, cum apud regem Pyrrhum legatus esset, audisset a Thessalo Cinea, esse quendam Athenis, qui se sapientem profiteretur; eumque dicere, omnia, quæ faceremus, ad voluptatem esse referenda. Quod ex eo audientes M'. Curium et T. Coruncanium optare solitos, ut id Samnitibus, ipsique Pyrrho persuaderetur, quo facilius vinci possent, cum se voluptatibus dedissent. Vixerat M'. Curius cum P. Decio, qui, quinquennio ante eum consulem, se pro republica quarto consulatu devoverat. Norat eundem Fabricius, norat Coruncanius: qui cum ex sua vita, tum ex ejus, quem dico, P. Decii facto judicabant esse profecto aliquid natura pulchrum atque præclarum, quod sua sponte peteretur, quodque, spreta et contempta voluptate, optimus quisque sequeretur. 44. Quorsum igitur tam multa de voluptate? quia non modo vituperatio nulla, sed etiam summa laus senectutis est, quod ea voluptates nullas magnopere desiderat.—At caret epulis, exstructisque mensis, et frequentibus poculis.—Caret ergo etiam vinolentia, et cruditate, et insomniis. Sed si aliquid dandum est voluptati, quoniam ejus blanditiis non facile obsistimus (divine enim Plato *escam malorum* appellat voluptatem, quod ea videlicet homines capiantur, ut hamo pisces), quamquam immoderatis epulis caret senectus, modicis tamen conviviis potest delectari. C. Duilium, M. filium, qui Pœnos classe primus devicerat, redeuntem a cœna senem sæpe videbam puer; delectabatur crebro funali, et tibicine, quæ sibi nullo exemplo privatus sumserat: tantum licentiæ dabat gloria! 45. Sed quid ego alios? ad meipsum jam revertar. Primum habui semper sodales. Sodalitates autem me quæstore constitutæ sunt, sacris Idæis Magnæ Matris acceptis. Epulabar igitur cum sodalibus omnino modice, sed erat quidam fervor ætatis: qua progrediente, omnia fient in dies mitiora. Neque enim ipsorum conviviorum delectationem voluptatibus corporis magis, quam cœtu amicorum et sermonibus metiebar. Bene enim majores nostri accubitionem epularem amicorum, quia vitæ conjunctionem haberet, *convivium* nominarunt: melius, quam Græci, qui hoc idem tum compotationem, tum concœnationem vocant: ut, quod in eo genere minimum est, id maxime probare videantur.

XIV. 46. Ego vero propter sermonis delectationem tempestivis quoque conviviis delector, nec cum æqualibus solum, qui pauci admodum restant, sed cum vestra etiam ætate, atque vobiscum: habeoque senectuti magnam gratiam, quæ mihi sermonis aviditatem auxit, potionis et cibi sustulit. Quod si quem etiam ista delectant (ne omnino bellum indixisse videar voluptati, cujus est etiam fortasse quidam naturalis motus), non intelligo, ne in istis quidem voluptatibus ipsis, carere sensu senectutem. Me vero et magisteria delectant a majoribus instituta; et is sermo, qui more majorum a summo adhibetur in poculis; et pocula, sicut in symposio Xenophontis est, minuta atque rorantia; et refrigeratio æstate, et vicissim aut sol, aut ignis hibernus. Quæ quidem etiam in Sabinis persequi soleo, conviviumque vicinorum quotidie compleo; quod ad multam noctem, quam maxime possumus, vario sermone producimus.—47. At non est voluptatum tanta quasi titillatio in senibus.—Credo: sed ne desideratio quidem. Nihil autem molestum, quod non desideres. Bene Sophocles, cum ex eo quidam jam affecto ætate quæreret, utereturne rebus venereis: *Dii meliora!* inquit: *libenter vero istinc, sicut a domino agresti ac furioso profugi.* Cupidis enim rerum talium, odiosum fortasse et molestum est carere; satiatis vero, et expletis, jucundius est carere, quam frui. Quamquam non caret is, qui non desiderat: ego non desiderare dico esse jucundius. 48. Quod si istis ipsis voluptatibus bona ætas fruitur libentius, primum parvulis fruitur rebus, ut diximus: deinde iis, quibus senectus, si non abunde potitur, non omnino caret. Ut Turpione Ambivio magis delectatur, qui in prima cavea spectat, delectatur tamen etiam, qui in ultima: sic adolescentia, voluptates propter intuens, magis fortasse lætatur; sed delectatur etiam senectus, procul eas spectans tantum, quantum sat est. 49. At illa quanti sunt, animum tamquam emeritis stipendiis libidinis, ambitionis, contentionis, inimicitiarum, cupiditatum omnium, secum esse secumque (ut dicitur) vivere! Si vero habet aliquod tamquam pabulum studii atque doctrinæ, nihil est otiosa senectute jucundius. Mori pæne videbamus in studio dimetiendi cœli atque terræ C. Gallum, familiarem patris tui, Scipio! Quoties illum lux, noctu aliquid describere ingressum, quoties nox oppressit, cum mane cœpisset! quam delectabat eum defectiones solis et lunæ multo nobis ante prædicere! 50. Quid in levioribus studiis, sed tamen acutis? quam gaudebat bello suo Punico Nævius! quam Truculento Plautus! quam Pseudolo! Vidi etiam senem Livium: qui, cum sex annis ante quam ego natus sum fabulam docuisset, Centone Tuditanoque consulibus, usque ad adolescentiam meam processit ætate. Quid de P. Li cinii Crassi et pontificii et civilis juris studio loquar? aut de hujus P. Scipionis, qui his paucis diebus pontifex maximus factus est? Atqui eos omnes, quos commemoravi, his studiis flagrantes senes vidimus. M. vero Cethegum, quem recte *Suadæ medullam* dixit Ennius, quanto studio exerceri in dicendo videbamus, etiam senem! Quæ sunt igitur epularum, aut ludorum, aut scortorum voluptates cum his voluptatibus comparandæ? Atque hæc quidem studia doctrinæ: quæ quidem prudentibus et bene institutis pariter cum ætate crescunt; ut honestum illud Solonis sit, quod ait versiculo quodam, ut ante dixi, senescere se multa in dies addiscentem: qua voluptate animi nulla certe potest esse major.

XV. 51. Venio nunc ad voluptates agricolarum, quibus ego incredibiliter delector: quæ nec ulla impediuntur senectute, et mihi ad sapientis vitam proxime videntur accedere. Habent enim rationem cum terra, quæ nunquam recusat imperium, nec unquam sine usura reddit, quod accepit; sed alias minore, plerumque majore cum fenore. Quamquam me quidem non fructus modo, sed etiam ipsius terræ vis ac natura delectat. Quæ, cum gremio mollito ac subacto sparsum semen excepit, primum id occæcatum cohibet; ex quo occatio, quæ hoc efficit, nominata est: deinde tepefactum vapore et compressu suo diffindit, et elicit herbescentem ex eo viriditatem: quæ nixa fibris stirpium, sensim adolescit, culmoque erecta geniculato vaginis jam quasi pubescens includitur; e quibus cum emersit, fundit frugem spici, ordine structam, et contra avium minorum morsus munitur vallo aristarum. 52. Quid ego vitium ortus, satus, incrementa commemorem? satiari delectatione non possum, ut meæ senectutis requietem oblectamentumque noscatis. Omitto enim vim ipsam omnium, quæ generantur e terra; quæ ex fici tantulo grano, aut ex acino vinaceo, aut ex ceterarum frugum ac stirpium minutissimis seminibus tantos truncos ramosque procreat. Malleoli, plantæ, sarmenta, viviradices, propagines, nonne ea efficiunt, ut quemvis cum admiratione delectent? Vitis quidem quæ natura caduca est, et, nisi fulta sit, ad terram fertur; eadem, ut se erigat, claviculis suis, quasi manibus, quidquid est nacta, complectitur: quam, serpentem multiplici lapsu et erratico, ferro amputans coërcet ars agricolarum, ne silvescat sarmentis, et in omnes partes nimia fundatur. 53. Itaque ineunte vere in iis, quæ relicta sunt, exsistit tamquam ad articulos sarmentorum ea quæ gemma dicitur; a qua oriens uva sese ostendit: quæ et succo terræ, et calore solis augescens primo est peracerba gustatu, deinde maturata dulcescit, vestitaque pampinis, nec modico tepore caret, et nimios solis defendit ardores. Qua quid potest esse cum fructu lætius, tum adspectu pulchrius? cujus quidem non utilitas me solum, ut ante dixi, sed etiam cultura, et ipsa natura delectat: adminiculorum ordines, capitum jugatio, religatio et propagatio vitium, sarmentorumque ea, quam dixi, aliorum amputatio, aliorum immissio. Quid ego irrigationes, quid fossiones agri, repastinationesque proferam, quibus fit multo terra fœcundior? 54. Quid de utilitate loquar stercorandi? dixi in eo libro, quem de rebus rusticis scripsi: de qua doctus Hesiodus ne verbum quidem fecit, cum de cultura agri scriberet: at Homerus, qui multis, ut mihi videtur, ante seculis fuit, Laertem lenientem desiderium, quod capiebat e filio, colentem agrum, et eum stercorantem facit. Nec vero segetibus solum, et pratis, et vineis, et arbustis res rusticæ lætæ sunt; sed etiam hortis et pomariis: tum pecudum pastu, apium examinibus, florum omnium varietate. Nec consitiones modo delectant, sed etiam insitiones: quibus nihil invenit agricultura sollertius.

XVI. 55. Possum persequi multa oblectamenta rerum

rusticarum; sed ea ipsa, quæ dixi, fuisse sentio longiora. Ignoscetis autem; nam et studio rerum rusticarum provectus sum, et senectus est natura loquacior: ne ab omnibus eam vitiis videar vindicare. Ergo in hac vita M'. Curius, cum de Samnitibus, de Sabinis, de Pyrrho triumphasset, consumsit extremum tempus ætatis: cujus quidem ego villam contemplans (abest enim non longe a me) admirari satis non possum vel hominis ipsius continentiam, vel temporum disciplinam. Curio, ad focum sedenti, magnum auri pondus Samnites cum attulissent, repudiati ab eo sunt. 56. Non enim aurum habere, præclarum sibi videri dixit; sed eis, qui haberent aurum, imperare. Poteratne tantus animus non efficere jucundam senectutem? Sed venio ad agricolas; ne a meipso recedam. In agris erant tum senatores, id est senes: siquidem aranti L. Quinctio Cincinnato nuntiatum est, eum dictatorem esse factum: cujus dictatoris jussu magister equitum C. Servilius Ahala Sp. Mælium regnum appetentem occupatum interemit. A villa in senatum arcessebantur et Curius, et ceteri senes; ex quo, qui eos arcessebant, *viatores* nominati sunt. Num igitur horum senectus miserabilis fuit, qui se agri cultione oblectabant? Mea quidem sententia haud scio, an nulla beatior possit esse: neque solum officio, quod hominum generi universo cultura agrorum est salutaris; sed et delectatione, quam dixi, et saturitate copiaque rerum omnium, quæ ad victum hominum, ad cultum etiam deorum pertinent; ut, quoniam hæc quidam desiderant, in gratiam jam cum voluptate redeamus. Semper enim boni assiduique domini referta cella vinaria, olearia, etiam penaria est, villaque tota locuples est: abundat porco, hædo, agno, gallina, lacte, caseo, melle. Jam hortum ipsi agricolæ succidiam alteram appellant. Conditiora facit hæc supervacanei etiam operis aucupium atque venatio. 57. Quid de pratorum viriditate, aut arborum ordinibus, aut vinearum, olivetorumve specie dicam? Brevi præcidam: agro bene culto nihil potest esse nec usu uberius, nec specie ornatius; ad quem fruendum non modo non retardat, verum etiam invitat atque allectat senectus. Ubi enim potest illa ætas, aut calescere vel apricatione melius, vel igni, aut vicissim umbris aquisve refrigerari salubrius? 58. Sibi igitur habeant arma, sibi equos, sibi hastas, sibi clavam, sibi pilam, sibi natationes atque cursus: nobis senibus ex lusionibus multis talos relinquant et tesseras: id ipsum utrum lubebit; quoniam sine his beata esse senectus potest.

XVII. 59. Multas ad res perutiles Xenophontis libri sunt, quos legite, quæso, studiose, ut facitis. Quam copiose ab eo agricultura laudatur in eo libro qui est de tuenda re familiari, qui *Œconomicus* inscribitur! Atque, ut intelligatis, nihil ei tam regale videri, quam studium agri colendi, Socrates in eo libro loquitur cum Critobulo, Cyrum minorem, regem Persarum, præstantem ingenio atque imperii gloria, cum Lysander Lacædemonius, vir summæ virtutis, venisset ad eum Sardis, eique dona a sociis attulisset, et ceteris in rebus communem erga Lysandrum, atque humanum fuisse, et ei quendam conseptum agrum, diligenter consitum ostendisse. Cum autem admiraretur Lysander et proceritates arborum, et directos in quincuncem ordines, et humum subactam atque puram, et suavitatem odorum, qui afflarentur e floribus; tum eum dixisse, mirari se non modo diligentiam, sed etiam solertiam ejus, a quo essent illa dimensa atque descripta; et ei Cyrum respondisse: *Atqui ego omnia ista sum dimensus; mei sunt ordines, mea descriptio; multæ etiam istarum arborum mea manu sunt satæ.* Tum Lysandrum, intuentem purpuram ejus, et nitorem corporis, ornatumque Persicum multo auro multisque gemmis, dixisse: *Recte vero te, Cyre, beatum ferunt, quoniam virtuti tuæ fortuna conjuncta est!* 60. Hac igitur fortuna frui licet senibus: nec ætas impedit, quo minus et ceterarum rerum, et in primis agri colendi studia teneamus usque ad ultimum tempus senectutis. M. quidem Valerium Corvum accepimus ad centesimum annum perduxisse, cum esset acta jam ætate in agris, eosque coleret: cujus inter primum et sextum consulatum sex et quadraginta anni interfuerunt. Ita, quantum spatium ætatis majores nostri ad senectutis initium esse voluerunt, tantus illi cursus honorum fuit: atque ejus extrema ætas hoc beatior, quam media, quod auctoritatis habebat plus, laboris minus. Apex est autem senectutis auctoritas. 61. Quanta fuit in L Cæcilio Metello! quanta in Atilio Calatino! in quem illud elogium unicum: *Plurimæ consentiunt gentes, populi primarium fuisse virum.* Notum est totum carmen, incisum in sepulcro. Jure igitur gravis, cujus de laudibus omnium esset fama consentiens! Quem virum nuper P. Crassum, pontificem maximum; quem postea M. Lepidum, eodem sacerdotio præditum, vidimus! Quid de Paulo, aut Africano loquar? aut, ut jam ante, de Maximo? quorum non in sententia solum, sed etiam in nutu residebat auctoritas. Habet senectus, honorata præsertim, tantam auctoritatem, ut ea pluris sit, quam omnes adolescentiæ voluptates.

XVIII. 62. Sed in omni oratione mementote, eam me senectutem laudare, quæ fundamentis adolescentiæ constituta sit: ex quo efficitur id, quod ego magno quondam cum assensu omnium dixi: *Miseram esse senectutem, quæ se oratione defenderet.* Non cani, non rugæ repente auctoritatem arripere possunt: sed honeste acta superior ætas fructus capit auctoritatis extremos. 63. Hæc enim ipsa sunt honorabilia, quæ videntur levia atque communia, salutari, appeti, decedi, assurgi, deduci, reduci, consuli: quæ et apud nos, et in aliis civitatibus, ut quæque optime morata, ita diligentissime observantur. Lysandrum Lacedæmonium, cujus modo mentionem feci, dicere aiunt solitum, Lacedæmonem esse honestissimum domicilium senectutis nusquam enim tantum tribuitur ætati, nusquam est senectus honoratior. Quin etiam memoriæ proditum est, cum Athenis, ludis, quidam in theatrum grandis natu venisset, in magno consessu locum nusquam ei datum a suis civibus: cum autem ad Lacedæmonios accessisset, qui, legati cum essent, certo in loco consederant, consurrexisse omnes, et senem illum sessum recepisse. 64. Quibus cum a cuncto consessu plausus esset multiplex datus, dixisse ex iis quendam, Athenienses scire, quæ recta essent, sed facere nolle. Multa in nostro collegio præclara: sed hoc, de quo agimus, in primis, quod, ut quisque ætate antecedit, ita sententiæ principatum tenet: neque solum honore antecedentibus, sed iis etiam, qui cum imperio sunt, majores natu augures anteponuntur. Quæ sunt igitur voluptates corporis cum auctoritatis præmiis comparandæ? quibus qui splendide usi sunt, ii mihi videntur fabulam ætatis peregisse, nec tamquam inexercitati histriones in extremo actu corruisse. 65. At sunt morosi, et anxii, et iracundi, et difficiles senes: si quærimus, etiam avari!—Sed hæc morum vitia sunt, non senectutis. Ac morositas tamen, et ea vitia, quæ dixi, habent aliquid excusationis, non illius quidem justæ, sed quæ probari posse videatur: contemni se putant, despici, illudi; præterea in fragili corpore odiosa omnis offensio est. Quæ tamen omnia dulciora fiunt et moribus bonis, et artibus: idque cum in vita, tum in scena intelligi potest ex iis fratribus, qui in Adelphis sunt. Quanta in altero duritas, in altero comitas! Sic se res habet: ut enim non omne vinum, sic non omnis ætas vetustate coacesit. Severitatem in senectute probo, sed eam (sicut alia) modicam: acerbitatem nullo modo. 66. Avaritia vero senilis quid sibi velit, non intelligo. Potest enim quidquam esse absurdius, quam, quo minus viæ restat, eo plus viatici quærere?

XIX. Quarta restat causa, quæ maxime angere atque

sollicitam habere nostram ætatem videtur, appropinquatio mortis: quæ certe a senectute non potest longe abesse. O miserum senem, qui mortem contemnendam esse in tam longa ætate non viderit! quæ aut plane negligenda est, si omnino exstinguit animum; aut etiam optanda, si aliquo eum deducit, ubi sit futurus æternus. Atqui tertium certe nihil inveniri potest. 67. Quid igitur timeam, si aut non miser post mortem, aut beatus etiam futurus sum? quamquam quis est tam stultus, quamvis sit adolescens, cui sit exploratum, se ad vesperum esse victurum? Quin etiam ætas illa multo plures, quam nostra, mortis casus habet: facilius in morbos incidunt adolescentes; gravius ægrotant; tristius curantur. Itaque pauci veniunt ad senectutem: quod ni ita accideret, melius et prudentius viveretur. Mens enim, et ratio, et consilium, in senibus est: qui si nulli fuissent, nullæ omnino civitates essent. Sed redeo ad mortem impendentem. Quod illud est crimen senectutis, cum illud videatis cum adolescentia esse commune? 68. Sensi ego cum in optimo filio meo, tum in exspectatis ad amplissimam dignitatem fratribus tuis, Scipio, omni ætati mortem esse communem.—At sperat adolescens, diu se victurum: quod sperare idem senex non potest.—Insipienter sperat. Quid enim stultius, quam incerta pro certis habere, falsa pro veris?—Senex ne quod speret quidem habet.—At est eo meliore conditione, quam adolescens; cum id, quod ille sperat, hic jam consecutus est. Ille vult diu vivere: hic diu vixit. 69. Quamquam, O dii boni! quid est in hominis vita diu? da enim supremum tempus: exspectemus Tartessiorum regis ætatem: fuit (ut scriptum video) Arganthonius quidam Gadibus, qui octoginta regnavit annos, centum et viginti vixit. Sed mihi ne diuturnum quidem quidquam videtur, in quo est aliquid extremum. Cum enim id advenit, tunc illud, quod præteriit, effluxit: tantum remanet, quod virtute et recte factis consecutus sis. Horæ quidem cedunt, et dies, et menses, et anni: nec præteritum tempus unquam revertitur; nec, quid sequatur, sciri potest. Quod cuique temporis ad vivendum datur, eo debet esse contentus. 70. Neque enim histrioni, ut placeat, peragenda fabula est; modo, in quocunque fuerit actu, probetur: neque sapienti usque ad *Plaudite* veniendum est. Breve enim tempus ætatis satis est longum ad bene honesteque vivendum: sin processeris longius, non magis dolendum est, quam agricolæ dolent, præterita verni temporis suavitate, æstatem autumnumque venisse. Ver enim, tamquam adolescentiam significat, ostenditque fructus futuros: reliqua tempora demetendis fructibus, et percipiendis accommodata sunt. 71. Fructus autem senectutis est, ut sæpe dixi, ante partorum bonorum memoria et copia. Omnia vero, quæ secundum naturam fiunt, sunt habenda in bonis. Quid est autem tam secundum naturam, quam senibus emori? quod idem contingit adolescentibus, adversante et repugnante natura. Itaque adolescentes mori sic mihi videntur, ut cum aquæ multitudine vis flammæ opprimitur: senes autem, sicut sua sponte, nulla adhibita vi, consumtus ignis exstinguitur. Et quasi poma, ex arboribus, cruda si sint, vi avelluntur; si matura et cocta, decidunt: sic vitam adolescentibus vis aufert, senibus maturitas; quæ mihi quidem tam jucunda est, ut, quo propius ad mortem accedam, quasi terram videre videar, aliquandoque in portum ex longa navigatione esse venturus.

XX. 72. Omnium ætatum certus est terminus; senectutis autem nullus certus est terminus: recteque in ea vivitur, quoad munus officii exsequi et tueri possis, et tamen mortem contemnere. Ex quo fit, ut animosior etiam senectus sit, quam adolescentia, et fortior. Hoc illud est, quod Pisistrato tyranno a Solone responsum est: cum illi quærenti, qua tandem spe fretus sibi tam audacitei obsisteret, respondisse dicitur, *Senectute.* Sed vivendi est finis optimus, cum integra mente, ceterisque sensibus, opus ipsa suum eadem, quæ coagmentavit, natura dissolvit. Ut navem, ut ædificium idem destruit facillime, qui construxit; sic hominem eadem optime, quæ conglutinavit, natura dissolvit. Jam omnis conglutinatio recens ægre, inveterata facile divellitur. Ita fit, ut illud breve vitæ reliquum nec avide appetendum senibus, nec sine causa deserendum sit: 73. vetatque Pythagoras injussu imperatoris, id est, dei, de præsidio et statione vitæ decedere. Solonis quidem sapientis elegeion est, quo se negat velle suam mortem dolore amicorum et lamentis vacare. Vult, credo, se esse carum suis: sed haud scio, an melius Ennius:

Nemo me lacrimis decoret, neque funera fletu
Faxit.

Non censet lugendam esse mortem, quam immortalitas consequatur. 74. Jam sensus moriendi aliquis esse potest, isque ad exiguum tempus, præsertim seni: post mortem quidem sensus aut optandus, aut nullus est. Sed hoc meditatum ab adolescentia debet esse, mortem ut negligamus: sine qua meditatione, tranquillo esse animo nemo potest. Moriendum enim certe est, et id incertum, an eo ipso die Mortem igitur omnibus horis impendentem timens quî poterit animo consistere? De qua non ita longa disputatione opus esse videtur, cum recorder, non L. Brutum qui in liberanda patria est interfectus; 75. non duo Decios, qui ad voluntariam mortem cursum equorum incitaverunt; non M. Atilium, qui ad supplicium est profectus, ut fidem hosti datam conservaret; non duo Scipiones, qui iter Pœnis vel corporibus suis obstruere voluerunt; non avum tuum L. Paulum, qui morte luit collegæ in Cannensi ignominia temeritatem; non M. Marcellum, cujus interitum ne crudelissimus quidem hostis honore sepulturæ carere passus est: sed legiones nostras (quod scripsi in Originibus) in eum sæpe locum profectas alacri animo et erecto, unde se nunquam redituras arbitrarentur. Quod igitur adolescentes, et ii quidem non solum indocti, sed etiam rustici, contemnunt, id docti senes extimescent? 76. Omnino, ut mihi quidem videtur, studiorum omnium satietas vitæ facit satietatem. Sunt pueritiæ certa studia; num igitur ea desiderant adolescentes? sunt et ineuntis adolescentiæ; num ea jam constans requirit ætas, quæ media dicitur? sunt etiam hujus ætatis; ne ea quidem quæruntur a senectute: sunt extrema quædam studia senectutis: ergo, ut superiorum ætatum studia occidunt, sic occidunt etiam senectutis. Quod cum evenit, satietas vitæ tempus maturum mortis affert.

XXI. 77. Equidem non video, cur, quid ipse sentiam de morte, non audeam vobis dicere: quod eo melius mihi cernere videor, quo ab ea propius absum. Ego vestros patres, P. Scipio, tuque, C. Læli, viros clarissimos, mihique amicissimos, vivere arbitror, et eam quidem vitam, quæ est sola vita nominanda. Nam, dum sumus in his inclusi compagibus corporis, munere quodam necessitatis, et gravi opere perfungimur: est enim animus cœlestis ex altissimo domicilio depressus, et quasi demersus in terram, locum divinæ naturæ æternitatique contrarium. Sed credo, deos immortales sparsisse animos in corpora humana, ut essent, qui terras tuerentur, quique cœlestium ordinem contemplantes, imitarentur eum vitæ modo atque constantia. Nec me solum ratio ac disputatio impulit, ut ita crederem: sed nobilitas etiam summorum philosophorum, et auctoritas. 78. Audiebam Pythagoram, Pythagoreosque, incolas pæne nostros, qui essent Italici philosophi quondam nominati, nunquam dubitasse, quin ex universa mente divina delibatos animos haberemus: demonstrabantur mihi præterea, quæ Socrates supremo vitæ die de immortalitate animorum disseruisset, is, qui esset omnium sapientissimus oraculo Apollinis judicatus. Quid multa? sic mihi persuasi, sic sentio; cum tanta celeritas animorum sit, tanta memoria præteritorum, futurorumque prudentia, tot artes tantæ scientiæ, tot inventa; non posse eam naturam, quæ res eas contineat, esse mortalem: cumque semper agitetur animus, nec principium motus habeat, quia se ipse moveat; ne finem quidem habiturum esse motus, quia nunquam se ipse sit relicturus: et, cum simplex animi natura esset, neque haberet in se quidquam admixtum dispar sui, atque dissimile, non posse eum dividi; quod si non possit, non posse interire: magnoque esse argumento, homines scire pleraque ante quam nati sint, quod jam pueri, cum artes difficiles discant, ita celeriter res innumerabiles arripiant, ut eas non tum primum accipere videantur, sed reminisci et recordari. Hæc Platonis fere.

XXII. 79. Apud Xenophontem autem moriens Cyrus major hæc dicit: "*Nolite arbitrari, O mihi carissimi filii, me, cum a vobis discessero, nusquam aut nullum fore. Nec enim, dum eram vobiscum, animum meum videbatis: sed eum esse in hoc corpore ex iis rebus, quas gerebam, intelligebatis. Eundem igitur esse creditote, etiam si nullum videbitis.* 80. *Nec vero clarorum virorum post mortem honores permanerent, si nihil eorum ipsorum animi efficerent, quo diutius memoriam sui teneremus. Mihi quidem nunquam persuaderi potuit, animos, dum in corporibus essent mortalibus, vivere; cum exissent ex iis, emori: nec vero, tum animum esse insipientem, cum ex insipienti corpore evasisset; sed cum omni admixtione corporis liberatus, purus et integer esse cœpisset, tum esse sapientem. Atque etiam, cum hominis natura morte dissolvitur, ceterarum rerum perspicuum est quo quæque discedant; abeunt enim illuc omnia, unde orta sunt: animus autem solus nec, cum adest, nec, cum discedit, apparet. Jam vero videtis, nihil esse morti tam simile, quam somnum.* 81. *Atqui dormientium animi maxime declarant divinitatem suam: multa enim, cum remissi et liberi sunt, futura prospiciunt. Ex quo intelligitur, quales futuri sint, cum se plane corporis vinculis relaxaverint. Quare, si hæc ita sunt, sic me colitote ut deum: sin una est interiturus animus cum corpore, vos tamen, deos verentes, qui hanc omnem pulchritudinem tuentur et regunt, memoriam nostri pie inviolateque servabitis.*"

XXIII. 82. Cyrus quidem hæc moriens. Nos, si placet, nostra videamus. Nemo unquam mihi, Scipio, persuadebit, aut patrem tuum Paulum, aut duos avos, Paulum et Africanum, aut Africani patrem aut patruum, aut multos præstantes viros, quos enumerare non est necesse, tanta esse conatos, quæ ad posteritatis memoriam pertinerent, nisi animo cernerent, posteritatem ad se pertinere. An censes (ut de me ipso aliquid more senum glorier) me tantos labores diurnos nocturnosque domi militiæque suscepturum fuisse, si iisdem finibus gloriam meam, quibus vitam, essem terminaturus? nonne melius multo fuisset, otiosam ætatem, et quietam, sine ullo labore et contentione traducere? Sed nescio quomodo animus erigens se posteritatem ita semper prospiciebat, quasi, cum excessisset e vita, tum denique victurus esset. Quod quidem ni ita se haberet, ut animi immortales essent, haud optimi cujusque animus maxime ad immortalitatem gloriæ niteretur. 83. Quid? quod sapientissimus quisque æquissimo animo moritur, stultissimus iniquissimo, nonne vobis videtur animus is, qui plus cernat et longius, videre se ad meliora proficisci: ille autem, cujus obtusior sit acies, non videre? Equidem efferor studio patres vestros, quos colui et dilexi, videndi: neque vero eos solum convenire aveo, quos ipse cognovi, sed illos etiam, de quibus audivi, et legi, et ipse conscripsi. Quo quidem me proficiscentem haud sane quis facile retraxerit, neque tamquam Peliam recoxerit. Quod si quis deus mihi largiatur, ut ex hac ætate repuerascam, et in cunis vagiam, valde recusem. Nec vero velim, quasi decurso spatio, ad carceres a calce revocari. 84. Quid enim habet vita commodi? quid non potius laboris? Sed habeat sane; habet certe tamen aut satietatem, aut modum. Non libet enim mihi deplorare vitam, quod multi, et ii docti, sæpe fecerunt: neque me vixisse pœnitet, quoniam ita vixi, ut non frustra me natum existimem: et ex vita ita discedo; tamquam ex hospitio, non tamquam ex domo. Commorandi enim natura diversorium nobis, non habitandi dedit. O præclarum diem, cum ad illud divinum animorum concilium cœtumque proficiscar, cumque ex hac turba et colluvione discedam! proficiscar enim non ad eos solum viros, de quibus ante dixi; verum etiam ad Catonem meum, quo nemo vir melior natus est, nemo pietate præstantior! cujus a me corpus crematum est (quod contra decuit ab illo meum): animus vero non me deserens, sed respectans, in ea profecto loca discessit, quo mihi ipsi cernebat esse veniendum. Quem ego meum casum fortiter ferre visus sum: non quo æquo animo ferrem; sed me ipse consolabar, existimans, non longinquum inter nos digressum et discessum fore. 85. His mihi rebus, Scipio (id enim te cum Lælio admirari solere dixisti), levis est senectus, nec solum non molesta, sed etiam jucunda. Quod si in hoc erro, quod animos hominum immortales esse credam, libenter erro; nec mihi hunc errorem, quo delector, dum vivo, extorqueri volo: sin mortuus, ut quidam minuti philosophi censent, nihil sentiam, non vereor, ne hunc errorem meum mortui philosophi irrideant. Quod si non sumus immortales futuri, tamen exstingui homini suo tempore optabile est. Nam habet natura, ut aliarum omnium rerum, sic vivendi modum. Senectus autem ætatis est peractio, tamquam fabulæ: cujus defatigationem fugere debemus, præsertim adjuncta satietate. Hæc habui, de senectute quæ dicerem; ad quam utinam perveniatis! ut ea, quæ ex me audistis, re experti probare possitis.

M. TULLII CICERONIS

LÆLIUS

SIVE

DE AMICITIA.

M. TULLII CICERONIS

LÆLIUS,

SIVE

DE AMICITIA.

Ad Titum Pomponium Atticum.

I. 1. Quintus Mucius augur multa narrare de C. Lælio, socero suo, memoriter et jucunde solebat, nec dubitare, illum in omni sermone appellare sapientem. Ego autem a patre ita eram deductus ad Scævolam, sumta virili toga, ut, quoad possem, et liceret, a senis latere nunquam discederem. Itaque multa ab eo prudenter disputata, multa etiam breviter et commode dicta, memoriæ mandabam: fierique studebam ejus prudentia doctior. Quo mortuo, me ad pontificem Scævolam contuli, quem unum nostræ civitatis et ingenio et justitia præstantissimum audeo dicere. Sed de hoc alias: nunc redeo ad augurem. 2. Cum sæpe multa, tum memini domi in hemicyclio sedentem, ut solebat, cum et ego essem una et pauci admodum familiares, in eum sermonem illum incidere, qui tum fere omnibus erat in ore. Meministi enim profecto, Attice, et eo magis, quod P. Sulpicio utebare multum, cum is tribunus plebis capitali odio a Q. Pompeio, qui tum erat consul, dissideret, quocum conjunctissime et amantissime vixerat, quanta esset hominum vel admiratio, vel querela. 3. Itaque tum Scævola, cum in eam ipsam mentionem incidisset, exposuit nobis sermonem Lælii de amicitia, habitum ab illo secum, et cum altero genero, C. Fannio, M. filio, paucis diebus post mortem Africani. Ejus disputationis sententias memoriæ mandavi; quas in hoc libro exposui arbitratu meo: quasi enim ipsos induxi loquentes, ne *inquam* et *inquit*, sæpius interponeretur, atque ut, tamquam a præsentibus, coram haberi sermo videretur. 4. Cum enim sæpe mecum ageres, ut de amicitia scriberem aliquid, digna mihi res cum omnium cognitione, tum nostra familiaritate, visa est. Itaque feci non invitus, ut prodessem multis rogatu tuo. Sed, ut in Catone Majore, qui est scriptus ad te de senectute, Catonem induxi senem disputantem, quia nulla videbatur aptior persona, quæ de illa ætate loqueretur quam ejus, qui et diutissime senex fuisset, et in ipsa se nectute præter ceteros floruisset: sic, cum accepissemus a patribus maxime memorabilem C. Lælii et P. Scipionis familiaritatem fuisse, idonea mihi Lælii persona visa est, quæ de amicitia ea ipsa dissereret, quæ disputata ab eo meminisset Scævola. Genus autem hoc sermonum, positum in hominum veterum auctoritate, et eorum illustrium, plus, nescio quo pacto, videtur habere gravitatis. Itaque ipse mea legens sic afficior interdum, ut Catonem, non me loqui existimem. 5. Sed, ut tum ad senem senex de senectute, sic hoc libro ad amicum amicissimus de amicitia scripsi. Tum est Cato locutus, quo erat nemo fere senior temporibus illis, nemo prudentior: nunc Lælius et sapiens (sic enim est habitus) et amicitiæ gloria excellens, de amicitia loquitur. Tu velim animum a me parumper avertas, Lælium loqui ipsum putes. C. Fannius et Q. Mucius ad socerum veniunt post mortem Africani: ab his sermo oritur; respondet Lælius, cujus tota disputatio est de amicitia, quam legens tu te ipsum cognosces.

II. 6. FANNIUS. Sunt ista, Læli! nec enim melior vir fuit Africano quisquam, nec clarior. Sed existimare debes, omnium oculos nunc in te esse conjectos; unum te sapien tem et appellant et existimant. Tribuebatur hoc modo M. Catoni: scimus L. Atilium apud patres nostros appellatum esse sapientem; sed uterque alio quodam modo: Atilius, quia prudens esse in jure civili putabatur; Cato, quia multarum rerum usum habebat (multa ejus et in senatu, et in foro vel provisa prudenter, vel acta constanter, vel responsa acute ferebantur); propterea quasi cognomen jam habebat in senectute sapientis. Te autem alio quodam modo, non solum natura et moribus, verum etiam studio et doctrina esse sapientem; nec sicut vulgus, sed ut eruditi solent appellare sapientem, qualem in reliqua Græcia neminem; 7. (nam, qui septem appellantur, eos, qui ista subtilius quærunt, in numero sapientium non habent): Athenis unum accepimus, et eum quidem etiam Apollinis oraculo sapientissimum judicatum;—hanc esse in te sapientiam existimant, ut omnia tua in te posita ducas, humanosque casus virtute inferiores putes. Itaque ex me quærunt, credo item ex Scævola, quonam pacto mortem Africani feras: eoque magis, quod his proximis Nonis, cum in hortos D. Bruti auguris, commentandi causa, ut assolet, venissemus, tu non affuisti, qui diligentissime semper illum diem, et illud munus solitus esses obire.

8. Scævola. Quærunt quidem, C. Læli, multi, ut est a Fannio dictum: sed ego id respondeo, quod animadverti, te dolorem, quem acceperis cum summi viri, tum amicissimi morte, ferre moderate: nec potuisse non commoveri, nec fuisse id humanitatis tuæ; quod autem his Nonis in nostro collegio non affuisses, valetudinem causam, non mœstitiam fuisse.

Lælius. Recte tu quidem, Scævola, et vere: nec enim ab isto officio, quod semper usurpavi, cum valerem, abduci incommodo meo debui: nec ullo casu arbitror hoc constanti homini posse contingere, ut ulla intermissio fiat officii. 9. Tu autem, Fanni, qui mihi tantum tribui dicis, quantum ego nec agnosco, nec postulo, facis amice: sed ut mihi videris, non recte judicas de Catore. Aut enim nemo, quod quidem magis credo, aut, si quisquam, ille sapiens fuit. Quomodo, ut alia omittam, mortem filii tulit! Memineram Paulum, videram Gallum: sed hi in pueris; Cato in perfecto et spectato viro. 10. Quamobrem cave Catoni anteponas, ne istum quidem ipsum, quem Apollo, ut ais, sapientissimum judicavit: hujus enim facta, illius dicta laudantur. De me autem, ut jam cum utroque loquar, sic habetote.

III. Ego, si Scipionis desiderio me moveri negem, quam id recte faciam, viderint sapientes; sed certe mentiar. Moveor enim tali amico orbatus, qualis, ut arbitror, nemo unquam erit; ut confirmare possum, nemo certe fuit. Sed non egeo medicina; me ipse consolor, et maxime illo solatio, quod eo errore careo, quo amicorum decessu plerique angi solent. Nihil enim accidisse Scipioni puto; mihi accidit, si quid accidit: suis autem incommodis graviter angi non amicum, sed seipsum amantis est. 11. Cum illo vero quis neget actum esse præclare? Nisi enim, quod ille minime putabat, immortalitatem optare vellet, quid non est adeptus, quod homini fas esset optare? qui summam spem civium, quam de eo jam puero habuerant, continuo adolescens incredibili virtute superavit; qui consulatum petiit nunquam, factus est consul bis; primum ante tempus; iterum sibi suo tempore, reipublicæ pæne sero; qui, duabus urbibus eversis, inimicissimis huic imperio, non modo præsentia, verum etiam futura bella delevit. Quid dicam de moribus facillimis? de pietate in matrem? liberalitate in sorores? bonitate in suos? justitia in omnes? Nota sunt vobis. Quam autem civitati carus fuerit, mœrore funeris indicatum est. Quid igitur hunc paucorum annorum accessio juvare potuisset? senectus enim, quamvis non sit gravis, ut memini Catonem anno ante, quam mortuus est, mecum et cum Scipione disserere, tamen aufert eam viriditatem, in qua etiam tunc erat Scipio. 12. Quamobrem vita quidem talis fuit, vel fortuna, vel gloria, ut nihil posset accedere: moriendi autem sensum celeritas abstulit; quo de genere mortis difficile dictu est; quid homines suspicentur, videtis. Hoc tamen vere licet dicere, P. Scipioni, ex multis diebus, quos in vita celeberrimos lætissimosque viderit, illum diem clarissimum fuisse, cum, senatu dimisso, domum reductus ad vesperum est a patribus conscriptis, populo Romano, sociis et Latinis, pridie quam excessit e vita: ut ex tam alto dignitatis gradu ad superos videatur deos potius, quam ad inferos pervenisse.

IV. 13. Neque enim assentior iis, qui hæc nuper dis serere cœperunt, cum corporibus simul animos interire, atque omnia morte deleri. Plus apud me antiquorum auctoritas valet, vel nostrorum majorum, qui mortuis tam religiosa jura tribuerunt; quod non fecissent profecto, si nihil ad eos pertinere arbitrarentur: vel eorum, qui in hac terra fuerunt, Magnamque Græciam, quæ nunc quidem deleta est, tunc florebat, institutis et præceptis suis erudierunt: vel ejus, qui Apollinis oraculo sapientissimus est judicatus; qui non tum hoc tum illud, ut in plerisque, sed idem semper, animos hominum esse divinos, iisque, cum e corpore excessissent, reditum in cœlum patere, optimoque et justissimo cuique expeditissimum. 14. Quod item Scipioni videbatur, qui quidem quasi præsagiret, perpaucis ante mortem diebus, cum et Philus et Manilius adessent, et alii plures, tuque etiam, Scævola, mecum venisses, triduum disseruit de republica: cujus disputationis fuit extremum fere de immortalitate animorum, quæ se in quiete per visum ex Africano audisse dicebat. Id si ita est, ut optimi cujusque animus in morte facillime evolet, tamquam e custodia vinclisque corporis; cui censemus cursum ad deos faciliorem fuisse, quam Scipioni? quocirca, mœrere hoc ejus eventu, vereor, ne invidi magis quam amici sit. Sin autem illa veriora, ut idem interitus sit animorum et corporum, nec ullus sensus maneat; ut nihil boni est in morte, sic certe nihil mali. Sensu enim amisso, fit idem, quasi natus non esset omnino; quem tamen esse natum et nos gaudemus, et hæc civitas, dum erit, lætabitur. 15. Quamobrem cum illo quidem, ut supra dixi, actum optime est: mecum incommodius, quem fuerat æquius, ut prius introieram, sic prius exire de vita. Sed tamen recordatione nostræ amicitiæ sic fruor, ut beate vixisse videar, quia cum Scipione vixerim, quocum mihi conjuncta cura de re publica, et de privata fuit; quocum et domus, et militia communis, et id, in quo est omnis vis amicitiæ, voluntatum, studiorum, sententiarum summa consensio. Itaque non tam ista me sapientiæ, quam modo Fannius commemoravit, fama delectat, falsa præsertim, quam quod amicitiæ nostræ memoriam spero sempiternam fore; idque mihi eo magis est cordi, quod ex omnibus seculis vix tria, aut quattuor nominantur paria amicorum: quo in genere sperare videor Scipionis et Lælii amicitiam notam posteritati fore.

16. Fannius. Istud quidem, Læli, ita necesse est! Sed, quoniam amicitiæ mentionem fecisti, et sumus otiosi, pergratum mihi feceris (spero item Scævolæ), si, quemadmodum soles de ceteris rebus, cum ex te quæruntur, sic de amicitia disputaris, quid sentias, qualem existimes, quæ præcepta des.

Scævola. Mihi vero pergratum erit: atque, id ipsum cum tecum agere conarer, Fannius antevertit: quamobrem utrique nostrum gratum admodum feceris.

V. 17. Lælius. Ego vero non gravarer, si mihi ipse confiderem: nam et præclara res est, et sumus, ut dixit Fannius, otiosi. Sed quis ego sum? aut quæ in me est facultas? Doctorum est ista consuetudo, eaque Græcorum, ut iis ponatur, de quo disputent quamvis subito. Magnum opus est, egetque exercitatione non parva. Quamobrem quæ disputari de amicitia possunt, ab eis censeo petatis, qui ista profitentur: ego vos hortari tantum possum, ut amicitiam omnibus rebus humanis anteponatis; nihil est enim tam naturæ aptum, tam conveniens ad res vel secundas, vel adversas. 18. Sed hoc primum sentio, nisi in bonis amicitiam esse non posse: neque id ad vivum reseco, ut illi, qui hæc subtilius disserunt, fortasse vere, sed ad communem utilitatem parum: negant enim, quemquam virum bonum esse, nisi sapientem. Sit ita sane; sed eam sapientiam interpretantur, quam adhuc mortalis nemo est consecutus: nos autem ea, quæ sunt in usu, vitaque communi, non ea, quæ finguntur aut optantur, spectare debemus. Nunquam ego dicam, C. Fabricium, M'. Curium, Ti. Coruncanium, quos sapientes nostri majores judicabant, ad istorum normam fuisse sapientes. Quare sibi habeant sapientiæ nomen et invidiosum et obscurum, concedant, ut hi boni viri fuerint. Ne id quidem facient: negabunt id nisi sapienti posse concedi. 19. Agamus igitur pingui Minerva, ut aiunt. Qui ita se gerunt, ita vivunt, ut eorum probetur fides, integritas, æquitas, liberalitas; nec sit in eis ulla cupiditas vel libido vel audacia, sintque magna constantia, ut ii fuerunt, modo quos nominavi; hos viros bonos, ut habiti sunt, sic etiam appellandos putemus; quia sequantur, quantum homines possunt, naturam, optimam bene vivendi ducem. Sic enim mihi perspicere videor, ita natos esse nos, ut inter omnes esset societas quædam: major autem, ut quisque proxime accederet. Itaque cives potiores quam peregrini; propinqui quam alieni: cum his enim amicitiam natura ipsa peperit; sed ea non satis habet firmitatis. Namque hoc præstat amicitia propinquitati, quod ex propinquitate benevolentia tolli potest, ex amicitia non potest: sublata enim benevolentia, amicitiæ nomen tollitur, propinquitatis manet

20. Quanta autem vis amicitiæ sit, ex hoc intelligi maxime potest, quod ex infinita societate generis humani, quam conciliavit ipsa natura, ita contracta res est, et adducta in angustum, ut omnis caritas aut inter duo, aut inter paucos jungeretur.

VI. Est autem amicitia nihil aliud, nisi omnium divinarum humanarumque rerum cum benevolentia et caritate summa consensio: qua quidem haud scio, an, excepta sapientia, quidquam melius homini sit a diis immortalibus datum. Divitias alii præponunt, bonam alii valetudinem, alii potentiam, alii honores, multi etiam voluptates. Beluarum hoc quidem extremum est: illa autem superiora caduca et incerta, posita non tam in consiliis nostris, quam in fortunæ temeritate. Qui autem in virtute summum bonum ponunt, præclare illi quidem: sed hæc ipsa virtus amicitiam et gignit, et continet: nec sine virtute amicitia esse ullo pacto potest. 21. Jam virtutem ex consuetudine vitæ sermonisque nostri interpretemur, nec eam, ut quidam docti, verborum magnificentia metiamur, virosque bonos eos, qui habentur, numeremus, Paulos, Catones, Gallos, Scipiones, Philos. His communis vita contenta est: eos autem omittamus, qui omnino nusquam reperiuntur. 22. Tales igitur inter viros amicitia tantas opportunitates habet, quantas vix queo dicere. Principio, quî potest esse *vita vitalis,* ut ait Ennius, quæ non amici mutua benevolentia conquiescat? Quid dulcius, quam habere, quîcum omnia audeas sic loqui, ut tecum? Quis esset tantus fructus in prosperis rebus, nisi haberes, qui illis æque ac tu ipse gauderet? Adversas vero ferre difficile esset sine eo, qui illas gravius etiam, quam tu, ferret. Denique ceteræ res, quæ expetuntur, opportunæ sunt singulæ rebus fere singulis: divitiæ, ut utare; opes, ut colare; honores, ut laudere; voluptates, ut gaudeas; valetudo, ut dolore careas, et muneribus fungare corporis. Amicitia res plurimas continet: quoquo te verteris, præsto est; nullo loco excluditur; nunquam intempestiva, nunquam molesta est, itaque non aqua, non igni, ut aiunt, pluribus locis utimur, quam amicitia. Neque ego nunc de vulgari, aut de mediocri (quæ tamen ipsa et delectat, et prodest), sed de vera et perfecta loquor, qualis eorum, qui pauci nominantur, fuit. Nam et secundas res splendidiores facit amicitia, et adversas partiens communicansque leviores.

VII. 23. Cumque plurimas et maximas commoditates amicitia contineat, tum illa nimirum præstat omnibus, quod bonam spem prælucet in posterum, nec debilitari animos, aut cadere patitur. Verum etiam amicum qui intuetur, tamquam exemplar aliquod intuetur sui. Quocirca et absentes adsunt, et egentes abundant, et imbecilli valent, et, quod difficilius dictu est, mortui vivunt: tantus eos honos, memoria, desiderium prosequitur amicorum. Ex quo illorum beata mors videtur, horum vita laudabilis. Quod si exemeris ex rerum natura benevolentiæ conjunctionem, nec domus ulla, nec urbs stare poterit; ne agri quidem cultus permanebit. Id si minus intelligitur; quanta vis amicitiæ concordiæque sit, ex dissensionibus atque discordiis percipi potest. Quæ enim domus tam stabilis, quæ tam firma civitas est, quæ non odiis atque dissidiis funditus possit everti? ex quo, quantum boni sit in amicitia, judicari potest. 24. Agrigentinum quidem, doctum quendam virum, carminibus Græcis vaticinatum ferunt: quæ in rerum natura totoque mundo constarent, quæque moverentur, ea contrahere amicitiam, dissipare discordiam. Atque hoc quidem omnes mortales et intelligunt, et re probant. Itaque, si quando aliquod officium exstitit amici in periculis aut adeundis, aut communicandis, quis est, qui id non maximis efferat laudibus? Qui clamores tota cavea nuper in hospitis et amici mei M. Pacuvii nova fabula! cum, ignorante rege, uter eorum esset Orestes,

Pylades Orestem se esse diceret, ut pro illo necaretur; Orestes autem, ita ut erat, Orestem se esse perseveraret. Stantes plaudebant in re ficta: quid arbitramur in vera fuisse facturos? Facile indicabat ipsa natura vim suam, cum homines, quod facere ipsi non possent, id recte fieri in altero judicarent. Hactenus mihi videor, de amicitia quid sentirem, potuisse dicere: si qua præterea sunt (credo autem esse multa), ab iis, si videbitur, qui ista disputant, quæritote.

25. FANNIUS. Nos autem a te potius: quamquam etiam ab istis sæpe quæsivi et audivi, non invitus equidem: sed aliud quoddam filum orationis tuæ.

SCÆVOLA. Tum magis id diceres, Fanni, si nuper in hortis Scipionis, cum est de Republica disputatum, affuisses: qualis tum patronus justitiæ fuit contra accuratam orationem Phili!

FANNIUS. Facile id quidem fuit justitiam justissimo viro defendere.

SCÆVOLA. Quid amicitiam? nonne facile ei, qui ob eam summa fide, constantia, justitiaque servatam, maximam gloriam ceperit?

VIII. 26. LÆLIUS. Vim hoc quidem est afferre! Quid enim refert, qua me ratione cogatis? Cogitis certe. Studiis enim generorum, præsertim in re bona, cum difficile est, tum ne æquum quidem, obsistere. Sæpissime igitur mihi, de amicitia cogitanti, maxime illud considerandum videri solet, utrum propter imbecillitatem atque inopiam desiderata sit amicitia; ut in dandis recipiendisque meritis, quod quisque minus per se ipse posset, id acciperet ab alio, vicissimque redderet; an esset hoc quidem proprium amicitiæ, sed antiquior, et pulchrior, et magis a natura ipsa profecta alia causa? Amor enim, ex quo amicitia nominata, princeps est ad benevolentiam conjungendam. Nam utilitates quidem etiam ab iis percipiuntur sæpe, qui simulatione amicitiæ coluntur et observantur temporis causa: in amicitia autem nihil fictum, nihil simulatum; et, quidquid est, id et verum et voluntarium. 27. Quapropter a natura mihi videtur potius, quam ab indigentia, orta amicitia, et applicatione magis animi cum quodam sensu amandi, quam cogitatione, quantum illa res utilitatis esset habitura. Quod quidem quale sit, etiam in bestiis quibusdam animadverti potest, quæ ex se natos ita amant ad quoddam tempus, et ab eis ita amantur, ut facile earum sensus appareat. Quod in homine multo est evidentius. Primum ex ea caritate, quæ est inter natos et parentes, quæ dirimi, nisi detestabili scelere, non potest: deinde, cum similis sensus exstitit amoris, si aliquem nacti sumus, cujus cum moribus et natura congruamus, quod in eo quasi lumen aliquod probitatis et virtutis perspicere videamur. 28. Nihil est enim amabilius virtute; nihil, quod magis alliciat homines ad diligendum: quippe cum propter virtutem et probitatem eos etiam, quos nunquam vidimus, quodam modo diligamus. Quis est, qui C. Fabricii, M'. Curii non cum caritate aliqua et benevolentia memoriam usurpet, quos nunquam viderit? Quis autem est, qui Tarquinium Superbum, qui Sp. Cassium, Sp. Mælium non oderit? Cum duobus ducibus de imperio in Italia decertatum est, Pyrrho et Hannibale: ab altero, propter probitatem ejus, non nimis alienos animos habemus; alterum propter crudelitatem semper hæc civitas oderit.

IX. 29. Quod si tanta vis probitatis est, ut eam vel in eis, quos nunquam vidimus, vel, quod majus est, in hoste etiam diligamus; quid mirum, si animi hominum moveantur, cum eorum, quibuscum usu conjuncti esse possunt, virtutem et bonitatem perspicere videantur? Quamquam confirmatur amor et beneficio accepto, et studio perspecto, et consuetudine adjuncta: quibus rebus ad illum primum motum animi et amoris adhibitis, admirabilis quædam exardescit benevolentiæ magnitudo. Quam si qui putant ab imbecillitate proficisci, ut sit, per quem assequatur, quod quisque desideret; humilem sane relinquunt, et minime generosum, ut ita dicam, ortum amicitiæ, quam ex inopia atque indigentia natam volunt. Quod si ita esset; ut quisque minimum in se esse arbitraretur, ita ad amicitiam esset aptissimus: quod longe secus est. 30. Ut enim quisque sibi plurimum confidit, et ut quisque maxime virtute et sapientia sic munitus est, ut nullo egeat, suaque omnia in se ipso posita judicet; ita in amicitiis expetendis colendisque maxime excellit. Quid enim? Africanus indigens mei? Minime hercle! ac ne ego quidem illius: sed ego admiratione quadam virtutis ejus, ille vicissim opinione fortasse nonnulla, quam de meis moribus habebat, me dilexit; auxit benevolentiam consuetudo. Sed quamquam utilitates multæ et magnæ consecutæ sunt, non sunt tamen ab earum spe causæ diligendi profectæ. 31. Ut enim benefici liberalesque sumus, non ut exigamus gratiam (neque enim beneficium fœneramur; sed natura propensi ad liberalitatem sumus); sic amicitiam, non spe mercedis adducti, sed quod omnis ejus fructus in ipso amore inest, expetendam putamus. 32. At ii, qui pecudum ritu ad voluptatem omnia referunt, longe dissentiunt; nec mirum: nihil enim altum, nihil magnificum ac divinum suspicere possunt, qui suas omnes cogitationes abjecerunt in rem tam humilem, tamque contemtam. Quamobrem hos quidem ab hoc sermone removeamus: ipsi autem intelligamus, natura gigni sensum diligendi, et benevolentiæ caritatem, facta significatione probitatis. quam qui appetiverunt, applicant sese et propius admovent, ut et usu ejus, quem diligere cœperunt, fruantur et moribus, sintque pares in amore et æquales, propensioresque ad bene merendum, quam ad reposcendum. Atque hæc inter eos fit honesta certatio. Sic et utilitates ex amicitia maxime capientur; et erit ejus ortus a natura, quam ab imbecillitate, et gravior et verior. Nam, si utilitas amicitias conglutinaret, eadem commutata dissolveret: sed, quia natura mutari non potest, idcirco veræ amicitiæ sempiternæ sunt. Ortum quidem amicitiæ videtis, nisi quid ad hæc forte vultis.

FANNIUS. Tu vero perge, Læli! pro hoc enim, qui minor est natu, meo jure respondeo.

33. SCÆVOLA. Recte tu quidem: quamobrem audiamus.

X. LÆLIUS. Audite ergo, optimi viri, ea quæ sæpissime inter me et Scipionem de amicitia disserebantur: quam quam ille quidem nihil difficilius esse dicebat, quam amicitiam usque ad extremum vitæ permanere. Nam vel, ut non idem expediret, incidere sæpe; vel, ut de republica non idem sentiretur: mutari etiam mores hominum sæpe dicebat, alias adversis rebus, alias ætate ingravescente. Atque earum rerum exemplum ex similitudine capiebat ineuntis ætatis, quod summi puerorum amores sæpe una cum prætexta ponerentur. 34. Sin autem ad adolescentiam perduxissent, dirimi tamen interdum contentione, vel uxoriæ conditionis, vel commodi alicujus, quod idem adipisci uterque non posset. Quod si qui longius in amicitia provecti essent, tamen sæpe labefactari, si in honoris contentionem incidissent: pestem enim majorem esse nullam in amicitiis, quam in plerisque pecuniæ cupiditatem; in optimis quibusque honoris certamen et gloriæ; ex quo inimicitias maximas sæpe inter amicissimos exstitisse. 35. Magna etiam dissidia et plerumque justa nasci, cum aliquid ab amicis, quod rectum non esset postularetur; ut aut libidinis ministri, aut adjutores essent ad injuriam. Quod qui recusarent, quamvis honeste id facerent, jus tamen amicitiæ deserere arguerentur ab iis, quibus obsequi nollent; illos autem, qui quidvis ab amico auderent postulare, postulatione ipsa profiteri, omnia se amici causa esse facturos. Eorum querela inveterata non modo familiaritates extingui solere, sed etiam odia gigni sempiterna. Hæc ita multa, quasi fata, impendere amicitiis, ut omnia subterfugere non modo sapientiæ, sed etiam felicitatis diceret sibi videri.

XI. 36. Quamobrem id primum videamus, si placet, quatenus amor in amicitia progredi debeat. Num, si Coriolanus habuit amicos, ferre contra patriam arma illi cum Coriolano debuerunt? num Viscellinum amici regnum appetentem, num Sp. Mælium debuerunt juvare? 37. Tib. quidem Gracchum rempublicam vexantem a Q. Tuberone æqualibusque amicis derelictum videbamus. At C. Blossius Cumanus, hospes familiæ vestræ, Scævola, cum ad me, qui aderam Lænati et Rupilio consulibus in consilio, deprecatum venisset, hanc, ut sibi ignoscerem, causam afferebat, quod tanti Tib. Gracchum fecisset, ut, quidquid ille vellet, sibi faciendum putaret. Tum ego, Etiamne, inquam, si te in Capitolium faces ferre vellet? *Nunquam*, inquit, *voluisset id quidem*. Sed, si voluisset? *Paruissem*. Videtis, quam nefaria vox. Et hercle ita fecit, vel plus etiam, quam dixit: non enim paruit ille Tib. Gracchi temeritati, sed præfuit; nec se comitem illius furoris, sed ducem præbuit. Itaque hac amentia, quæstione nova perterritus, in Asiam profugit, ad hostes se contulit, pœnas reipublicæ graves justasque persolvit. Nulla est igitur excusatio peccati, si amici causa peccaveris: nam, cum conciliatrix amicitiæ virtutis opinio fuerit, difficile est amicitiam manere, si a virtute defeceris. 38. Quod si rectum statuerimus, vel concedere amicis, quidquid velint, vel impetrare ab eis, quidquid velimus; perfecta quidem sapientia simus, si nihil habeat res vitii: sed loquimur de iis amicis, qui ante oculos sunt, quos vidimus, aut de quibus memoriam accepimus, quos novit vita communis. Ex hoc numero nobis exempla sumenda sunt, et eorum quidem maxime, qui ad sapientiam proxime accedunt. 39. Vide mus Papum Æmilium C. Luscino familiarem fuisse (sic a patribus accepimus), bis una consules, collegas in censura; tum et cum iis et inter se conjunctissimos fuisse M'. Curium, et Ti. Coruncanium, memoriæ proditum est. Igitur ne suspicari quidem possumus, quemquam horum ab amico quidpiam contendisse, quod contra fidem, contra jusjurandum, contra rempublicam esset. Nam hoc quidem in talibus viris quid attinet dicere, si contendisset, impetraturum non fuisse; cum illi sanctissimi viri fuerint; æque autem nefas sit, tale aliquid et facere rogatum et rogare? At vero Tib. Gracchum sequebantur C. Carbo, C. Cato, et minime tunc quidem Caius frater, nunc idem acerrimus.

XII. 40. Hæc igitur lex in amicitia sanciatur, ut neque rogemus res turpes, nec faciamus rogati. Turpis enim excusatio est, et minime accipienda, cum in ceteris peccatis, tum si quis contra rempublicam se amici causa fecisse fateatur. Etenim eo loco, Fanni et Scævola, locati sumus, ut nos longe prospicere oporteat futuros casus reipublicæ. Deflexit jam aliquantulum de spatio curriculoque consuetudo majorum. 41. Tib. Gracchus regnum occupare conatus est, vel regnavit is quidem paucos menses. Num quid simile populus Romanus audierat, aut viderat? Hunc etiam post mortem secuti amici et propinqui quid in P. Scipionem effecerint, sine lacrimis non queo dicere. Nam Carbonem, quoquo modo potuimus, propter recentem pœnam Tib. Gracchi, sustinuimus. De C. Gracchi autem tribunatu quid exspectem, non libet augurari: serpit enim deinde res, quæ proclivius ad perniciem, cum semel cœpit, labitur. Videtis in tabella jam ante quanta facta sit labes, primo Gabinia lege, biennio autem post Cassia. Videre jam videor populum, a senatu disjunctum, multitudinisque arbitrio res maximas agi. Plures enim discent, quemadmodum hæc fiant, quam quemadmodum his resistatur. 42 Quorsum hæc? quia sine sociis nem quidquam tale conatur. Præcipiendum est igitur bonis, ut, si in ejusmodi amicitias ignari casu aliquo inciderint, ne existiment, ita se alligatos, ut ab amicis in republica peccantibus non discedant. Improbis autem pœna statuenda est; nec vero minor iis, qui secuti erunt alterum, quam iis, qui ipsi fuerint impietatis duces. Quis clarior in Græcia Themistocle? quis potentior? qui, cum imperator bello Persico servitute Græciam liberasset, propterque invidiam in exsilium isset, ingratæ patriæ injuriam non tulit, quam ferre debuit: fecit idem, quod viginti annis ante apud nos fecerat Coriolanus. His adjutor contra patriam inventus est nemo: itaque mortem sibi uterque conscivit. 43. Quare talis improborum consensio non modo excusatione amicitiæ tegenda non est, sed potius omni supplicio vindicanda; ut ne quis sibi concessum putet amicum, vel bellum patriæ inferentem, sequi. Quod quidem, ut res cœpit ire, haud scio, an aliquando futurum sit: mihi autem non minori curæ est, qualis respublica post mortem meam futura sit, quam qualis hodie sit.

XIII. 44. Hæc igitur prima lex amicitiæ sanciatur, ut ab amicis honesta petamus, amicorum causa honesta faciamus: ne exspectemus quidem, dum rogemur; studium semper adsit, cunctatio absit; consilium vero dare gaudeamus libere. Plurimum in amicitia amicorum bene suadentium valeat auctoritas, eaque et adhibeatur ad monendum non modo aperte, sed etiam acriter, si res postulabit; et adhibitæ pareatur. 45. Nam quibusdam, quos audio sapientes habitos in Græcia, placuisse opinor mirabilia quædam (sed nihil est, quod illi non persequantur suis argutiis): partim fugiendas esse nimias amicitias, ne necesse sit unum sollicitum esse pro pluribus; satis superque esse suarum cuique rerum; alienis nimis implicari molestum esse: commodissimum esse, quam laxissimas habenas habere amicitiæ, quas vel adducas, cum velis, vel remittas; caput enim esse ad beate vivendum securitatem qua frui non possit animus, si tamquam parturiat unus pro pluribus. 46. Alios autem dicere aiunt multo etiam inhumanius (quem locum breviter perstrinxi paullo ante), præsidii adjumentique causa, non benevolentiæ neque caritatis amicitias esse expetendas. Itaque, ut quisque minimum firmitatis habeat, minimumque virium, ita amicitias appetere maxime: ex eo fieri, ut mulierculæ magis amicitiarum præsidia quærant, quam viri, et inopes quam opulenti, et calamitosi quam ii, qui putantur beati. 47. O præclaram sapientiam! Solem enim e mundo tollere videntur, qui amicitiam e vita tollunt: qua nihil a diis immortalibus melius habemus, nihil jucundius. Quæ est enim ista securitas? specie quidem blanda, sed reapse multis locis repudianda. Neque enim est consentaneum ullam honestam rem actionemve, ne sollicitus sis, aut non suscipere, aut susceptam deponere. Quod si curam fugimus, virtus fugienda est, quæ necesse est cum aliqua cura res sibi contrarias aspernetur atque oderit; ut bonitas malitiam, temperantia libidinem, ignaviam fortitudo. Itaque videas rebus injustis justos maxime dolere, imbellibus fortes, flagitiosis modestos. Ergo hoc proprium est animi bene constituti, et lætari bonis rebus, et dolere contrariis. 48. Quamobrem si cadit in sapientem animi dolor (qui profecto cadit, nisi ex ejus animo extirpatam humanitatem arbitramur), quæ causa est, cur amicitiam funditus tollamus e vita, ne aliquas propter eam suscipiamus molestias? Quid enim interest, motu animi sublato, non dico inter hominem et pecudem, sed inter hominem et saxum, aut truncum, aut quidvis generis ejusdem? Neque enim sunt isti audiendi, qui virtutem duram, et quasi ferream esse quandam volunt: quæ quidem est, cum multis in rebus, tum in amicitia, tenera atque tractabilis: ut et bonis amici quasi diffundantur, et incommodis contrahantur. Quamobrem angor iste, qui pro amico sæpe capiendus est, non tantum valet, ut tollat e vita amicitiam; non plus, quam ut virtutes, quia nonnullas curas et molestias afferunt, repudientur.

XIV. Cum autem contrahat amicitiam, ut supra dixi, si qua significatio virtutis eluceat, ad quam se similis animus applicet et adjungat, id cum contingit, amor exoriatur necesse est. 49. Quid enim tam absurdum, quam delectari multis inanibus rebus, ut honore, ut gloria, ut ædificio, ut vestitu cultuque corporis; animo autem virtute prædito, eo, qui vel amare, vel, ut ita dicam, redamare possit, non admodum delectari? Nihil est enim remuneratione bene volentiæ, nihil vicissitudine studiorum officiorumque jucundius. 50. Quod si etiam illud addimus, quod recte addi potest, nihil esse, quod ad se rem ullam tam alliciat, et tam attrahat, quam ad amicitiam similitudo: concedetur profecto verum esse, ut bonos boni diligant, adsciscantque sibi quasi propinquitate conjunctos atque natura. Nihil est enim appetentius similium sui, nihil rapacius, quam natura. Quamobrem hoc quidem, Fanni et Scævola, constat, ut opinor, bonis inter bonos quasi necessariam benevolentiam; qui est amicitiæ fons a natura constitutus. Sed eadem bonitas etiam ad multitudinem pertinet. Non est enim inhumana virtus, neque immunis, neque superba; quæ etiam populos universos tueri, eisque optime consulere soleat: quod non faceret profecto, si a caritate vulgi abhorreret. 51. Atque etiam mihi quidem videntur, qui utilitatis causa fingunt amicitias, amabilissimum nodum amicitiæ tollere. Non enim tam utilitas parta per amicum, quam amici amor ipse delectat: tumque illud fit, quod ab amico est profectum, jucundum, si cum studio est profectum; tantumque abest, ut amicitiæ propter indigentiam colantur, ut ii, qui opibus et copiis maximeque virtute præditi, in qua plurimum est præsidii, minime alterius indigeant, liberalissimi sint et beneficentissimi.

Atque haud scio, an ne opus sit quidem, nihil unquam omnino deesse amicis. Ubi enim studia nostra viguissent, si nunquam consilio, nunquam opera nostra, nec domi nec militiæ Scipio eguisset? non igitur utilitatem amicitia, sed utilitas amicitiam consecuta est.

XV. 52. Non ergo erunt homines deliciis diffluentes audiendi, si quando de amicitia, quam nec usu nec ratione habent cognitam, disputabunt. Nam quis est, pro deûm fidem atque hominum! qui velit, ut neque diligat quemquam, nec ipse ab ullo diligatur, circumfluere omnibus copiis, atque in omnium rerum abundantia vivere? Hæc est enim tyrannorum vita, in qua nimirum nulla fides, nulla caritas, nulla stabilis benevolentiæ potest esse fiducia; omnia semper suspecta atque sollicita; nullus locus amicitiæ. 53. Quis enim aut eum diligat, quem metuat; aut eum, a quo se metui putet? Coluntur tamen simulatione duntaxat ad tempus. Quod si forte, ut fit plerumque, ceciderint; tum intelligitur, quam fuerint inopes amicorum. Quod Tarquinium dixisse ferunt, tum exsulantem se intellexisse, quos fidos amicos habuisset, quos infidos, cum jam neutris gratiam referre posset. 54. Quamquam miror, illa superbia et importunitate, si quemquam habere potuit. Atque, ut hujus, quem dixi, mores veros amicos parare non potuerunt, sic multorum opes præpotentium excludunt amicitias fideles. Non enim solum ipsa Fortuna cæca est, sed eos etiam plerumque efficit cæcos, quos complexa est. Itaque efferuntur fere fastidio et contumacia: neque quidquam insipiente fortunato intolerabilius fieri potest. Atque hoc quidem videre licet, eos, qui antea commodis fuerunt moribus, imperio, potestate, prosperis rebus immutari, sperni ab iis veteres amicitias, indulgeri novis. 55. Quid autem stultius, quam, cum plurimum copiis, facultatibus, opibus possint, cetera parare, quæ parantur pecunia, equos, famulos, vestem egregiam, vasa pretiosa; amicos non parare, optimam et pulcherrimam vitæ, ut ita dicam, supellectilem? Etenim cetera cum parant, cui parent, nesciunt, nec cujus causa laborent; ejus est enim istorum quidque, qui vincit viribus: amicitiarum sua cuique permanet stabilis et certa possessio; ut, etiam si illa maneant, quæ sunt quasi dona fortunæ, tamen vita inculta et deserta ab amicis non possit esse jucunda. Sed hæc hactenus.

XVI. 56. Constituendi sunt autem, qui sint in amicitia fines, et quasi termini diligendi; de quibus tres video sententias ferri, quarum nullam probo: unam, ut eodem modo erga amicos affecti simus, quo erga nosmetipsos; alteram, ut nostra in amicos benevolentia illorum erga nos benevolentiæ pariter æqualiterque respondeat; tertiam, ut, quanti quisque se ipse facit, tanti fiat ab amicis. 57. Harum trium sententiarum nulli prorsus assentior. Nec enim illa prima vera est, ut, quemadmodum in se quisque, sic in amicum sit animatus. Quam multa enim, quæ nostra causa nunquam faceremus, facimus causa amicorum! precari ab indigno, supplicare; tum acerbius in aliquem invehi, insectarique vehementius; quæ in nostris rebus non satis honeste, in amicorum fiunt honestissime: multæ quoque res sunt, in quibus de suis commodis viri boni multa detrahunt detrahique patiuntur, ut iis amici potius, quam ipsi, fruantur. 58. Altera sententia est, quæ definit amicitiam paribus officiis ac voluntatibus. Hoc quidem est nimis exigue et exiliter ad calculos vocare amicitiam, ut par sit ratio acceptorum et datorum. Divitior mihi et affluentior videtur esse vera amicitia, nec observare restricte, ne plus reddat, quam acceperit. Neque enim verendum est, ne quid excidat; aut, ne quid in terram defluat; aut, ne plus æquo in amicitiam congeratur. 59 Tertius vero ille finis deterrimus, ut, quanti quisque se ipse faciat, tanti fiat ab amicis. Sæpe enim in quibusdam aut animus abjectior est, aut spes amplificandæ fortunæ fractior. Non est igitur amici, talem esse in eum, qualis ille in se est; sed potius eniti et efficere, ut amici jacentem animum excitet, inducatque in spem cogitationemque meliorem. Alius igitur finis veræ amicitiæ constituendus est, si prius, quid maxime reprehendere Scipio solitus sit, edixero. Negabat ullam vocem inimiciorem amicitiæ potuisse reperiri, quam ejus, qui dixisset, ita amare oportere, ut si aliquando esset osurus: nec vero se adduci posse, ut hoc, quemadmodum putaretur, a Biante esse dictum crederet, qui sapiens habitus esset unus e septem; impuri cujusdam, aut ambitiosi, aut omnia ad suam potentiam revocantis esse sententiam. Quonam enim modo quisquam amicus esse poterit, cui se putabit inimicum esse posse? Quinetiam necesse erit cupere et optare, ut quam sæpissime peccet amicus, quo plures det sibi tamquam ansas ad reprehendendum: rursum autem recte factis commodisque amicorum necesse erit angi, dolere, invidere. 60. Quare hoc quidem præceptum, cujuscunque est, ad tollendam amicitiam valet. Illud potius præcipiendum fuit, ut eam diligentiam adhiberemus in amicitiis comparandis, ut ne quando amare inciperemus eum, quem aliquando odisse possemus. Quinetiam si minus felices in deligendo fuissemus, ferendum id Scipio potius, quam inimicitiarum tempus cogitandum, putabat.

XVII. 61. His igitur finibus utendum arbitror, ut, cum emendati mores amicorum sint, tum sit inter eos omnium rerum, consiliorum, voluntatum, sine ulla exceptione, communitas: ut etiam, si qua fortuna acciderit, ut minus justæ amicorum voluntates adjuvandæ sint, in quibus eorum aut caput agatur aut fama, declinandum sit de via; modo ne summa turpitudo sequatur: est enim quatenus amicitiæ dari venia possit. Nec vero negligenda est fama; nec mediocre telum ad res gerendas existimare oportet benevolentiam civium, quam blanditiis et assentando colligere turpe est. Virtus, quam sequitur caritas, minime repudianda est. 62. Sed sæpe (etenim redeo ad Scipionem, cujus omnis sermo erat de amicitia) querebatur, quod omnibus in rebus homines diligentiores essent; capras et oves quot quisque haberet, dicere posse: amicos quot haberet, non posse dicere: et in illis quidem parandis adhibere curam, in amicis eligendis negligentes esse, nec habere quasi signa quædam, et notas, quibus eos, qui ad amicitiam essent idonei, judicarent. Sunt igitur firmi, et stabiles, et constantes eligendi, cujus generis est magna penuria: et judicare difficile est sane nisi expertum; experiendum est autem in ipsa amicitia: ita præcurrit amicitia judicium, tollitque experiendi potestatem. 63. Est igitur prudentis, sustinere, ut currum, sic impetum benevolentiæ, quo utamur, quasi equis tentatis, sic amicitiis, aliqua parte periclitatis moribus amicorum. Quidam sæpe in parva pecunia perspiciuntur, quam sint leves; quidam, quos parva movere non potuit, cognoscuntur in magna. Sin erunt aliqui reperti, qui pecuniam præferre amicitiæ sordidum exstiment; ubi eos inveniemus, qui honores, magistratus, imperia, potestates, opes amicitiæ non anteponent, ut, cum ex altera parte proposita hæc sint, ex altera jus amicitiæ, non multo illa malint? Imbecilla enim natura est ad contemnendam potentiam: quam etiam si neglecta amicitia consecuti sunt, obscuratum iri arbitrantur, quia non sine magna causa sit neglecta amicitia. 64. Itaque veræ amicitiæ difficillime reperiuntur in iis, qui in honoribus reque publica versantur. Ubi enim istum invenias, qui honorem amici anteponat suo? Quid? hæc ut omittam, quam graves, quam difficiles plerisque videntur calamitatum societates! ad quas non est facile inventu qui descendat. Quamquam Ennius recte:

Amicus certus in re incerta cernitur:

tamen hæc duo levitatis et infirmitatis plerosque convincunt, aut si in bonis rebus contemnunt, aut si in malis deserunt.

XVIII. Qui igitur utraque in re gravem, constantem, stabilem se in amicitia præstiterit, hunc ex maxime raro hominum genere judicare debemus, et pæne divino. 65. Firmamentum autem stabilitatis constantiæque ejus, quam in amicitia quærimus, fides est. Nihil enim stabile est, quod infidum. Simplicem præterea, et communem, et consentientem, qui rebus eisdem movetur, eligi par est: quæ omnia pertinent ad fidelitatem. Neque enim fidum potest esse multiplex ingenium, et tortuosum; neque vero, qui non iisdem rebus movetur, naturaque consentit, aut fidus, aut stabilis potest esse. Addendum eodem est, ut ne criminibus aut inferendis delectetur, aut credat oblatis: quæ omnia pertinent ad eam, quam jamdudum tracto, constantiam. Ita fit verum illud, quod initio dixi, amicitiam, nisi inter bonos, esse non posse. Est enim boni viri, quem eundem sapientem licet dicere, hæc duo tenere in amicitia: primum, ne quid fictum sit, neve simulatum: aperte enim vel odisse, magis ingenui est, quam fronte occultare sententiam: deinde, non solum ab aliquo allatas criminationes repellere, sed ne ipsum quidem esse suspiciosum, semper aliquid exstimantem ab amico esse violatum. 66. Accedat huc suavitas quædam oportet sermonum atque morum, haudquaquam mediocre condimentum amicitiæ. Tristitia autem, et in omni re severitas, habet illa quidem gravitatem; sed amicitia remissior esse debet, et liberior, et dulcior, et ad omnem comitatem facilitatemque proclivior.

XIX. 67. Exsistit autem hoc loco quædam quæstio subdifficilis: num quando amici novi, digni amicitia, veteribus sint anteponendi, ut equis vetulis teneros anteponere solemus?—Indigna homine dubitatio! Non enim amicitiarum debent esse, sicut aliarum rerum, satietates. Veterrima quæque, ut ea vina, quæ vetustatem ferunt, esse debent suavissima: verumque illud est, quod dicitur, multos modios salis simul edendos esse, ut amicitiæ munus expletum sit. 68. Novitates autem, si spem afferunt, ut, tamquam in herbis non fallacibus, fructus appareat, non sunt illæ quidem repudiandæ; vetustas tamen suo loco conservanda: maxima est enim vis vetustatis et consuetudinis. Quin ipso equo, cujus modo mentionem feci, si nulla res impediat, nemo est, qui non eo, quo consuevit, libentius utatur, quam intractato et novo: nec vero in hoc, quod est animal, sed in iis etiam, quæ sunt inanima, consuetudo valet: cum locis etiam ipsis delectemur, montuosis etiam et silvestribus, in quibus diutius commorati sumus. 69. Sed maximum est in amicitia, superiorem parem esse inferiori: sæpe enim excellentiæ quædam sunt, qualis erat Scipionis in nostro, ut ita dicam, grege. Nunquam se ille Philo, nunquam Rupilio, nunquam Mummio anteposuit, nunquam inferioris ordinis amicis. Q. vero Maximum fratrem, egregium virum omnino, sibi nequaquam parem, quod is anteibat ætate, tamquam superiorem colebat, suosque omnes per se esse ampliores volebat. 70. Quod faciendum imitandumque est omnibus, ut, si quam præstantiam virtutis, ingenii, fortunæ consecuti sunt, impertiant ea suis, communicentque cum proximis; ut, si parentibus nati sint humilibus, si propinquos habeant imbecilliores vel animo, vel fortuna, eorum augeant opes, eisque honori sint et dignitati: ut in fabulis, qui aliquamdiu propter ignorationem stirpis et generis in famulatu fuerint, cum cogniti sunt, et aut deorum, aut regum filii inventi, retinent tamen caritatem in pastores, quos patres multos annos esse duxerunt. Quod multo profecto magis in veris patribus certisque faciendum. Fructus enim ingenii et virtutis, omnisque præstantiæ, tum maximus capitur, cum in proximum quemque confertur.

XX. 71. Ut igitur ii, qui sunt in amicitiæ conjunctionisque necessitudine superiores, exæquare se cum inferioribus debent: sic inferiores non dolere, se a suis aut ingenio, aut fortuna, aut dignitate superari. Quorum plerique aut queruntur semper aliquid, aut etiam exprobrant: eoque magis, si habere se putant, quod officiose, et amice, et cum labore aliquo suo factum queant dicere. Odiosum sane genus hominum officia exprobrantium: quæ meminisse debet is, in quem collata sunt, non commemorare, qui contulit. 72. Quamobrem ut ii, qui superiores sunt, summittere se debent in amicitia; sic quodam modo inferiores extollere. Sunt enim quidam, qui molestas amicitias faciunt, cum ipsi se contemni putant: quod non fere contingit, nisi iis, qui etiam contemnendos se arbitrantur; qui hac opinione non modo verbis, sed etiam opere levandi sunt. 73. Tantum autem cuique tribuendum, primum, quantum ipse efficere possis; deinde etiam, quantum ille, quem diligas atque adjuves, sustinere. Non enim tu possis, quamvis licet excellas, omnes tuos ad honores amplissimos perducere: ut Scipio P. Rupilium potuit consulem efficere; fratrem ejus Lucium non potuit. Quod si etiam possis quidvis deferre ad alterum, videndum est tamen, quid ille possit sustinere. 74. Omnino amicitiæ, corroboratis jam, confirmatisque et ingeniis, et ætatibus, judicandæ sunt: nec, si qui ineunte ætate venandi, aut pilæ studiosi fuerint, eos habere necessarios, quos tum eodem studio præditos dilexerunt. Isto enim modo nutrices et pædagogi jure vetustatis plurimum benevolentiæ postulabunt: qui negligendi quidem non sunt, sed alio quodam modo. Aliter amicitiæ stabiles permanere non possunt. Dispares enim mores disparia studia sequuntur, quorum dissimilitudo dissociat amicitias: nec ob aliam causam ullam boni improbis, improbi bonis amici esse non possunt, nisi quod tanta est inter eos, quanta maxima potest esse, morum studiorumque distantia. 75. Recte etiam præcipi potest in amicitiis, ne intemperata quædam benevolentia (quod persæpe fit) impediat magnas utilitates amicorum. Nec enim, ut ad fabulas redeam, Trojam Neoptolemus capere potuisset, si Lycomedem, apud quem erat educatus, multis cum lacrimis iter suum impedientem, audire voluisset. Et sæpe incidunt magnæ res, ut discedendum sit ab amicis: quas qui impedire vult, quod desiderium non facile ferat, is et infirmus est mollisque natura, et ob eam ipsam causam in amicitia parum justus. 76. Atque in omni re considerandum est, et quid postules ab amico, et quid patiare a te impetrari.

XXI. Est etiam quasi quædam calamitas in amicitiis dimittendis nonnunquam necessaria: jam enim a sapientium familiaritatibus ad vulgares amicitias oratio nostra delabitur. Erumpunt sæpe vitia amicorum tum in ipsos amicos, tum in alienos, quorum tamen ad amicos redundet infamia. Tales igitur amicitiæ sunt remissione usus eluendæ, et, ut Catonem dicere audivi, dissuendæ magis, quam discindendæ: nisi quædam admodum intolerabilis injuria exarserit, ut neque rectum, neque honestum sit, nec fieri possit, ut non statim alienatio disjunctioque facienda sit. 77. Sin autem morum, aut studiorum commutatio quædam, ut fieri solet, facta erit, aut in reipublicæ partibus dissensio intercesserit (loquor enim jam, ut paullo ante dixi, non de sapientium, sed de communibus amicitiis), cavendum erit, ne non solum amicitiæ depositæ, sed inimicitiæ etiam susceptæ videantur. Nihil enim turpius, quam cum eo bellum gerere, quicum familiariter vixeris. Ab amicitia Q. Pompeii meo nomine se removerat, ut scitis, Scipio; propter dissensionem autem, quæ erat in republica, alienatus est a collega nostro Metello: utrumque egit graviter, auctoritate et offensione animi non acerba. 78. Quamobrem primum danda opera est, ne qua amicorum dissidia fiant: sin tale aliquid evenerit, ut exstinctæ potius amicitiæ, quam oppressæ esse videantur Cavendum vero, ne etiam in graves inimicitias convertant se amicitiæ: ex quibus jurgia, maledicta, contumeliæ gignuntur. Quæ tamen si tolerabiles erunt, ferendæ sunt; et hic honos veteri amicitiæ tribuendus, ut is in culpa sit, qui faciat, non is, qui patiatur injuriam. Omnino omnium horum vitiorum atque incommodorum una cautio est, atque una provisio, ut ne nimis cito diligere incipiant, neve non dignos. 79. Digni autem sunt amicitia, quibus in ipsis inest causa, cur diligantur. Rarum genus! et quidem omnia præclara rara, nec quidquam difficilius, quam reperire, quod sit omni ex parte in suo genere perfectum. Sed plerique neque in rebus humanis quidquam bonum norunt, nisi quod fructuosum sit, et amicos, tamquam pecudes, eos potissimum diligunt, ex quibus sperant se maximum fructum esse capturos. 80. Ita pulcherrima illa et maxime naturali carent amicitia per se et propter se expetenda, nec ipsi sibi exemplo sunt, hæc vis amicitiæ qualis et quanta sit. Ipse enim se quisque diligit, non ut aliquam a se ipse mercedem exigat caritatis suæ, sed quod per se sibi quisque carus est. Quod nisi idem in amicitiam transferatur, verus amicus nunquam reperietur: est enim is quidem tamquam alter idem. 81. Quod si hoc apparet in bestiis, volucribus, nantibus, agrestibus, cicuribus, feris, primum ut se ipsæ diligant (id enim pariter cum omni animante nascitur): deinde ut requirant atque appetant, ad quas se applicent ejusdem generis animantes; idque faciunt cum desiderio, et cum quadam similitudine amoris humani: quanto id magis in homine sit natura, qui et se ipse diligit, et alterum anquirit, cujus animum ita cum suo misceat, ut efficiat pæne unum ex duobus?

XXII. 82. Sed plerique perverse, ne dicam impudenter, amicum habere talem volunt, quales ipsi esse non possunt;

quæque ipsi non tribuunt amicis, hæc ab eis desiderant. Par est autem, primum ipsum esse virum bonum, tum alterum similem sui quærere. In talibus ea, quam jam dudum tractamus, stabilitas amicitiæ confirmari potest, cum homines benevolentia conjuncti, primum cupiditatibus iis, quibus ceteri serviunt, imperabunt; deinde æquitate justitiaque gaudebunt, omniaque alter pro altero suscipiet; neque quidquam unquam nisi honestum et rectum alter ab altero postulabit; neque solum colent inter se, ac diligent, sed etiam verebuntur. Nam maximum ornamentum amicitiæ tollit, qui ex ea tollit verecundiam. 83. Itaque in iis perniciosus est error, qui existimant, libidinum peccatorumque omnium patere in amicitia licentiam. Virtutum amicitia adjutrix a natura data est, non vitiorum comes; ut, quoniam solitaria non posset virtus ad ea, quæ summa sunt, pervenire, conjuncta et consociata cum altera perveniret. Quæ si quos inter societas aut est, aut fuit, aut futura est, eorum est habendus ad summum naturæ bonum optimus beatissimusque comitatus. 84. Hæc est, inquam, societas, in qua omnia insunt, quæ putant homines expetenda, honestas, gloria, tranquillitas animi, atque jucunditas: ut, et, cum hæc adsint, beata vita sit, et sine his esse non possit. Quod cum optimum maximumque sit, si id volumus adipisci, virtuti opera danda est, sine qua nec amicitiam, neque ullam rem expetendam consequi possumus: ea vero neglecta, qui se amicos habere arbitrantur tum se denique errasse sentiunt, cum eos gravis aliquis casus experiri cogit. 85. Quocirca (dicendum est enim sæpius) cum judicaveris, diligere oportet; non, cum dilexeris, judicare. Sed cum multis in rebus negligentia plectimur, tum maxime in amicis et deligendis et colendis: præposteris enim utimur consiliis et acta agimus, quod vetamur veteri proverbio. Nam implicati ultro et citro, vel usu diuturno, vel etiam officiis, repente in medio cursu amicitias, exorta aliqua offensione dirumpimus.

XXIII. 86. Quo etiam magis vituperanda est rei maxime necessariæ tanta incuria. Una est enim amicitia in rebus humanis, de cujus utilitate omnes uno ore consentiunt: quamquam a multis ipsa virtus contemnitur, et venditatio quædam atque ostentatio esse dicitur. Multi divitias despiciunt, quos parvo contentos tenuis victus cultusque delectat; honores vero, quorum cupiditate quidam inflammantur, quam multi ita contemnunt, ut nihil inanius, nihil levius esse existiment! Itemque cetera, quæ quibusdam admirabilia videntur, permulti sunt, qui pro nihilo putent. De amicitia omnes ad unum idem sentiunt, et ii, qui ad rempublicam se contulerunt; et ii, qui rerum cognitione doctrinaque delectantur; et ii, qui suum negotium gerunt otiosi; postremo ii, qui se totos tradiderunt voluptatibus, sine amicitia vitam esse nullam, si modo velint aliqua ex parte liberaliter vivere. 87. Serpit enim nescio quomodo per omnium vitam amicitia; nec ullam ætatis degendæ rationem patitur esse expertem sui. Quinetiam si quis ea asperitate est, et immanitate naturæ, congressus ut hominum fugiat atque oderit, qualem fuisse Athenis Timonem nescio quem accepimus; tamen is pati non possit, ut non anquirat aliquem, apud quem evomat virus acerbitatis suæ. Atque hoc maxime judicaretur, si quid tale posset contingere, ut aliquis nos deus ex hac hominum frequentia tolleret, et in solitudine uspiam collocaret, atque ibi suppeditans omnium rerum, quas natura desiderat, abundantiam et copiam, hominis omnino adspiciendi potestatem eriperet. Quis tam esset ferreus, qui eam vitam ferre posset, cuique non auferret fructum voluptatum omnium solitudo? 88. Verum ergo illud est, quod a Tarentino Archyta, ut opinor, dici solitum, nostros senes commemorare audivi, ab aliis senibus auditum: "*Si quis in cœlum ascendisset, naturamque mundi, et pulchritudinem siderum perspexisset, insuavem illam admirationem ei fore, quæ jucundissima fuisset, si aliquem, cui narraret, habuisset.*" Sic natura solitarium nihil amat, semperque ad aliquod tamquam adminiculum annititur: quod in amicissimo quoque dulcissimum est.

XXIV. Sed cum tot signis eadem natura declaret, quid velit, anquirat, desideret, obsurdescimus tamen nescio quomodo; nec ea, quæ ab ea monemur, audimus. Est enim varius et multiplex usus amicitiæ, multæque causæ suspicionum offensionumque dantur: quas tum evitare, tum elevare, tum ferre, sapientis est. Una illa sublevanda offensio est, ut et veritas in amicitia et fides retineatur: nam et monendi amici sæpe sunt, et objurgandi: et hæc accipienda amice, cum benevole fiunt. 89. Sed nescio quomodo verum est, quod in Andria familiaris meus dicit:

Obsequium amicos, veritas odium parit.

Molesta veritas, si quidem ex ea nascitur odium, quod est venenum amicitiæ; sed obsequium multo molestius, quod peccatis indulgens præcipitem amicum ferri sinit. Maxima autem culpa in eo, qui et veritatem aspernatur, et in fraudem obsequio impellitur. Omnis igitur hac in re habenda ratio et diligentia est: primum, ut monitio acerbitate, deinde objurgatio contumelia careat: in obsequio autem (quoniam Terentiano verbo lubenter utimur) comitas adsit; assentatio, vitiorum adjutrix, procul amoveatur, quæ non modo amico, sed ne libero quidem digna est: aliter enim cum tyranno, aliter cum amico vivitur. 90
Cujus autem aures veritati clausæ sunt, ut ab amico verum audire nequeat, hujus salus desperanda est. Scitum est enim illud Catonis, ut multa: "*Melius de quibusdam acerbos inimicos mereri, quam eos amicos, qui dulces videantur: illos verum sæpe dicere, hos nunquam.*" Atque illud absurdum, quod ii, qui monentur, eam molestiam, quam debent capere, non capiunt; eam capiunt, qua debent vacare. Peccasse enim se non anguntur; objurgari moleste ferunt: quod contra oportebat delicto dolere, correctione gaudere.

XXV. 91. Ut igitur et monere et moneri proprium est veræ amicitiæ; et alterum libere facere, non aspere; alterum patienter accipere, non repugnanter: sic habendum est, nullam in amicitiis pestem esse majorem, quam adulationem, blanditiam, assentationem. Quamvis enim multis nominibus est hoc vitium notandum levium hominum atque fallacium, ad voluntatem loquentium omnia, nihil ad veritatem. 92. Cum autem omnium rerum simulatio est vitiosa (tollit enim judicium veri, idque adulterat), tum amicitiæ repugnat maxime: delet enim veritatem, sine qua nomen amicitiæ valere non potest. Nam cum amicitiæ vis sit in eo, ut unus quasi animus fiat ex pluribus: qui id fieri poterit, si ne in uno quidem quoque unus animus erit, idemque semper; sed varius, commutabilis, multiplex? 93. Quid enim potest esse tam flexibile, tam devium, quam animus ejus, qui ad alterius non modo sensum ac voluntatem, sed etiam vultum atque nutum convertitur?

Negat quis? nego: ait? aio: postremo imperavi egomet mihi,
Omnia assentari,

ut ait idem Terentius; sed ille sub Gnathonis persona; quod amici genus adhibere omnino levitatis est. 94. Multi autem Gnathonum similes, cum sint loco, fortuna, fama superiores, horum est assentatio molesta, cum ad vanitatem accessit auctoritas. 95. Secerni autem blandus amicus a vero, et internosci tam potest, adhibita diligentia, quam omnia fucata, et simulata a sinceris atque veris. Concio, quæ ex imperitissimis constat, tamen judicare solet, quid intersit inter popularem, id est, assentatorem et levem civem, et inter constantem, severum et gravem. 96. Quibus blanditiis Caius Papirius nuper influebat in aures concionis, cum ferret legem de tribunis plebis reficiendis? Dissuasimus nos. Sed nihil de me: de Scipione dicam libentius. Quanta illi, dii immortales! fuit gravitas, quanta in oratione majestas! ut facile ducem populi

Romani, non comitem diceres. Sed affuistis, et est in manibus oratio. Itaque lex popularis suffragiis populi repudiata est. Atque, ut ad me redeam, meministis, Q. Maximo, fratre Scipionis, et L. Mancino consulibus, quam popularis lex de sacerdotiis C. Licinii Crassi videbatur: cooptatio enim collegiorum ad populi beneficium transferebatur. Atque is primus instituit in forum versus agere cum populo: tamen illius vendibilem orationem religio deorum immortalium, nobis defendentibus, facile vincebat. Atque id actum est prætore me, quinquennio ante quam consul sum factus. Itaque re magis, quam auctoritate causa illa defensa est.

XXVI. 97. Quod si in scena, id est, in concione, in qua rebus fictis et adumbratis loci plurimum est, tamen verum valet, si modo id patefactum et illustratum est; quid in amicitia fieri oportet, quæ tota veritate perpenditur? in qua nisi, ut dicitur, apertum pectus videas, tuumque ostendas, nihil fidum, nihil exploratum habeas; ne amare quidem, aut amari, cum, id quam vere fiat, ignores. Quamquam ista assentatio, quamvis perniciosa sit, nocere tamen nemini potest, nisi ei, qui eam recipit, atque ea delectatur. Ita fit, ut is assentatoribus patefaciat aures suas maxime, qui ipse sibi assentetur, et se maxime ipse delectet. 98. Omnino est amans sui virtus; optime enim se ipsa novit, quamque amabilis sit, intelligit: ego autem non de virtute nunc loquor, sed de virtutis opinione. Virtute enim ipsa non tam multi præditi esse, quam videri volunt. Hos delectat assentatio; his fictus ad ipsorum voluntatem sermo cum adhibetur, orationem illam vanam, testimonium esse laudum suarum putant. Nulla est igitur hæc amicitia, cum alter verum audire non vult, alter ad mentiendum paratus est. Nec parasitorum in comœdiis assentatio nobis faceta videretur, nisi essent milites gloriosi.

Magnas vero agere gratias Thais mihi?

Satis erat respondere, *Magnas; ingentes*, inquit. Semper auget assentator id, quod is, cujus ad voluntatem dicitur, vult esse magnum. 99. Quamobrem, quamvis blanda ista vanitas apud eos valeat, qui ipsi illam allectant et invitant; tamen etiam graviores constantioresque admonendi sunt, ut animum advertant, ne callida assentatione capiantur. Aperte enim adulantem nemo non videt, nisi qui admodum est excors: callidus ille et occultus ne se insinuet, studiose cavendum est. Nec enim facillime agnoscitur, quippe qui etiam adversando sæpe assentetur, et, litigare se simulans, blandiatur, atque ad extremum det manus, vincique se patiatur; ut is, qui illusus sit, plus vidisse videatur. Quid autem turpius, quam illudi? Quod ne accidat, cavendum est, ut in Epiclero:

Hodie me ante omnes comicos stultos senes
Versaris, atque emunxeris lautissime.

100. Hæc enim etiam in fabulis stultissima persona est improvidorum et credulorum senum. Sed, nescio quo pacto, ab amicitiis perfectorum hominum, id est, sapientium (de hac dico sapientia, quæ videtur in hominem cadere posse) ad leves amicitias deflexit oratio. Quamobrem ad illa prima redeamus, eaque ipsa concludamus aliquando.

XXVII. Virtus, virtus, inquam, C. Fanni, et tu, Q. Muci, et conciliat amicitias, et conservat. In ea est enim convenientia rerum, in ea stabilitas, in ea constantia: quæ cum se extulit, et ostendit lumen suum, et idem adspexit agnovitque in alio, ad id se admovet, vicissimque accipit illud, quod in altero est; ex quo exardescit sive amor, sive amicitia. (Utrumque enim dictum est ab amando;) amare autem nihil aliud est, nisi eum ipsum diligere, quem ames, nulla indigentia, nulla utilitate quæsita: quæ tamen ipsa efflorescit ex amicitia, etiam si tu eam minus secutus sis 101. Hac nos adolescentes benevolentia senes illos L.

Paulum, M. Catonem, C. Gallum, P. Nasicam, Tib. Gracchum, Scipionis nostri socerum, dileximus. Hæc etiam magis elucet inter æquales, ut inter me et Scipionem, L. Furium, P. Rupilium, Sp. Mummium: vicissim autem senes in adolescentium caritate acquiescimus, ut in vestra, ut in Q. Tuberonis; equidem etiam admodum adolescentis P. Rutilii, A. Virginii familiaritate delector. Quoniamque ita ratio comparata est vitæ naturæque nostræ, ut alia ætas oriatur ex alia; maxime quidem optandum est, ut cum æqualibus possis, quibuscum tamquam e carceribus emissus sis, cum eisdem ad calcem, ut dicitur, pervenire. 102. Sed quoniam res humanæ fragiles caducæque sunt, semper aliqui anquirendi sunt, quos diligamus, et a quibus diligamur: caritate enim benevolentiaque sublata, omnis est e vita sublata jucunditas. Mihi quidem Scipio, quamquam est subito ereptus, vivit tamen, semperque vivet: virtutem enim amavi illius viri, quæ extincta non est. Nec mihi soli versatur ante oculos, qui illam semper in manibus habui, sed etiam posteris erit clara et insignis. Nemo unquam animo aut spe majora suscipiet, qui sibi non illius memoriam atque imaginem proponendam putet. 103. Equidem ex omnibus rebus, quas mihi aut fortuna, aut natura tribuit, nihil habeo, quod cum amicitia Scipionis possim comparare. In hac mihi de republica consensus, in hac rerum privatarum consilium, in eadem requies plena oblectationis fuit. Nunquam illum ne minima quidem re offendi, quod quidem senserim; nihil audivi ex eo ipse, quod nollem. Una domus erat, idem victus, isque communis; neque solum militia, sed etiam peregrinationes, rusticationesque communes. 104. Nam quid ego de studiis dicam cognoscendi semper aliquid, atque discendi? in quibus remoti ab oculis populi omne otiosum tempus contrivimus. Quarum rerum recordatio et memoria, si una cum illo occidisset, desiderium conjunctissimi atque amantissimi viri ferre nullo modo possem. Sed nec illa extincta sunt, aluntur que potius et augentur cogitatione et memoria: et, si illis plane orbatus essem, magnum tamen afferret mihi ætas ipsa solatium; diutius enim jam in hoc desiderio esse non possum. Omnia autem brevia, tolerabilia esse debent, etiam si magna sunt. Hæc habui, de amicitia quæ dicerem. Vos autem hortor, ut ita virtutem locetis, sine qua amicitia esse non potest, ut, ea excepta, nihil amicitia præstabilius putetis.

M. TULLII CICERONIS

PARADOXA

AD M. BRUTUM.

M. TULLII CICERONIS
PARADOXA
AD M. BRUTUM

PROŒMIUM.

1. Animadverti, Brute, sæpe Catonem, avunculum tuum, quum in senatu sententiam diceret, locos graves ex philosophia tractare, abhorrentes ab hoc usu forensi et publico; sed dicendo consequi tamen, ut illa etiam populo probabilia viderentur. 2. Quod eo majus est illi, quam aut tibi aut nobis; quia nos ea philosophia plus utimur, quæ peperit dicendi copiam, et in qua dicuntur ea, quæ non multum discrepent ab opinione populari: Cato autem, perfectus, mea sententia, Stoicus, et ea sentit, quæ non sane probantur in vulgus, et in ea est hæresi, quæ nullum sequitur florem orationis neque dilatat argumentum, sed minutis interrogatiunculis, quasi punctis, quod proposuit, efficit. 3. Sed nihil est tam incredibile, quod non dicendo fiat probabile; nihil tam horridum, tam incultum, quod non splendescat oratione et tamquam excolatur. Quod quum ita putarem, feci etiam audacius, quam ille ipse, de quo loquor. Cato enim dumtaxat de magnitudine animi, de continentia, de morte, de omni laude virtutis, de diis immortalibus, de caritate patriæ, Stoice solet, oratoriis ornamentis adhibitis, dicere. Ego vero illa ipsa, quæ vix in gymnasiis et in otio Stoici probant, ludens conjeci in communes locos. 4. Quæ, quia sunt admirabilia contraque opinionem omnium, et ab ipsis etiam παράδοξα appellantur, tentare volui, possentne proferri in lucem, id est, in forum,

et ita dici, ut probarentur, an alia quædam esset erudita, alia popularis oratio: eoque scripsi libentius, quod mihi ista, παράδοξα quæ appellant, maxime videntur esse Socratica longeque verissima. 5. Accipies igitur hoc parvum opusculum, lucubratum his jam contractioribus noctibus: quoniam illud majorum vigiliarum munus in tuo nomine apparuit: et degustabis genus hoc exercitationum earum, quibus uti consuevi, quum ea, quæ dicuntur in scholis θετικά, ad nostrum hoc oratorium transfero dicendi genus. Hoc tamen opus in acceptum ut referas, nihil postulo. Non est enim, ut in arce poni possit, quasi illa Minerva Phidiæ; sed tamen, ut ex eadem officina exisse appareat.

PARADOXON I.

Ὅτι μόνον ἀγαθὸν τὸ καλόν.

Quod honestum sit, id solum bonum esse.

I. 6. VEREOR, ne cui vestrum ex Stoicorum hominum disputationibus, non ex meo sensu depromta hæc videatur oratio: dicam tamen, quod sentio; et dicam brevius, quam res tanta dici poscit. Nunquam mehercule ego neque pecunias istorum, neque tecta magnifica, neque opes, neque imperia, neque eas, quibus maxime adstricti sunt, voluptates, in bonis rebus aut expetendis esse duxi: quippe quum viderem, homines rebus his circumfluentes ea tamen desiderare maxime, quibus abundarent. Neque enim expletur unquam, nec satiatur cupiditatis sitis: neque solum, ea qui habent, libidine augendi cruciantur, sed etiam amittendi metu. 7. In quo equidem continentissimorum hominum, majorum nostrorum, sæpe requiro prudentiam, qui hæc imbecilla et commutabilia pecuniæ membra, verbo BONA putaverunt appellanda, quum re ac factis longe aliter judicavissent. Potestne bonum cuiquam malo esse? aut potest quisquam in abundantia bonorum ipse esse non bonus? Atqui ista omnia talia videmus, ut etiam improbi habeant, et obsint probis. 8. Quamobrem licet irrideat, si qui vult: plus apud me tamen vera ratio valebit, quam vulgi opinio: neque ego unquam bona perdidisse dicam, si qui pecus aut supellectilem amiserit: neque non sæpe laudabo sapientem illum, Biantem, ut opinor, qui numeratur in septem: cujus quum patriam Prienen cepisset hostis, ceterique ita fugerent, ut multa de suis rebus secum asportarent: quum esset admonitus a quodam, ut idem ipse faceret: *Ego vero*, inquit, *facio: nam omnia mecum porto mea.* 9. Ille hæc ludibria fortunæ ne sua quidem putavit, quæ nos appellamus etiam bona. Quid est igitur, quæret aliquis, bonum? Si quid recte fit et honeste et cum virtute, id bene fieri, vere dicitur; et, quod rectum et honestum et cum virtute est, id solum opinor *bonum.*

II. 10. Sed hæc videri possunt obscuriora, quum lentius disputantur: vita atque factis illustranda sunt summorum virorum hæc, quæ verbis subtilius, quam satis est, disputari videntur. Quæro enim a vobis, num ullam cogitationem habuisse videantur ii, qui hanc rempublicam tam præclare fundatam nobis reliquerunt, aut auri et argenti ad avaritiam, aut amœnitatum ad delectationem, aut supellectilis ad delicias, aut epularum ad voluptates? 11. Ponite ante oculos unumquemque regum. Vultis a Romulo? vultis post liberam civitatem, ab iis ipsis, qui liberaverunt eam? Quibus tandem gradibus Romulus escendit in cœlum? iisne, quæ isti bona appellant? an rebus gestis atque virtutibus? Quid? a Numa Pompilio? minusne gratas diis immortalibus capedines ac fictiles hirnulas fuisse, quam filicatas aliorum pateras arbitramur? Omitto reliquos: sunt enim omnes pares inter se, præter Superbum. 12. Brutum si qui roget, quid egerit in patria liberanda; si quis item reliquos ejusdem consilii socios, quid spectaverint, quid secuti sint: num quis exsistet, cui voluptas, cui divitiæ, cui denique, præter officium fortis et magni viri, quidquam aliud propositum fuisse videatur? Quæ res ad necem Porsennæ C. Mucium impulit, sine ulla spe salutis suæ? Quæ vis Coclitem contra omnes hostium copias tenuit in ponte solum? quæ patrem Decium, quæ filium devotavit, atque immisit in armatas hostium copias? Quid continentia C. Fabricii, quid tenuitas victus M'. Curii sequebatur? Quid duo propugnacula belli Punici, Cn. et P. Scipiones, qui Carthaginiensium adventum corporibus suis intercludendum putaverunt? quid Africanus major? quid minor? quid inter horum ætates interjectus Cato? quid innumerabiles alii? (nam domesticis exemplis abundamus) cogitasse, quidquam in vita sibi expetendum, nisi quod laudabile esset et præclarum, videntur?

III. 13. Veniant igitur isti irrisores hujus orationis, ac sententiæ; et jam vel ipsi judicent, utrum se horum alicujus, qui marmoreis tectis, ebore et auro fulgentibus, qui signis, qui tabulis, qui cælato auro et argento, qui Corinthiis operibus abundant, an C. Fabricii, qui nihil eorum habuit, nihil habere voluit, similes esse malint? 14. Atque hæc quidem, quæ modo huc, modo illuc transferuntur, facile adduci solent, ut in rebus bonis esse negent: illud arcte tenent, accurateque defendunt, voluptatem esse summum bonum. Quæ quidem mihi vox pecudum videtur esse, non hominum. Tu, quum tibi sive Deus, sive mater, ut ita dicam, rerum omnium, natura, dederit animum, quo nihil est præstantius neque divinius, sic te ipse abjicies atque prosternes, ut nihil inter te atque quadrupedem aliquam putes interesse? Quidquamne bonum est, quod non eum, qui id possidet, meliorem facit? 15. Ut enim quisque est maxime boni particeps, ita et laudabilis maxime: neque est ullum bonum, de quo non is, qui id habeat, honeste possit gloriari. Quid autem est horum in voluptate? Melioremne efficit aut laudabiliorem virum? an quisquam in potiundis voluptatibus gloriando sese et præ dicatione effert? Atqui si voluptas, quæ plurimorum patrociniis defenditur, in rebus bonis habenda non est; eaque, quo est major, eo magis mentem e sua sede et statu demovet, profecto nihil est aliud bene et beate vivere, nisi honeste et recte vivere.

PARADOXON II.

Ὅτι αὐτάρκης ἡ ἀρετὴ πρὸς εὐδαιμονίαν.

In quo virtus sit, ei nihil deesse ad beate vivendum.

I. 16. Nec vero ego M. Regulum ærumnosum, nec infe licem, nec miserum unquam putavi. Non enim magnitudo animi ejus excruciabatur a Pœnis, non gravitas, non fides non constantia, non ulla virtus, non denique animus ipse: qui, tot virtutum præsidio tantoque comitatu, quum corpus ejus caperetur, capi certe ipse non potuit. C. vero Ma rium vidimus, qui mihi secundis in rebus unus ex fortu natis hominibus; adversis, unus ex summis viris videbatur; quo beatius esse mortali nihil potest. 17. Nescis, insane, nescis, quantas vires virtus habeat; nomen tantum virtutis usurpas: quid ipsa valeat, ignoras. Nemo potest non beatissimus esse, qui est totus aptus ex sese, quique in se uno sua ponit omnia. Cui spes omnis et ratio et cogitatio pendet ex fortuna, huic nihil potest esse certi; nihil, quod exploratum habeat, permansurum sibi unum diem. Eum tu hominem terreto, si quem eris nactus, istis mortis aut exsilii minis. Mihi vero quidquid acciderit in tam ingrata civitate, ne recusanti quidem evenerit, non modo non repugnanti. Quid enim ego laboravi, aut quid egi, aut in quo evigilaverunt curæ et cogitationes meæ, si quidem nihil peperi tale, nihil consecutus sum, ut eo statu essem, quem neque fortunæ temeritas, neque inimicorum labefac taret injuria? 18. Mortemne mihi minitaris, ut omnino ab hominibus; an exsilium, ut ab improbis demigrandum sit? Mors terribilis est iis, quorum cum vita omnia exstinguuntur; non iis, quorum laus emori non potest: exsilium autem iis, quibus quasi circumscriptus est habitandi locus; non iis, qui omnem orbem terrarum unam urbem esse ducunt. Te miseriæ, te ærumnæ premunt, qui te beatum, qui florentem putas: tuæ libidines te torquent: tu dies noctesque cruciaris; cui nec satis est, quod est, et id ipsum ne non sit diuturnum futurum times: te conscientiæ stimulant maleficiorum tuorum: te metus exanimant judiciorum atque legum: quocumque adspexisti, ut furiæ, sic tuæ tibi occurrunt injuriæ, quæ te respirare non sinunt. 19. Quamobrem ut improbo et stulto et inerti nemini bene esse potest, sic bonus vir et fortis et sapiens miser esse non potest. Nec vero, cujus virtus moresque laudandi sunt, ejus non laudanda vita est: neque porro fugienda vita, quæ laudanda est. Esset autem fugienda, si esset misera. Quamobrem quidquid est laudabile, idem et beatum et florens et expetendum videri debet.

PARADOXON III.

Ὅτι ἴσα τὰ ἁμαρτήματα καὶ τὰ κατορθώματα.

Æqualia esse peccata et recte facta.

I. 20. Parva, inquis, res est: at magna culpa. Nec enim peccata, rerum eventu, sed vitiis hominum metienda sunt. In quo peccatur, id potest aliud alio majus esse aut minus: ipsum quidem illud peccare, quoquo verteris, unum est. Auri navem evertat gubernator, an paleæ; in re aliquantulum, in gubernatoris inscitia nihil interest. Lapsa est libido in muliere ignota: dolor ad pauciores pertinet, quam si petulans fuisset in aliqua generosa ac nobili virgine: peccavit vero nihilominus, si quidem est peccare tamquam transilire lineas: quod quum feceris, culpa commissa est: quam longe progrediare, quum semel transieris, ad augendam culpam nihil pertinet. Peccare certe licet nemini. Quod autem non licet, id hoc uno tenetur, si arguitur non licere. Id si nec majus nec minus unquam fieri potest (quoniam in eo est peccatum, si non licuit; quod semper unum et idem est) quæ ex eo peccata nascuntur, æqualia sint oportet. 21. Quod si virtutes pares sunt inter se, paria esse etiam vitia necesse est. Atqui pares esse virtutes, nec bono viro meliorem, nec temperante temperantiorem, nec forti fortiorem, nec sapiente sapientiorem posse fieri, facillime potest perspici. An virum bonum dices, qui depositum nullo teste, quum lucrari impune posset auri pondo decem, reddiderit, si idem in decem millibus pondo non idem fecerit? aut temperantem eum, qui se in aliqua libidine continuerit, in aliqua effuderit? 22. Una virtus est consentiens cum ratione et perpetua constantia. Nihil huic addi potest, quo magis virtus sit: nihil demi, ut virtutis nomen relinquatur. Etenim si bene facta recte facta sunt, et nihil recto rectius: certe ne bono quidem melius quidquam inveniri potest. Sequitur igitur, ut etiam vitia sint paria: si quidem pravitates animi recte vitia dicuntur. Atqui quoniam pares virtutes sunt; recte facta, quoniam a virtutibus proficiscuntur, paria esse debent: itemque peccata, quoniam ex vitiis manant, sint æqualia necesse est.

II. 23. *A philosophis*, inquit, *ista sumis.* Metuebam, ne a lenonibus diceres. *Socrates disputabat isto modo.* Bene hercule narras. Nam istum doctum et sapientem virum fuisse, memoriæ traditum est. Sed tamen quæro ex te (quoniam verbis inter nos contendimus, non pugnis), utrum de bonis est quærendum quid bajuli atque operarii, an, quid homines doctissimi senserint? præsertim quum hac sententia non modo verior, sed ne utilior quidem hominum vitæ reperiri ulla possit. Quæ vis est enim, quæ magis arceat homines ab improbitate omni, quam si senserint, nullum in delictis esse discrimen? æque peccare se, si privatis, ac si magistratibus manus afferant? quamcunque in domum stuprum intulerint, eandem esse labem libidinis? 24. *Nihilne igitur interest* (nam hoc dicet aliquis) *patrem quis enecet, an servum?* Nuda ista si ponas, judicari, qualia sint, non facile possunt. Patrem vita privare si per se scelus est: Saguntini, qui parentes suos liberos emori, quam servos vivere maluerunt, parricidæ fuerunt. Ergo et parenti nonnunquam adimi vita sine scelere potest: et servo sæpe sine injuria non potest. Causa igitur hæc, non natura distinguit; quæ quando utro accessit, id fit propensius; si utroque adjuncta est, paria fiant, necesse est. 25. Illud tamen interest, quod in servo necando, si id fit injuria, semel peccatur; in patris vita violanda multa peccantur. Violatur is, qui procreavit: is, qui aluit: is, qui erudivit: is, qui in sede ac domo atque in republica collocavit. Multitudine peccatorum præstat, eoque pœna majore dignus est. Sed nos in vita, non quæ cuique peccato pœna sit, sed quantum cuique liceat, spectare debemus: quidquid non oportet, scelus esse: quidquid non licet, nefas putare debemus. Etiamne in minimis rebus? Etiam: si quidem rerum modum fingere non possumus; animorum modum tenere possumus. 26. Histrio si paullum se movit extra numerum, aut si versus pronuntiatus est syllaba una brevior aut longior, exsibilatur et exploditur: in vita tu, quæ omni gestu moderatior, omni versu aptior esse debet, ut in syllaba te peccasse dices? Poetam non audio in nugis: in vitæ societate audiam civem, digitis peccata dimetientem sua? Quæ si visa sunt breviora, leviora quî possint videri, quum, quidquid peccatur, perturbatione peccetur rationis atque ordinis; perturbata autem semel ratione et ordine, nihil possit addi, quo magis peccari posse videatur?

PARADOXON IV.

"Οτι πᾶς ἄφρων μαίνεται.

Omnem stultum insanire.

I. 27. Ego vero te non stultum, ut sæpe; non improbum, ut semper; sed dementem et insanum rebus vincam necessariis. Sapientis animus magnitudine consilii, tolerantia rerum humanarum, contemtione fortunæ, virtutibus denique omnibus, ut mœnibus, septus, vincetur et expugnabitur, qui ne civitate quidem pelli potest? Quæ est enim civitas? Omnisne conventus etiam ferorum et immanium? omnisne etiam fugitivorum ac latronum congregata unum in locum multitudo? Certe negabis. Non igitur erat illa tum civitas, quum leges in ea nihil valebant: quum judicia jacebant: quum mos patrius occiderat: quum, ferro pulsis magistratibus, senatus nomen in republica non erat. Prædonum ille concursus, et, te duce, latrocinium in foro constitutum, et reliquiæ conjurationis a Catilinæ furiis ad tuum scelus furoremque conversæ, non civitas erat. 28. Itaque pulsus ego civitate non sum, quæ nulla erat: arcessitus in civitatem sum, quum esset in republica consul, qui tum nullus fuerat: esset senatus, qui tum occiderat: esset consensus populi liberi: esset juris et æquitatis, quæ vincula sunt civitatis, repetita memoria. Ac vide, quam ista tui latrocinii tela contemserim. Jactam et immissam a te nefariam in me injuriam semper duxi: pervenisse ad me nunquam putavi: nisi forte, quum parietes disturbabas, aut quum tectis sceleratas faces inferebas, meorum aliquid ruere aut deflagrare arbitrabare. 29. Nihil neque meum est, neque cujusquam, quod auferri, quod eripi, quod amitti potest. Si mihi eripuisses divinam animi mei constantiam, meas curas, vigilias, consilia, quibus respublica te invitissimo stat; si hujus æterni beneficii immortalem memoriam delevisses: multo etiam magis, si illam mentem, unde hæc consilia manarunt, mihi eripuisses: tum ego accepisse me confiterer injuriam. Sed si hæc nec fecisti, nec facere potuisti: reditum mihi gloriosum injuria tua dedit, non exitum calamitosum. Ergo ego semper civis; et tum maxime, quum meam salutem senatus exteris nationibus, ut civis optimi, commendabat; tu, ne nunc quidem: nisi forte idem esse hostis et civis potest. An tu civem ab hoste natura ac loco, non animo factisque distinguis?

II. 30. Cædem in foro fecisti: armatis latronibus templa tenuisti: privatorum domos, ædes sacras incendisti. Cur hostis Spartacus, si tu civis? Potes autem tu esse civis, propter quem aliquando civitas non fuit? et me tuo nomine appellas, quum omnes meo discessu exsulasse rempublicam putent? Nunquamne, homo amentissime, te circumspicies? nunquam, nec quid facias, considerabis, nec quid loquare? Nescis, exsilium scelerum esse pœnam? meum illud iter ob præclarissimas res a me gestas esse susceptum? 31. Omnes scelerati atque impii, quorum tu te ducem esse profiteris, quos leges exsilio affici volunt, exsules sunt, etiam si solum non mutarint. An quum omnes leges te exsulem esse jubeant, non eris tu exsul? Exul non appelletur is, qui cum telo fuerit? Ante senatum tua sica deprehensa est. Qui hominem occiderit? Tu plurimos occidisti. Qui incendium fecerit? Ædes Nympharum manu tua deflagravit. Qui templa occupaverit? In foro castra posuisti. 32. Sed quid ego communes leges profero, quibus omnibus es exsul? Familiarissimus tuus de te privilegium tulit, ut, si in opertum Bonæ Deæ accessisses, exsulares. At te id fecisse, etiam gloriari soles. Quomodo igitur, tot legibus in exsilium ejectus, nomen exsulis non perhorrescis? *Romæ sum*, inquit. Et quidem in operto fuisti. Non igitur ubi quisque erit, ejus loci jus tenebit; si ibi eum legibus esse non oportebit.

PARADOXON V.

Ὅτι μόνος ὁ σοφὸς ἐλεύθερος, καὶ πᾶς ἄφρων δοῦλος.

Solum sapientem esse liberum, et omnem stultum servum.

I. 33. Laudetur vero hic Imperator, aut etiam appelletur, aut hoc nomine dignus putetur. Quo modo aut cui tandem hic libero imperabit, qui non potest cupiditatibus suis imperare? Refrenet primum libidines, spernat voluptates, iracundiam teneat, coerceat avaritiam, ceteras animi labes repellat: tum incipiat aliis imperare, quum ipse improbissimis dominis, dedecori ac turpitudini parere desierit. Dum quidem his obediet, non modo Imperator, sed liber habendus omnino non erit. Præclare enim est hoc usurpatum a doctissimis, quorum ego auctoritate non uterer, si mihi apud aliquos agrestes hæc habenda esset oratio: quum vero apud prudentissimos loquar, quibus hæc inaudita non sunt, cur ego simulem, me, si quid in his studiis operæ posuerim, perdidisse? Dictum est igitur ab eruditissimis viris, nisi sapientem, liberum esse neminem. 34. Quid est enim libertas? Potestas vivendi, ut velis. Quis igitur vivit, ut vult, nisi qui recta sequitur, qui gaudet officio, cui vivendi via considerata atque provisa est? qui legibus quidem non propter metum paret, sed eas sequitur atque colit, quia id salutare maxime esse judicat: qui nihil dicit, nihil facit, nihil cogitat denique, nisi libenter ac libere: cujus omnia consilia, resque omnes, quas gerit, ab ipso proficiscuntur, eodemque referuntur: nec est ulla res, quæ plus apud eum polleat, quam ipsius voluntas atque judicium: cui quidem etiam, quæ vim habere maximam dicitur, Fortuna ipsa cedit: sicut sapiens poeta dixit; *Suis ea cuique fingitur moribus.* Soli igitur hoc contingit sapienti, ut nihil faciat invitus, nihil dolens, nihil coactus. 35. Quod etsi ita esse pluribus verbis disserendum est: illud tamen et breve et confitendum est, nisi qui ita sit affectus, liberum esse neminem. Servi igitur omnes improbi. Nec hoc tam re est, quam dictu inopinatum atque mirabile. Non enim ita dicunt eos esse servos, ut mancipia, quæ sunt dominorum facta nexu, aut aliquo jure civili: sed, si servitus sit, sicut est, obedientia fracti animi atque abjecti et arbitrio carentis suo, quis neget omnes leves, omnes cupidos, omnes denique improbos esse servos?

II. 36. An ille mihi liber, cui mulier imperat? cui leges imponit, præscribit, jubet, vetat, quod videtur? qui nihil imperanti negare potest, nihil recusare audet? Poscit; dandum est: vocat; veniendum: ejicit; abeundum: minatur; extimescendum. Ego vero istum non modo servum, sed nequissimum servum, etiam si in amplissima familia natus sit, appellandum puto. Atque ut in magna familia sunt alii lautiores, ut sibi videntur, servi, sed tamen servi sic ii pari stultitia sunt, quos signa, quos tabulæ, quos cælatum argentum, quos Corinthia opera, quos ædificia magnifica nimio opere delectant. *At sumus*, inquiunt, *civitatis principes.* Vos vero ne servorum quidem vestrorum principes estis. 37. Sed ut in familia, qui tractant ista, qui tergunt, qui ungunt, qui verrunt, qui spargunt, non honestissimum locum servitutis tenent: sic in civitate, qui se istarum rerum cupiditatibus dediderunt, ipsius servitutis locum pæne infimum obtinent. *Magna*, inquit, *bella gessi: magnis imperiis et provinciis præfui.* Gere igitur animum laude dignum. Echionis tabula te stupidum detinet, aut signum aliquod Polycleti. Mitto, unde sustuleris, et quomodo habeas. Intuentem te, admirantem, clamores tollentem quum video, servum te esse ineptiarum omnium judico. 38. *Nonne igitur sunt ista festiva?* Sint. Nam nos quoque oculos eruditos habemus. Sed obsecro te, ita venusta habeantur ista, non ut vincula virorum sint, sed ut oblectamenta puerorum. Quid enim censes? si L. Mummius aliquem istorum videret, matellionem Corinthium cupidissime tractantem, quum ipse totam Corinthum contemsisset: utrum illum civem excellentem, an atriensem diligentem putaret? Reviviscat M'. Curius, aut eorum aliquis, quorum in villa ac domo nihil splendidum, nihil ornatum fuit præter ipsos, et videat aliquem, summis populi beneficiis usum, barbatulos mullos exceptantem de piscina et pertractantem, et murænarum copia gloriantem: nonne hunc hominem ita servum judicet, ut ne in familia quidem dignum majore aliquo negotio putet? 39. An eorum servitus dubia est, qui cupiditate peculii nullam conditionem recusant durissimæ servitutis? Hereditatis spes quid iniquitatis in serviendo non suscipit? quem nutum locupletis orbi senis non observat? Loquitur ad voluntatem: quidquid denunciatum sit, facit: assectatur: assidet, muneratur. Quid horum est liberi? quid denique non servi inertis?

III. 40. Quid? jam illa cupiditas, quæ videtur esse liberalior, honoris, imperii, provinciarum, quam dura est domina! quam imperiosa! quam vehemens! Cethego, homini non probatissimo, servire coegit eos, qui sibi esse amplissimi videbantur; munera mittere, noctu venire domum ad eum, precari, denique supplicare. Quæ servitus est, si hæc libertas existimari potest? Quid? quum cupiditatum dominatus excessit, et alius est dominus exortus ex conscientia peccatorum, timor; quam est illa misera, quam dura servitus! Adolescentibus paullo loquacioribus est serviendum: omnes, qui aliquid scire videntur, tamquam domini, timentur. Judex vero quantum habet dominatum! quo timore nocentes afficit! An non est omnis metus servitus? 41. Quid valet igitur illa eloquentissimi viri, L. Crassi, copiosa magis, quam sapiens oratio? *Eripite nos ex servitute.* Quæ est ista servitus, tam claro homini, tamque nobili? Omnis animi debilitati et humilis et fracti timiditas servitus est. *Nolite sinere nos cuiquam servire.* In libertatem vindicari vult? Minime. Quid enim adjungit? *Nisi vobis universis.* Dominum mutare, non liber esse vult. *Quibus et possumus et debemus.* Nos vero, si quidem animo excelso et alto et virtutibus exaggerato sumus, nec debemus, nec possumus. Tu posse te dicito, quoniam quidem potes: debere ne dixeris; quoniam nihil quisquam debet, nisi quod est turpe non reddere. Sed hæc hactenus. Ille videat, quomodo Imperator esse possit: quum eum ne liberum quidem esse ratio et veritas ipsa convincat.

PARADOXON VI.

Ὅτι μόνος ὁ σοφὸς πλούσιος.

Solum sapientem esse divitem.

I. 42. Quæ est ista in commemoranda pecunia tua tam insolens ostentatio? Solusne tu dives? Pro dii immortales! egone, me audivisse aliquid et didicisse, non gaudeam? Solusne dives? Quid, si ne dives quidem? quid, si pauper etiam? Quem enim intelligimus divitem? aut, hoc verbum in quo homine ponimus? Opinor in eo, cui tanta possessio est, ut ad liberaliter vivendum facile contentus sit: qui nihil quærat, nihil appetat, nihil optet amplius. 43. Animus oportet tuus se judicet divitem, non hominum sermo, neque possessiones tuæ: nihil sibi deesse putet, nihil curet amplius. Satiatus est, aut contentus etiam pecunia: concedo, dives es. Sin autem propter aviditatem pecuniæ nullum quæstum turpem putas, quum isti ordini ne honestus quidem possit esse ullus; si quotidie fraudas, decipis, poscis, pacisceris, aufers, eripis; si socios spolias, ærarium expilas; si testamenta amicorum exspectas, aut ne exspectas quidem, atque ipse supponis: hæc utrum abundantis, an egentis signa sunt? 44. Animus hominis dives, non arca appellari solet. Quamvis illa sit plena, dum te inanem videbo, divitem non putabo

Etenim ex eo, quantum cuique satis est, metiuntur homines divitiarum modum. Filiam quis habet; pecunia est opus: duas; majore: Plures; majore etiam. Et si, ut aiunt Danao, quinquaginta sint filiæ, tot dotes magnam quærunt pecuniam. Quantum enim cuique opus est, ad id accommodatur, ut ante dixi, divitiarum modus. Qui igitur non filias plures, sed innumerabiles cupiditates habet, quæ brevi tempore maximas copias exhaurire possint; hunc quo modo ego appellabo divitem, quum ipse etiam egere se sentiat? 45. Multi ex te audierunt, quum diceres, *neminem esse divitem, nisi qui exercitum alere posset suis fructibus:* quod populus Romanus tantis vectigalibus jampridem vix potest. Ergo hoc proposito, nunquam eris dives ante, quam tibi ex tuis possessionibus tantum reficiatur, ut eo tueri sex legiones et magna equitum ac peditum auxilia possis. Jam fateris igitur, non esse te divitem, cui tantum desit, ut expleas id, quod exoptas. Itaque istam paupertatem, vel potius egestatem ac mendicitatem tuam nunquam obscure tulisti.

II. 46. Nam ut iis, qui honeste rem quærunt mercaturis faciendis, operis dandis, publicis sumendis, intelligimus opus esse quæsito: sic, qui videt domi tuæ pariter accusatorum atque judicum consociatos greges; qui nocentes et pecuniosos reos, eodem te auctore, corruptelam judicii molientes, qui tuas mercedum pactiones in patrociniis, intercessiones pecuniarum in coitionibus candidatorum, dimissiones libertorum ad fenerandas diripiendasque provincias: qui expulsiones vicinorum, qui latrocinia in agris, qui cum servis, cum libertis, cum clientibus societates, qui possessiones vacuas, qui proscriptiones locupletium, qui cædes municipiorum, qui illam Sullani temporis messem recordetur, qui testamenta subjecta, qui sublatos tot homines; qui denique omnia venalia, delectum, decretum, alienam, suam sententiam, forum, domum, vocem, silentium: quis hunc non putet confiteri, sibi quæsito opus esse? Cui quæsito autem opus sit, quis unquam hunc vere dixerit divitem? 47. Et enim divitiarum fructus in copia: copiam autem declarat satietas rerum atque abundantia: quam tu quoniam nunquam assequere, nunquam omnino es futurus dives. Meam autem quoniam pecuniam contemnis, et recte (est enim ad vulgi opinionem mediocris; ad tuam, nulla; ad meam, modica); de me silebo: de re loquar. 48. Si censenda nobis atque æstimanda res sit, utrum tandem pluris æstimemus pecuniam Pyrrhi, quam Fabricio dabat, an continentiam Fabricii, qui illam pecuniam repudiabat? utrum aurum Samnitum, an responsum M'. Curii? hereditatem L. Paulli, an liberalitatem Africani, qui ejus hereditatis Q. Maximo fratri partem suam concessit? Hæc profecto, quæ sunt summarum virtutum, pluris æstimanda sunt, quam illa, quæ sunt pecuniæ. Quis igitur (si quidem, ut quisque, quod plurimi sit, possideat, ita ditissimus habendus sit) dubitet, quin in virtute divitiæ sint? quoniam nulla possessio, nulla vis auri et argenti, pluris, quam virtus, æstimanda est.

III. 49. O dii immortales! non intelligunt homines, quam magnum vectigal sit parsimonia. Venio enim jam ad sumtuosos: relinquo istum quæstuosum. Capit ille ex suis prædiis sexcena sestertia; ego centena ex meis: illi, aurata tecta in villis et sola marmorea facienti, et signa, tabulas, supellectilem, et vestem infinite concupiscenti, non modo ad sumtum ille est fructus, sed etiam ad fenus, exiguus. Ex meo tenui vectigali, detractis sumtibus cupiditatis, aliquid etiam redundabit. Uter igitur est divitior, cui deest, an cui superat? qui eget, an qui abundat? cujus possessio quo est major, eo plus requirit ad se tuendam: an quæ suis se viribus sustinet? 50. Sed quid ego de me loquor, qui morum ac temporum vitio aliquantum etiam ipse fortasse in hujus sæculi errore verser? M'.

Manilius patrum nostrorum memoria (ne semper Curios et Luscinos loquamur) pauper tandem fuit. Habuit enim ædiculas in Carinis, et fundum in Labicano. Nos igitur divitiores, qui plura habemus? Utinam quidem! Sed non æstimatione census, verum victu atque cultu terminatur pecuniæ modus. 51. Non esse cupidum, pecunia est: non esse emacem, vectigal est. Contentum vero suis rebus esse, maximæ sunt certissimæque divitiæ. Etenim si isti callidi rerum æstimatores prata et areas quasdam magno æstimant, quod ei generi possessionum minime quasi noceri potest: quanti est æstimanda virtus, quæ nec eripi, nec surripi potest unquam: neque naufragio nec incendio amittitur: nec vi tempestatum nec temporum perturbatione mutatur! Qua præditi qui sunt, soli sunt divites. 52. Soli enim possident res et fructuosas et sempiternas; solique (quod est proprium divitiarum) contenti sunt rebus suis, satis esse putant, quod est; nihil appetunt, nulla re egent, nihil sibi deesse sentiunt, nihil requirunt: improbi autem et avari, quoniam incertas atque in casu positas possessiones habent, et plus semper appetunt, nec eorum quisquam adhuc inventus est, cui, quod haberet, esset satis; non modo non copiosi ac divites, sed etiam inopes ac pauperes existimandi sunt.

M. TULLII CICERONIS

SOMNIUM SCIPIONIS

M. TULLII CICERONIS
SOMNIUM SCIPIONIS

SCIPIO LOQUITUR.

I. CUM in Africam venissem, M'. Manilio consuli ad quartam legionem tribunus (ut scitis) militum; nihil mihi potius fuit, quam ut Masinissam convenirem, regem familiæ nostræ justis de causis amicissimum. Ad quem ut veni, complexus me senex collacrimavit, aliquantoque post suspexit in cœlum: et grates, inquit, tibi ago, summe Sol, vobisque reliqui cœlites, quod ante quam ex hac vita migro, conspicio in meo regno, et his tectis P. Cornelium Scipionem, cujus ego nomine ipso recreor: ita nunquam ex animo meo discedit illius optimi atque invictissimi viri memoria. Deinde ego illum de suo regno; ille me de nostra republica percontatus est: multisque verbis ultro citroque habitis, ille nobis consumtus est dies. Post autem regio apparatu accepti, sermonem in multam noctem produximus, cum senex nihil nisi de Africano loqueretur, omniaque ejus non facta solum, sed etiam dicta meminisset. Deinde, ut cubitum discessimus, me et de via, et qui ad multam noctem vigilassem, arctior, quam solebat, somnus complexus est. Hic mihi (credo equidem ex hoc, quod eramus locuti: fit enim fere, ut cogitationes sermonesque nostri pariant aliquid in somno tale, quale de Homero scribit Ennius, de quo videlicet sæpissime vigilans solebat cogitare, et loqui) Africanus se ostendit ea forma, quæ mihi ex imagine ejus, quam ex ipso, erat notior. Quem ut agnovi, equidem cohorrui. Sed ille, Ades, inquit, animo, et omitte timorem, Scipio, et quæ dicam, trade memoriæ.

II. Videsne illam urbem, quæ, parere populo Romano coacta per me, renovat pristina bella, nec potest quiescere? (ostendebat autem Carthaginem de excelso, et pleno stellarum, illustri et claro quodam loco) ad quam tu oppugnandam nunc venis paene miles? Hanc hoc biennio consul evertes, eritque cognomen id tibi per te partum, quod habes adhuc a nobis hereditarium. Cum autem Carthaginem deleveris, triumphum egeris, censorque fueris, et obieris legatus Ægyptum, Syriam, Asiam, Græciam, deligere iterum absens consul, bellumque maximum conficies, Numantiam exscindes. Sed cum eris curru Capitolium invectus, offendes rempublicam perturbatam consiliis nepotis mei. Hic tu, Africane, ostendas oportebit patriæ lumen animi, ingenii, consiliique tui. Sed ejus temporis ancipitem video quasi fatorum viam. Nam cum ætas tua septenos octies solis anfractus reditusque converterit, duoque hi numeri, quorum uterque plenus, alter altera de causa, habetur, circuitu naturali summam tibi fatalem confecerint; in te unum, atque in tuum nomen, se tota convertet civitas: te senatus, te omnes boni, te socii, te Latini intuebuntur: tu eris unus, in quo nitatur civitatis salus; ac, ne multa, dictator rempublicam constituas oportet, si impias propinquorum manus effugeris. Hic cum exclamasset Lælius, ingemuissentque ceteri vehementius; leniter arridens Scipio, Quæso, inquit, ne me e somno excitetis: pax parumper; audite cetera.

III. Sed quo sis, Africane, alacrior ad tutandum rem publicam, sic habeto: Omnibus, qui patriam conservarint, adjuverint, auxerint, certum esse in cœlo definitum locum, ubi beati ævo sempiterno fruantur: nihil est enim illi principi Deo, qui omnem hunc mundum regit, quod quidem in terris fiat, acceptius, quam concilia cœtusque hominum, jure sociati, quæ civitates appellantur: harum rectores et conservatores hinc profecti huc revertuntur. Hic ego, etsi eram perterritus, non tam metu mortis, quam insidiarum a meis, quæsivi tamen, viveretne ipse et Paulus pater, et alii, quos nos exstinctos arbitraremur. Immo vero, inquit, ii vivunt, qui ex corporum vinculis, tamquam e carcere, evolaverunt: vestra vero, quæ dicitur, vita mors est. Quin tu adspicis ad te venientem Paulum patrem? Quem ut vidi, equidem vim lacrimarum profudi. Ille autem me complexus, atque osculans flere prohibebat. Atque ego ut primum fletu represso loqui posse cœpi, Quæso, inquam, pater sanctissime atque optime, quoniam hæc est vita (ut Africanum audio dicere), quid moror in terris? quin huc ad vos venire propero? Non est ita, inquit ille. Nisi enim Deus is, cujus hoc templum est omne, quod conspicis, istis te corporis custodiis liberaverit, huc tibi aditus patere non potest. Homines enim sunt hac lege generati, qui tuerentur illum globum, quem in hoc templo medium vides, quæ terra dicitur: hisque animus datus est ex illis sempiternis ignibus, quæ sidera et stellas vocatis; quæ globosæ, et rotundæ, divinis animatæ mentibus, circos suos orbesque conficiunt celeritate mirabili. Quare et tibi, Publi, et piis omnibus retinendus est animus in custodia corporis: nec injussu ejus, a quo ille est vobis datus, ex hominum vita migrandum est, ne munus humanum assignatum a Deo defugisse videamini Sed sic, Scipio, ut avus hic tuus, ut ego, qui te genui, justitiam cole et pietatem: quæ, cum sit magna in parentibus et propinquis, tum in patria maxima est: ea vita via est in cœlum, et in hunc cœtum eorum, qui jam vixerunt, et corpore laxati illum incolunt locum, quem vides (erat autem is splendidissimo candore inter flammas elucens circus); quem vos, ut a Graiis accepistis, orbem lacteum nuncupatis: ex quo omnia mihi contemplanti præclara cetera et mirabilia videbantur. Erant autem eæ stellæ, quas nunquam ex hoc loco vidimus: et eæ magnitudines omnium, quas esse nunquam suspicati sumus: ex quibus erat ea minima, quæ ultima a cœlo, citima terris, luce lucebat aliena. Stellarum autem globi terræ magnitudinem facile vincebant. Jam ipsa terra ita mihi parva visa est, ut me imperii nostri, quo quasi punctum ejus attingimus, pœniteret.

IV. Quam cum magis intuerer, Quæso, inquit Africanus, quousque humi defixa tua mens erit? nonne adspicis, quæ in templa veneris? novem tibi orbibus, vel potius globis, connexa sunt omnia: quorum unus est cœlestis, extimus, qui reliquos omnes complectitur, summus ipse Deus, arcens et continens ceteros; in quo infixi sunt illi, qui volvuntur, stellarum cursus sempiterni: cui subjecti sunt septem, qui versantur retro contrario motu, atque cœlum: e quibus unum globum possidet illa, quam in terris Saturniam nominant; deinde est hominum generi prosperus et salutaris ille fulgor, qui dicitur Jovis: tum rutilus horribilisque terris, quem Martem dicitis: deinde subter mediam fere regionem sol obtinet, dux, et princeps, et moderator luminum reliquorum, mens mundi, et temperatio, tanta magnitudine, ut cuncta sua luce lustret, et compleat. Hunc ut comites consequuntur Veneris alter, alter Mercurii cursus: infimoque orbe Luna, radiis solis accensa, convertitur. Infra autem jam nihil est, nisi mortale et caducum, præter animos munere deorum hominum generi datos: supra lunam sunt æterna omnia: nam ea, quæ est media et nona, Tellus, neque movetur, et infima est, et in eam feruntur omnia suo nutu pondera.

V. Quæ cum intuerer stupens, ut me recepi, Quis hic, inquam, quis est, qui complet aures meas, tantus et tam dulcis sonus? Hic est, inquit ille, qui intervallis conjunctus imparibus, sed tamen pro rata parte, ratione distinctis, impulsu et motu ipsorum orbium conficitur, et acuta cum gravibus temperans, varios æquabiliter concentus efficit: nec enim silentio tanti motus incitari possunt, et natura fert, ut extrema ex altera parte graviter, ex altera autem acute sonent. Quam ob causam summus ille cœli stellifer cursus, cujus conversio est concitatior, acuto et excitato movetur sono: gravissimo autem hic lunaris atque infimus: nam terra, nona, immobilis manens, ima sede semper hæret, complexa medium mundi locum. Illi autem octo cursus, in quibus eadem vis est duorum, septem efficiunt distinctos intervallis sonos: qui numerus rerum omnium fere nodus est: quod docti homines nervis imitati, atque cantibus, aperuerunt sibi reditum in hunc locum, sicut alii, qui præstantibus ingeniis, in vita humana, divina studia coluerunt. Hoc sonitu oppletæ aures hominum obsurduerunt: nec est ullus hebetior sensus in vobis: sicut ubi Nilus ad illa, quæ Catadupa nominantur, præcipitat ex altissimis montibus, ea gens, quæ illum locum accolit, propter magnitudinem sonitus, sensu audiendi caret. Hic vero tantus est totius mundi incitatissima conversione sonitus, ut eum aures hominum capere non possint, sicut intueri solem adversum nequitis, ejusque radiis acies vestra sensusque vincitur. Hæc ego admirans, referebam tamen oculos ad terram identidem.

VI. Tum Africanus, Sentio, inquit, te sedem etiam nunc hominum ac domum contemplari: quæ si tibi parva, ut est, ita videtur, hæc cœlestia semper spectato: illa humana contemnito. Tu enim quam celebritatem sermonis hominum, aut quam expetendam gloriam consequi potes? Vides habitari in terra raris et angustis in locis, et in ipsis quasi maculis, ubi habitatur, vastas solitudines interjectas: eosque, qui incolunt terram, non modo interruptos ita esse, ut nihil inter ipsos ab aliis ad alios manare possit, sed partim obliquos, partim transversos, partim etiam adversos stare vobis: a quibus expectare gloriam certe nullam potestis. Cernis autem eandem terram, quasi quibusdam redimitam et circumdatam cingulis; e quibus duos maxime inter se diversos, et cœli verticibus ipsis ex utraque parte subnixos, obriguisse pruina vides; medium autem illum, et maximum, solis ardore torreri: duos habitabiles, quorum australis ille, in quo qui insistunt, adversa vobis urgent vestigia, nihil ad vestrum genus. Hic autem alter subjectus aquiloni, quem incolitis, cerne, quam tenui vos parte contingat: omnis enim terra, quæ colitur a vobis, angusta verticibus, lateribus latior, parva quædam insula est, circumfusa illo mari, quod Atlanticum, quod Magnum, quem Oceanum appellatis in terris: qui tamen, tanto nomine, quam sit parvus, vides. Ex his ipsis cultis notisque terris, num aut tuum aut cujusquam nostrum nomen, vel Caucasum hunc, quem cernis, transcendere potuit, vel illum Gangem tranare? Quis in reliquis orientis, aut obeuntis solis ultimis, aut aquilonis, austrive partibus tuum nomen audiet? Quibus amputatis, cernis profecto, quantis in angustiis vestra se gloria dilatari velit. Ipsi autem, qui de vobis loquuntur, quam diu loquentur?

VII. Quinetiam, si cupiat proles illa futurorum hominum deinceps laudes uniuscujusque nostrum a patribus acceptas posteris prodere; tamen propter eluviones exustionesque terrarum, quas accidere tempore certo necesse est, non modo æternam, sed ne diuturnam quidem gloriam assequi possumus. Quid autem interest, ab iis, qui postea nascentur, sermonem fore de te, cum ab iis nullus fuerit, qui ante nati sunt? qui nec pauciores, et certe meliores fuerunt viri: cum præsertim apud eos ipsos, a quibus audiri nomen nostrum potest, nemo unius anni memoriam consequi possit: homines enim populariter annum tantummodo solis, id est, unius astri, reditu metiuntur: cum autem ad idem, unde semel profecta sunt, cuncta astra redierint, eandemque totius cœli descriptionem longis intervallis retulerint, tum ille vere vertens annus appellari potest: in quo vix dicere audeo, quam multa hominum secula teneantur. Namque, ut olim deficere sol hominibus exstinguique visus est, cum Romuli animus hæc ipsa in templa penetravit; ita quandoque eadem parte sol, eodemque tempore iterum defecerit, tum signis omnibus ad idem principium, stellisque revocatis, expletum annum habeto: hujus quidem anni nondum vigesimam partem scito esse conversam. Quocirca, si reditum in hunc locum desperaveris, in quo omnia sunt magnis et præstantibus viris; quanti tandem est ista hominum gloria, quæ pertinere vix ad unius anni partem exiguam potest? Igitur alte spectare si voles, atque hanc sedem, et æternam domum contueri; neque te sermonibus vulgi dederis, nec in præmiis humanis spem posueris rerum tuarum: suis te oportet illecebris ipsa virtus trahat ad verum decus: quid de te alii loquantur, ipsi videant; sed loquentur tamen. Sermo autem omnis ille, et angustiis cingitur iis regionum, quas vides, nec unquam de ullo perennis fuit, et obruitur hominum interitu, et oblivione posteritatis exstinguitur.

VIII. Quæ cum dixisset, Ego vero, inquam, O Africane, si quidem bene meritis de patria quasi limes ad cœli aditum patet, quamquam a pueritia vestigiis ingressus patriis, et tuis, decori vestro non defui; nunc tamen, tanto præmio proposito, enitar multo vigilantius. Et ille, Tu vero enitere, et sic habeto, non esse te mortalem, sed corpus hoc. Nec enim tu es, quem forma ista declarat, sed mens cujusque is est quisque, non ea figura, quæ digito demonstrari potest. Deum te igitur scito esse: si quidem deus est, qui viget, qui sentit, qui meminit, qui providet, qui tam regit, et moderatur, et movet id corpus, cui præpositus est, quam hunc mundum ille princeps deus: et ut mundum ex quadam parte mortalem ipse deus æternus, sic fragile corpus animus sempiternus movet. Nam quod semper movetur, æternum est; quod autem motum affert alicui, quodque ipsum agitatur aliunde, quando finem habet motus, vivendi finem habeat necesse est. Solum igitur quod sese movet, quia nunquam deseritur a se, nunquam ne moveri quidem desinit. Quin etiam ceteris, quæ moventur, hic fons, hoc principium est movendi. Principio autem nulla est origo: nam ex principio oriuntur omnia: ipsum autem nulla ex re alia nasci potest: nec enim esset id principium, quod gigneretur aliunde: quod si nunquam oritur, ne occidit quidem unquam. Nam principium exstinctum, nec ipsum ab alio renascetur, nec ex se aliud creabit: si quidem necesse est a principio oriri omnia. Ita fit, ut motus principium ex eo sit, quod ipsum a se movetur: id autem nec nasci potest, nec mori: vel concidat omne cœlum, omnisque natura consistat necesse est, nec vim ullam nanciscatur, qua a primo impulsa moveatur.

IX. Cum pateat igitur, æternum id esse, quod a se ipso moveatur, quis est, qui hanc naturam animis esse tributam neget? Inanimum est enim omne, quod pulsu agitatur externo: quod autem animal est, id motu cietur interiore et suo: nam hæc est propria natura animi atque vis. Quæ si est una ex omnibus, quæ sese moveat, neque nata certe est, et æterna est. Hanc tu exerce in optimis rebus: sunt autem optimæ, curæ de salute patriæ: quibus agitatus et exercitatus animus velocius in hanc sedem et domum suam pervolabit. Idque ocius faciet, si jam tum, cum erit inclusus in corpore, eminebit foras, et ea, quæ extra erunt, contemplans, quam maxime se a corpore abstrahet. Namque eorum animi, qui se corporis voluptatibus dediderunt, earumque se quasi ministros præbuerunt, impulsuque libidinum voluptatibus obedientium, deorum et hominum jura violaverunt, corporibus elapsi circum terram ipsam volutantur; nec hunc in locum, nisi multis exagitati seculis, revertuntur. Ille discessit; ego somno solutus sum.

CORNELII NEPOTIS

T. POMPONII ATTICI

VITA.

VITA T. POMPONII ATTICI

EX CORNELIO NEPOTE.

I. T. POMPONIUS ATTICUS, ab origine ultima stirpis Romanæ generatus, perpetuo a majoribus acceptam equestrem obtinuit dignitatem. Patre usus est diligente, indulgente, et, ut tum erant tempora, diti, imprimisque studioso litterarum. Hic, prout ipse amabat litteras, omnibus doctrinis, quibus puerilis ætas impertiri debet, filium erudivit. Erat autem in puero, præter docilitatem ingenii, summa suavitas oris ac vocis, ut non solum celeriter acciperet, quæ tradebantur, sed etiam excellenter pronuntiaret. Qua ex re in pueritia nobilis inter æquales ferebatur, clariusque exsplendescebat, quam generosi condiscipuli animo æquo ferre possent. Itaque incitabat omnes studio suo: quo in numero fuerunt L. Torquatus, C. Marius filius, M. Cicero, quos consuetudine sua sic sibi devinxit, ut nemo iis perpetuo fuerit carior.

II. Pater mature decessit. Ipse adolescentulus propter affinitatem P. Sulpicii, qui tribunus plebis interfectus est, non expers fuit illius periculi. Namque Anicia, Pomponii consobrina, nupserat M. Servio, fratri Sulpicii. Itaque interfecto Sulpicio posteaquam vidit, Cinnano tumultu civitatem esse perturbatam, neque sibi dari facultatem pro dignitate vivendi, quin alterutram partem offenderet, dissociatis animis civium, quum alii Sullanis, alii Cinnanis faverent partibus; idoneum tempus ratus studiis obsequendi suis, Athenas se contulit. Neque eo secius adolescentem Marium, hostem judicatum, juvit opibus suis;

cujus fugam pecunia sublevavit. Ac, ne illa peregrinatio detrimentum aliquod afferret rei familiari, eodem magnam partem fortunarum trajecit suarum. Hic ita vixit, ut universis Atheniensibus merito esset carissimus. Nam præter gratiam, quæ jam in adolescentulo magna erat, sæpe suis opibus inopiam eorum publicam levavit. Quum enim versuram facere publice necesse esset, neque ejus conditionem æquam haberent: semper se interposuit, atque ita, ut neque usuram umquam ab iis acceperit, neque longius, quam dictum esset, debere passus sit. Quod utrumque erat iis salutare. Nam neque indulgendo inveterascere eorum æs alienum patiebatur, neque multiplicandis usuris crescere. Auxit hoc officium alia quoque liberalitate. Nam universos frumento donavit, ita ut singulis sex modii tritici darentur: qui modus mensuræ medimnus Athenis appellatur.

III. Hic autem sic se gerebat, ut communis infimis, par principibus videretur. Quo factum est, ut huic omnes honores, quos possent, publice haberent civemque facere studerent; quo beneficio ille uti noluit. Quod nonnulli ita interpretantur, amitti civitatem Romanam alia adscita. Quamdiu affuit, ne qua sibi statua poneretur, restitit; absens prohibere non potuit. Itaque aliquot ipsi et Phidiæ locis sanctissimis posuerunt: hunc enim in omni procuratione reipublicæ actorem auctoremque habebant. Igitur primum illud munus fortunæ, quod in ea potissimum urbe natus est, in qua domicilium orbis terrarum esset imperii, ut eandem et patriam haberet et domum; hoc specimen prudentiæ, quod, quum in eam se civitatem contulisset, quæ antiquitate, humanitate, doctrina præstaret omnes, unus ei ante alios fuerit carissimus.

IV. Huc ex Asia Sulla decedens quum venisset, quamdiu ibi fuit, secum habuit Pomponium, captus adolescentis et humanitate et doctrina. Sic enim Græce loquebatur ut Athenis natus videretur. Tanta autem suavitas erat sermonis Latini, ut appareret, in eo nativum quendam leporem esse, non adscitum. Idem poëmata pronuntiabat et Græce et Latine sic, ut supra nihil posset addi. Quibus rebus factum est, ut Sulla nusquam eum ab se dimitteret cuperetque secum deducere. Qui quum persuadere tentaret, *Noli, oro te,* inquit Pomponius, *adversum eos me velle ducere, cum quibus ne contra te arma ferrem, Italiam reliqui.* At Sulla, adolescentis officio collaudato, omnia munera ei, quæ Athenis acceperat, proficiscens jussit deferri. Hic complures annos moratus, quum et rei familiari tantum operæ daret, quantum non indiligens deberet paterfamilias, et omnia reliqua tempora aut litteris, aut Atheniensium reipublicæ tribueret, nihilominus amicis urbana officia præstitit. Nam et ad comitia eorum ventitavit et, si qua res major acta est, non defuit: sicut Ciceroni in omnibus ejus periculis singularem fidem præbuit, cui ex patria fugienti LLS. ducenta et quinquaginta millia donavit. Tranquillatis autem rebus Romanis, remigravit Romam, ut opinor, L. Cotta et L. Torquato consulibus, quem diem sic universa civitas Atheniensium prosecuta est, ut lacrimis desiderii futuri dolorem indicaret.

V. Habebat avunculum Q. Cæcilium, equitem Romanum, familiarem L. Luculli, divitem, difficillima natura, cujus sic asperitatem veritus est, ut, quem nemo fere posset, hujus sine offensione ad summam senectutem retinuerit benevolentiam. Quo facto tulit pietatis fructum. Cæcilius enim moriens testamento adoptavit eum heredemque fecit ex dodrante: ex qua hereditate accepit circiter centies LLS. Erat nupta soror Attici Q. Tullio Ciceroni easque nuptias M. Cicero conciliarat, cum quo a condiscipulatu vivebat conjunctissime, multo etiam familiarius, quam cum Quinto; ut judicari possit, plus in amicitia valere similitudinem morum, quam affinitatem. Utebatur autem intime Q. Hortensio, qui his temporibus principatum eloquentiæ tenebat, ut intelligi non posset, uter eum plus diligeret, Cicero, an Hortensius: et id, quod erat difficillimum, efficiebat, ut, inter quos tantæ laudis esset æmulatio, nulla intercederet obtrectatio, essetque talium virorum copula.

VI. In republica ita versatus est, ut semper optimarum partium et esset et existimaretur, neque tamen se civilibus fluctibus committeret, quod non magis eos in sua potestate existimabat esse, qui se his dedissent, quam qui maritimis jactarentur. Honores non petiit, quum ei paterent propter vel gratiam vel dignitatem: quod neque peti more majorum, neque capi possent conservatis legibus, in tam effusis ambitus largitionibus, neque geri e republica sine periculo, corruptis civitatis moribus. Ad hastam publicam nunquam accessit. Nullius rei neque præs, neque manceps factus est. Neminem neque suo nomine, neque subscribens, accusavit. In jus de sua re nunquam iit, judicium nullum habuit. Multorum consulum prætorumque præfecturas delatas sic accepit, ut neminem in provinciam sit secutus, honore fuerit contentus, rei familiaris despexerit fructum: qui ne cum Q. quidem Cicerone voluerit ire in Asiam, quum apud eum legati locum obtinere posset. Non enim decere se arbitrabatur, quum præturam gerere noluisset, asseclam esse prætoris. Qua in re non solum dignitati serviebat, sed etiam tranquillitati, quum suspiciones quoque vitaret criminum. Quo fiebat, ut ejus observantia omnibus esset carior, quum eam officio, non timori neque spei tribui viderent.

VII. Incidit Cæsarianum civile bellum, quum haberet annos circiter sexaginta. Usus est ætatis vacatione, neque se quoquam movit ex urbe. Quæ amicis suis opus fuerant ad Pompeium proficiscentibus, omnia ex sua re familiari dedit. Ipsum Pompeium conjunctum non offendit; (nullum ab eo habebat ornamentum,) ut ceteri, qui per eum aut honores, aut divitias ceperant, quorum partim invitissimi castra sunt secuti, partim summa cum ejus offensione domi remanserunt. Attici autem quies tantopere Cæsari fuit grata, ut, victor quum privatis pecunias per epistolas imperaret, huic non solum molestus non fuerit, sed etiam sororis filium et Q. Ciceronem ex Pompeii castris concesserit. Sic vetere instituto vitæ effugit nova pericula.

VIII. Secutum est illud, occiso Cæsare, quum respublica penes Brutos videretur esse et Cassium ac tota civitas se ad eos convertisset: sic M. Bruto usus est, ut nullo ille adolescens æquali familiarius, quam hoc sene, neque solum eum principem consilii haberet, sed etiam in convictu. Excogitatum est a quibusdam, ut privatum ærarium Cæsaris interfectoribus ab equitibus Romanis constitueretur. Id facile effici posse arbitrati sunt, si et principes illius ordinis pecunias contulissent. Itaque appellatus est a C. Flavio, Bruti familiari, Atticus, ut ejus rei princeps esse vellet. At ille, qui officia amicis præstanda sine factione existimaret, semperque a talibus se consiliis removisset, respondit: si quid Brutus de suis facultatibus uti voluisset, usurum, quantum hæ paterentur; se neque cum quoquam de ea re collocuturum, neque coiturum. Sic ille consensionis globus hujus unius dissensione disjectus est. Neque multo post superior esse cœpit Antonius, ita ut Brutus et Cassius, provinciarum, quæ iis necis causa datæ erant a consulibus, desperatis rebus, in exsilium proficiscerentur. Atticus, qui pecuniam simul cum ceteris conferre noluerat florenti illi parti, abjecto Bruto Italiaque cedenti LLS. centum millia muneri misit. Eidem in Epiro absens trecenta jussit dari; neque eo magis potenti adulatus est Antonio, neque desperatos reliquit.

IX. Secutum est bellum gestum apud Mutinam. In quo si tantum eum prudentem dicam, minus, quam debeam, prædicem, quum ille potius divinus fuerit: si divinatio appellanda est perpetua naturalis bonitas, quæ nullis casibus neque agitur, neque minuitur. Hostis Antonius judicatus Italia cesserat; spes restituendi nulla erat. Non solum inimici, qui tum erant potentissimi et plurimi, sed etiam, qui adversariis ejus se dabant et in eo lædendo aliquam consecuturos sperabant commendationem, Antonii familiares insequebantur; uxorem Fulviam omnibus rebus spoliare cupiebant; liberos etiam exstinguere parabant. Atticus, quum Ciceronis intima familiaritate uteretur, amicissimus esset Bruto, non modo nihil iis indulsit ad Antonium violandum, sed e contrario familiares ejus ex urbe profugientes, quantum potuit, texit, quibus rebus indiguerunt, adjuvit. P. vero Volumnio ea tribuit, ut plura a parente proficisci non potuerint. Ipsi autem Fulviæ, quum litibus distineretur magnisque terroribus vexaretur, tanta diligentia officium suum præstitit, ut nullum illa stiterit vadimonium sine Attico, hic sponsor omnium rerum fuerit. Quin etiam, quum illa fundum secunda fortuna emisset in diem, neque post calamitatem versuram facere potuisset, ille se interposuit pecuniamque sine fenore sineque ulla stipulatione ei credidit; maximum existimans quæstum, memorem gratumque cognosci, simulque aperire, se non fortunæ, sed hominibus solere esse amicum. Quæ quum faciebat, nemo eum temporis causa facere poterat existimare. Nemini enim in opinionem veniebat, Antonium rerum potiturum. Sed sensim is a nonnullis optimatibus reprehendebatur, quod parum odisse malos cives videretur. Ille autem, sui judicii, potius, quid se facere par esset, intuebatur, quam quid alii laudaturi forent.

X. Conversa subito fortuna est. Ut Antonius rediit in Italiam, nemo non magno in periculo Atticum putarat propter intimam familiaritatem Ciceronis et Bruti. Itaque ad adventum imperatorum de foro decesserat, timens proscriptionem, latebatque apud P. Volumnium, cui, ut ostendimus, paullo ante opem tulerat (tanta varietas iis temporibus fuit fortunæ, ut modo hi, modo illi in summo essent aut fastigio, aut periculo): habebatque secum Q. Gellium Canum, æqualem simillimumque sui. Hoc quoque sit Attici bonitatis exemplum, quod cum eo, quem puerum in ludo cognoverat, adeo conjuncte vixit, ut ad extremam ætatem amicitia eorum creverit. Antonius autem, etsi tanto odio ferebatur in Ciceronem, ut non solum ei, sed omnibus etiam ejus amicis esset inimicus, eosque vellet proscribere, multis hortantibus tamen Attici memor fuit officii, et ei, quum requisisset ubinam esset, sua manu scripsit, ne timeret, statimque ad se veniret: se eum, et illius causa Canum de proscriptorum numero exemisse. Ac, ne quod in periculum incideret, quod noctu fiebat, præsidium ei misit. Sic Atticus in summo timore non solum sibi, sed etiam ei, quem carissimum habebat, præsidio fuit. Neque enim suæ solum a quoquam auxilium petiit salutis, sed conjunctim: ut appareret, nullam sejunctam sibi ab eo velle fortunam. Quod si gubernator præcipua laude fertur, qui navem ex hieme marique scopuloso servat: cur non singularis ejus existimetur prudentia, qui ex tot tamque gravibus procellis civilibus ad incolumitatem pervenit?

XI. Quibus ex malis ut se emersit, nihil aliud egit, quam ut plurimis, quibus rebus posset, esset auxilio Quum proscriptos præmiis imperatorum vulgus conquireret, nemo in Epirum venit, cui res ulla defuerit; nemini non ibi perpetuo manendi potestas facta est. Qui etiam post prœlium Philippense interitumque C. Cassii et M.

Bruti L. Julium Mocillam, prætorium, et ejus filium, Aulumque Torquatum, ceterosque pari fortuna perculsos, instituerit tueri, atque ex Epiro his omnia Samothraciam supportari jusserit. Difficile est, omnia persequi, et non necessarium. Illud unum intelligi volumus, illius liberalitatem neque temporariam, neque callidam fuisse. Id ex ipsis rebus ac temporibus judicari potest, quod non florentibus se venditavit, sed afflictis semper succurrit: qui quidem Serviliam, Bruti matrem, non minus post mortem ejus, quam florente, coluerit. Sic liberalitate utens nullas inimicitias gessit: quod neque lædebat quemquam, neque, si quam injuriam acceperat, malebat ulcisci, quam oblivisci. Idem immortali memoria percepta retinebat beneficia; quæ autem ipse tribuerat, tamdiu meminerat, quoad ille gratus erat, qui acceperat. Itaque hic fecit, ut vero dictum videatur: *Sui cuique mores fingunt fortunam.* Neque tamen prius ille fortunam, quam se ipse, finxit: qui cavit, ne qua in re jure plecteretur.

XII. His igitur rebus effecit, ut M. Vipsanius Agrippa, intima familiaritate conjunctus adolescenti Cæsari, quum propter suam gratiam et Cæsaris potentiam nullius conditionis non haberet potestatem, potissimum ejus deligeret affinitatem, præoptaretque equitis Romani filiam generosarum nuptiis. Atque harum nuptiarum conciliator fuit (non est enim celandum) M. Antonius, triumvir reipublicæ constituendæ: cujus gratia quum augere possessiones posset suas, tantum abfuit a cupiditate pecuniæ, ut nulla in re usus sit ea, nisi in deprecandis amicorum aut periculis, aut incommodis. Quod quidem sub ipsa proscriptione perillustre fuit. Nam quum L. Saufeii, equitis Romani, æqualis sui, qui complures annos, studio ductus philosophiæ, Athenis habitabat, habebatque in Italia pretiosas possessiones, triumviri bona vendidissent consuetudine ea, qua tum res gerebantur: Attici labore atque industria factum est, ut eodem nuntio Saufeius fieret certior, se patrimonium amisisse et recuperasse. Idem L. Julium Calidum, quem post Lucretii Catullique mortem multo elegantissimum poëtam nostram tulisse ætatem vere videor posse contendere, neque minus virum bonum optimisque artibus eruditum, post proscriptionem equitum propter magnas ejus Africanas possessiones in proscriptorum numerum a P. Volumnio, præfecto fabrum Antonii, absentem relatum, expedivit. Quod in præsenti utrum ei laboriosius, an gloriosius fuerit, difficile fuit judicare: quod in eorum periculis, non secus absentes, quam præsentes amicos Attico esse curæ, cognitum est.

XIII. Neque vero minus ille vir bonus paterfamilias habitus est, quam civis. Nam quum esset pecuniosus, nemo illo minus fuit emax, minus ædificator. Neque tamen non in primis bene habitavit, omnibusque optimis rebus usus est. Nam domum habuit in colle Quirinali Tamphilanam, ab avunculo hereditate relictam: cujus amœnitas non ædificio sed silva constabat. Ipsum enim tectum, antiquitus constitutum, plus salis, quam sumtus habebat: in quo nihil commutavit, nisi si quid vetustate coactus est. Usus est familia, si utilitate judicandum est, optima; si forma, vix mediocri. Namque in ea erant pueri litteratissimi, anagnostæ optimi, et plurimi librarii, ut ne pedisequus quidem quisquam esset, qui non utrumque horum pulchre facere posset; pari modo artifices ceteri, quos cultus domesticus desiderat, apprime boni. Neque tamen horum quemquam, nisi domi natum domique factum, habuit: quod est signum non sôlum continentiæ, sed etiam diligentiæ. Nam et non intemperanter concupiscere, quod a plurimis videas, continentis debet duci: et potius diligentia, quam pretio, parare, non mediocris est industriæ. Elegans, non magnificus; splendidus, non sumtuosus; omni diligentia munditiam, non affluentiam, affectabat. Supellex modica, non multa, ut in neutram partem conspici posset. Nec præteribo, quamquam nonnullis leve visum iri putem: quum imprimis lautus esset eques Romanus, et non parum liberaliter domum suam omnium ordinum homines invitaret; scimus, non amplius, quam terna millia æris, peræque in singulos menses, ex ephemeride eum expensum sumtui ferre solitum. Atque hoc non auditum, sed cognitum prædicamus. Sæpe enim propter familiaritatem domesticis rebus interfuimus.

XIV. Nemo in convivio ejus aliud acroama audivit, quam anagnosten: quod nos quidem jucundissimum arbitramur. Neque unquam sine aliqua lectione apud eum cœnatum est, ut non minus animo, quam ventre convivæ delectarentur. Namque eos vocabat, quorum mores a suis non abhorrerent. Quum tanta pecuniæ facta esset accessio, nihil de quotidiano cultu mutavit, nihil de vitæ consuetudine: tantaque usus est moderatione, ut neque in sestertio vicies, quod a patre acceperat, parum se splendide gesserit, neque in sestertio centies affluentius vixerit, quam instituerat, parique fastigio steterit in utraque fortuna. Nullos habuit hortos, nullam suburbanam aut maritimam sumtuosam villam, neque in Italia, præter Ardeatinum et Nomentanum, rusticum prædium: omnisque ejus pecuniæ reditus constabat in Epiroticis et urbanis possessionibus. Ex quo cognosci potest, usum eum pecuniæ non magnitudine, sed ratione metiri solitum.

XV. Mendacium neque dicebat, neque pati poterat. Itaque ejus comitas non sine severitate erat, neque gravitas sine facilitate; ut difficile esset intellectu, utrum eum amici magis vererentur, an amarent. Quidquid rogabatur, religiose promittebat: quod non liberalis, sed levis arbitrabatur, polliceri, quod præstare non posset. Idem in nitendo, quod semel annuisset, tanta erat cura, ut non mandatam, sed suam rem videretur agere. Nunquam suscepti negotii eum pertæsum est. Suam enim existimationem in ea re agi putabat: qua nihil habebat carius. Quo fiebat, ut omnia M. et Q. Ciceronum, Catonis, Hortensii, Auli Torquati, multorum præterea equitum Romanorum negotia procuraret. Ex quo judicari poterat, non inertia, sed judicio fugisse reipublicæ procurationem.

XVI. Humanitatis vero nullum afferre majus testimonium possum, quam quod adolescens idem seni Sullæ fuerit jucundissimus, senex adolescenti M. Bruto; cum æqualibus autem suis, Q. Hortensio et M. Cicerone, sic vixerit, ut judicare difficile sit, cui ætati fuerit aptissimus. Quamquam eum præcipue dilexit Cicero, ut ne frater quidem ei Quintus carior fuerit aut familiarior. Ei rei sunt indicio, præter eos libros, in quibus de eo facit mentionem, qui in vulgus sunt editi, sexdecim volumina epistolarum, ab consulatu ejus usque ad extremum tempus ad Atticum missarum: quæ qui legat, non multum desideret historiam contextam illorum temporum. Sic enim omnia de studiis principum, vitiis ducum, mutationibus reipublicæ perscripta sunt, ut nihil in iis non appareat, et facile existimari possit, prudentiam quodammodo esse divinationem. Non enim Cicero ea solum, quæ vivo se acciderunt, futura prædixit, sed etiam, quæ nunc usu veniunt, cecinit, ut vates.

XVII. De pietate autem Attici quid plura commemorem? quum hoc ipsum vere gloriantem audierim in funere matris suæ, quam extulit annorum nonaginta, quum esset septem et sexaginta, se nunquam cum matre in gratiam redisse, nunquam cum sorore fuisse in simultate, quam prope æqualem habebat. Quod est signum, aut nullam unquam inter eos querimoniam intercessisse, aut hunc ea fuisse in suos indulgentia, ut, quos amare deberet, irasci eis nefas duceret. Neque id fecit natura solum, quamquam omnes ei paremus, sed etiam doctrina. Nam et principum philosophorum ita percepta habuit præcepta, ut iis ad vitam agendam, non ad ostentationem, uteretur.

XVIII. Moris etiam majorum summus imitator fuit antiquitatisque amator: quam adeo diligenter habuit cognitam, ut eam totam in eo volumine exposuerit, quo magistratus ornavit. Nulla enim lex, neque pax, neque bellum, neque res illustris est populi Romani, quæ non in eo suo tempore sit notata: et, quod difficillimum fuit, sic familiarum originem subtexuit, ut ex eo clarorum virorum propagines possimus cognoscere. Fecit hoc idem separatim in aliis libris: ut M. Bruti rogatu Juniam familiam a stirpe ad hanc ætatem ordine enumeravit, notans, qui, a quo ortus, quos honores, quibusque temporibus cepisset. Pari modo Marcelli Claudii, Marcellorum; Scipionis Cornelii et Fabii Maximi, Fabiorum et Æmiliorum quoque: quibis libris nihil potest esse dulcius iis, qui aliquam cupiditatem habent notitiæ clarorum virorum. Attigit quoque poëticam: credimus, ne ejus expers esset suavitatis. Namque versibus, qui honore rerumque gestarum amplitudine ceteros Romani populi præstiterunt, exposuit ita, ut sub singulorum imaginibus facta magistratusque eorum non amplius quaternis quinisve versibus descripserit: quod vix credendum sit, tantas res tam breviter potuisse declarari. Est etiam unus liber, Græce confectus, de consulatu Ciceronis.

XIX. Hactenus Attico vivo edita hæc a nobis sunt. Nunc, quoniam fortuna nos superstites ei esse voluit, reliqua persequemur, et, quantum potuerimus, rerum exemplis lectores docebimus, sicut supra significavimus, suos cuique mores plerumque conciliare fortunam. Namque hic contentus ordine equestri, quo erat ortus, in affinitatem pervenit imperatoris divi filii: quum jam ante familiaritatem ejus esset consecutus nulla alia re, quam elegantia vitæ, qua ceteros ceperat principes civitatis, dignitate pari, fortuna humiliore. Tanta enim prosperitas Cæsarem est consecuta, ut nihil ei non tribuerit fortuna, quod cuiquam ante detulerit, et conciliarit, quod nemo adhuc civis Romanus quivit consequi. Nata est autem Attico neptis ex Agrippa, cui virginem filiam collocarat. Hanc Cæsar, vix anniculam, Tiberio Claudio Neroni, Drusilla nato, privigno suo, despondit: quæ conjunctio necessitudinem eorum sanxit, familiaritatem reddidit frequentiorem.

XX. Quamvis ante hæc sponsalia non solum, quum ab urbe abesset, nunquam ad suorum quemquam litteras misit, quin Attico mitteret, quid ageret, imprimis, quid legeret, quibusque in locis, et quam diu esset moraturus: sed etiam, quum esset in urbe, et propter suas infinitas occupationes minus sæpe, quam vellet, Attico frueretur, nullus dies temere intercessit, quo non ad eum scriberet, quum modo aliquid de antiquitate ab eo requireret, modo aliquam ei quæstionem poeticam proponeret, interdum jocans ejus verbosiores eliceret epistolas. Ex quo accidit, quum ædes Jovis Feretrii, in Capitolio ab Romulo constituta, vetustate atque incuria detecta prolaberetur, ut Attici admonitu Cæsar eam reficiendam curaret. Neque vero ab M. Antonio minus absens litteris colebatur: adeo, ut accurate ille ex ultimis terris, quid ageret, quid curæ sibi haberet, certiorem faceret Atticum. Hoc quale sit, facilius existimabit is, qui judicare poterit, quantæ sit sapientiæ, eorum retinere usum benevolentiamque, inter quos maximarum rerum non solum æmulatio, sed obtrectatio tanta intercedebat, quantam fuit incidere necesse inter Cæsarem atque Antonium, quum se uterque principem non solum urbis Romanæ, sed orbis terrarum esse cuperet.

XXI. Tali modo quum septem et septuaginta annos complesset, atque ad extremam senectutem non minus dignitate, quam gratia fortunaque crevisset (multas enim hereditates nulla alia re, quam bonitate, est consecutus), tantaque prosperitate usus esset valetudinis, ut annis triginta medicina non indiguisset: nactus est morbum, quem initio et ipse et medici contemserunt. Nam putarunt esse tenesmon, cui remedia celeria faciliaque proponebantur. In hoc quum tres menses sine ullis doloribus, præterquam quos ex curatione capiebat, consumsisset subito tanta vis morbi in imum intestinum prorupit, ut extremo tempore per lumbos fistula putris eruperit. Atque hoc priusquam ei accideret, postquam in dies dolores accrescere febresque accessisse sensit, Agrippam generum ad se arcessi jussit, et cum eo L. Cornelium Balbum Sextumque Peducæum. Hos ut venisse vidit, in cubitum innixus: *Quantam*, inquit, *curam diligentiamque in valetudine mea tuenda hoc tempore adhibuerim, quum vos testes habeam, nihil necesse est pluribus verbis commemorare. Quibus quoniam, ut spero, satisfeci, me nihil reliqui fecisse, quod ad sanandum me pertineret, reliquum est, ut egomet mihi consulam. Id vos ignorare nolui. Nam mihi stat, alere morbum desinere. Namque his diebus quidquid cibi potionisque sumsi, ita produxi vitam, ut auxerim dolores sine spe salutis. Quare a vobis peto primum, ut consilium probetis meum: deinde, ne frustra dehortando conemini.*

XXII. Hac oratione habita tanta constantia vocis atque vultus, ut non ex vita, sed ex domo in domum videretur migrare, quum quidem Agrippa eum flens atque osculans oraret atque obsecraret, ne ad id, quod natura cogeret, ipse quoque sibi acceleraret, et, quoniam tum quoque posset temporibus superesse, se sibi suisque reservaret, preces ejus taciturna sua obstinatione depressit. Sic quum biduum cibo se abstinuisset, subito febris decessit, leviorque morbus esse cœpit. Tamen propositum nihilo secius peregit. Itaque die quinto post, quam id consilium inierat, pridie kalendas Apriles, Cn. Domitio, C. Sosio, consulibus, decessit. Elatus est in lecticula, ut ipse præscripserat, sine ulla pompa funeris, comitantibus omnibus bonis, maxima vulgi frequentia. Sepultus est juxta viam Appiam, ad quintum lapidem, in monumento Q. Cæcilii, avunculi sui

NOTES

ON THE

DE SENECTUTE.

NOTES

ON

THE DE SENECTUTE.

M. T. CICERONIS CATO MAJOR, &c. "Marcus Tullius Cicero's Cato the Elder, or Concerning Old Age." Most editions insert the word *Dialogus* after *De Senectute*; incorrectly, however, since the present work is not properly a dialogue, but a continued discourse, delivered by Cato the Censor, at the request of Scipio Æmilianus and Lælius.

CATO MAJOR. With major supply *natu*. The term *major* serves to distinguish him from *Cato minor*, or the younger Cato, called also, *Uticensis*, from his having put an end to his existence at Utica. The younger Cato was great-grandson of the elder.

DE SENECTUTE. This little tract, drawn up at the end of B.C. 45, or the commencement of B.C. 44, for the purpose of pointing out how the burden of old age may be most easily supported, is addressed to the celebrated Titus Pomponius Atticus (more commonly known by the appellation of Atticus alone), the friend of Cicero, and whose life by Cornelius Nepos is given in the present volume. Atticus was now in his sixty-eighth year, while Cicero himself was in his sixty-second or sixty-third. This work is first mentioned in a letter written by Cicero from Puteoli, on the 11th of May, B.C. 44 (*Ep. ad Att.*, xiv., 21 ; compare xvii., 11), and is there spoken of as already in the hands of his friend. In the short introductory dialogue, Scipio Æmilianus and Lælius are supposed to have paid a visit during the consulship of T. Quinctius Flamininus and M'. Acilius Balbus (B.C. 150, *vid.* c. 5 and 10) to Cato the Censor, at that time eighty-four years old. Beholding with admiration the activity of body and cheerfulness of mind which he displayed, they request him to point out by what means the weight of increasing years may most easily be borne. Cato willingly complies, and commences a dissertation in which he seeks to demonstrate how unreasonable are the complaints usually urged regarding the miseries which attend the close of a protracted life. The four principal objections are stated and refuted in regular succession It is held that old age is wretched: 1. Because it incapacitates men for active business; 2. Because it renders the body feeble; 3. Because it deprives them of the enjoyment of almost all pleasures; 4. Because it heralds the near approach of death. The first three are met by producing examples of many illustrious personages, in whom old age was not attended by any of these evils; by arguing that such privations are not real, but imaginary, misfortunes; and that, if the relish for some pleasures is lost, other delights of a more desirable and substantial character are substituted. The fourth objection is encountered still more boldly by an eloquent declaration that the chief happiness of old age, in the eyes of the philosopher, arises from the conviction that it indicates the near approach of death, that is, the near approach of the period when the soul shall be released from its debasing connection with the body, and enter unfettered upon the paths of immortality. This piece has always been deservedly admired as one of the most graceful moral essays bequeathed to us by antiquity. The purity of the language, the liveliness of the illustrations, the dignity of the sentiments, and the tact with which the character of the strong-minded, but self-satisfied and garrulous old man is maintained, have excited universal applause. But, however pleasing the picture here presented to us, every one must perceive that it is a fancy sketch, not the faithful copy of a scene from nature. In fact, the whole treatise is a tissue of special pleading, on a question which is discussed in the same tone of extravagance, on the opposite side, by Juvenal in his tenth satire. The logic, also, is bad; for in several instances general propositions are attacked by a few specious particular cases, which are mere exceptions to the rule. No one can doubt the truth of the assertions, that old age does incapacitate us for active business, that it does render the body feeble, and that it does blunt the keenness of our senses; but, while it is a perfectly fair style of argument to maintain that these are imaginary and not real ills, it is utterly absurd to deny their existence because history affords a few instances of favored individuals who have been exempted from their influence.

Cicero appears to have been indebted for the idea, if not the plan of this work, to Aristo of Ceos, a Stoic philosopher (c. 1); much, however, has been translated almost literally from the Republic of Plato (compare chapters 2, 3, 14), and more freely from the Œconomics and Cyropædia of Xenophon. The passage with regard to the immortality of the soul is derived from the Timæus, the Phædon, the Phædrus, and the Menon; and some editors have traced the observations upon the diseases of young men (c. 19) to Hippocrates. It must be remarked, that although Cato was a rigid follower of the Porch, the doctrines here propounded have little of the austerity of that sect, but savor more of the gentle and easy discipline of the Peripatetics. (*Smith's Dict. Gr. and Rom. Biog.*, &c., p. 732, *seqq.*)

CHAPTER I.

§ 1.

O Tite, si quid ego adjuro, &c. "O Titus, if in aught I shall have aided (thee), or shall have lightened the care." These hexameters are quoted from the old poet Ennius, who addresses them to Titus Quinctius Flamininus, the celebrated Roman commander. But whether he addressed them in his own person or not, and of what nature was the distress which is sought to be alleviated, remains a mere matter of opinion. Most commentators suppose that Ennius utters these verses himself, and that the distress alluded to was occasioned by the infamous conduct of the brother of Flamininus, who was expelled in consequence from the senate by Cato, at that time censor, B.C. 184 (*Liv.*, xxxix., 42). Drakenborch, however, thinks that in the poem of Ennius, from which the lines were taken, they were uttered by Sextus Ælius Pætus, the colleague of Flamininus in the consulship, and that the trouble and disquiet of the latter arose from the alarming prodigies which prevented for a period his departure from Rome for the Macedonian war. (Compare *Liv.*, xxxii., 9.) Drakenborch's opinion appears the more correct one. Cicero, on the present occasion, applies these same lines to his friend Atticus, who had the same prænomen (Titus) as Flamininus, and whose distress arose from the gloomy state of public affairs, as connected with the usurpation of Cæsar.

Adjuro. Some editions have *adjuero*, but *adjuro*, as Drakenborch remarks, is the more correct form, being by syncope for *adjuvero*, like *morunt* and *admorunt* for *moverunt* and *admoverunt*. (*Sil. Ital.*, xiv., 141; *Virg.*, *Æn.*, iv., 367.)—*Levasso.* Old form for *levavero*, like *amasso* for *amavero*, and *arasso* for *aravero*. Consult *Zumpt*, § 161.—*Quæ nunc te coquit.* "Which now disquiets thee," *i. e.*, keeps thee in a feverish state of mind, or, more literally, causes thy bosom to boil. This figurative usage of *coquo* is of common occurrence.—*Versat.* "Keeps continually harassing." Observe the force of the frequentative. The image is borrowed from the idea of an arrow fixed in a wound, and continually fretting it. Observe, moreover.

that the final syllable in *versat* is lengthened here by the *arsis*, so that there is no need of reading *sub* for *in*, as some do.—*Præmî*, for *præmii*. Some MSS. and editions have *pretii*, which is condemned by Bentley (*ad Ter.*, *Andr.*, ii., 1, 20), who maintains that no poet before Propertius employed the double *i* in the genitive singular. (Compare *Zumpt*, § 49, *note* 1.)

Ille vir, haud magna cum re, &c. "That man, with no great wealth indeed, yet rich in trustworthiness," *i. e.*, poor in point of worldly means, but rich in all that is worthy of reliance on the part of his fellow-men. Commentators generally suppose that Ennius is meant, and that Cicero here describes him by a line drawn from one of his poems, but referring there to some other person. Drakenborch, however, more correctly, refers this verse to Sextus Ælius Pætus, already mentioned, and thinks that Cicero meant this individual, not Ennius.—*Plenu' fidei.* Observe here the elision of the final *s* in *plenus*, before a consonant, in the beginning of the next word. The earlier Latin poets were in the habit of frequently eliding the letter *s*, in words ending in *ĭs* and *ŭs*, when followed by a word beginning with a consonant, and thus permitting the vowel to remain short.—*Fidēi.* As regards the penult in this word, consult *Anthon's Lat. Pros.*, p. 17, *note*.

Sollicitari te Tite, &c. Another quotation from Ennius, but probably only in part, the first portion of the line being, in all likelihood, from the pen of Cicero himself. The verse in Ennius runs as follows: "*Et qua deprimeris frustra noctesque diesque.*" Consult, however, *Columm.*, *ad loc.*, p. 140.—*Moderationem animi tui*, &c. "Your moderation and even temper of mind;" more literally, "the moderation of your mind, and your equanimity." As regards the moderation of Atticus, compare *Nep.*, *Att.*, c. 14. Observe, moreover that *æquitas* is here equivalent to *æquabilitas*, of which Cicero himself gives us the definition elsewhere (*Off.*, i., 26, 2): "*Præclara est æquabilitas in omni vita, idem semper vultus, eademque frons.*"

Cognomen Athenis deportasse. His surname of Atticus appears to have been given him on account of his long residence at Athens (twenty years), but more particularly on account of his intimate acquaintance with the language and literature of Greece. (Compare *Cic.*, *de Fin.*, v. 2; *Nep.*, *Att.*, c. 3, 4.)—*Humanitatem et prudentiam.* "The philosophic calmness of a cultivated intellect, as well as a prudent spirit." Observe the peculiar force of *humanitatem*, a term which some explain here by "polite learning," and others by "a taste for literature." The true meaning is given by Wetzel: "*Humanitas, hoc loco, est animi literis exculti æquabilitas, qui nihil admiratur mali cum acciderit, nihil, antequam evenerit, non evenire posse arbitratur.*" Indeed, the context evidently requires such an explanation and it is in full accordance, moreover, with the language of Nepos, in his life of Atticus (c. 17), where he says of him, "*Principum philosophorum ita percepta habuit præcepta, ut his ad vitam agendam, non ad ostentationem uteretur.*" As regards the "*prudentia*" of Atticus, consult *Nepos, Att.*, c. 6, *seqq.*

Eisdem rebus. He alludes to the gloomy state of public affairs.—*Quibus me ipsum.* "By which I confess that I myself am." Supply *suspicor* before *me ipsum*, in the sense of *fateor*, and observe the zeugma that takes place in the verb.—*Et major est.* "Is both a heavier task." Observe that *major* is here equivalent to *majoris operæ.*—*In aliud tempus differenda.* Because, amid the ruin of his country's freedom, he is now more in need of the consolation of others, than able to impart it himself.—*De senectute.* Cicero, thrown out from all participation in public affairs, composed the present treatise with the view of forgetting, or, at least, alleviating his political disquiet.

§ 2.

Quod mihi commune tecum est. Cicero, as we have before remarked, was now in his sixty-second or sixty-third year, and Atticus in his sixty-eighth.—*Aut jam urgentis*, &c. "Either already pressing upon us, or, at least, rapidly advancing." Observe the force of the frequentative.—*Modice ac sapienter.* "With composure and good sense."—*Tu occurrebas dignus eo munere*, &c. "You occurred to me as one worthy of such a present, which we might each of us use with common advantage," *i. e.*, as a suitable person unto whom to inscribe such a work, a work to which we might both of us have recourse with equal advantage. With *occurrebas* supply *animo* or *menti.*—*Ut non modo absterserit.* "That it has not only wiped away," *i. e.*, completely removed. A metaphor from the wiping away of tears, blood, &c.—*Mollem et jucundam.* "An easy burden and pleasing to endure."

Satis digne. "Sufficiently in accordance with its true worth." The term *digne* here has been deemed spurious by some editors, and a mere marginal explanation of *satis*, which eventually crept into the text. Not so, however, by any means. We have rendered it in accordance with the explanation of Klotz, "*nach ihrem wahren Werthe*," who refers in support of his opinion to *Cic.*, *pro Rosc. Am.*, 12, § 33: "*Quem pro dignitate ne laudare quidem quisquam satis posset.*" Ochsner compares *Cic.*, *Orat. post red. in sen. hab.*, c. 8, § 19: "*Quis de tali cive satis digne unquam loquetur?*" and *Vell*

Paterc., ii., 67: "*Hujus temporis fortunam ne deflere quidem quisquam satis digne potuit.*"—*Cui qui pareat.* "Since he who yields obedience to it," *i. e.*, who obeys and carries out its precepts. Equivalent to *quum is qui ei pareat.* (Compare *Zumpt*, § 804.)

§ 3.

De ceteris. "Of the other topics connected with it," *i. e.*, of the other praises and parts of philosophy. Compare Wetzel: "*de ceteris philosophiæ laudibus et partibus.*" Facciolati, less correctly, refers *ceteris* to the other periods of life, and explains it as follows: "*de ceteris ætatis temporibus et vitæ partibus, quibus medetur philosophia.*"—*Hunc librum*, &c. Goez maintains that we must read *nunc* in place of *hunc*, and *mittimus* for *misimus*. But there is no need whatever of any change, since the pronoun of itself carries with it the idea of present time, while *misimus* is far more in accordance with the Latin epistolary style than *mittimus* would be.

Tithono. Tithonus, son of Laomedon, became a favorite of Aurora, who obtained for him immortality from Jove, but forgot to ask, at the same time, for undecaying youth. He attained, therefore, to a very advanced, but helpless and wretched old age, until the goddess, out of compassion, changed him into a τέττιξ, or *cicāda.* (*Schol. ad Il.*, xi., 1.—*Tzetz. ad Lycophr.*, 18.)—*Ut Aristo Cius.* "As Aristo of Ceos has done." Supply *fecit.* Aristo was a peripatetic philosopher, and a native of the Island of Ceos (Κέως), where his birthplace was the town of Iulis (Ἰουλίς). He succeeded, after the death of his master Lycon, to the management of the peripatetic school, about B.C. 230. He is often confounded with Aristo of Chios, the stoic philosopher and disciple of Zeno.—*Cius.* The editions fluctuate between *Chius* and *Ceus*, the greater number, and among them Orelli's, having *Chius*. The form *Cius*, however, is decidedly preferable in this place. The corresponding Greek adjective is Κεῖος. Consult *Spalding, ad Quintil.*, iii., 1, 10, *not. crit.*, and the remarks of *Nauck*, in the *Neue Jahrbücher*, &c., twelfth supplementary vol., p. 558.

Parum enim esset auctoritatis in fabula. The remarks of an imaginary character like Tithonus would carry little weight with them, whereas those ascribed to Cato in the present essay are perfectly consistent with his true character, or expressly verified by authentic history.—*M. Catoni seni.* "To Marcus Cato, the elder." Marcus Porcius Cato, usually styled the censor, from the remarkable spirit and integrity with which he discharged the duties of that office. He was now, as we have already observed, in his eighty-fourth year

(Consult notes on the title of this work.)—*Apud quem.* Scipio and Lælius are here supposed to have paid him a visit, and the scene of the conversation is his own residence.—*Scipionem.* The younger Africanus, called Scipio Æmilianus. He was the son of Paulus Æmilius, the conqueror of Macedonia, and was adopted by the son of Scipio Africanus the elder. It was this younger Africanus that destroyed Carthage B.C. 146, about four years after the date of the present conversation. The Lælius here mentioned in conjunction with him was C. Lælius Sapiens, son of the elder Lælius. His intimacy with Africanus the younger was as remarkable as his father's friendship with the elder, and it obtained an imperishable monument in Cicero's treatise, entitled "*Lælius, sive De Amicitia.*" As Lælius was the elder of the two, he is named before Scipio in the text.

Admirantes. "Expressing their wonder."—*Qui si eruditius videbitur disputare.* "Now if he shall appear to discourse with more erudition." Equivalent to *si autem ille videatur.* (*Zumpt*, § 804.)—*In suis libris.* The activity of this many-sided man found leisure for the composition of several literary works, the most important of which were his treatise on husbandry ("*De Re Rustica*") and his "*Origines*," in which he gave the history of Rome, together with the origins of the Italian towns and communities.—*Græcis literis.* "To Grecian literature." (Compare chapters 8 and 11.) Cato applied himself in old age to the study of Grecian literature, with which in his youth he had no acquaintance, although he was not ignorant of the Greek language.—*Plura.* Supply *addere.*

CHAPTER II.

§ 4.

Cum hoc C. Lælio. "With Caius Lælius here." Observe that the pronoun *hic* is used of objects which are nearest to the speaker, whereas more distant ones are referred to by *ille.*—*Ceterarum rerum.* Equivalent to *quod attinet ad ceteras res.* An imitation of the Greek idiom. (Compare *Zumpt*, § 437, *note* 1.)—*Onus Ætna gravius.* Compare *Euripides*, *Herc. Fur.*, 637, τὸ γῆρας ἀεὶ βαρύτερον Αἴτνας σκοπέλων. The allusion is to the giants who, according to the poets, lay buried beneath Ætna, with the whole mass of the mountain pressing upon them. There, for example, lay Enceladus, according to Virgil (*Æn.*, iii., 578); Typhöeus, according to Pindar (*Pyth.*, i., 11); and Briareus, according to Callimachus (*Del.*, 143). Compare *Apollodorus*, i., 6, 3.

Quibus enim nihil est, &c. "For unto those who have no re

F 2

sources in themselves," &c. Observe that *nihil opis* is here the same as *nihil virtutis ac sapientiæ*, and that the allusion is to the well-known Stoic maxim that the wise man contained within himself all the means and requisites for a happy existence. (*Ritter, Anc. Phil.*, iii., p. 583.)—*Omnis ætas gravis est.* "Every stage of human life is burdensome," *i. e.*, because they depend entirely on external causes, which are wholly subject to the caprice of fortune.—*Quod naturæ necessitas afferat.* This is in accordance with the Stoic doctrine "*vivere convenienter naturæ.*" Compare *Seneca, Epist.*, 71, § 24, 25: "*Sapiens stat erectus sub quolibet pondere; nulla illum res minorem facit; nihil illi eorum, quæ ferenda sunt, displicet. Nam quidquid cadere in hominem potest, in se cecidisse non queritur.*"

Adeptam. "When attained to." A better reading than *adepti* "On having attained to it," and given by Gernhard, Orelli, &c.—*Obrepere aiunt eam*, &c. The idea on which the image is based lies in Pliny's "*fēlēs obrepunt avibus*" (*H. N.*, x., 73). Compare Æschines Socratic. (*Axioch.*, c. 9), λαθὸν ὑπεισῆλθε τὸ γῆρας, and Juvenal (ix., 129), "*Obrepit non intellecta senectus.*"—*Falsum putare.* "To entertain an erroneous opinion on the subject." — *Quid enim?* "What, pray?" The common, but inferior reading, is *quî enim citius*, &c.

Adolescentia senectus, &c. Those between the ages of seventeen and forty-six were commonly called *juniores, juvenes*, or *adolescentes*; those between forty-six and sixty, *seniores*; and those above sixty, *senes*. Hence we see that *adolescentia* and *senectus* border on each other.—*Quam octogesimum.* Observe that *quam* is here for *potius quam.*—*Nulla consolatione permulcere posset*, &c. "Could soothe a foolish old age by no consolation (in its power to impart)," *i. e.*, could by no means in its power console a weak and frivolous mind under the usual consequences of a prolonged existence.

§ 5.

Si soletis. "Since you are accustomed." Observe that *si* with the indicative has here the force of *quoniam*, as denoting something certain. Had any doubt been implied, the subjunctive would have been used.—*Quæ utinam digna esset.* "And would that it were worthy." Observe, again, the employment of the relative to express the demonstrative with a conjunction. (*Zumpt*, § 803.)—*Nostroque cognomine.* "And of the surname that has been bestowed upon me." The pronoun has here an objective force. The surname referred to is that of *Sapiens*. His ancestors for three generations had been named M. Porcius, and it is said by Plutarch (*Vit. Cat. Maj.*, 1.)

that at first he was known by the additional cognomen Priscus, but was afterward called *Cato*, a name denoting that practical wisdom (*catus*, "wise," "shrewd") which is the result of natural sagacity, combined with experience of civil and political affairs. The qualities implied in the word *Cato* were subsequently acknowledged by the plainer and less archaïc title of *Sapiens*, by which he was so well known in his old age that Cicero here, and also in the treatise "*De Amicitia*" (c. 2), makes it his quasi cognomen. (*Smith, Dict. Biogr.*, *s. v.*)

Naturam optimam ducem. The Stoics, as already remarked, referred all things to nature, and their grand rule was in all things to live according to her laws. For a virtuous life, according to them, was merely a life agreeable to our experience of what is going on in nature, since the human is a part of the universal nature. (*Diog. Laert.*, vii., 87.)—*Cum ceteræ partes ætatis*, &c. "After the other parts in life have been wisely distributed," *i. e.*, after all the preceding periods of life have had their peculiar and proper enjoyments assigned to them. The true reading here is *discriptæ sint*, as denoting distribution. The common reading is *descriptæ sint*, but *describere* is "to write down," "to copy." Observe, moreover, that *partes* is here employed in its dramatic sense, as indicating a part or character to be sustained.—*Extremum actum.* "The last act of all," *i. e.*, old age.—*Inerti.* "Unskillful." The adjective *iners* is here employed in its primitive meaning, the word being compounded of *in* privative and *ars*. Compare *Lucil.*, *ap. Serv. ad Æn.*, iv., 158: "*Ut perhibetur iners, ars in quo non erit ulla.*"

Esse aliquod extremum, &c. "That there should be something to mark the close of existence, and, as in the case of the fruits of trees and the productions of the earth, something, from the fullness of its own maturity, drooping, as it were, and just ready to fall, which must be endured by the wise man with calm resignation." There must be no comma after *maturitate tempestiva*, since these words belong to what follows, the maturity meant being that of old age, whose fruit is withered and drooping. The term *vietus* is well explained by Wetzel: "Vietum, *languidum, sine vi, naturalibus viribus privatum, μεμαρασμένον, a vetere glossatore explicatum.*"—*Gigantum modo.* "After the manner of the giants." Observe that *modo* is here employed, not *more*, because the giants warred against heaven only once. (Compare *Apollodorus*, i., 6, 1; *Horat.*, *Od.*, iii., 4, 49, *seqq.*) Ochsner calls our attention to the inverted nature of this sentence, instead of *quid est enim aliud naturæ repugnare nisi gigantum modo bellare cum diis.*

§ 6.

Gratissimum nobis, &c. "You will have done a very acceptable service to both of us, that I may answer for Scipio also." As Lælius was the elder, his age gave him this privilege. Thus we have in the "*De Amicitia*" (c. 9) the following language from Fannius: "*Tu vero perge, Læli; pro hoc enim, qui minor est natu, meo jure respondeo.*"—*Volumus quidem certe.* "We wish, indeed, at least." Observe that *volumus* has here the force of *desideramus.*—*Ingravescentem ætatem.* "The weight of increasing years," *i. e.*, old age as it comes on. Literally, "age beginning to grow heavy."—*Si futurum est.* "Since it is going to prove."—*Quam nobis quoque ingrediendum sit.* "On which we also may have to enter." The more usual form of construction would be *quæ nobis quoque ingredienda sit;* the present use of the gerund, however, occurs also in Varro (*R. R.*, iii., 3, 9, 18): "*Objiciendum pullis polentam,*" as well as elsewhere. (Consult *Sanctii Minerv.*, iii., 8, and the note of Perizonius; and also *Stallbaum, ad Rudd.*, ii., p. 251, n. 59.) Some editions read *qua* here instead of *quam;* Cicero, however, says, *viam* or *in viam ingredi*, not *via.*—*Istuc.* For *istoc*, from *istic, istæc, istoc*, or *istuc.* Not the adverb.

CHAPTER III.

§ 7.

Ut potero. "As well as I shall be able."—*Meorum æqualium.* "Of my companions in years," *i. e.*, of men of my own years.—*Pares autem, vetere proverbio*, &c. "Like, you know, according to the old saying, congregate most easily with like." This is the same as our common English expression, "Birds of a feather flock together." Compare Aristotle (*Eth.*, 8, 1), Ὅθεν τὸν ὅμοιόν φασιν ὡς ὅμοιον, καὶ κολοιὸν ποτὶ κολοιόν, and Plato (*Sympos.*, c. 18, 3), Ὁ παλαιὸς λόγος εὖ ἔχει, ὡς ὅμοιον ὁμοίῳ ἀεὶ πελάζει.—*Quæ C. Salinator*, &c. "(And listened to the things) which Caius Salinator, &c., were accustomed to deplore." Observe here the anacoluthon, *quæ* being the relative to *querelis* in thought merely, not in grammatical connection, so that it is the same as saying *sæpe interfui querelis et audivi quæ*, &c. Compare *Ep. ad Div.*, ii., 8, 2: "*Sermonibus quæ nec possunt scribi nec scribenda sunt.*" Some of the MSS. have *quas* C. Salinator, *quas* Sp. Albinus, of which Beier (*ad Off.*, ii., p. 150, 365) and Hermann both approve; but we have preferred allowing the ordinary text to remain unchanged.

C. Salinator. Caius Livius Salinator is meant, who was consu A.U.C. 565. (*Liv.*, xxxviii., 35.)—*Sp. Albinus.* Spurius Posthumus Albinus was consul A.U.C. 567, and died, while augur, in 573. —*Quod carerent.* Observe the employment of the subjunctive, as indicating merely their own sentiments, not those of the speaker or author. So, a little after, "sine quibus *putarent.*"—*Vitam nullam.* "That life was of no value." Observe that *nullam* here is equivalent to *nullius momenti* or *pretii.* This *vita nulla* is directly opposed to the "*vita vitalis*" of Ennius (*Cic.*, *de Am.*, 6).—*Coli.* "To be courted."

Qui mihi non id videbantur accusare, &c. "Now these men appeared to me to blame nothing of the kind that ought to have been blamed." Observe, in the first place, that *qui* here, at the beginning of the sentence, is equivalent to *hi autem*, and consult *Zumpt*, § 803; and, in the next place, that *id* is here the same as *tale.* Compare the version of Nauck: "*nichts von der Art, was anzuklagen gewesen wäre.*" The common mode of rendering the clause ("appeared to me not to blame *that* which should have been blamed") makes Cato say that the ground of their complaint was a correct one, but was not properly put forth! (Compare the remarks of *Nauck*, in the *Neue Jahrb.*, 12 supp. vol., p. 559.)—*Quod esset accusandum.* The subjunctive is here employed, because *id* precedes in the sense of *tale.* (*Zumpt*, § 556.)—*Usu venirent.* "Would occur as a matter of course," *i. e.*, would necessarily be experienced by. —*Quorum ego multorum*, &c. "Of many of whom I have known the old age to be without complaint, since they both did not take it ill that they were released from the fetters of their passions, and," &c. *Libidinum* is here, in fact, equivalent to *voluptatum.* Observe, moreover, that *qui* takes the subjunctive here because indicating the reason or ground of what precedes.

In moribus est non in ætate. "Lies in the habits, not in the age of the individual," *i. e.*, in the man, not in the age.—*Moderati, et nec difficiles*, &c. "Of well-regulated desires, and who are neither morose nor churlish." The term *moderati* here is less correctly rendered by some "of moderate views." It rather answers, on the contrary, to Plato's κόσμιοι (*Rep.*, 560, D.), or, as Wetzel explains it, "*Qui a voluptatibus et cupiditatibus temperare sibi possunt.*" —*Importunitas et inhumanitas.* "Unseasonable and churlish behavior."

§ 8.

Propter opes et copias, et dignitatem tuam. "On account of the influence, and ample possessions, and high character which you enjoy." By *opes* is here meant influence or credit in the state; by *copias*, on the contrary, private resources. Plutarch describes these last as very extensive. "When," he observes, "Cato's desire of wealth increased, and he found agriculture rather amusing than profitable, he turned his thoughts to surer dependences, and employed his money in purchasing ponds, hot baths, places proper for fullers, and estates in good condition having pasture-ground and wood-lands. From these he derived a great revenue, 'such a one,' he used to say, 'as Jupiter himself could not disappoint him of.'" (*Plut.*, *Vit. Cat. Maj.*, c. 21.)

Est istuc quidem, Læli, aliquid, &c. "There is something, I admit, Lælius, in what you say, but it by no means covers the whole ground." Literally, "That remark of yours, Lælius, is indeed something; but all things are by no means contained in that." Observe here the usual employment of *iste* to indicate what appertains to the person spoken to. (*Zumpt*, § 127.)—*Seriphio cuidam.* "To a certain native of Seriphos." This was a small and unimportant island in the Ægean Sea, south of Cythnos, and now called *Serpho.* It is known in mythology as the island to which the ark, or coffer, containing Danaë and her infant son Perseus, was carried. The insignificance of the island of Seriphos caused its name to pass into a proverb. (Compare *Cic.*, *N. D.*, 1, 31; *Aristoph.*, *Acharn.*, 541, and the scholiast *ad loc.*). The story related in the text is taken from Plato (*Rep.*, i., p. 329, E.), and is related also by Plutarch (*Vit. Themist.*, c. 18).

Nec hercule inquit, &c. The point of this reply is sometimes misunderstood or not fully perceived. The meaning of Themistocles is this: "You say right, I do owe *much* to my country, and so much, in fact, that, if I had been born in Seriphos, *I would never have become celebrated.* At the same time, however, I can assure you that I do not owe *all* to my country. You, however, are so *thoroughly contemptible in yourself* (setting your insignificant country out of the question), that, had you been born even at Athens, you would never have *attained celebrity at all.*" In this way he attacks not only the meanness of the man's native island, but the mean spirit and stupidity of the individual himself. (Compare *Wetzel*, *ad loc.*)—*Nobilis . . . clarus.* Plutarch, in relating the story, employs the term *ἔνδοξος*; Plato, however, has the more expressive *ὀνομαστός*, which comprehends both "*nobilitatem generis*" and "*claritudinem factorum*," and which Cicero, therefore, expresses here by both *nobilis* and *clarus.* (*Gernhard*, *ad loc.*)

§ 9.

Artes, exercitationesque virtutum. "The liberal arts, and the practice of virtue." Compare the version of Franklin: "A life employed in the pursuit of useful knowledge, in honorable actions, and the practice of virtue." By *artes* are here meant *artes ingenuæ* or *liberales*, embracing, of course, literary pursuits of every kind. The *arma senectutis*, mentioned in the text, are the means afforded us for warding off the discomforts of age.—*In omni ætate.* "At every period of life," *i. e.*, in the previous seasons of life.—*Efferunt.* A much better reading than *afferunt*, as given by Facciolati and others. (Consult *Ernesti, Clav. Cic.*, and *ad Off.*, i., 15, 5.)—*Quamquam id maximum est.* "Although this of itself is a very important consideration." Equivalent to *id quòd sane*, &c. (Compare *Zumpt*, § 341.) *Benefactorum.* "Good deeds."

CHAPTER IV.

§ 10.

Q. Maximum. This is the famous Q. Fabius Maximus, surnamed Cunctator, the celebrated opponent of Hannibal.—*Tarèntum recepit.* He recovered Tarentum from the Carthaginians in his fifth consulship, B.C. 209, and by this success inflicted a deadly wound on Hannibal's tenure of Southern Italy. The plunder of the town was given up to the soldiery. (Compare *Liv.*, xxvii., 15, 16.)—*Adolescens ita dilexi senem*, &c. The old general admitted the young soldier to the honor of an intimate acquaintance. While Fabius communicated the valued results of military experience, he omitted not to instill his own personal and political partialities and dislikes into the ear of his attached follower. (*Smith, Dict. Biogr.*, vol. i., p 637.)—*Comitate condīta gravitas.* "A dignity tempered with affability." More literally, "seasoned with."—*Eum colere.* "To cultivate his acquaintance."

Anno enim post, &c. Observe the tmesis, as it is called, in *post quam.* Fabius was consul for the first time in B.C. 233. Liguria was his province, and it afforded him a triumph, and an opportunity of dedicating a temple to Honor. (*Cic.*, *N. D.*, ii., 23.)—*Cumque eo quartum consule*, &c. Fabius obtained his fourth consulship in B.C. 214, when Cato was twenty years of age. Hence the latter calls himself here *adolescentulus*, "a very young man."—*Ad Capuam.* Fabius had commenced the siege of this place the year previous (B.C. 215), when consul for the third time.—*Quæstor deinde quadriennio post factus sum*, &c. The common text reads as follows:

"*Cum eo quartum consule adolescentulus miles ad Capuam profectus sum, quintoque anno post ad Tarentum quæstor: deinde ædilis, quadriennio post factus sum prætor.*" There is no doubt whatever that this reading is corrupt and interpolated, since it is at variance with the accounts both of ancient historians and of Cicero himself. In the first place, Cato was not quæstor at the siege of Tarentum, but in Africa; nor under Fabius Maximus, but Scipio Africanus; and, moreover, so far was he from being a quæstor at the siege of the place in question, that he served on this occasion merely as a private soldier (*miles*). In the next place, there is no reason whatever why he should speak of himself, in this passage, as ædile and prætor, when his object is not to make any mention of himself, save only so far as will enable him to tell the praises of Fabius. Again, he did not fill the prætorship in the year when Tuditanus and Cethegus were consuls, but merely the office of quæstor, a fact of which Cicero himself is a witness. (*Brut.*, 15, 6.) And, finally, he was not prætor four years after his ædileship, but the very next year. We ought to have no hesitation, therefore, in rejecting *ædilis* and *prætor* from the text, with Pighius (*Annal. Rom.*, *ad ann.* 549, p. 219), and by a change of punctuation restoring his own to Cicero. (*Wetzel, ad loc.*)

Legis Cinciæ. The *Lex Cincia*, called also *Muneralis*, was passed in the time of the tribune M. Cincius Alimentus (B.C. 204), and not only forbade a person to take any thing for his pains in pleading a cause, but applied also to gifts in general, limiting in the latter case the amount of what a person could give, and also requiring such gifts to be accompanied by certain formalities. (*Dict. Ant.*, *s. v.*)

Ut adolescens. "As a young man," *i. e.*, with as much energy and spirit as if he were still in early manhood. Observe that there is no allusion here to youthful rashness.—*Grandis.* Supply *ætate.*—*Et Hannibalem juveniliter exultantem*, &c. "And by his patient perseverance calmed down Hannibal, when exulting with all the ardor of a youthful conqueror." Literally, "exulting like a young man." Hannibal was about thirty years of age when he entered Italy, and in his forty-fourth year when he left that country and returned to Carthage.—*Familiaris noster.* When Cato, who had filled the office of quæstor under Scipio Africanus in the war against Carthage, was returning home, he found Ennius in Sardinia, became acquainted with his high powers, and brought him in his train to Rome, where he ever after lived on terms of intimacy with Cato and other eminent men of the day.

Unus homo nobis, &c. These are the famous lines of Ennius in praise of Fabius Maximus, which occurred in the twelfth book of his Annals. We find them quoted again by Cicero in his treatise *De Officiis*, i., 71, and referred to by several other writers. Virgil has imitated them in part in his Æneid (vi., 846):

> " *Tu Maximus ille es,*
> *Unus qui nobis cunctando restituis rem.*"

Livy also remarks (xxx., 26): " *Sic nihil certius est, quam unum hominem nobis cunctando rem restituisse, sicut Ennius ait.*" Compare *Columm. ad Enn., Fragm.*, p. 98.

Cunctando. An allusion to the surname *Cunctator*, given to Fabius on account of his cautious and wise delay in carrying on the war against Hannibal.—*Restituit rem.* " Restored the state." *Rem* for *rempublicam.* The military talents of Fabius were not, perhaps, of the highest order, but he understood beyond all his contemporaries the nature of the struggle, the genius of Hannibal, and the disposition of his own countrymen. Cicero says truly of him (*Rep.*, i., 1), " *Bellum Punicum secundum enervavit,*" a more appropriate eulogy than this of Ennius, since Marcellus and Scipio restored the republic to its military eminence, whereas Fabius made it capable of restoration. (*Smith, Dict. Biogr.*, p. 993.)—*Non enim rumores*, &c. " For he placed not disparaging reports before the safety of his country," *i. e.*, he went on steadily pursuing his plans for the safety of his country, and disregarded all the secret rumors and disparaging reports which were circulated concerning him, and which ascribed his dilatory movements to cowardice. Observe that the prose form of expression would be *non enim rumores anteponebat saluti.*—*Ergo postque magisque*, &c. The idea is this: *Ergo et post obitum viri gloria claruit, et magis etiam hac ætate claret, quam quum viveret.*

§ 11.

Tarentum vero, &c. Tarentum was taken by treachery, as both Livy and Plutarch inform us. Either, therefore, Cato is made to refer here to some other account of its capture, or else, though the place was recovered from the Carthaginians in the way just mentioned, there was room, nevertheless, for the exercise of " *vigilantia*" and " *consilium.*"—*Salinatori.* There is an error here on the part of Cicero. The Livius who commanded the citadel of Tarentum was M. Livius Macatus (*Liv.*, xxvii., 25; *Plut., Vit. Fab.*, 23), not C. Livius Salinator. The same error occurs in the *De Orat.*, ii., 67, 273.—*Mea opera.* After the town had been taken by the Carthaginians, he had fled for refuge into the citadel, which he maintained notwithstanding all the attempts of Hannibal to dislodge him.

Hence he claimed the merit of recovering the town, because its citadel had never fallen into the hands of the enemy.

In toga. "In civil life," *i. e.*, as a statesman.—*Consul iterum.* This was in B.C. 228. But the tribuneship of Flaminius and his agrarian law were four years later, according to Polybius (ii., 21), so that Cicero appears to have made an error here also. Indeed, his statement bears improbability on the very face of it; for we know that in B.C. 227 C. Flaminius was prætor; and the aristocratic party, which he had irreconcilably offended by his agrarian law, would surely never have suffered him to be elected prætor the very year after his tribuneship. (*Smith's Dict. Biogr.*, vol. ii., p. 166.)—*Agrum Picentem et Gallicum viritim dividenti.* "Proposing to divide the Picene and Gallic territory (among all the plebeians) man by man." Observe the force of the present participle *dividenti*, which becomes equivalent here to *divisuro*, or *dividi jubenti.* The territory referred to lay partly in Picenum and partly among the Galli Senones on the coast of Umbria. The MSS. vary between *Picentem* and *Picenum.* Both *Picens* and *Picenus* are in use; but on the present occasion the former is to be preferred, since, in addition to MS. authority, it has the express testimony of the grammarian Charisius in its favor (*Instit. Gramm.*, ii., p. 198, *ed. Putsch*).

Augurque cum esset. "And although he was an augur." Observe the force of *cum.* Although a member of the augural college, he was nevertheless so free from superstition, and of so liberal a spirit, as to declare, &c. (*Facciolati, ad loc.*) The idea is borrowed from Homer (*Il.*, xii., 243), εἷς οἰωνὸς ἄριστος, ἀμύνεσθαι περὶ πάτρης.—*Quæ contra rempublicam ferrentur.* "That those things which were aimed against the state." For *ferrentur* . . . . . *ferri*; another, but very inferior, reading is *fierent* . . . . . *fieri.*

§ 12.

Filii. Fabius had two sons, the younger of whom survived him. (*Liv.*, xxxiii., 42.) The elder son, who is the one here meant, was named Quintus Fabius Maximus, after his father, and was consul A.U.C. 541 (B.C. 213), along with Tiberius Sempronius Gracchus, immediately after the fourth consulship of his father.—*Est in manibus laudatio.* "The funeral oration (pronounced by him) is in every body's hands." According to Cicero (*Brut.*, 14, 18), Fabius, though, strictly speaking, not eloquent, was yet neither an unready nor an illiterate speaker.—*Non contemnimus?* "Do we not contemn in comparison with him?" *i. e.*, does he not appear superior to any philosopher?

In luce. "In public." Equivalent to what Cicero elsewhere (*Off.*, iii., 1, 5) terms "*in maxima celebratione.*"—*Intus, domique* "Within doors, and at home," *i. e.*, "within the privacy of home," as we may express it by a hendiadys. Some German editors render *intus* here by "*in seinem Innern,*" but altogether erroneously, since *intus* is opposed to *in luce.* (*Nauck, Neue Jahrb.*, 12 supp. vol., p. 560.)—*Qui sermo! quæ præcepta!* "What converse (was his)! What rules of conduct (fell from his lips)!" *i. e.*, how pleasing and instructive was his conversation.—*Multæ etiam, ut in homine Romano,* &c. "An extensive acquaintance with literature, too, for a man who was a Roman," *i. e.*, for one who was a Roman, and not a Greek. The proper duties of a Roman were connected with forensic, senatorial, and warlike affairs. With *ut* supply *solet fieri,* or something equivalent.—*Domestica.* Those waged by the Romans in Italy, whereas *externa bella* are those waged in foreign lands, not only by the Romans, but by other nations.—*Unde.* Equivalent to *a quo.*

CHAPTER V.

§ 13.

Quorsum igitur. "To what purpose now." On this use of *igitur* at the beginning of a clause, consult *Hand, ad Tursell.*, iii., p. 192. —*Nefas.* "Positively wicked."—*Scipiones.* Alluding to Africanus the elder, whose quæstor he had been.—*Maximi.* Referring to Quintus Fabius Maximus, whom he has just been eulogizing. The meaning of the clause is, that it is not in every one's power to be a Scipio Africanus, or a Fabius.—*Pedestres.* Equivalent here to *terrestres.*—*Recordentur.* On this verb's not unfrequent construction with the accusative, consult *Zumpt*, § 440.—*Quiete, et pure, et eleganter.* The first of these terms refers to the silent and retired paths of a literary life, far removed from the turmoil of public affairs; the second to purity of moral conduct; and the third to the elegant pursuits of a learned leisure.—*Platonis.* "That of Plato to have been." The full form of expression will be *Platonis senectutem fuisse.* Plato, one of the most eminent philosophers of antiquity, and the founder of the Academic sect, was born B.C. 429. (*Clinton, Fast. Hell.*, ii., p. 63.)—*Scribens.* Hermippus, as cited by Diogenes Laertius (iii., 2), makes Plato to have died at a nuptial banquet.—*Uno et octogesimo.* This use of *uno* for *primo* is of very frequent occurrence. (*Zumpt*, § 118.)

Isocrates. Isocrates was a celebrated Attic rhetorician, born

B.C. 436. He died in the ninety-ninth, or, according to Suidas in the one hundred and fourth year of his age.—*Qui Panathenaicus inscribitur.* The work here mentioned was so called either because the author read it publicly at the Panathenaic festival of Minerva, or because it celebrated the praises of all those patriotic Athenians who were distinguished in the annals of the state. (*Drakenborch, ad loc.*)—*Inscribitur.* Observe the employment here of the present, where we would have expected the perfect. The reason appears to be this. Before the invention of printing, the affixing of the title to a work was regarded in two lights, either as the act of the author himself, or that of the copyists. In the former case, the perfect would be employed, to indicate the act once for all; but in the latter the present, as indicating an oft-repeated act on the part of successive transcribers. In modern Latinity, however, the employment of such a present, though often occurring, is decidedly erroneous. (*Nauck, Neue Jahrb.*, 12 supp. vol., p. 561.)

Leontinus Gorgias. "The Leontine Gorgias," *i. e.*, Gorgias of Leontini, a Chalcidian colony in Sicily. He was born B.C. 480 or 479, and enjoyed a brilliant reputation as an eloquent rhetorician. —*Centum et septem.* Pliny says 108, and others, among whom is Suidas, 109 years.—*Nihil habeo quod accusem senectutem.* "I have no reason to complain of old age." Observe that *quod* is for *propter quod.* The ordinary reading is *incusem*, for which there is hardly any authority, and which, moreover, is not a Ciceronian term. Compare *Orelli, ad loc.*

§ 14.

Conferunt. "Impute."—*Faciebat.* Observe the force of the imperfect in denoting whatever is usual or wont to be done.—*Sicut fortis equus*, &c. Commentators compare this with a passage in the Electra of Sophocles (v. 25, *seqq.*): ὥςπερ γὰρ ἵππος εὐγενής, κ. τ. λ.—*Vicit Olympia.* "Has gained the Olympic contest." Supply *certamina.* An imitation of the Greek usage in the case of νικάω. Thus, *Thucyd.*, i., 126, νικᾶν Ὀλύμπια: *Id.*, vii., 67, νικᾶν ναυμαχίας: *Plat., Leg.*, 964, *C.*, ἀρετὴν νικᾶν. (*Kühner*, § 564, *ed. Jelf.*)—*Confectu'.* For *confectus.* Consult note on *plenu'*, chap. i., 1.—*Quem quidem probe meminisse potestis.* "And you can both remember him well." Observe that *quem* is here for *et eum*, and compare *Zumpt*, § 803. Cato means that Scipio and Lælius were neither of them too young not to remember the veteran poet; for Scipio was at this time nearly thirty-five years of age, and Lælius was not many years his senior. (Compare *De Am.*, 4, 8.) Ernesti reads *quam*, without any support from MSS., and, indeed, without any necessity. *Quam* will, of course, refer to *senectutem*.

Hi consules. "The present consuls," *i. e.*, the consuls for A.U.C. 604, B.C. 150.—*T. Flamininus et M'. Acilius.* The full names were T. Quinctius Flamininus and M'. Acilius Balbus.—*Cæpione, et Philippo iterum, consulibus.* Quintus Marcius Philippus was consul for the second time, and had for his colleague Cnæus Servilius Cæpio, in A.U.C. 585, B.C. 169. Cato, who was born B.C. 234, would therefore be, as stated in the text, 65 years old at the time of Ennius's death; while Scipio would be, at the same time, about 17 years old, and Lælius a few years older.—*Legem Voconiam magna voce,* &c. "Had advocated the Voconian law with a loud voice, and with good lungs." Literally, "and with good (strength of) sides." From various passages in Cicero, and other ancient writers, we find that strength of sides as well as voice was absolutely required in an orator; for they very properly used the word *sides* as we do *lungs,* since the lungs have in themselves no manner of force, but their whole motion depends on the muscles of the sides and breast. (*Franklin, ad loc.*) The verb *suadeo* is the technical one employed to express the advocating, or recommending the passage of a law. (Compare *Brut.*, 23, 89; *Liv.*, xlv., 21.) The Voconian law was named after its proposer, Q. Voconius Saxa, a tribune of the commons. For an account of its provisions, consult *Dict. Ant.*, p. 1064, 8vo ed., and p. 200, 12mo ed.

Paupertatem. The reference is not to actual indigence, but merely to humble and contracted means, the true force of *paupertas.* Ennius dwelt in a small abode on the Aventine Hill, attended by a single female slave, and, though he might have obtained liberal aid from the Scipios and other noble friends, preferred maintaining himself in honorable poverty by acting as a preceptor to patrician youths. After having lived happily to a good old age, he was carried off by a disease of the joints, most probably gout.

§ 15.

Etenim. "And (well may I say this of him) for." Observe here the elliptical use of *etenim,* which term answers, therefore, to the Greek καὶ γάρ, and compare the explanation of Beier (*ad Off.*, iii., 15, 63; t. ii., p. 297), as cited by Billerbeck: "*Ennius senectute pæne oblectabatur.* Et *recte* quidem: *injustæ* enim *sunt causæ cur senectus misera videatur.*"—*Contemplor animo.* The verb *contemplor* properly applies, as Festus remarks, to an augur making observations in the heavens. When it has, as in the present instance, a figurative reference to the operations of the mind, it is employed either alone, as in *Tusc.*, i., 30, or with *animo* added. (Compare *Or. pro Deiot.*, 14, 40.)—*Quatuor reperio causas.* Consult Introductory notes.—*Quod avocet.* Observe in this clause, as well as in those that immediately follow, the employment of the subjunctive to indicate the sentiments of others, not those of the speaker.—*Earum, si placet,* &c. The order is *videamus, si placet, quanta quamque justa sit unaquæque earum causarum.* The word *earum* is put first as the emphatic one in the sentence, and as referring immediately to what has gone before. Observe, moreover, that *si* takes here the indicative, because the speaker has no doubt that what he is going to do will prove acceptable to his hearers.—*Quanta.* "How weighty."

CHAPTER VI.

An iis, quæ juventute geruntur, &c. "Is it not from those that are performed by young men and by physical strength?" Observe here the employment of *an*, where a preceding interrogation must be supplied by the mind, and where our idiom requires the insertion of a negative. It is the same as saying *aliisne, an iis,* &c., "From any others? or merely from those," &c., and to the latter clause an affirmative answer is always expected. (Consult *Zumpt*, § 353, and the remarks of *Nauck, Neue Jahrb.*, 12 supp. vol., p. 561.)—*Juventute.* Grævius inserts *in* before this word, which Ernesti correctly removes again, for *juventute* is here equivalent to *a juvenibus.* —*Res seniles.* "Employments of age."—*Vel, infirmis corporibus.* "Even when our frames are enfeebled."

Q. Maximus. Fabius Maximus, already spoken of.—*L. Paulus.* Lucius Æmilius Paulus, surnamed Macedonicus, from his overthrow of Perseus and conquest of Macedonia. He was the father of the younger Scipio Africanus, who had been adopted into the Scipio family by the son of Africanus the elder. Æmilia Secunda, the younger daughter of Æmilius Paulus, married M. Porcius Cato, the son of Cato the Censor.—*Optimi viri, filii mei.* This was M. Porcius Cato, mentioned in the preceding note as having married Æmilia Secunda. He was surnamed Licinianus because born to Cato from his first wife, Licinia, and to distinguish him from his half-brother, M. Porcius Cato, the son of Salonia, Cato's second wife He died when prætor designatus, about B.C. 152, a few years before his father, who bore his loss with resignation, and, on the ground of poverty, gave him a frugal funeral. (*Liv.*, *Epit.*, 48.)

Fabricii, Curii, Coruncanii These plurals are used rhetorically and refer each to single individuals. The first has reference to C. Luscinius Fabricius, the great opponent of Pyrrhus; the second, to M'. (Manius) Curius Dentatus, who distinguished himself as well by the primitive simplicity of his habits as by his warlike operations against the Samnites, Sabines, and King Pyrrhus; the third, to Tiberius Coruncanius, a contemporary of Curius and Fabricius, and a distinguished Roman pontiff and jurist. Cicero, who often sounds his praises, speaks of him as one of those extraordinary persons whose greatness was owing to a special Providence. (*N. D.*, ii., 36.)—*Cum . . . . defendebant.* Observe here the employment of *cum* with the indicative, in a direct and positive assertion, having nothing contingent or uncertain connected with it. (Compare *Zumpt*, § 579.)

§ 16.

Appii Claudii. Appius Claudius Cæcus, who obtained his surname from his blindness. He lost his sight, according to the tradition mentioned by Livy (ix., 29), for having directed the Potitian family, in which the office of priests attendant on the great altar of Hercules was hereditary, to instruct some of the public slaves in the rites of that solemnity, with the intention of delegating the same unto them. Appius was a very distinguished Roman, and his name was handed down to posterity by the Appian Way, which he commenced, and the Appian Aqueduct, which he completed. (*Liv.*, ix., 29; *Frontin.*, *de Aquæd.*, 5; *Niebuhr*, vol. iii., p. 294, *seqq.*)—*Accedebat . . . . ut.* Consult *Zumpt*, § 622.—*Cum Pyrrho.* Pyrrhus, after the battle of Heraclea (B.C. 280), sent Cineas, his friend and minister, to Rome with proposals of peace. The terms which he offered were hard; and yet such was the urgency of the case, and such the persuasiveness of Cineas, who was famed for his powers of oratory, that the senate would probably have yielded, if the scale had not been turned by the dying eloquence of old Appius, who caused himself to be brought to the senate for this purpose in a litter. Appius's speech on this occasion was extant in Cicero's time. (*Brut.*, 16. Compare *Liv.*, x., 19.)

Persecutus est. "Has followed out," *i. e.*, has expressed; has given their spirit and substance. Compare the Greek διεξέρχεσθαι.—*Quo vobis mentes*, &c. "In what direction have your infatuated minds been swerving, which hitherto were accustomed to stand firmly erect?" *i. e.*, whither have your minds wandered? Literally, "bent themselves." The construction is "*quo viai dementes mentes flexere sese vobis?*" Observe that *viai* is the old form for *viæ*, and that *dementes mentes* is an instance of what grammarians call *oxymō ron* (ὀξύμωρον). We have given the reading suggested by Lambinus, which harmonizes with the Greek version of Gaza. Gruter and others read *via*, i. e., *viaa*, in the ablative. The common text of the fragments of Ennius has *dementi sese flexere ruina*, which Gruter very properly condemns. Some editors, and among them Ernesti, give *dementes sese flexere?* omitting *viai*. Others, again, have *dementes sese flexere victæ*, the conjecture of Scaliger, *victæ* having the force of *languidæ*, or *viribus privatæ*.—*Viāi*. Observe the long penult, and consult *Anthon's Latin Prosody*, p. 19.

Et tamen ipsius Appii, &c. "And yet the speech of Appius himself is still extant," *i. e.*, although the speech itself of Appius is still extant. The meaning is this: Even, however, if you were not acquainted with the poem of Ennius, *yet* the extant speech itself would put you in full possession of all the circumstances of the case. Plutarch (*Vit. Pyrrh.*, 19) gives us the substance of this celebrated oration.—*Hæc ille egit.* Not *hanc*, as the common text has it, since *agere orationem*, notwithstanding the defence of it made by Scheller, is not good Latinity.—*Septem et decem annis*, &c. The time meant is A.U.C. 474, B.C. 280, the second consulship of Appius having been in A.U.C. 458, B.C. 296. The seventeen years are made up by including in the computation, according to the Roman custom, both the years 280 and 296, or 474 and 458.—*Interfuissent.* Better than *interfluxissent*, the reading of some editions, which is not Ciceronian.—*Ante superiorem consulatum.* His first consulship is meant. He was elected censor in B.C. 312, with C. Plautius, without having been consul previously, and he held the censorship until B.C. 307, when, after resigning this office, he was chosen consul for the first time.—*Grandem.* Supply *ætate*, or *annis*. Supposing that he obtained the consulship at the legal age (43 years), he would be at the period referred to in the text nearly 70 years old.—*Et tamen sic a patribus accepimus.* The idea intended to be conveyed by this is well expressed by Otto: "*Et*, quamquam plane grandis natu erat Appius, *tamen* hæc eum hac ætate fecisse accepimus a patribus."

§ 17.

Nihil igitur afferunt. "Those persons, therefore, bring forward a mere nullity." Compare Billerbeck, "*Diejenigen bringen also so gut wie Nichts vor.*" A much inferior reading is *nihil asserunt*, which has been deservedly rejected by Lambinus and others.—*Similesque sunt, ut, si qui.* This reading has been objected to by some editors, and Lambinus cites in place of it, from one of his MSS., *similesque sunt iis, qui*, which Grævius receives into the text. It is, nevertheless, more likely to be the true one, from its being the more difficult and unusual reading, and it is easily susceptible of defence from *Off.*, i., 25, 87, as well as from other passages of Cicero cited by Gernhard. The plainer and clearer form of expression, however, would undoubtedly be *similiterque faciunt, ut, si qui*, &c.—*Ille autem.* The pilot, or steersman, is meant. Ernesti maintains that *ipse* is the true reading, not *ille*, because it is opposed to *alii*. But Cicero would only have written *ipse*, if he had meant the pilot to be regarded as exercising authority over the rest. *Ille*, therefore, must not be disturbed. The case, however, is different with regard to *autem*, which appears quite superfluous, and which we have, therefore, included within brackets, as Orelli has done.

Aut velocitatibus, aut celeritate corporum. The term *velocitas* means merely "swiftness," such as is seen in running; *celeritas*, on the contrary, is "agility." (*Gernhard, ad loc.*) The plural, *velocitatibus*, is peculiar; but still we ought not to think it any stranger than *fortitudines*, in *Off.*, i., 22, or *tarditates* and *celeritates* in *Off.*, i., 36. Consult, also, *Zumpt*, § 92.—*Corporum.* Not *corporis*, because the reference is to many, who act in obedience to the orders of a single individual, as, for example, soldiers obeying a commander; and the authority exercised by the one over the many is indicated by the words *consilio, auctoritate*, &c.—*Sententia.* "By the giving of directions." Compare Gernhard: "Sententia *est ejus, qui, quid fieri oporteat, aperte dicit*;" and also Billerbeck: "Sententia, *der Ausspruch Dessen, der da heraussagt Was geschehen müsse.*" In Gaza's Greek version it is incorrectly rendered by ἀξιώματι.

§ 18.

Qui et miles, &c. Compare chap. x., § 32.—*Cessare.* "To lead an idle life," *i. e.*, to be a useless and idle member of the state.—*Quæ sint gerenda.* "What ones are to be waged," *i. e.*, *quæ bella sint gerenda*, not *ea* (negotia) *quæ sint gerenda*, as Gernhard explains it, and which Orelli very properly condemns. Nauck maintains that we must read *sunt*, as Gernhard and others give it; but Orelli, Madvig, &c., have *sint*, which is undoubtedly the more correct reading.—*Male cogitanti.* "Cherishing hostile intentions." Participial construction, for *quæ male jam diu cogitat.*—*Bellum multo ante denuntio.* An allusion to the well-known story of Cato's "*Delenda est Carthago.*" It was a most unwise policy on his part to urge the destruction of this celebrated city, since, so long as Rome had to be on her guard against a rival republic, his fellow-citizens would be under a useful restraint, and be prevented from abandoning them selves to frivolous and reckless passions, and haughty insolence.—*Quam illam excisam esse cognovero.* Cato did not live to see the fulfillment of what he so eagerly desired, but died three years before the overthrow of Carthage, B.C. 149. (*Vell. Pat.*, i., 13, 1.)

§ 19.

Quam palmam, &c. Compare with this the account given in *Liv.*, *Epit.*, 49, that when Cato heard of the exploit of the younger Scipio, who was then serving as a tribune of the soldiers, in having saved the Roman army by his prudence and resolution, he declared in the Roman senate, "*reliquos, qui in Africa militarent, umbras militare, Scipionem vigere.*"—*Ut avi reliquias persequare.* "That you may follow out what was left unfinished by your grandsire," *i. e.*, may complete the work which he so happily began, and lay Carthage in the dust. The younger Scipio, as before remarked, was a son of L. Æmilius Paulus, but was adopted into the Scipio family by the son of the elder Africanus; the latter, therefore, is here styled his grandsire.—*Tertius hic et tricesimus*, &c. Many editors read *quintus* here; but we have retained the common lection, with Madvig and Orelli. The change would probably be a correct one, could we be certain with regard to the system of chronological computation which Cicero has followed.—*Sed memoriam illius viri*, &c. It sounds strangely to hear Cato always speaking in terms of high eulogy of the elder Africanus, against whom, according to Plutarch and other writers, he cherished feelings of so unfriendly a nature.

Novem annis. Here, again, a correction is made of *decem* for *novem*, by those editors who have written above *quintus* for *tertius*. The same remark will apply to this emendation as above given—*Excursione.* "Running forth." A military exercise is meant, which was especially used in the training of light troops, and consisted in sallying forth as if to meet a foe. Compare *Cic.*, *de Divin.*, 11, 10: "*Sed hæc fuerit nobis, tamquam levis armaturæ, prima orationis excursio*;" which passage will also afford a sufficient answer to Gruter's proposed reading of *decursione.*—*Saltu.* "Leaping." Put here for the *actus agendi.* Another military exercise is meant, which was performed most commonly in armor, in order to train the soldier for leaping trenches, springing upon the foe, &c.—*Quæ nisi essent.* "For had not these qualities existed." (*Zumpt*, § 803.)—*Senatum.* A senate in the early times was always regarded as an assembly of *elders*, which is, in fact, the meaning of the Roman *senatus*, as of the Spartan *γερουσία*.

§ 20.

Senes. In Sparta the senate was called the γερουσία, or *Assembly of Elders*, and its members γέροντες. The Spartan γερουσία included the two kings, who were its presidents, and consisted of thirty members; and the kings themselves, as far as their votes were concerned, ranked merely as ordinary senators. This will serve to throw light on the expression *amplissimum magistratum*, which, as employed in the text, comprehends the kings also.—*Externa.* "Things relating to foreign lands." Equivalent to *historiam externam.*

Cĕdo. "Tell us, pray." The singular for the plural *cĕdite*, just as we sometimes find *age* for *agite*, as in *Cic. pro Leg. Manil.*, 14 · "*Age vero . . . . . considerate.*" The line in the text is taken from the old poet Nævius, and is a comic iambic tetrameter acatalectic, or octonarius, consisting of four measures, or eight feet. The scanning is as follows:

Cĕdŏ quī | vĕstrām || rĕmpūbl|ĭcām || tāntam ā|mīsīst||īs tām | cĭtō? ||

Sic enim percontantur, &c. "For so they put the question, as we find it in the 'Ludus' of Nævius," *i. e.*, for such is the question put by some of the characters in the comedy of Nævius, entitled "*Ludus*," or the School. Nævius was one of the early Roman poets, having been born somewhere between 274 and 264 B.C. He was contemporary, therefore, with Cato, though much the older of the two. Nævius composed tragedies, comedies, and also an epic poem on the First Punic War, during the latter part of which contest he had performed military service.—*Proveniebant oratores novi*, &c. "There came forth a crop of demagogues of low birth, fools, mere striplings." Observe that *novi* is here equivalent to *ignobiles.* We have placed a comma after *stulti*, with Madvig and Nauck, which renders the line a more emphatic one, and produces a species of parallelism between *stulti* and *adolescentuli.* Lambinus, instead of *proveniebant oratores*, gives *provehebantur ad res* from a single MS., but the line with this change violates the metre. The verse is a comic trochaic tetrameter catalectic, in which *novi* is to be pronounced as a monosyllable, as in Plautus, *Mil.*, iii., 1, 30:

Prŏvĕnī|ēbānt || ōrāt|ōrēs || n'vī stūlt|ī ădŏlēsc||ēntŭ|lī.

CHAPTER VII.

§ 21.

At memoria minuitur. "But (some one will say) the memory is impaired (by old age)."—*Tardior.* "More dull (than ordinary)." Equivalent to *tardioris ingenii*, of a duller intellect than we ordinarily find among men.—*Perceperat.* "Had acquired." Observe that percipere is here equivalent to *animo et memoria comprehendere.* (*Schütz, Lex. Cic., s. v.*)—*Lysimachum salutare solitum.* "Was accustomed to greet as Lysimachus," *i. e.*, to salute him when they met by some name not his own. Supply *esse* after *solitum.* As regards the powers of memory possessed by Themistocles, consult *Cic., Acad.*, ii., 1; *Val. Max.*, viii., 7, 15.—*Qui sunt.* Supply *in vivis*, if any ellipsis be actually supposed to exist here.

Nec sepulcra legens, &c. It was a prevailing superstition among the ancients, that to read the inscriptions on the monuments of the dead weakened or quite destroyed the memory. (Compare *Cic., de Fin.*, v., 1, 3; *Plaut., Truc.*, i., 2, 62.) A notion somewhat similar to this prevailed among the Jews, who believed that to look upon the face of a dead person was destructive of the memory. (*Buxtorf's Customs and Ceremonies of the Jews*, in *Stehelin's Rabbinical Literature*, ii., p. 359.)—*Vadimonia constituta.* "Their appointed recognizances," *i. e.*, the recognizances into which they have entered, and by which they bind themselves to appear in court on a day appointed therein. If the individual so bound did not appear, he was said *vadimonium deserere*, and lost his cause by default (*causam perdebat.* Compare *Orat. pro Quinct.*, c. 18, and *Hor., Sat.*, i., 9, 36).

§ 22.

Quid jurisconsulti, &c. "How stands the case with old men who are lawyers," &c. The profession of the ancient lawyer, like that of the orator, especially required the cultivation of the memory. For a literal translation supply *faciunt*, and observe the change of punctuation which we have introduced in accordance with the suggestion of Nauck, namely, a comma, instead of a mark of interrogation, after *jurisconsulti, pontifices*, and *augures.* The term *senes* belongs to each of these words, a meaning, however, which is obscured, if not altogether destroyed, by the common mode of pointing. *Modo.* "Provided only." Put for *dummodo.*—*Honoratis.* The reference is to individuals who enjoy public honors, that is, who fill public offices, &c. Compare the explanation of Facciolati: "*qui honoribus funguntur et magistratus gerunt*," and consult *Brut.*, 81

281; *Vell. Paterc.*, ii., 88.—*Quieta.* A life in which one can pass his days *in otio*, away from the cares and disturbances of public employments.

Sophocles. This celebrated tragic poet was born at Colonus, an Attic demus or borough, about a mile from Athens, B.C. 495. (*Clinton, Fast. Hell.*, ii., p. 23.) He died B.C. 405, in his ninetieth year. Lucian (*Macrob.*, 24), less correctly, makes him to have lived to the age of ninety-five. (*Clinton, Fast. Hell.*, ii., p. 83.)—*Cum rem negligere*, &c. Another reason has been assigned by some of the ancient writers, namely, his affection for a favorite grandchild by a second wife, to whom it was suspected that he intended to leave his property.—*Nostro more.* Consult *ad Herenn.*, i., 13, 23; *Tusc.*, iii., 5, 11.—*Male rem gerentibus*, &c. "Fathers who manage their affairs ruinously are accustomed to be interdicted from any (further) control over their property." The usual government of *interdico* is the accusative and dative, *interdico tibi aliquid*, "I forbid thee something." The construction *interdico te aliqua re* does not occur, but a mixture of this and the preceding one, namely, *interdico tibi aliqua re*, as in the present instance, "I issue an interdict against thee in the case of something." (*Zumpt*, § 418.)—*Quasi desipientem.* "As if in his dotage."

Eam fabulam. "The play."—*Proxime scripserat.* This is according to the common account, which makes him to have composed the play in question during the last year of his life or thereabouts. The pretty story, however, here related by Cicero, and elsewhere by others, has been pronounced by modern critics a mere fabrication, since, according to them, the play in question must have been acted, at least for the first time, before the breaking out of the Peloponnesian war. (*Theatre of the Greeks*, 4th ed., p. 75.)—*Œdipum Colonēum.* "The Œdipus at Colōnus" (Οἰδίπους ἐπὶ Κολωνῷ). The subject of the play is the death of Œdipus, in the grove of the Eumenides, at Colōnus.—*Recitasse fertur.* According to one account, he read merely that chorus in the play which celebrates the praises of his native borough, and, as the judges were chosen from his boroughmen, according to the rule in such cases, this beautiful portion of the drama produced the more powerful effect upon them.

§ 23.

Hesiodum. Hesiod was the earliest Greek poet after Homer, and was born in the Bœotian village of Ascra.—*Simonidem.* Simonides was a celebrated poet, born in the Island of Ceos, B.C. 556, and who died at the age of ninety. He gained the prize when eighty years old, ἀνδρῶν χορῷ. (*Clinton, Fast. Hell.*, ii., p. 33.)—*Stesichorum.* Stesichorus was a Greek lyric poet, born at Himera, in Sicily, B.C. 632. He died in B.C. 553, at the age of eighty. (*Clinton, Fast. Hell.*, ii., p. 5.)—*Isocratem.* Isocrates died in B.C. 338, having completed his ninety-eighth year. (*Clinton, Fast. Hell.*, ii., p. 149.)—*Gorgiam.* The dates of the birth and death of Gorgias are alike uncertain, but the number of his years ranges between one hundred and one hundred and nine. (Compare *Clinton, Fast. Hell.*, ii., p. 65.)—*Pythagoram.* Pythagoras, the celebrated philosopher, and founder of the sect called after his name, was born in the Island of Samos. His birth-year, however, is as uncertain as the period of his death. Bentley and Larcher make him to have been born B.C. 608 or 605, and Dodwell, B.C. 570. His age is stated to have been eighty, by Heraclides Lembus (*Diog. Laert.*, viii., 44), but ninety by the more general account. (*Clinton, Fast. Hell.*, ii., p. 23.)—*Democritum.* Democritus, of Abdera, attained to the age of one hundred and four years. (*Lucian, Macrob.*, c. 18.)—*Platonem.* According to *chap.* v., Plato died at the age of eighty-one. (Compare *Clinton, Fast. Hell.*, ii., p. 139.)—*Xenocratem.* Xenocrates, the pupil of Plato, was born at Calchedon (or Chalcedon), B.C. 396, and died in his eighty-second year.—*Zenonem.* Zeno, the celebrated founder of the Stoic sect, was born at Citium, in the Island of Cyprus. His age is differently stated at ninety-two or ninety-eight years. (*Clinton, Fast. Hell.*, ii., p. 367, *seqq.*)—*Cleanthem.* Cleanthes, the pupil and successor of Zeno, was a native of Assus, in Mysia. He is said to have starved himself in his eightieth year.—*Diogenem Stoicum.* Diogenes, surnamed the Babylonian, to distinguish him from other philosophers of the name of Diogenes, was a native of Seleucia, in Babylonia. He was educated at Athens by Chrysippus, and was one of the three philosophers who formed the embassy which the Athenians sent to Rome in B.C. 155, the other two having been Carneades and Critolaus. He died at the age of eighty-eight.

An in omnibus his, &c. "Or was not rather, in the case of all these, the active prosecution of their respective studies coexistent with their lives?" Compare "*agitatio virtutum*," *Sen., Epist.*, 109; "*agitatio rerum*," *Val. Max.*, vii., 2, 1; and, as regards the force of *an* here, consult note on *an iis*, &c., § 15.

§ 24.

Ex agro Sabino. Cato was born at Tusculum, a municipal town of Latium; but when he was yet a very young man, the death of his father put him in possession of a small hereditary estate in the

Sabine territory, at a distance from his native town. It was here that he passed the earlier and many of the later years of his life, and hence the reference in the text to his country neighbors. (Compare *chap.* xiv., § 46, and *Corn. Nep.*, *Vit. Cat. M.*, 1.)—*Quibus absentibus*, &c. They did not allow the works in question to be carried on, unless they themselves were present and took part in the same. —*Percipiendis.* "In gathering in." (Compare *Plin.*, *H. N.*, xvi., 1: "*Percipere fructum ex olea.*")—*In aliis.* "In the case of other things," *i. e.*, in the case of those things which appertain unto, and intimately concern them. Observe that *in aliis* here stands opposed to *in eis, quæ sciunt nihil ad se omnino pertinere.* Consult *Klotz*, *ad loc.*, who correctly condemns the explanation of Orelli. Some read *in illis*, "scil. *negotiis*, *quorum fructus annuus est*," as Ernesti explains it, but this is decidedly inferior. Madvig also gives *in aliis*, and in the Greek version of Gaza we have ἐπὶ τῶν ἄλλων.—*Nihil omnino ad se pertinere.* Compare the explanation of Billerbeck: "*nullum utilitatis fructum semet ipsos inde esse capturos.*"

Serit arbores, &c. This line is commonly read and arranged as follows: *Serit arbores quæ alteri sæculo prosient*, and if we adopt this as the correct form of the verse, it can not, of course, be scanned as an iambic trimeter, even according to the comic scale, without violating the metre, and we must come to the unavoidable conclusion that Cicero quotes here from Statius, without regarding any metrical arrangement of the words, and consequently that this quotation ought to be printed merely as so much prose; just as Moser has given it in his edition of the Tusculan Disputations (i., 14), where it also occurs. As this, however, might look like an avoiding of the difficulty, we have preferred adopting the reading of Grotefend (cited by Billerbeck), and which has been followed also by Spengel. (*Fragm. Stat.*, p. 50.) We have thus a good comic iambic trimeter:

Sĕrĭt ārb|ŏrēs || quǣ sēcl|ō prō||sīnt ālt|ĕrī. ||

Hermann, however (*Leipz. Lit.*, 1819, p. 171), prefers regarding the line as a Cretic tetrameter, and his opinion is adopted by Nobbe and Billerbeck, as well as by a critic in the *Heidelb. Jahrb. d. Litt.*, 1826, p. 984. Hermann's arrangement is as follows:

Serit
ārbŏrēs, | *quæ āltĕrī* | *sǣcŭlō* | *prōsĭēnt.*|

Ut ait Statius noster, &c. "As our Statius says in 'The Youthful Comrades.'" This was a Greek comedy of Menander's, which Statius has translated into Latin. Its Greek title was Συνεφηβοί, which Statius preserved in Latin characters, *Synephēbi.* Statius, whose full name was Cæcilius Statius, and who is called Cæcilius at the commencement of the next chapter, was a Latin comic poet, and originally a Gallic slave. His productions were held in high estimation by the Romans, who classed him for the most part with Plautus and Terence. He died B.C. 168, one year after Ennius Being originally a slave, he bore the servile appellation of Statius which was afterward, probably when he received his freedom, converted into a sort of cognomen, and he thenceforth became known as Cæcilius Statius.

§ 25.

Nec vero dubitet agricola, &c. "Nor, indeed, let any husbandman, however advanced in years, hesitate to reply," &c., *i. e.*, every husbandman, no matter how old, ought to reply, &c. The true reading here is *dubitet*, so that *nec dubitet* is equivalent, in fact, to *non est, quod dubitet.* Klotz, therefore, errs in recommending *dubitat*, as given by some of the MSS.—*Prodere.* "To transmit them." In the Greek version παραδοῦναι.

CHAPTER VIII.

Melius Cæcilius, &c. "Cæcilius has expressed this sentiment respecting an old man (thus) exercising foresight for the benefit of a coming age, in a better spirit than (he), the same (poet), has that other one," *i. e.*, the line which we have just given from Cæcilius Statius respecting the old man planting trees for another generation, is conceived in a much better spirit than that other passage from the pen of the same poet, namely, &c. With *Cæcilius* supply *hoc dixit* or something equivalent.—*Ædepol, senectus,* &c. "Depend upon it, old age," &c. There must be a comma after *senectus*, as this is an address to age. The lines here quoted are from a play of Statius, entitled "Plocius," as we learn from Nonius (*s. v. advenire*). The measure is iambic trimeter. In the first line *ædepol* is pronounced as a dissyllable, and forms a spondee; and in the third *diu* becomes a monosyllable, forming the latter half of a spondee:

ǣd'pŏl, | *sĕnĕct*||*ūs, sī* | *nīl quĭd*||*quam ălĭŭd* | *vĭtī* ||
āppōrt|*ēs tē*||*cūm, cum ăd*||*vĕnīs,* || *ūnum ĭd* | *săt ēst* ||
qūod dīū | *vīvēnd*||*ō mūlt*|*ă quǣ* || *nōn vūlt* | *vĭdĕt.* ||

Apportes . . . . videt. Observe the sudden change from the second person to the third, from *senectus* to *senex.* -*Et multa fortasse.* Sup ply *videt.*—*Adolescentia.* "Youth," *i. e.*, the young man. The abstract for the concrete.

Vitiosius. "With worse taste."—*Tum equidem*, &c. These two lines are iambic trimeters, like those that precede. In the second line, the long *a* in *ea* loses one of its component short vowels by elision, but the remaining short one is lengthened by the arsis. (Consult *Anthon's Lat. Pros.*, p. 110.)

tum ĕquĭdem ĭn | sĕnĕct||a hōc dē|pŭtō || mĭsērr|ĭmūm ||
sēntī|re ĕā || æ̅tā|te ēsse ŏdĭ||ōsum ălt|ĕrī. ||

§ 26.

Jucundum potius, &c. "Nay, pleasing rather than odious!" The full construction is *immo, sentire esse se jucundum*, &c.—*Levior.* Equivalent to *tolerabilior.* A far better reading than *lenior.*—*Qui a juventute coluntur*, &c. Compare *De Off.*, i., 34: "*Est igitur adolescentis majores natu vereri, exque his deligere optimos et probatissimos, quorum consilio atque auctoritate nitatur.*"—*Sed videtis, ut*, &c. "You see, then, how that old age is not merely languid and inactive." The term *iners* here refers to an aversion for active labor. —*Tale scilicet*, &c. "Of such a nature, namely, as was the favorite pursuit of each one in earlier life."

Quid, qui etiam addiscunt aliquid? "What shall we say of those who even learn something additional?" *i. e.*, increase their stock of knowledge in old age.—*Versibus.* The verse here referred to is γηράσκω δ' αἰεὶ πολλὰ διδασκόμενος. It is cited by Plato, in his Timæus; by Plutarch, in the Life of Solon; and by the scholiast on the Antigone of Sophocles, v. 711.—*Senem fieri.* According to Diogenes Laertius (i., 62), Solon reached the age of eighty years. Lucian, however (*Macrob.*, 18), makes him to have lived one hundred.—*Qui Græcas literas*, &c. "Who have made myself acquainted with Grecian literature when advanced in years." Cato, as we have before remarked, was acquainted in early life with the language, but not with the literature, of Greece. He was averse to the latter from the influence of a strong national prejudice, which diminished, however, in force as he grew older and wiser.—*Ut ea ipsa mihi nota essent*, &c. This is thrown in by Cicero, in order to account for the Greek erudition possessed by one who had been, in his younger days, so averse to its acquirement. (Compare *chap.* i., § 3: "*Qui si eruditius videbitur disputare*," &c.)—*Exemplis.* "As illustrations (of what I say)."—*Quod cum fecisse Socratem*, &c. "And when I heard that Socrates had done this in the case of the lyre, I could have wished, indeed, that I had done that also," *i. e.*, when I heard that Socrates had learned something new in his old age, by making himself acquainted with the lyre, I regretted that I had not done the same.—*Fidibus.* Supply *canere*, and compare *Tusc.*, i., 2: "*Est in Originibus* (Catonis), *solitos esse in epulis canere convivas ad tibicinem, de clarorum hominum virtutibus.*"—*Elaboravi.* "Have worked hard." Observe the force of the preposition in composition.

CHAPTER IX.

§ 27.

Locus alter de vitiis senectutis. "The second head concerning the failings of age."—*Non plus quam.* "Any more than."—*Tauri.* Some MSS. and early editions have *vires tauri*, but *vires* is better understood.—*Quod est.* "What one has." Equivalent to *quod est homini a natura datum.*—*Pro viribus.* "To the best of your ability." —*Quæ vox.* "What remark."—*Quam Milonis Crotoniatæ.* "Than that of Milo the Crotoniat." Milo (Μίλων) of Crotona, in Lower Italy, was an athlete, famous for his extraordinary bodily strength, an instance of which is given in the next chapter. His date is ascertained by the battle of the Crathis, B.C. 511, in which he bore an important part. The manner of his death is thus related: as he was passing through a forest, when enfeebled by age, he saw the trunk of a tree which had been partially split open by wood-cutters, and attempted to rend it still further, but the wood closed upon his hands, and thus held him fast, in which state he was attacked and devoured by wolves. (*Diod. Sic.*, xii., 9; *Ælian, V. H.*, ii., 24.)

Lacertos. The term *lacertus* is very appropriate here, since it denotes the most muscular part of the arm, namely, from the elbow to the top of the shoulder, and hence it is frequently employed to signify "strength," as in *Hor.*, *Ep.*, ii., 2, 47: "*Cæsaris Augusti non responsura lacertis.*" The term *brachium* denotes the arm from the hand to the elbow.—*Non vero tam isti,* &c. "In very truth, those arms of yours are not so dead as you yourself are, driveler." With *isti* supply *lacerti*, and observe the reference in *isti* to the second person, or the one addressed. The full expression would be *non tam isti lacerti sunt mortui, quam tu ipse mortuus es, nugator.*

Nihil tale. Supply *in se admisit.* "Allowed no such remark to be made of him." Literally, "admitted (or allowed) no such thing against himself," *i. e.*, to his own disparagement. Translate *nihil* in each of the succeeding clauses by "nor."—*Sextus Ælius.* Sextus Ælius Pætus, surnamed Catus, or "the Wise," was an eminent

Roman jurist, and particularly celebrated for his work on the Twelve Tables, entitled *Tripartita*, or *Jus Ælianum*. He was consul B.C. 198, with T. Quinctius Flamininus. Ennius compliments him in the well-known line quoted by Cicero (*de Orat.*, i., 45), "*Egregie cordatus homo Catus Æliu' Sextus.*"—*Ti. Coruncanius.* Tiberius Coruncanius, the celebrated jurist, already mentioned in *chap.* vi., § 15.—*P. Crassus.* Publius Licinius Crassus, another eminent jurist, and distinguished, also, for his knowledge of the pontifical law. He was consul with C. Cassius Longinus, B.C. 171, and twenty-one years before the death of Cato. Hence the term *modo*, "of late," in the text, which shows that he must not be confounded with P. Licinius Crassus, who was consul with the elder Africanus, B.C. 205. (Consult *Corrad.*, *Quæst. Min.*, p. 313, and *Gernhard, ad loc.*)—*Jura præscribebantur.* "The laws were expounded," *i. e.*, legal advice was accustomed to be given. Compare Wetzel (*Ind. Lat.*, *s. v.*): "a me præscribuntur jura civibus; *ich zeichne meinen Mitbürgern die Rechte vor, gebe ihnen eine Anweisung wie sie sich bei Rechtsfällen verhalten sollen.*"—*Quorum est provecta prudentia.* "Whose professional acquirements were carried onward." Equivalent to "*quorum juris civilis et augurii scientia progressus fecit*, or *increvit.*"

§ 28.

Metuo ne. Consult *Zumpt*, § 533.—*Laterum.* Consult note on "*bonis lateribus*," chap. v., § 14.—*Omnino canorum illud*, &c. "In general, that musical distinctness of utterance (peculiar to the orator) is clearly perceptible," &c. Observe the employment of the neuter adjective for the noun, namely, *canorum illud* for *cantus ille*; and, with regard to the expression itself, compare *Orat.*, 18: "*Est in dicendo etiam quidam cantus obscurior*," &c.—*Annos.* "My present years." Cato was now in his eighty-fourth year.—*Sed tamen est*, &c. "But, (even if this musical distinctness be lost,) still the enunciation of one advanced in years is graceful, calm, and subdued." Observe the limiting effect of *sed tamen* after a general assertion expressed by *omnino*, and compare the explanation of Facciolati: "*Sed*, utcunque canorum illud amittatur, *tamen*," &c. There is, therefore, an admission in *sed tamen* that the *canorum illud* may be lost by age.—*Ipsa.* "Of itself."—*Comta.* "Neat," *i. e.*, well and clearly arranged. Correctly expressed in the Greek version by εὐσύνθετος.

Quam si ipse exsequi nequeas, &c. "If, however, you may not be well able to accomplish this, still you may have it in your power to impart instruction to a Scipio and a Lælius," *i. e.*, even if, however, one should not be able, in consequence of age, to harangue in the forum or senate, still he may at his own abode impart the lessons of eloquence and wisdom to young men of promise ; yourself, for instance, Scipio, or our friend Lælius here.—*Studiis juventutis.* "By a crowd of the young eager for instruction." Equivalent to *grege juvenum studiosorum.*

§ 29.

An ne relinquemus. "Shall we not leave."—*Ad omne officii munus instruat.* "To train them up to every discharge of duty," *i e.*, to the proper discharge of every duty. The Greek version has ἄγειν εἰς ἅπαν καθῆκον.—*Cn. et P. Scipiones.* "Cneius and Publius Scipio." These two individuals were brothers, and distinguished themselves by a series of brilliant victories in Spain over the Carthaginians. They both fell in battle, B.C. 211. Cneius was the father of Scipio Nasica Optimus, and Publius of the elder Africanus.—*L. Æmilius et P. Africanus.* The L. Æmilius Paulus here meant is the one that lost his life at Cannæ. His son, L. Æmilius Paulus Macedonicus, the conqueror of Macedonia, was the father of Æmilianus, or Scipio Africanus the younger. L. Æmilius was, therefore, the natural grandfather of the younger Africanus, and the elder Africanus his grandfather by the course of adoption. Hence the expression in the text, *avi tui duo.*—*Comitatu.* "By a suite." It was a favorite old Roman custom, for the younger Romans, in the days of the republic, to attend upon and form the retinue of distinguished men, and thus practically acquire the rudiments of statesmanship and war.—*Nec ulli bonarum artium,* &c. As some might object that all old men can not be distinguished for past exploits, and can not, therefore, be courted and followed by the young, Cicero here proceeds to answer this objection by a general remark.—*Tradit.* "Hands over." An apt expression, and well depicting one age succeeding to another.

§ 30.

Apud Xenophontem. The passage referred to occurs in the Cyropædia, viii., 7, 6.—*Cum admodum senex esset.* Xenophon makes Cyrus the Elder to have died quietly in his bed, at an advanced age (according to the common account, seventy years old), after a sage and Socratic discourse to his children and friends. According to Herodotus, however, he fell in battle against Tomyris, queen of the Massagetæ ; while Ctesias makes him to have met with his death from a wound received in battle with a nation called the Derbices.—*L Metellum.* L. Cæcilius Metellus, grandfather of Metellus

Macedonicus, was consul B.C. 251, in the first Punic war, and gained a decisive victory over Hasdrubal at Panormus, in Sicily. In B.C. 247 he was consul a second time, and in B.C. 243 he was elected Pontifex Maximus, and held that dignity for twenty-two years, as is stated in the text. He must, therefore, have died shortly before the commencement of the second Punic war, B.C. 221, at which period Cato would have been in his thirteenth year. —*Ut adolescentiam non requireret.* "That he did not miss the season of youth." Literally, "did not seek after." Equivalent to *ut non desideraret*, &c., which latter verb is employed at the beginning of the present chapter.—*Senile.* "An attribute of age," *i. e.*, an old man's privilege. He refers to the speaking about one's self.

CHAPTER X.

§ 31.

Videtisne. "Do you not see." In the same sense we might also say *nonne videtis.* Ernesti thinks that *vides* alone, without *ne*, would be a better reading; but consult *Zumpt*, § 352.—*Apud Homerum.* In *Il.*, i., 260, *seqq.*, and xi., 663, *seqq.*—*Tertiam enim jam*, &c. Nestor, according to the Homeric account, had survived two generations of men, and, at the time of the Trojan war, was living among a third one. A generation was thirty years. As regards the accusative *ætatem*, consult *Zumpt*, § 383.—*Insolens.* "Boastful."—*Ex ejus lingua*, &c. A translation into Latin of the well-known line in Homer (*Il.*, i., 249): *τοῦ καὶ ἀπὸ γλώσσης μέλιτος γλυκίων ῥέεν αὐδή.*—*Egebat.* "He required."—*Dux ille Græciæ.* Agamemnon. The passage to which Cato here refers is found in *Il.*, ii., 371, *seq.*—*Ajacis similes.* Ajax, son of Telamon, is meant. He was the bravest warrior in the Grecian host, after Achilles. Observe that *similis* takes the genitive of internal resemblance and the dative of an external one. (*Zumpt*, § 411.) Some grammarians have undertaken to disprove this rule, but without the least propriety.—*Quod si acciderit.* "And if this shall happen."—*Non dubitat, quin.* Consult *Zumpt*, § 540.

§ 32.

Quod Cyrus. "That Cyrus does." Supply *gloriatur.*—*Iis esse viribus.* The ablative of quality. (*Zumpt*, § 471.)—*Miles.* Before Capua, under Quintus Fabius Maximus, then in his fourth consulship. (Compare chap. iv., § 10.)—*Quæstor.* Cato was designated quæstor in B.C. 205, and in the following year entered upon the duties of his office, and followed P. Scipio Africanus to Sicily, and from that island to Africa.—*Consul in Hispania.* Cato obtained the consulship in B.C. 195, when thirty-nine years old, and obtained Hither Spain for his province. In his Spanish campaign he exhibited military genius of a very high order. — *Tribunus militaris.* Cicero is supposed by many to have made a slight mistake here, since, according to Livy (xxxvi., 17), Cato was on this occasion a consular legatus, and since, as they affirm, no one was ever made tribune of the soldiers after having filled the office of consul. To this last assertion, however, a direct contradiction has been given, founded on several passages of Livy (xlii., 49; xliv., 1; xxii., 49), and one of Plutarch (*Vit. Flamin.*, c. 20); so that the point may be regarded as by no means a settled one, and Cicero, after all, may be right.

Apud Thermopylas. The reference is to the battle fought with Antiochus the Great. This monarch, alarmed at Glabrio's progress in Northern Greece, intrenched himself strongly at Thermopylæ; but, although his Ætolian allies occupied the passes of Mount Œta, the Romans broke through his outposts, and cut to pieces or dispersed his army. (*Liv.*, xxxvi., 16.)—*Nec afflixit.* "Neither has it hurled me to the ground," *i. e.*, so far enfeebled me that I can not stand upright without support.—*Non desiderat.* "Does not miss." The very same year in which this discourse is supposed to have been delivered, Cato prevailed upon the senate, notwithstanding the opposition of Scipio Nasica, to determine upon the destruction of Carthage.—*Non rostra.* After his censorship, the public life of Cato was spent chiefly in forensic contests, senatorial debates, and speeches to the people. In the very last year of his life he took a conspicuous part in the righteous, but unsuccessful, prosecution of S. Sulpicius Galba, for his flagrant breach of faith toward the Lusitani. Cato made a powerful speech on this occasion against Galba, and inserted it in the seventh book of his Origines, a few days or months before his death. (*Cic.*, *Brutus*, 23.)—*Clientes.* Consult *Plutarch*, *Vit. Cat. Maj.*, c. 11.

Mature fieri senem, &c. "To become an old man soon, if you wish to be an old man long." The true meaning of the proverb is that, if we wish to lead a long life, we should acquire and practice in our youth those virtues which are more generally observed in old men, namely, moderation, temperance, &c., and, viewed in this light, the maxim is an excellent one. Cato, however, chooses to understand the proverb in a very different sense, as meaning that we ought to be sparing of ourselves in early life, and intermit all the more active employments of existence, so as to settle down soon into listlessness and indolence.—*Ante quam essem.* "Before I should become one in the ordinary course of nature."—*Convenire me.* "To have an interview with me," *i. e.*, to call on me for advice or assistance. — *Cui fuerim occupatus.* "For whom I have been engaged," *i. e.*, whom I have been prevented from seeing by other engagements, whether real or pretended. Observe the employment of the subjunctive here, the relative being equivalent to *ut ei*, in consequence of the demonstrative implied in the previous clause, the construction being the same as *nemo talis adhuc convenire me voluit, ut ei fuerim occupatus.* (*Zumpt*, § 558.)

§ 33.

Ne vos quidem. "Not even you, indeed," *i. e.*, not even you two, indeed, much less those that are weaker than you.—*T. Pontii.* This Titus Pontius is mentioned also in the treatise *de Finibus* (i., 3), but nowhere else. The Romans generally selected for centurions the strongest and tallest men. (*Veget.*, ii., 14.)—*Moderatio modo virium*, &c. "Let there only be a proper exercise of one's strength." Jacobs and many others err when they regard *moderatio virium* as equivalent here to "a moderate degree of strength;" it is rather *sapiens virium usus*, as Wetzel correctly explains it. Compare also Nauck: "*Mann muss nur recht haushalten mit den Kraften.*" (*Neue Jahrb.*, 12 supp. vol., p. 564.)

Olympiæ. "At Olympia." Olympia, in Elis, was the place for holding the celebrated Olympic games. It was not a city, but the name was given to the aggregate of temples, altars, and other structures on the banks of the Alpheus, in the immediate vicinity of the place where the games were held.—*Per stadium ingressus esse*, &c. "To have advanced along the whole length of the race-course, supporting on his shoulders," &c. The stadium was 600 Greek feet, or 606¾ English.—*Cum sustineret.* This construction may be neatly rendered in most cases by the English participle.—*Bovem vivum.* The epithet *vivum*, omitted in some editions, is required to impart an additional idea of weight. The story, as commonly told, makes the animal to have been a heifer of four years old, and adds, that Milo ate the whole of it in a single day. (Compare *Quintil.*, i., 9; *Cic.*, *de Fat.*, 13; *Plin.*, *H. N.*, vii., 20; *Val Max.*, ix., 12, 9.)

Pythagoræ. Cicero appears to have selected the name of this philosopher on the present occasion, because he lived in Crotona at the same time with Milo. (*Val. Max.*, viii, 7, *ext.* 2. Compare

Heyne, Opusc., ii., p. 196.)—*Isto bono utare.* "Make use of that good thing which is yours," *i. e.*, make good use of that gift of youthful vigor which nature has bestowed. Observe the force of *isto.*—*Ne requiras.* "Seek not after it again," *i. e.*, let not its departure cost you a sigh.—*Ætatis.* "Of human life."—*Sua tempestivitas.* "Its proper and distinguishing characteristic." *Tempestivitas*, as here employed, is well explained by Grævius as "*Cujuslibet ætatis naturalis proprietas, sicut, in ordine anni, veris tempestivitati flores, æstatis messes, auctumni maturitas, hiemis frigus est datum et assignatum a natura.*"—*Ferocitas.* "Rash presumption," *i. e.*, a rash and proud reliance on their own resources. Compare the explanation of Billerbeck: "*die trotzende, strotzende Kraft.*"—*Jam constantis ætatis.* "Of now settled age." The *constans ætas* is ripened and settled manhood, as opposed to the *mobilis ætas juvenum.*—*Naturale quiddam.* "Something natural to itself."—*Percipi.* "To be gathered in," *i. e.*, to display or exhibit itself. A metaphor borrowed from the gathering in of the productions of the earth at their proper season. As these become the property of the husbandman, so the different characteristics of different ages, as time comes round, are taken possession of, as it were, by those ages, and become their firm and indelible attributes.

§ 34.

Hospes tuus avitus Masinissa. "That ancestral guest of yours, Masinissa, *i. e.*, that guest of your adoptive grandsire Africanus, and of yourself also as the representative of the line of the Scipios. Masinissa, king of Numidia, had proved a very valuable ally to the Romans against Carthage, and became connected with the Roman commander, Africanus the elder, by the ties of hospitality.—*Nonaginta annos natus.* This was the extent of Masinissa's existence. Some authorities, however, make him to have lived for a still longer period. (Compare *Duker. ad Liv., Epit.*, 50.)—*Cum ingressus iter pedibus sit.* "That, when he has set out upon a journey on foot," *i. e.*, if he sets out, &c. The meaning of the whole sentence is, that it was indifferent to him whether he walked or rode.—*Summam esse in eo siccitatem*, &c. "That there is in him the greatest spareness and activity of frame, and that, accordingly, he discharges in his own person all the duties and functions of a king." By *siccitas corporis* is meant a spare, muscular habit of frame, produced by a freedom from gross humors, and connected with active habits of life.—*Itaque.* Equivalent here to *atque ita.* (Consult *Nauck, ad loc.*)—*Potest igitur exercitatio*, &c. Masinissa retained in an extraordinary degree his bodily strength and activity to the last; so that in the war against Hasdrubal, only two years before his death, he not only commanded his army in person, but was able to go through all his military exercises with the agility and vigor of a young man.

CHAPTER XI.

Non sunt in senectute vires. A new objection, which Cato himself brings forward. Compare chapter vii., at the commencement, and chapter ix., § 27.—*Et legibus et institutis.* "By both the laws and institutions of our country."—*Muneribus.* Military and senatorian employments are here meant. By the Roman law, no one could be compelled to engage in military service after fifty, nor any senator summoned to attend in the senate-house after sixty years of age.—*Non modo.* For *non modo non.* (*Zumpt,* § 724, *b.*)

§ 35.

At ita multi, &c. "But there are many old men so utterly enfeebled," &c. Another objection is here advanced, as before, by Cato himself, and then answered also by him.—*Non proprium senectutis,* &c "Is not a defect peculiar to age, but one common to health in general," *i. e.*, but the ordinary effect of ill health at any period of life.—*Quam fuit imbecillus,* &c. This clause is incorrectly punctuated in almost all the editions, not even excepting those of Orelli and Madvig. There should be no comma after *is*, but one before it. The form *is qui,* without any intervening comma, refers to an individual as already well known; whereas *filius is, qui* carries with it an unseasonable and altogether unnecessary opposition to the other son of Africanus, who was so contemptible a character. The son of Africanus mentioned in the text was P. Cornelius Scipio, who was augur in B.C. 180. Cicero speaks of him here as a man of more extensive acquirements than his father, and describes him elsewhere (*Brut.,* 19; *De Off.,* i., 33) as a person of great mental powers. His feeble constitution, however, prevented him from becoming at all eminent either in civil or military life. (Compare *Nauck, Neue Jahrb.,* 12 supp. vol., p. 564.)

Alterum illud exstitisset, &c. We have given *illud* with Orelli and Madvig, instead of *ille,* the common reading.—*Lumen civitatis.* Cato means that the son of Africanus would otherwise have been a source of as much glory to the state as his father had been.—*Doctrina uberior.* "A richer store of general knowledge."—*Ejusque vitia diligentia compensanda sunt* "And its infirmities are to be counterbalanced by unremitting diligence on our part." Lange and others give *compescenda*, an inferior reading, though it has been followed by Gaza in his Greek version: *κολαστέον πρὸς ἀκρίβειαν τὰς αὐτοῦ κακίας*.

§ 36.

Habenda ratio valetudinis. "Regard must be had by us to health," *i. e.*, we must be regularly attentive to the article of health. Cato here proceeds to lay down certain dietetic rules for the preservation of health amid advancing years.—*Tantum.* "Only so much."—*Reficiantur.* "May be reinvigorated."—*Hæc.* Referring to *mens* and *animus*. Observe here the employment of the demonstrative in the neuter, as indicating things of different genders, and which convey not a personal, but an abstract idea.—*Nisi tamquam lumini*, &c. "Unless you, as it were, pour oil gently into the lamp." Literally, "pour oil gently in for the light," *i. e.*, to keep the light alive —*Exercitatione ingravescunt.* "Grow weary through exercise." The old reading is *defatigatione et exercitatione ingravescunt*, the most recent one (that of Klotz, Madvig, and others) *exercitationum defatigatione.* Both, however, appear inferior to the one which we have given.—*Levantur.* "Are refreshed." Equivalent to *leviores et agiliores fiunt.*

Nam quos ait Cæcilius, &c. "For as to those who, Cæcilius says, are the dotards represented in comedies." With *senes* supply *esse*. The words *comicos stultos senes* are here quoted, with a change of construction, from the passage of Cæcilius Statius that occurs in the *De Amicitia*, c. 26. The reference is to weak old men, represented on the stage to excite the laughter of the audience. The humor of the ancient comedy frequently turned upon some old man, who was exhibited throughout the piece as continually imposed upon by the cunning of an artful slave and intriguing courtesan.—*Hos significat.* "By these he means." Literally, "he indicates these as being."—*Dissolutos.* "Careless." (Consult *Schütz, Lex. Ciceron.*, *s. v.*)—*Libido.* "The license of the passions."—*Ista senilis stultitia.* As described by Cæcilius. Observe that *ista* here denotes contempt (*Zumpt*, § 701.)—*Deliratio.* "Dotage." The derivation of this word is as follows: *lirare* is "to sow seed in a furrow" (*lira*), and, of course, in a straight line: a deviation from this was called *deliratio*, and thence the metaphorical usage of the word. In fact, this single word expresses the whole of the stoic dogma, that the road to virtue is a straight line, and every deviation from it equally criminal.

§ 37.

Clientelas. "Clientships," *i. e.*, clients. (Consult *Dic. Ant.*, *s. v. cliens.*)—*Appius.* Consult chap. vi., § 16.—*Intentum.* "On the stretch."—*Imperium.* "A kind of empire."—*Verebantur.* A better reading than *reverebantur*, as given by some. The distinction between the two is well laid down by Gernhard: "*Reveremur quos ætate, sapientia, dignitate antecedentes observamus; veremur autem, quorum imperata, ut ingenui homines, facimus, ut liberi parentum.*"—*Mos patrius et disciplina.* "The usages and discipline of our fathers."

§ 38.

Ita. "In this way." *Ita*, when followed, as here, by *si*, is equivalent to *hoc modo*, or, more freely, *hac conditione*, and not, as some grammarians maintain, to *tum demum.* (Consult *Hand, ad Tursell.*, iii., p. 478.)—*Si se ipsa defendit.* "If it maintains its own authority." Literally, "if it defends itself."—*Si nemini mancipata est.* "If it has been brought under no one's control." Some editions give *emancipata est*, a much inferior reading. Orelli and Madvig have *mancipata est*, in accordance with the constant usage of Gaius. (Consult, also, *Gronov.*, *Obs. in Eccl.*, p. 34, as cited by Orelli, *ad loc.*)—*Dominatur in suos.* "It preserves its proper ascendency over the members of one's household." Consult Gernhard's note in defence of this reading, against the objections of Grævius.

Originum. The reference is to Cato's historical work entitled the "Origines," of which mention has already been made. The second and third books treated of the origin of the Italian towns and communities, and from these two books the whole work derived its title. The sixth and seventh books continued the narrative to the year of Cato's death. (*Nepos, Vit. Cat. Maj.*, 3.)—*Est in manibus.* "Is now in hand," *i. e.*, I am now laboring upon it. (Compare *Cic.*, *Ep. ad Att.*, iv., 13, *seqq.*; *Vorstius, de Lat. falso suspect.*, 7.)—*Antiquitatis monumenta.* The allusion here appears to be particularly to the ἀποφθέγματα, terse and pointed sayings, of which Cato is known to have published a collection. (*Cic.*, *De Off.*, i., 29.)—*Nunc quam maxime conficio.* "I am now, with all possible industry, putting the finishing hand to," *i. e.*, I am now, with all possible industry, preparing for publication. Cato left behind him one hundred and fifty orations, which were existing in the time of Cicero, though almost entirely neglected. Only a few fragments at present remain.—*Græcis literis.* Compare chap. i., *extr.*, and chap. viii., *extr.*—*Pythagoreorum more*, &c. The custom to which

Cato here refers is prescribed in what are called the Golden Verses of Pythagoras (v. 40–44).—*Commemoro.* "I recall," *i. e.*, I go over with myself.

Hæc curricula mentis. "These are the race-courses of my mind." We have preferred rendering *curricula* here literally, in order to show the full force of the expression. The figure is a very striking one, and borrowed from the movements of the Ludi Circenses, or Games of the Roman Circus, and the *curricula* are the courses along which the racers pass. Hence by *curricula mentis* are to be understood those paths of study and moral exercise so vigorously pursued by Cato even at the close of his days.—*Adsum amicis.* "I assist my friends in the courts of law." Supply *judicio.*—*Affero.* "I bring forward."—*Lectulus.* The couch on which the Romans studied, read, and wrote. (Compare *Plin.*, *Epist.*, v., 5; *Suet.*, *Aug.*, c. 78.)—*Acta vita.* "The life (hitherto) led by me," *i. e.*, my previous course of life, enfeebled by no libidinous indulgences, but spent in the active discharge of military, senatorial, and agricultural employments.—*Viventi.* "By one who lives." For *a vivente.* (Consult *Zumpt*, § 419.)—*Ita sensim sine sensu*, &c. "In this way life grows gradually old without our perceiving it." Giving *sensim* its strict literal meaning, we will perceive here both an alliteration and oxymoron, the idea being, in fact, this: "life grows old so gradually that we perceive it, and yet do not perceive it." (*Nauck*, *Neue Jahrb.*, 12 supp. vol., p. 565.)

CHAPTER XII.

§ 39.

Eam carere voluptatibus. "That it is deprived of the enjoyment of pleasures," *i. e.*, the full gratification of the senses.—*O præclarum munus ætatis.* "O glorious prerogative of our time of life."—*Veterem orationem Archytæ Tarentini.* "A discourse delivered in former days by Archytas of Tarentum." Archytas, a Greek of Tarentum, was distinguished as a philosopher, mathematician, general, and statesman, and was no less admired for his integrity and virtue, both in public and private life. He lived, probably, about 400 B.C. He was drowned while upon a voyage on the Adriatic. (Compare *Hor.*, *Od.*, i., 28.)—*Tarenti cum Q. Maximo.* This was after the city had been recovered from the Carthaginians by Quintus Fabius Maximus, with whom Cato was then serving. (Compare chap. iv., § 11.) The discourse of Archytas was communicated to Cato by the Pythagorean Nearchus, as we learn from § 41.—*Capi-*

tiliorem. "More fatal," *i. e.*, carrying with it more imminent danger to life (*caput*).—*Cujus voluptatis avidæ libidines.* "The eager appetite for which pleasure." Compare Facciolati: "*Avidæ libidines:* ita appellantur vehementiores appetitus et cupiditates."—*Ad potiundum.* "To its enjoyment."—*Incitarentur.* The subjunctive is used because the language and sentiments of another are quoted.

§ 40.

Clandestina colloquia. "Clandestine conferences," *i. e.*, secret correspondence with intent to betray one's country.—*Nullum malum facinus.* "No evil deed." Observe that *facinus* (from *facio*) means any act or proceeding from which important consequences follow, whether it be good or bad. Hence the addition here of the epithet *malum*, to give a more definite meaning to the noun.—*Impelleret.* The subjunctive again, like *incitarentur* in § 39.—*Nisi voluptatis.* Gruter suspected that these words were a mere gloss; incorrectly, however, since *voluptatis* is meant to be an emphatic term, as indicating the parent source of so many evils, and therefore requires repetition. The same remark will apply to *voluptatem* in the succeeding section.—*Muneri ac dono.* "Gift and favor." Compare the Greek version, δώρῳ τε καὶ χαρίσματι. The distinction between *munus* and *donum* appears to be this: *munus* is a present which usage or obligation requires, whereas *donum* is purely a present, no obligation being implied on the part of the giver. In the present instance, therefore, the mind is termed *munus*, because it is the *accustomed* gift of the deity to man; and it is, at the same time, also rightly called *donum*, because it is a free-will gift, or, in other words a favor. (Compare *Crombie, Gymnasium*, vol. i., p. 115.)

§ 41.

Libidine dominante. "When appetite rules supreme."—*Temperantiæ.* Equivalent to *continentiæ*, or the Greek ἐγκρατείᾳ.—*Consistere.* "To obtain a firm foothold."—*Aliquem.* Depending on *fingere.* If placed after this verb, or after *animo*, it would have given rise to ambiguity, on account of the nearness of *jubebat*, which might have seemed to govern it.—*Quanta percipi posset maxima.* "As great a one as could possibly be conceived." Supply *mente* after *percipi*, and observe the peculiar construction of the superlative (*maxima* with *quanta*, where the latter supplies the place of *quam.* Consult *Zumpt*, § 689, where other examples are cited.—*Tamdiu, dum.* A pleonastic form of expression, not unfrequent in Cicero. Consult *Gernhard, ad loc.*, and the numerous passages cited by Scheller, and enumerated also by Wetzel.—*Ita gauderet.* "He might be enjoying himself to such a degree as this."

Voluptatem. "Sensual indulgence."—*Si quidem ea.* "Inasmuch as it."—*Major atque longior.* "Greater and longer continued than ordinary." The comparatives *longior* and *longinquior* are frequently interchanged. (Compare *Cic.*, *De Fin.*, ii., 29.)—*Cum C. Pontio Samnite.* "With Caius Pontius the Samnite." The reference is to C. Pontius Herennius. The son's name was C. Pontius Thelesinus. (*Orelli, Onomast. Tull.*, p. 484.)—*Caudino prœlio.* The allusion is to the celebrated battle in the narrow valley of Caudium, commonly called the Caudine Forks (*furculæ Caudinæ*), in Samnium, where the Romans, through utter carelessness on their part, were surrounded by swarms of enemies, and, after a fearful battle, were completely defeated and obliged to capitulate. The remnant of their army was allowed to depart after passing under the yoke. This occurred in B.C. 321. (*Liv.*, ix., 1, 3; *Val. Max.*, vii., 2, 14; *Aurel.*, *Vict. de Vir. Illustr.*, c. 30.)

Nearchus Tarentinus. A Pythagorean philosopher of Tarentum, who adhered to the cause of the Romans throughout the second Punic war, notwithstanding the defection of his countrymen. He was on terms of friendly intimacy with Cato, who lived in his house after the recapture of Tarentum by Q. Fabius Maximus.—*Qui in amicitia*, &c. "Who had remained firm in his friendship toward the Roman people." This is the usual mode of expression in such cases, and is found, in its Greek form, on a bronze plate containing a very early decree of the senate, passed in the consulship of M. Lepidus and Q. Catulus: τῶν διὰ τέλους ἐν τῇ φιλίᾳ τοῦ δήμου τῶν Ῥωμαίων μεμενηκυιῶν.—*L. Camillo, Appio Claudio, consulibus.* Cicero is here in error. Plato was born, according to Diogenes Laertius (iii., 2), in Olymp. 88, 1, or B.C. 428 (according to other authorities, in B.C. 429), and died B.C. 347. On the other hand, Camillus and Appius were consuls in B.C. 349, only two years before Plato's death, and when he was too old to undertake a journey to Tarentum. His actual visit to this city was in B.C. 389, on which occasion he was invited to Syracuse by Dionysius. (*Wetzel, ad loc.*; *Gernhard, ad loc.*; *Clinton's Fasti Hellen.*, ii., p. 98, &c.)

§ 42.

Quorsus hæc? Supply *pertinent* or *spectant*.—*Habendam.* Supply *esse*.—*Quæ effecerit.* "For having effected." More literally, "since it has effected." Equivalent to *quippe quum ea effecerit.* The subjunctive is here employed with the relative because the latter assigns a reason or cause.—*Præstringit.* "Dazzles." This is a very striking metaphor. The allurements of pleasure are like the bright flash of lightning, they dazzle and bewilder, but at the same time destroy.—*Commercium.* "Intercourse."—*T. Flaminini.* Titus Quinctius Flamininus. Compare note on "*O Tite,*" chap. i., § 1.—*E senatu ejicerem.* Cato did this by virtue of his office as censor. This was in B.C. 184. On the Latin idiom, *feci ut ejicerem,* consult *Zumpt,* § 618.—*Notandam libidinem.* "That profligacy ought to have a mark set upon it," *i. e.,* ought to be stigmatized by the *nota censoria,* or censor's mark. And yet, such was already the low state of morals at Rome, that a mob could be procured to invite the degraded wretch to resume his former place at the theatre in the seats allotted to the consulars. (*Liv.,* xxxix., 42, *seq.; Plut., Cat. Maj.,* 17.)—*Quum esset consul in Gallia.* We have placed a comma after *Gallia,* in accordance with the suggestion of Nauck. The common punctuation is *cum esset consul, in Gallia exoratus in,* &c. By Gallia is here meant Gallia Cisalpina, or Northern Italy.

Exoratus in convivio a scorto est. "Was prevailed upon at a banquet by the solicitations of a vile minion of his."—*Aliquem eorum,* &c. Livy says that the victim of his cruelty was a Boian of high rank, who had come with his children to solicit the protection of the consul.—*Censore.* Titus Flamininus was chosen censor in B.C 189, having defeated Cato, who had, in this year, stood candidate for the censorship for the first time.—*Flacco.* L. Valerius Flaccus, Cato's old friend, who had been a neighbor of his in early life, when the latter was living on his Sabine estate, and who had recommended Cato to transplant his ambition to the fitter soil and ampler field of Rome.—*Perdita.* "Abandoned."—*Quæ cum probro privato,* &c. "Since it united with private infamy the disgrace of the highest military office," *i. e.,* the consulship. Observe, again, the employment of the subjunctive with the relative, because the latter assigns the reason or motive.

CHAPTER XIII.

§ 43.

C. Fabricium. Consult chapter vi., § 15.—*Cum apud regem Pyrrhum legatus esset.* He was sent as ambassador to Pyrrhus to treat respecting a ransoming of Roman prisoners. (*Brut.,* c. 14; *De Off.,* iii., 22; *Liv., Epit.,* 13.)—*Cinea.* Consult note on *cum Pyrrho,* § 16.—*Quendam.* Epicurus is meant.—*Qui profiteretur.* The subjunctive is employed here because the language of another is quoted.

Ad voluptatem esse referenda. "Should be referred to pleasure," *i. e.*, should originate in pleasure as their leading motive and aim There is no philosopher in antiquity who has been so violently attacked, and whose ethical doctrines have been so much mistaken and misunderstood, as Epicurus. The cause of this singular phænomenon was partly a superficial knowledge of his philosophy, of which Cicero, for example, is guilty to a very great extent, and partly, also, the conduct of men who called themselves Epicureans, and who, taking advantage of the facility with which his ethical theory was made the handmaid of a sensual and debauched life, gave themselves up to the enjoyment of sensual pleasures. At Rome, and during the time of Roman ascendency in the ancient world, the philosophy of Epicurus never took any firm root, and it is then and there that, owing to the paramount influence of the Stoic philosophy, we meet with the bitterest antagonists of Epicurus. Cato here entirely mistakes the meaning of the term pleasure in its Epicurean sense. Pleasure, with Epicurus, was not a mere momentary and transitory sensation, but he conceived it as something lasting and imperishable, consisting in pure and noble mental enjoyments, that is, in *ἀταραξία* and *ἀπονία*, or the freedom from pain and from all influences which disturb the peace of our mind, and thereby our happiness, which is the result of it. The *summum bonum*, according to him, consisted in this peace of mind; and the great problem of his ethics, therefore, was to show how it was to be attained. This, then, was the meaning of Epicurus when he maintained that all our actions ought to have pleasure (*peace of mind*) as their leading motive and aim. (*Smith, Dict. Biogr.*, ii., p. 34.)

M'. Curium. Manius Curius Dentatus, the celebrated opponent of the Samnites, Sabines, and King Pyrrhus. Compare chapter vi., § 15, and xvi., § 55.—*T. Coruncanium.* Tiberius Coruncanius, the eminent jurist, &c. Compare chapter vi., § 15.—*Ut id Samnitibus,* &c. "That the Samnites and Pyrrhus himself might be persuaded into such a belief." The Samnites were allies of the Tarentines and Pyrrhus. (*Liv.*, *Epit.*, xii. Compare *Val. Max.*, iv., 3, 6.)—*P. Decio.* Publius Decius Mus, who in B.C. 295 was consul for the fourth time, and had Q. Fabius Maximus for his colleague. In the decisive battle of Sentinum in Umbria, he commanded the left wing of the Roman army, and was opposed to the Gauls; and when his troops began to give way under the terrible attacks of the foe, he resolved to imitate the example of his father, and having devoted himself and the army of the enemy to the gods of the dead, he fell as a sacrifice for his nation. (*Liv.*, ix., 40, *seqq.*; x., 28; *Val. Max.*, v., 6, 6; *Cic.*, *De Div.*, i., 24.)

Norat eundem. "Was personally acquainted with this same individual," *i. e.*, with Publius Decius. Fabricius was consul thirteen years after the death of Decius, and Coruncanius fifteen years after that event. Both, therefore, must have been well acquainted with him.—*Sua sponte.* "On its own account," *i. e.*, from its own intrinsic excellence. The reference is to the *honestum* of the Latin writers (*Cic.*, *De Off.*, i., 9), and the καλὸν καὶ ἀγαθόν of the Greeks. —*Spreta et contemta voluptate.* That is, without stopping to inquire whether any personal advantage or gratification were connected therewith or not, whether they were about to gain or lose by the act.—*Peteretur . . . . . sequeretur.* The subjunctive, because the reference is to the thoughts and sentiments of those of whom he speaks.

§ 44.

At caret epulis. "But (some one will say) it is deprived of banquets." We have given this reading with Gernhard, Orelli, Billerbeck, and others, as much superior in neatness and spirit to that of Grævius, adopted by several subsequent editors, namely, *caret epulis, exstructisque mensis, et frequentibus poculis?*—*Exstructisque mensis.* "And loaded tables." Literally, "piled up."—*Caret ergo etiam vinolentia*, &c. "Well, then, it is also deprived of inebriety, and indigestion, and sleepless nights," *i. e.*, it is free from these. Commentators differ in opinion as to the meaning of *insomniis* in this passage, many of them supposing it to signify "frightful dreams." There is far more force, however, in the explanation which we have given, and, at the same time, a more natural gradation in the effects that are here mentioned.—*Dandum est.* "Is to be conceded."—*Escam malorum.* "The bait of evils." The allusion is to Plato's remark in the Timæus (p. 69, *D.*, *ed. Steph.*), ἡδονὴ μέγιστον κακῶν δέλεαρ.—*Quod ea videlicet*, &c. Valckenaer objects to the whole of this explanatory clause, down to *pisces*, as unworthy of Cicero, and not at all needed either by Lælius and Scipio, or by subsequent readers. (*Valck.*, *Diatr.*, 19, p. 194, 5.)

C. Duilium, M. filium. "Caius Duilius, the son of Marcus (Duilius). The allusion is to the celebrated Duilius, the Roman commander, who gained the first naval victory over the Carthaginians, B.C. 260.—*Puer.* Cato was born in B.C. 234, twenty-six years after Duilius's victory.—*Crebro funali et tibicine.* "With many a torch and flute-player." The term *funale* is employed to signify both a species of candelabrum, with projecting points, unto which to attach torches, and also simply the torch itself. It has the latter meaning in the present instance, as Gesner correctly remarks (*Lat. Thesaur.*, *s. v.*), not the former, as Gronovius maintains (*Obs.*, iii., 6). Lipsius (*Miscell.*, iv.) thinks that we ought to read *cereo* for *crebro*, and he has been followed by some editors, but the MSS. are against him. —*Quæ sibi nulli exemplo*, &c. The language here employed can only mean that Duilius had assumed these marks of distinction himself; whereas Livy (*Epit.*, xvii.) states expressly that they were conferred upon him by the people.

§ 45.

Sed quid ego alios? Supply *nomino.*—*Sodales.* "My table-brethren." The term *sodalis*, as here employed, means a member of a confraternity or brotherhood, established in honor of some particular divinity, for the purpose of celebrating an annual festival. While the festival of the divinity lasted, the *sodales* lived at a common table. —*Sodalitates.* "Confraternities," *i. e.*, associations of *sodales.*—*Me quæstore constitutæ sunt*, &c. "Were instituted during my quæstorship, when the Idæan rites of the Great Mother were received (at Rome)." Cato was quæstor in B.C. 204, in which year the image of Cybele, the Great Mother of the gods, was conveyed, in accordance with an oracle, from Pessinus in Phrygia to the city of Rome. (*Liv.*, xxix., 14. Compare, however, xxxvi., 36, where this is made to have occurred one year previous.)—*Idæis.* Cybele was called the Idæan goddess, and her rites the Idæan rites, from Mount Ida in Phrygia, and also from its namesake in Crete.—*Sed erat quidam fervor ætatis.* "Although there was, at the same time, (it must be confessed), a certain gayety of spirits natural to our age," *i. e.*, to our then earlier years.—*Mitiora.* "More softened down."

Cœtu et sermonibus. "By the society and converse."—*Accubitionem epularem amicorum.* "A collection of friends at a feast." More literally, "a reclining of friends at a feast." The Romans, as is well known, reclined on couches at their meals.—*Convivium.* "A *convivium*, or living together." From *con* and *vivo.*—*Qui hoc idem tum compotationem*, &c. "Who call this same thing at one time a *compotation*, at another a *concœnation*." The term *compotatio* is meant to correspond to the Greek συμπόσιον, and *concœnatio* to σύνδειπνον, the former of which means a drinking party, and the latter a supping or eating together; while both terms seem to suppose that, according to the Greek way of thinking, the primary advantages of a feast consisted in the gratification of the appetite; whereas *convivium*, as Cicero remarks, implies an interchange of sentiment and rational converse, or, in other words, the enjoyment of the true pleasures of existence.—*Minimum.* Mere eating and drinking.—*Maxime probare.* The Greeks had at this time the reputation of indulging in the pleasures of the table to a much greater degree than the Romans, until the progress of luxury levelled all such earlier distinctions.

CHAPTER XIV.

§ 46.

Sermonis delectationem. "The delights of social converse."—*Tempestivis quoque conviviis delector.* "Take great pleasure, also, in prolonged banquets." By *tempestiva convivia* are meant banquets which commence before, and are prolonged after the usual time; and they generally have connected with them the idea of revelry and carousing. No such idea, however, is intended here, but the reference is merely to an entertainment lengthened out in social and instructive conversation.—*Qui pauci.* Elegant usage for *quorum pauci.*—*Restant.* Cato, it will be remembered, was now in his eighty-fourth year.—*Cum vestra ætate.* "With persons of your age." Abstract for concrete.—*Habeoque magnam gratiam.* "And I am very thankful."

Cujus est fortasse, &c. "Toward which there is even, perhaps, a kind of impulse implanted in our very nature." The true reading here is *motus,* not *modus.* The reference is not so much to the limit which Nature has set to enjoyment as to the impulse which urges us on to partake of enjoyment.—*Non intelligo, ne in istis quidem,* &c. "I do not understand why, in the case of those very pleasures themselves, old age should be deprived of all relish for them."—*Magisteria.* "Masterships of the wine." *Magisterium* properly denotes the office or power of a master or governor. Here, however, the reference is a more special one to the office of symposiarch, or master of the feast. A master of the feast was usually chosen, by both the Greeks and Romans, to regulate the whole order of the entertainment, propose the amusements, fix the times for calling for the wine, or, as we would say, give out the toasts, &c. The Greeks called him συμποσίαρχος, or βασιλεύς, the Romans *magister,* or *rex convivii,* or *arbiter bibendi.* The choice was generally determined by a throw of *astragali* or *tali.* (*Dict. Ant., s. v. Symposium.*)—*Et is sermo, qui more majorum,* &c. "And that address, which, in accordance with the usage of our ancestors, is made to the company, amid their cups, (beginning) from him tha occupies the highest place." This was what the Greeks called *ἐν κύκλῳ πίνειν*, each of the guests being called upon in order for an address, or some expression of sentiment, analogous to what we would term, at the present day, a speech and toast, except that the subject was generally some interesting or instructive topic. The guest that occupied the highest place was usually called upon first. In ordinary cases, the *summus conviva* was the one who had the highest place on the highest couch; but when a stranger of distinction was present, or when the entertainment was given in honor of any one, then this person was termed *summus*, and his place was the highest on the middle couch. On this whole subject, consult *Dict. Ant.*, *s. v. Triclinium*.—*A summo*. Supply *conviva*. Many MSS., and some early editions, read *a summo magistro*, as referring to the master of the feast; this, however, is decidedly inferior.

In Symposio Xenophontis. "In Xenophon's Banquet," *i. e.*, in the work of Xenophon, entitled *Συμπόσιον*, or the Banquet.—*Minuta atque rorantia.* "Small and sprinkling," *i. e.*, cups out of which the liquor does not, as it were, gush, that is, from which copious draughts can not be taken; but small ones, out of which the wine may merely be sipped, and which may be said, therefore, merely to sprinkle the lips, or to part with their contents drop by drop, as it were. In the passage of Xenophon's Banquet to which Cicero alludes, we have *ἢν μὲν ἀθρόον τὸ ποτὸν ἐγχεώμεθα*, opposed to *ἢν δὲ ἡμῖν οἱ παῖδες μικραῖς κύλιξι πυκνὰ ἐπιψακάζωσιν* (c. 2); and Cicero, suppressing *πυκνά*, as inconsistent with the character of age, renders *ἐπιψακάζωσιν* by the brief but poetic paraphrase of *rorantia pocula*. (*Gernhard, ad loc.*)

Refrigeratio. "Coolness," *i. e.*, some cool retreat for holding the banquet. Melmoth, misunderstanding the passage entirely, thinks that the reference here is to cooling the wine, and, in the succeeding clause, to warming the same.—*Aut sol, aut ignis hibernus.* "A place either in the sun, or by a winter fire." Banqueting-rooms, or *triclinia*, intended for summer use, were usually open toward the north; those for winter were either built facing the afternoon sun, or else were warmed by artificial means.—*In Sabinis.* "On my Sabine estate." Supply *agris*, and compare chap. vii., § 24.—*Convivium compleo.* "Fill up a banquet," *i. e.*, invite so many of my neighbors as to have a full table. As regards the genitive *vicinorum*, where we would expect *vicinis*, consult *Zumpt*, § 463.

§ 47.

At non est voluptatum, &c. "But (some one, again, will say) there is not in the old so strong a piquancy, as it were, of enjoyment," *i. e.*, the pleasures of the senses are not so exquisite in old age as in youth.—*Jam affecto ætate.* "Now enfeebled by years." Compare *senectute affectus* (*De Orat.*, iii., 18, 68).—*Utcreturne rebus venereis.* "Whether he still indulged in corporeal pleasures."—*Dii meliora!* "Heaven forbid!" Literally, "may the gods grant better things (than this)." Supply *dent.* Other modes of supplying this ellipsis are *faciant*, or *velint*, or *ferant*, &c. (Consult *Palairet, Lat. Ellips.*, p. 63, *ed. Barker.*)—*Istinc.* "From those influences to which you refer." More literally, "from that quarter of which you speak." Observe the peculiar force of the pronoun *iste* as still remaining in the adverb formed from it.—*Quamquam non caret is*, &c. "Although, in point of fact, he is not deprived of a pleasure who has no inclination for it; and therefore I maintain," &c. Compare with this Cicero's definition of *carere*, in *Tusc.*, i., 36, namely, "*carere hoc significat, egere eo quod habere velis.*"

§ 48.

Bona ætas. "The fine season of life," *i. e.*, youth and manhood, as opposed to *mala ætas*, or old age.—*Parvulis rebus.* "Things of very little real value."—*Turpione Ambivio.* L. Turpio Ambivius was a Roman actor, who distinguished himself in the time of Terence by the truth with which he acted his parts on the stage. His name occurs in nearly all the *didascalia* of the plays of Terence, and the later Romans mention him with Roscius and Æsopus. (*Tac., Dial. de Or.*, 20; *Symmachus, Epist.*, i., 25; x., 2.)—*Qui in prima cavea spectat.* "The spectator who witnesses the performance in the front seats of the theatre." More literally, "he who gazes (upon the piece) in the first part of the cavea." In the ancient theatres the whole of the place for the spectators was called, in Greek, *κοῖλον*; in Latin, *cavea.* Among the Romans, the front seats were occupied by the senators, and immediately after them came the equites. Behind the equites the great body of the people sat.—*Qui in ultima.* For *qui in ultima cavea spectat.*—*Propter.* "Near at hand," *i. e.*, from a near point of view. Observe that *propter* is here employed adverbially. Many editors give *prope* in place of *propter*, and these two words are often confounded together. We have followed, however, Orelli and Madvig, and the authority of Nonius, *s. v.*—*Tantum, quantum sat est.* "As much as is sufficient (for its more subdued desires.)"

§ 49.

At illa quanti sunt, &c. "But, (whatever may be said of the condition of old age in other respects,) of how much value are those other advantages for the mind; namely, after having, as it were, served out its time under the sway of concupiscence," &c. The mind, while yielding obedience to corrupting and evil propensities, is compared to a soldier obeying implicitly the commands of his leader; and as the soldier, when his period of service is ended, returns to his own home, so does the mind, when the warfare of the passions has ceased, retire into, as it were, and hold communion with itself.—*Secumque vivere.* This is well explained by H. Stephens: "*Animus secum vivit, quum illi propemodum sevocato a societate et contagione corporis* (*De Divin.*, i., 30) *vacare licet iis, quibus gaudet, cogitationibus.*" (*Gruter, Fax Crit.*, vol. v., suppl., p. 26.) —*Aliquod tamquam studii*, &c. "Any aliment, as it were, of study and of learning," *i. e.*, any learned studies to pursue, from which it may derive aliment for itself.—*Otiosa.* "Tranquil," *i. e.*, free from all public cares and employments.

Mori pæne. "Almost kill himself." A figurative expression, to denote the most rigid and untiring application.—*C. Gallum.* The reference is to C. Sulpicius Gallus, of whom Cicero speaks, in several passages, in terms of the highest praise. He had a more perfect knowledge of Greek than any man of his time; he was a distinguished orator; was remarkable, also, for his knowledge of astronomy and his skill in calculating eclipses; and was altogether a person of an elegant and refined mind. In B.C. 168 he served as tribune of the soldiers in the army of his friend, L. Æmilius Paulus, with whose permission he one day assembled the troops, and announced to them that on a certain night, and at a certain hour, an eclipse of the moon was going to take place. He exhorted them not to be alarmed, and not to regard it as a fearful prodigy; and when, at the predicted moment, the eclipse occurred, the soldiers almost worshiped the wisdom of Gallus.—*Patris tui.* L. Æmilius Paulus.—*Quoties illum lux*, &c. "How often has the light of day surprised him, after having begun at night to trace out some mathematical figure." Literally, "to trace out (or delineate) something." The verb *describere* is here employed in its mathematical sense, namely, to trace out figures, or diagrams, in the sand or dust, with the *radius*, or rod. The full form of expression would be *describere radio aliquid*, i. e., *formas in pulvere.* The reference, of course, is to both mathematical and astronomical studies.

§ 50.

Levioribus. "Less profound."—*Quam bello suo Punico Nævius.* Respecting Nævius, and his epic poem on the first Punic war, which is here meant, consult notes on § 20.—*Quam Truculento Plautus!* &c. Plautus, the celebrated Roman comic poet, was a native of Sarsina, in Umbria. He died in the year in which Cato was censor, namely, B.C. 184. The two comedies here mentioned, the *Truculentus*, or "Clown," and the *Pseudŏlus*, or "Cheat," were two of his favorite pieces. They have both come down to us along with eighteen others.—*Livium.* Livius Andronīcus, with whom Roman literature properly begins, was a dramatic poet, who flourished about B.C. 240.—*Cum fabulam docuisset.* "After having exhibited his first play." More literally, "after having taught a play (to the actors)." The expression *docere fabulam* is the same as the Greek *διδάσκειν δρᾶμα*, and refers to the custom, on the part of the scenic poets, of teaching the actors their parts, and superintending the whole getting up and bringing out of their pieces. Whether the play of Andronicus here alluded to was a tragedy or comedy is uncertain.—*Centone Tuditanoque.* C. Claudius Cento (son of Appius Claudius Cæcus) and M. Sempronius Tuditanus, B.C. 240.

P. Licinii Crassi. Already mentioned in § 27.—*Hujus P. Scipionis.* "Of the present Publius Scipio." The allusion is to P. Scipio Nasica, who was consul in B.C. 162, along with C. Marcius Figulus; and who, in the year in which this discourse is supposed to have been delivered, was Pontifex Maximus, and already advanced in years.—*M. Cethegum.* Marcus Cornelius Cethegus, who was censor B.C. 209, with P. Sempronius Tuditanus, and consul in B.C. 204, with the same colleague. His eloquence was rated very high, and hence the epithet of *Suadæ medulla*, applied to him by Ennius. (Compare *Brut.*, 15.) Horace twice refers to him as an ancient authority for the usage of Latin words. (*Ep.*, ii., 2, 116; *Ep. ad Pis.*, 50; and *Schol.*, *ad loc.*)—*Suadæ medullam.* "The marrow of Persuasion." Equivalent to "*qui Suadæ hæret in medullis*," *i. e.*, the favored child of Persuasion, and on whom she has bestowed her choicest gifts. (Compare *Aul. Gell.*, xii., 2; xviii., 4; and *Cic. Ep. ad Fam.*, xv., 16.)—*Studia doctrinæ.* Supply *sunt.*—*Honestum.* "Well worthy of praise."—*Ut ante dixi.* Consult chap. viii., § 26

CHAPTER XV.

§ 51.

Habent rationem. "They keep an account."—*Imperium.* Those persons are said to exercise command over the earth who sow and plant in it whatever they wish, in order to obtain increase from the same. (Compare *Virg.*, *Georg.*, i., 99.)—*Mollito ac subacto.* "Softened down and subdued." The first of these two terms refers to the softening influence of rains, &c.; the second to the effect produced by instruments of agriculture, such as the plough, the harrow, &c.—*Occæcatum.* "Concealed."—*Occatio.* Cicero here deduces *occare* and *occatio*, by syncope, from *occæcare* and *occæcatio*, because the seed is harrowed into the bosom of the earth and concealed therein. This etymology, however, is utterly valueless. The root of *occare* must be looked for in the Latin *ag-er*, German *egg-en*, &c. (*Benfey*, *Wurzellex.*, ii., 19.) Compare with this the Sanscrit radical *ak*, which carries with it the idea of being sharp, cutting, &c. (*Benfey*, i., 162.)

Tepefactum vapore et compressu suo, &c.. "It splits the seed rendered tepid by its warmth and pressure, and draws forth from it the green blade just beginning to sprout; which last, supported by the fibres of the root, begins gradually to expand, and, having shot up in a stem of many joints, now growing pubescent, as it were, is inclosed in cells," &c., *i. e.*, springs up into a jointed stalk, preparing new seed again in its cells. The term *pubescens* is used figuratively here. It properly means, "beginning to be covered with down," and is hence metaphorically employed to indicate the ripening into early maturity.—*Nixa fibris stirpium.* Wheat requires a soil in which the organic matter is intimately mixed with the earthy ingredients; where it can have a firm hold by its roots, and can, at the same time, strike the fibres of them downward, as well as around, in search of food.—*Frugem spici.* "The produce of the ear," *i. e.*, the ear loaded with grain.—*Aristarum.* "Of bearded spikes."

§ 52.

Satus. "The plantings."—*Delectatione.* "With delight (at such a spectacle)."—*Requietem oblectamentumque.* "The soothing amusement," *i. e.*, what soothes, and, at the same time, amuses. Observe the hendiadys.—*Vim ipsam.* "The plastic power itself."—*Malleoli, plantæ*, &c. "Mallet-shoots, suckers, cuttings, quicksets, layers." Cato here enumerates the various modes of propagating the vine

(Compare *Virg.*, *Georg.*, ii., 63.) By *malleoli* are meant the new shoots of a vine springing from a branch of the previous year, cut off for the sake of planting, with a small portion of the old wood on each side, in the form of a *little mallet*, whence the name. *Plantæ* are suckers, that is, shoots of a plant growing from the main stock, or root. *Sarmenta* are cuttings, or loppings, of a vine, that is, young twigs lopped off for the purpose of being set out, or else for reducing the luxuriant growth of the vine. The former meaning prevails in the present passage; the latter, further on, in *ne silvescat sarmentis.* By *viviradices* are meant quicksets, that is, plants set out with the roots; or, in other words, plants having a quick or living root. For laying out new vineyards, or recruiting the old, the Italian husbandman gave the preference to quicksets, as they were more hardy, and sooner in a condition to yield fruit than cuttings; but in the provinces, where no pains were taken to form nurseries of vines, the latter were employed. (*Columella*, iii., 14.) *Propagines*, finally, are layers, that is, branches of the parent stem bent down and fastened in the earth until they have taken root, when the union with the main stem is severed.

Vitis. Nominative absolute, its place being supplied, further on, by *eadem.*—*Multiplici lapsu et erratico.* "In multiplied and erratic gliding," *i. e.*, with numerous wandering branches.—*Ne silvescat sarmentis.* "Lest it run into a wood of twigs," *i. e.*, run out into a useless wood of young branches, and expend its strength on these. —*Nimia fundatur.* "Spread forth too luxuriantly." Literally, "be poured forth."

§ 53.

In iis quæ relicta sunt, &c. "In those branches that have been left, there arises, at the joints as it were of these, what is called the bud." More literally, "the gem," or, as some term it, the button With *iis* supply *sarmentis*, in the general sense of *ramis*, which gives to *sarmentorum*, already expressed, the force merely of a demonstrative pronoun. With regard to *gemma*, consult *Virg.*, *Georg.*, ii., 335. —*Nec modico tepore*, &c. "Is neither deprived of a moderate degree of warmth, and, at the same time, keeps off the too intense heat of the sun," *i. e.*, it receives a moderate degree of warmth, without being too much exposed to the solar rays.

Qua. Referring to *uva.*—*Adminiculorum ordines*, &c. "The rows of props, the yoking together of the tops of these, the binding up of the vines, and their propagation by layers." The vines among the Romans were trained either along props or trees. The latter was the favorite mode; the former, however, is the one here referred to. By *adminicula* are meant the poles, or props (*pedamenta*), which served to support the vine. On the tops (*capita*) of these poles was laid a cross-piece, so that every two upright props, with the cross-piece on top, resembled a military yoke, or *jugum*, whence the term *jugatio* in the text.—*Immissio.* "The setting out into furrows." Supply *in sulcos*.—*Repastinationes.* "Trenching," *i. e.*, digging around the roots of the vine. (Compare *Columella*, iii., 11.)

§ 54.

In eo libro. He alludes to his work on husbandry, entitled *De Re Rustica*, which we still possess, though not exactly in the form in which it proceeded from his pen. It consists of very miscellaneous materials, relating principally to domestic and rural economy. —*De qua doctus Hesiodus*, &c. If Cicero makes Cato here refer to the "Works and Days," an error has been committed by him, since not only is manuring not mentioned in the poem, but almost all the other points are wanted therein, of which Cato treats in his own work on husbandry. It would seem probable, therefore, as Heinsius thinks, that Cicero means here some other work of Hesiod's on the subject of agriculture. (*Heins.*, *Introd. in Op. et D.*, c. 4.)—*Qui multis, ut mihi videtur*, &c. Homer's age is altogether uncertain. The various dates assigned offer no less diversity than five hundred years, being from B.C. 1184 to B.C. 684.

Quod capiebat e filio. "Which he felt on account of his son," *i. e.*, the absent Ulysses.—*Eum stercorantem facit.* Observe that *eum* has reference to *agrum*, not to *Laertem*. The passage referred to occurs in the 24th book of the Odyssey, v. 225, *seqq*. As, however, Homer makes no mention of manuring here, but merely describes Laertes as in the act of digging around a plant or vine, Cicero must have understood the poet to mean that he was digging around for the purpose of manuring.—*Arbustis.* "Plantations." The reference is to the spots of ground in which trees for training vines were planted at intervals of from twenty to forty feet, while the ground between them was sown with seed.—*Consitiones.* "Plantings out." On the other hand, by *insitiones* are meant "ingraftings," and the plural is used in both instances because there are several kinds of each.—*Sollertius.* "More ingenious."

CHAPTER XVI.

§ 55.

Possum persequi. "I can relate."—*Oblectamenta.* "Pleasing recreations."—*Sentio.* "I am sensible."—*Longiora.* "Too prolix." —*Nam et provectus sum.* "For I have both been carried too far." Equivalent to *nam et longior factus sum.* Wetzel is wrong in explaining it by an ellipsis of *ætate.*—*M'. Curius.* Manius Curius Dentatus, already referred to. He triumphed over the Samnites, Sabines, and Pyrrhus in B.C. 275. When the war was brought to a close, he retired to his farm in the country of the Sabines, where he spent the remainder of his life, and devoted himself to agriculture, though still ready to serve his country when needed, for in B.C. 272 he was invested with the censorship.—*Non longe a me.* Cato, it will be remembered, inherited a small estate in the Sabine territory. We have given *a me*, with Wetzel, Orelli, Madvig, and others of the best editors. Gernhard, Billerbeck, &c., prefer *a mea*, but *a me* is decidedly the more elegant reading. The following authorities will settle the point: *Terent., Phorm.*, v., 1, 5: "*anus, a fratre egressa meo;*" *Id., Eunuch.*, iii., 5, 64: "*Eamus ad me;*" *Id., Heautont.*, iii., 1, 90: "*A me nescio quis exiit;*" *Cic., Or. pro Mil.*, § 51: "*Devertit Clodius ad se in Albanum;*" *Id., De Fato, ap. Macrob., Sat.*, ii., 12: "*Quum esset apud se ad Lavernum Scipio.*"

Temporum disciplinam. "The simple habits of the times." Observe that *disciplina* has here a force somewhat analogous to *consuetudo.* Forcellini, indeed, makes it directly equivalent to this: "*pro consuetudine, qua quis ex disciplina imbutus est.*"—*Ad focum sedenti.* According to the common version of the story, the Samnite ambassadors found him roasting turnips.

§ 56.

Venio. "I return."—*Ne a meipso recedam.* "That I may not wander from my own self," *i. e.*, from that scene of life in which I am myself more particularly concerned.—*In agris erant tum senatores*, &c. "Our senators, I mean our old men, were in those days engaged in agriculture." The reference is here to the earlier periods of the Roman state, when the term *senator* was employed in its true sense, as indicating a member of the assembly of *elders*; or, in other words, when a *senator* meant a person advanced in years, an elder of the state. Hence the idea intended to be conveyed by the present clause is simply this: "Our members of the assembly of elders, I mean our old men of former times, were then practical agriculturists." Observe that *id est* is equivalent here to *intelligo*. Some read *et iidem*, which changes entirely the meaning of the clause.

Dictatorem esse factum. This refers to his second dictatorship, in B.C. 439, when he was eighty years of age. He was appointed to the office for the purpose of opposing the alleged machinations of Spurius Mælius. (*Liv.*, iv., 13, *seqq.*)—*C. Servilius Ahāla.* The full name was C. Servilius Structus Ahala. The act here alluded to is mentioned by later writers as an example of ancient heroism, and is frequently referred to by Cicero in terms of the highest admiration (*in Cat.*, i., 1; *pro Mil.*, 3, &c.); but it was, in reality, a case of murder, and was so regarded at the time. Ahala was brought to trial, and only escaped condemnation by a voluntary exile. (*Val. Max.*, v., 3, 2; *Cic.*, *De Rep.*, i., 3; *pro Dom.*, 32.)—*Occupatum interemit.* "Surprised and slew," *i. e.*, seized and put to death before he had time to execute his traitorous purpose. Equivalent to *cum occupasset interemit.*

Viatores. So called from their traveling along the *viæ*, or roads, for the purpose of summoning. As regards the office itself, consult *Dict. Ant.*, *s. v.*—*Horum.* Not *eorum*, as many read, since the remark is not made of old men in general, but of those specially referred to here.—*Mea quidem sententia*, &c. "In my opinion, indeed, no life probably can be happier." The expression *haud scio an* is a favorite one with Cicero, and is employed by him to denote uncertainty, but with an inclination in favor of the affirmative. Hence, as Bremi remarks (*ad Nep.*, *Timol.*, i., 1), it becomes equivalent, in fact, to *fortasse*, and we have so rendered it in the present instance. We have followed, also, the authority of some of the best editors in reading *nulla* here, where the ordinary text has *ulla*. Orelli gives *ulla*; but Madvig, *nulla*. For a discussion of the point, consult *Zumpt*, § 721.

Neque solum officio. "And that, too, not only in point of meritoriousness."—*Quam dixi.* Consult chap. xv.—*Saturitate copiaque.* "The rich abundance." Observe the hendiadys.—*Ut, quoniam hæc quidam*, &c. "In order that, since certain persons desire such things as these, we may now return into favor with pleasure," *i. e.*, may be restored to the good graces of those who set a high value on these mere animal gratifications. Compare chap. xiv., 46: "*ne omnino bellum indixisse videar voluptati.*"—*Cella vinaria, olearia*, &c. "The wine-room, the oil-room, the provision-room also." These *cellæ* were on a level with the ground. (Consult *Dict. Ant.*, *s. v*

Villa.)—*Jam hortum ipsi agricolæ,* &c. "What is more, the farmers themselves call a garden a second flitch," *i. e.*, and besides all this, there is the garden, in itself so bountiful a source of supply, that the farmers are accustomed to call it, sportively, a second flitch, from which they may constantly cut, and which as constantly supplies them.—*Conditiora facit hæc,* &c. "Fowling and hunting, also, employments of leisure hours, make these things have a still higher relish," *i. e.*, impart an additional relish to a country life.—*Supervacanei operis.* Compare the explanation of Ernesti: "*aucupium et venatio supervacanei operis, quia in iis nulla est necessitas, ut in ceteris operibus rusticis.*"

§ 57.

Arborum ordinibus. In the arrangement of their trees, the Romans sought not only to please the eye, but also to subserve purposes of utility, especially in the case of those used for training the vine. The favorite arrangement with regard to these was the *quincunx.* (Compare *Virg.*, *Georg.*, ii., 277, and figure on p. 184.)—*Olivetorumve.* Not *olivetorumque.* The true reason is assigned by Gernhard: "*Sunt vineæ et oliveta, quæ Columella comparat* (v. 8 et 9), *sic sibi similia, ut per* ve *debeant disjungi.*" Compare *Cic.*, *De Off.*, i., 9, 28: "*studiis, occupationibusve.*"—*Dicam.* It is very probable that we ought to read *plura dicam,* with Lambinus, although Orelli regards *plura* as a gloss. Madvig has inserted it.—*Brevi præcidam.* "I will cut the matter short by a brief remark." With *brevi* supply *sermone.*—*Allectat.* A better reading than *delectat,* on account of the *ad* which precedes.—*Apricatione.* "By basking in the sun." The term *apricus* does not denote any place, in general, exposed to the sun, but one which enjoys the benefit of a mild and temperate warming of this kind. (Compare *Salmas.*, *ad Solin.*, p. 990.)

§ 58.

Sibi igitur habeant arma, &c. "Let the young, then, keep unto themselves their arms, their steeds, their spears, their club, their ball, their swimmings and runnings," *i. e.*, let those of a more firm and vigorous age enjoy exercises and sports which are suitable to that age. Observe the elegant and emphatic repetition of *sibi,* which we have endeavored to express by a somewhat similar repetition in English; and with *habeant* supply *juvenes,* from the natural opposition indicated by *senibus.* Cato enumerates here the various exercises of the young, especially such as were used in training for warfare. By *arma* are meant all kinds of exercises connected with the using of armor such as marching in arms, carrying the shield, &c. By *equos* are indicated cavalry exercises; by *hastas*, hurling the spear or javelin; by *clavam*, an exercise peculiar to the *tirones*, or young soldiers who, being armed with a shield and club instead of a sword, were made each to attack a stake projecting six feet from the ground, and shower blows upon it as upon an enemy. They were thus said "*exerceri ad palos.*" (*Veget.*, i., 11.)—*Pilam.* The game of ball here meant was ranked among military exercises, because intended to give strength of arm. The ball was of wood or some other hard substance, and was struck with a species of bat in such a way as to call forth both strength and dexterity. There is no need, therefore, of our reading *pilum* here, as some recommend, since the exercise with the *pilum* is included under *hastas*.

Talos et tesseras. "Huckle-bones and dice," *i. e.*, sedentary games of chance. As regards these two kinds of games, consult *Dict. Ant.*, *s. v. Talus* and *Tessera.*—*Id ipsum utrum lubebit.* "(And even of these two modes of diversion, let them leave unto us) that one merely, whichever one of the two it shall please them (so to leave)." Observe the elliptical nature of the sentence. The full form of expression would be, "*Et eorum ipsorum id ipsum nobis relinquant utrum lubebit relinquere.*" The reference is to the two games of *tali* and *tesseræ*. Nauck conjectures *utcumque* for *utrum*. (*Neue Jahrb.*, suppl. vol. viii., p. 552, *seq.*)

CHAPTER XVII.

§ 59.

Xenophontis libri. According to Cicero (*Tusc. Disp.*, ii., 26), the Cyropædia of Xenophon was the favorite reading of Scipio Africanus the younger, so that *ut facitis* is the true reading here, not *ut sciatis, quam copiose*, &c., as Corradus (*Quæst.*, p. 353) conjectures. —*In eo libro, qui est*, &c. The common punctuation, namely, a comma after *libro*, produces an awkward asyndeton. If we remove the comma in question, the first *qui* becomes subordinate to the second, and the construction a plain one. (*Nauck, ad loc.*)—*Œconomicus.* Οἰκονομικός. This is a discourse on the management of a household, and on agriculture, between Socrates and Critobulus. The passage to which Cato refers occurs in the fourth chapter of the work. Cicero, in his younger years, translated this work.—*Regale.* "Kingly," *i. e.*, worthy of a king.—*Loquitur cum Critobūlo.* "Relates in the course of a conversation with Critobūlus." Equivalent to *colloquens cum Critobulo narrat.* The individual here named was a disciple of Socrates. He does not appear, however, to have profited much by his master's instructions, if we may trust the testimony of Æschines the Socratic (*ap. Athen.*, v., 220, A), by whom he is represented as destitute of refinement, and sordid in his mode of living.

Cyrum minorem, &c. "That Cyrus the Younger, the Persian prince." With *minorem* supply *natu*. He was called the younger, to distinguish him from the elder Cyrus, or Cyrus the Great, the founder of the Persian empire. Cyrus the Younger was the son of Darius Nothus, and attempted to dethrone his brother Artaxerxes, but lost his life in the attempt. He was merely satrap over some of the western provinces of Asia Minor, and therefore the term *regem* in the text is to be regarded as having merely the force of *regulum*. (Compare *Freund, s. v.*)—*Imperii gloria.* "In the glory of his sway," *i. e.*, his sway as satrap or viceroy, of which Xenophon draws so flattering a picture. (*Anab.*, i., 9.)—*Lysander.* The celebrated Spartan commander in the Peloponnesian war. The date of the narrative given in the text was B.C. 407, when Lysander was sent out to succeed Cratesippidas in the command of the fleet, the Spartans, as it would appear, having been induced to appoint him, partly because his ability marked him as fit to cope with Alcibiades, and partly that they might have the advantage of his peculiar talents of supple diplomacy at the court of Cyrus the Younger. —*Vir summæ virtutis.* The reference here is to ability or merit, not to moral virtue, in which last the character of Lysander was particularly deficient. Compare *Corn. Nep.*, *Vit. Lys.*, i., 1: "*Lysander Lacedæmonius magnam reliquit sui famam, magis felicitate quam virtute partam.*"

Sardis. Accusative plural, for *Sardes.* Sardis, the ancient capital of Lydia, at he foot of the northern slope of Mount Tmolus, and on the River Pactolus, was the residence, at this time, of Cyrus, as satrap.—*Sociis.* The Peloponnesians, and other states which had confederated against the Athenians.—*Communem.* "Affable." (Compare the Greek κοινός.) The ordinary text has *comem*, a much inferior reading, though retained by Ernesti. Xenophon, in his relation of the affair, has ἄλλα τε φιλοφρονεῖσθαι: Cicero, however, throughout his whole version of the story, renders Xenophon's Greek very freely, according to his usual custom, adding some things omitting others, and retrenching others.—*Quendam conseptum agrum.* Xenophon calls this τὸν ἐν Σάρδεσι παράδεισον, "the park at Sardis."

Directos in quincuncem. "Arranged in the form of a quincunx."

The term *quincunx* properly means five parts of an *as*. Here, however, it is employed to indicate the favorite mode of planting trees among the Romans, these being arranged in such a way, that, from whatever side they were viewed, they represented the Roman numeral V, as the following scheme will show.

Subactam atque puram. "Well leveled and neat," *i. e.*, the smoothness and neatness of the walks.—*Qui afflarentur.* "That were breathed." The full expression would be, *qui afflarentur ad nares.* Observe the force of the subjunctive, "that were breathed *as he said*," *i. e.*, as he said unto those to whom he afterward related the particulars of his interview.—*Solertiam.* "Skill."—*Descripta.* "Planned." Consult note on "*describere*," chap. xiv., § 49.—*Omnia ista.* "All these things to which you allude." Observe the force of *ista.*—*Et nitorem corporis.* "And the sleekness of his person," *i. e.*, his smooth and somewhat effeminate appearance as an Oriental prince. There is considerable doubt respecting this reading. Xenophon's Greek has τῆς ὀσμῆς αἰσθόμενος, as referring to the Eastern habit of perfuming the person with unguents, and out of this Cicero may, by a very free version, have obtained *nitorem.* It is barely possible, on the other hand, that he may have written *nidorem corporis*, although this last would come in very awkwardly here.—*Quoniam virtuti tuæ*, &c. Compare the Greek of Xenophon, ἀγαθὸς γὰρ ὢν ἀνὴρ εὐδαιμονεῖς.

§ 60.

Quo minus studia teneamus. "From retaining a fondness for." With regard to the construction of *quo minus* after *impedit*, consult *Zumpt*, § 543.—*M. Valerium Corvum.* Corvus was one of the most illustrious men in the early history of the republic. He was born B.C. 371, in the midst of the struggles attending the Licinian laws. In B.C. 349 he served as military tribune in the army of the consul L. Furius Camillus, in his campaign against the Gauls, and obtained the surname of Corvus, or "the Raven," from his well-known exploit in this war.—*Perduxisse.* "Prolonged his fondness for agricultural pursuits." Supply *agri colendi studia*, not *vitam*, as some maintain. The point to be ascertained is, not how long he lived.

but how long he retained, and acted upon, his fondness for agriculture.—*Primum et sextum consulatum.* His first consulship was in B.C. 348; his sixth, in B.C. 299; the interval, therefore, excluding both these years, was forty-seven years, not forty-six, as Cicero makes it. This agrees, moreover, with the account of Valerius Maximus (viii., 73, 1). Plutarch makes the interval only forty-five years. (*Vit. Mar.*, c. 28.)—*Ad senectutis initium esse.* "Should be for a beginning of old age," *i. e.*, should mark the commencement of that period of life. According to the historian Tubero, as cited by Aulus Gellius (x., 28), Servius Tullius, when he classified the Roman people, divided their ages into three periods: limiting boyhood to the age of seventeen; youth, and the full prime of life, to forty-six; and old age, from this period to the end of life. Now just so many years (forty-six) had formed the "career of honors" (*cursus honorum*) in the case of Valerius Corvus. During this period he had been six times consul (reckoning loosely, as above stated), twice dictator, one-and-twenty times an incumbent in curule stations, and had four times enjoyed a triumph. (*Plin.*, *H. N.*, vii., 49; *Billerbeck, ad loc.*)—*Apex.* "The crowning point."

§ 61.

L. Cæcilio Metello. Consult chap. ix., 30.—*Atilio Calatino.* Aulus Atilius Calatinus, a distinguished Roman general in the first Punic war, who was twice consul (B.C. 258 and 254) and once dictator (B.C. 249). He was appointed dictator for the purpose of carrying on the war in Sicily in the place of Claudius Glycias; but nothing of importance was accomplished during his dictatorship, which is remarkable only for being the first instance in Roman history of a dictator's commanding an army out of Italy. (*Liv.*, *Epit.*, xix.; *Suet.*, *Tib.*, 2; *Dio Cass.*, xxxvi., 17.)—*In quem illud elogium unicum.* "On whom that epitaph, the only one of its kind, (was written.)" By *elogium* is here meant, as is explained immediately after, an inscription on a tomb. Gaza erroneously refers *unicum* to *quem*, and translates *εἰς ὃν ἕνα.* The tomb of Calatinus, containing the inscription given in the text, was near the Capenian Gate. (*Cic.*, *Tusc.*, i., 7, 13.)—*Plurimæ consentiunt gentes*, &c. This inscription occurs, also, in the treatise *De Finibus* (ii., 35); but there it runs as follows: *Uno ore cui plurimæ consentiunt*, &c.; for which Orelli now reads *Unum hunc plurimæ*, &c., and regards *unicum*, in our text, as a corruption for *unum hunc*, which last Madvig actually substitutes for it. As all the MSS., however, and early editions exhibit *unicum*, we have deemed it best to make no alteration.—

Notum est totum carmen, &c. "The whole inscription is well known, being cut upon his tomb." The meaning here assigned to *carmen* arises from the one which it so frequently has of "a form of words, a religious or judicial formula," &c. Many editors reject *totum*, as unnecessary and spurious. We have preferred, however, to retain it, since Cicero evidently quotes only a part of the inscription.

Gravis. "Deserving of honor." Supply *est*, a common ellipsis in exclamations.—*Cujus de laudibus*, &c. "Since the voices of all conspired in his praise." Observe here the employment of the subjunctive with the relative, as indicating the reason of what precedes.—*P. Crassum.* Consult chap. ix., § 27.—*M. Lepidum.* Marcus Æmilius Lepidus, who was one of the three ambassadors sent by the Romans, in B.C. 201, to the Egyptian court, to administer the affairs of the kingdom for the infant sovereign, Ptolemy V. He was twice consul (B.C. 187 and 175), and was also elected pontifex maximus, B.C. 180, and censor, B.C. 179. He was six times chosen by the censors *princeps senatus*, and died in B.C. 152, two years before the date of the present discourse, full of years and honors.—*Paulo, aut Africano.* Æmilius Paulus Macedonicus and the elder Africanus. (Consult chap. ix., § 29.)—*Maximo.* Quintus Fabius Maximus. (Consult chap. iv., § 10.)—*Honorata.* "After having been graced with public honors," *i. e.*, after having passed through the highest offices in the state. Equivalent to *honoribus functa.*—*Pluris.* "A source of higher gratification."

CHAPTER XVIII.

§ 62.

In omni oratione. "In every discourse on this subject," *i. e.*, as often as I discourse on the subject of old age. Equivalent to *quoties de senectute disseram*, not to *in hoc toto sermone.*—*Fundamentis adolescentiæ.* "On the firm foundation of a well-spent youth." Observe the force of the plural in *fundamentis*, as indicating a foundation laid by long and repeated labor in the cause of virtue.—*Constituta sit.* The subjunctive, because the accusative with the infinitive precedes. (*Zumpt*, § 545, *a.*)—*Miseram esse senectutem*, &c. "That that old age was a miserable one which strove to defend itself by words," *i. e.*, that he was a miserable old man, indeed, whose previous life stood in need of an apology, and who could not claim the deference and respect of others by a well-spent youth Observe the employment of the subjunctive, the construction being equivalent to *talem senectutem, ut verbis et oratione ad sui defensionem* egeret (*Zumpt*, § 558.)—*Cani*. Supply *capilli*.—*Arripere*. "To grasp." A much more forcible and elegant reading than *afferre* of the common text.—*Fructus capit auctoritatis extremos*. "Plucks the fruit of authority in age." Observe that *extremos* is here equivalent in spirit to *extremo tempore ætatis*, and we have preferred so to render it.

§ 63.

Communia. "Common," *i. e.*, of general usage, and therefore comparatively insignificant.—*Salutari*. "To be waited upon early in the morning," *i. e.*, to hold our morning levees. (Consult *Dict. Ant.*, *s. v. Salutatores*.)—*Appeti*. "To have our acquaintance courted," *i. e.*, by those who may wish to avail themselves of our more powerful influence.—*Decedi*. "To have persons make way for us," *i. e.*, to pay unto our age the same respect which they would render to a person in authority. Observe that *decedi*, and *assurgi* immediately following, both require the dative *seni* to be supplied. Literally, "that way be made for the old man;" "that it be risen for the old man."—*Assurgi*. "To have them rise before us." The reference appears to be particularly to the respect shown to age by the spectators at public exhibitions, &c.—*Deduci*, *reduci*. "To be escorted from our homes, to be conducted back to the same," *i. e.*, to be accompanied by a crowd of friends and clients in going from our homes to the forum and in returning from the same. This was a common mark of honor rendered by clients to their patrons, and by political partisans to their favorite candidates. Here, however, it is a compliment paid to age and wisdom. (Consult *Dict. Ant.*, *s. v. Deductores*.)—*Consuli*. The reference is to legal advice particularly. (Compare *Cic.*, *De Orat.*, i., 45.)—*Optime morata*. "Best regulated."

Lacedæmonem. We have given this with Orelli and many editors. Madvig and others, however, prefer *Lacedæmone*.—*Tantum tribuitur*. "Is so much respect shown."—*Ludis*. The reference is to the great festival of the Panathenæa. (Consult *Dict. Ant.*, *s. v.*)—*Theatrum*. The Theatre of Bacchus, on the southeastern side of the eminence on which stood the buildings of the Acropolis.—*In magno consessu*. Thirty thousand persons could be seated on the benches of this theatre.—*Certo in loco consederant*. The lower seats in the theatre, as being better adapted for hearing and seeing, were considered the most honorable, and therefore appropriated to the high magistrates, the priests, and the senate. In a part of these sat also foreign ambassadors. The aged Athenian, therefore, on the present occasion, passes by a large portion of the audience before he reaches the lower seats of the ambassadors.—*Sessum.* The supine of *sedeo.* So *sessum ducere,* in Plautus (*Pœn.*, 20); *sessum it,* in Cicero's *Nat. Deor.*, iii., 30.

§ 64.

Athenienses scire, &c. Compare the same anecdote in Plutarch, *Apophth. Lac.*, and Valerius Maximus (iv., 5, *ext.* 2). Consult, also, Barker's "*Essay on the Respect paid to Old Age by the Ancients,*" p. 142, *seqq.*—*Quæ recta essent.* The subjunctive, on account of the accusative with the infinitive which precedes.—*Multa in nostro collegio præclara.* "There are many excellent regulations in our college of augurs." Supply *augurum,* and consult *Dict. Ant.*, *s. v. Collegium,* and *Augur.*—*De quo agimus.* "(Which relates to the subject) of which we are now treating."—*Sententiae principatum.* "The precedence in delivering his opinion."—*Honore antecedentibus.* "To those who are more elevated in point of civil preferment," *i. e.*, who fill higher civil offices. Observe that *honore* stands opposed here to *imperio,* immediately following.—*Qui cum imperio sunt.* "Who are invested with military authority." The consuls are meant, who enjoyed both *potestas* and *imperium.* (Consult *Dict. Ant.*, *s. v. Imperium.*)—*Quibus.* Equivalent to *his enim.*—*Splendide.* "With suitable dignity."—*Fabulam ætatis peregisse* "To have played their part well throughout the drama of life." More literally, "to have acted the play of life throughout," *i. e.*, not to have broken down (*corruisse*) toward the close.

§ 65.

Anxii. "Continually disquieted," *i. e.*, uneasy as regards the present, and apprehensive as respects the future. Compare the explanation of Gernhard: "*Instantibus malis trepidant; solliciti futura vehementer metuunt.*"—*Difficiles.* "Difficult to have dealings with," *i. e.*, hard to please, unfriendly.—*Morum.* "Of our moral constitutions," *i. e.*, these are the constitutional imperfections of the man in whom they reside, not necessary defects, inseparable from the wane of life.—*Justæ.* "A well-grounded one."—*Sed quæ videatur.* Equivalent to *sed talis ut videatur.* (*Zumpt,* § 558.)—*In fragili corpore,* &c. "Every pain inflicted upon a feeble body is sensibly felt." Cicero intended to say that old men are naturally liable to take offence, and employs for this purpose what appears to be a proverbial form of expression. (*Barker, ad loc.*)—*Dulciora fiunt,* &c. "Are rendered less repulsive by both pleasant manners in other respects and by liberal accomplishments." Compare the explanation of Gernhard: "*Minus molesta illa vitia sunt, si mores reliqui boni sunt, et artium in sene est scientia.*"—*Tum in scena.* "And especially on the stage."—*Ex iis fratribus*, &c. "From the case of those two brothers who are represented in the Adelphi (of Terence)." The poet Terence was a contemporary and friend of the younger Africanus and Lælius. His play of the *Adelphi* ('Αδελφοί), or "The Brothers," takes its name from two brothers of very opposite characters, Micio and Demea; the former mild and gentle, the latter harsh and severe.—*Non omnis ætas*, &c. "Not every temper turns sour by age."

§ 66.

Sibi velit. "Can have in view," *i. e.*, what it can mean, what object it can have.—*Quo minus viæ restat*, &c. "The less there remains of the journey, the more provisions to seek after," *i. e.*, to increase our provisions for the road, the nearer we approach to our journey's end. *Viaticum* means all things necessary for a journey, whether money, or provisions, &c., and corresponds to the Greek ἐφόδιον. Either idea will answer here, though that of provisions seems the more natural one.

CHAPTER XIX.

Angere atque sollicitam habere, &c. "To disquiet our time of life, and keep it in a state of constant solicitude."—*O miserum senem, qui non viderit.* "Ah! wretched old man, not to have seen," *i. e.*, wretched, indeed, must that old man be who does not see. Observe that the clause *qui non viderit* (literally, "since he has not seen") does not contain a mere additional characteristic, or quality, but rather the cause why he is called wretched, and hence the subjunctive is employed. (*Zumpt*, § 555.)—*Negligenda est.* "Is to be regarded with indifference."—*Sit futurus.* "It may be going to be."—*Tertium nihil.* "No third state." (Compare *Tusc. Disp.*, i., 34, 82.)

§ 67.

Quid igitur timeam, &c. Compare *Tusc. Disp.*, i., 11: "*Quomodo igitur aut cur mortem malum tibi videri dicis, quæ aut beatos nos efficit, animis manentibus, aut non miseros sensu carentes?*"—*Quamquam.* "And yet." The train of ideas is as follows: And yet, after all, it is by no means so certain that old age is nearer to death than youth is, since who is so foolish as to convince himself firmly of this, that he, no matter how young he may be, will continue to live until even ing?—*Cui sit exploratum.* "By whom it has been clearly ascertained." Equivalent to *ut illi sit exploratum*, and hence the subjunctive. (*Zumpt*, § 556.)—*Mortis casus.* "Chances of death."—*Tristius.* "By a more painful course of medical operations."—*Quod ni ita accideret*, &c. "For, were this not the case, human life would be conducted in a better and more prudent manner," *i. e.*, if the majority of persons did not die young, there would be a greater number of old men, and, consequently, more of upright and prudent conduct.—*Mens, et ratio, et consilium.* "Good sense, and reflection and judgment."—*Nullæ omnino civitates essent.* Compare the explanation of Facciolati: "*Homines enim consociati sunt in civitates consilio et prudentia seniorum.*"—*Quod illud est crimen senectutis?* "What ground of accusation against old age is there in this?" *i. e.*, why should it be made a charge against old age that death threatens it, when death threatens also the young?

§ 68.

Cum in optimo filio meo. M. Porcius Cato Licinianus is meant, the son of the censor by his first wife Licinia, and of whom we have already spoken. After serving in the army, he appears to have devoted himself to the practice of the law, in which he attained to considerable eminence. He died when prætor designatus, about B.C. 152, a few years before his father.—*Exspectatis ad amplissimam dignitatem.* "Who were expected to attain to the highest preferment," *i. e.*, who had by their merits given rise to the expectation that they would attain one day to the highest honors of the state. The individuals alluded to were the two younger sons of L. Æmilius Paulus, and half brothers of the younger Africanus. One of them, twelve years of age, died only five days before his father's triumph over Perseus, king of Macedonia, and the other, fourteen years of age, three days only after the triumph. The loss was all the severer, since Æmilius had no other sons left to carry his name down to posterity.—*Quod idem.* "Which same thing."—*Eo meliore conditione.* "So much the better off."

§ 69.

Quid est in hominis vita diu. Compare *Tusc. Disp.*, i., 39.—*Da enim supremum tempus.* "For, allow the highest period," *i. e.*, the highest number of years.—*Tartessiorum.* The Tartessians occupied the district called Tartessus, in Spain, at the mouth of the Bætis, or Guadalquiver. Its capital, according to our text, must have been Gades, now *Cadiz*; but the point is involved in great uncertainty.

(Compare *Bochart, Geogr. Sacr.*, iii., 7, 163; *Michaelis, Spic. Geogr Hebr.*, i., 82.)—*Arganthonius.* He is said to have lived in the sixth century B.C., and to have received in the most friendly manner the Phocæans who sailed to his city, and to have aided them with money. (*Herod.*, i., 163; *Strab.*, iii., p. 151; *Lucian, Macrob.*, 10.)—*Aliquid extremum.* Compare *Zumpt*, § 433.—*Tantum remanet.* "That alone remains."—*Recte factis.* As *factis* is properly the participle of *facio*, it correctly takes an adverb, as in *bene factum.*—*Quid sequatur.* "What is to follow," *i. e.*, what the future is to be. The subjunctive is here employed because the sentence contains an indirect question. (*Zumpt*, § 552.)—*Quod temporis.* "Whatever of time." Compare Gernhard: "*quæ particula temporis universi.*"

§ 70.

Peragenda fabula est. "Is the whole piece to be performed in."—*Modo.* "Provided only."—*Ad Plaudite.* "To the end of the play," *i. e.*, to that part where the actor exclaims to the audience "*Plaudite*," *i. e.*, "Your plaudits," and which marks the conclusion of the piece. The idea intended to be conveyed is this, that it is sufficient for the wise man, in whatever scene he shall make his final exit, that he support the character assigned him with applause. With regard to *Plaudite*, observe that it comes in as a sort of quotation, and is therefore employed in a sort of substantive sense.—*Sin processeris.* "If, however, you shall have advanced," *i. e.*, shall have lived.—*Significat.* "Typifies."—*Ostendit.* "Points to."

§ 71.

Ut sæpe dixi. Compare chap. iii., § 9, and chap. xviii., § 63.—*Ante partorum bonorum*, &c. "The remembrance and rich abundance of benefits reaped," *i. e.*, the remembrance of a virtuous and abundantly happy life.—*Sunt habenda in bonis.* This is the Peripatetic doctrine. The Stoics, on the contrary, maintained that all such things were merely ἄξια, that is, had a certain worth of their own, whereas the only good was virtue.—*Emori.* "To die off." Stronger and more emphatic here than the simple *mori* would have been.—*Aquæ multitudine.* "By a large quantity of water."—*Consumtus.* "Burned out."—*Et quasi poma.* Observe that *quasi*, placed here near the beginning of the clause, has the force of *quemadmodum.*—*Cocta.* "Ripened." For a literal translation supply *solibus*, or *ardore solis.*—*Vis.* "Violence."—*In portum.* "Into the harbor (of lasting rest)."

CHAPTER XX.

§ 72.

Certus terminus. "A fixed boundary."—*Munus officii.* "The claims of duty." —*Et tamen mortem contemnere.* "And yet, at the same time, hold death in contempt," *i. e.*, entertain no fear of death. These words are bracketed by some editors as out of place here; but without any necessity, since they are purposely introduced to explain and amplify what precedes. For it was a maxim of some of the ancient schools of philosophy, that, as long as a man could discharge the claims of duty, so long might he be said to live. (*Klotz, ad loc.*)—*A Solone responsum est.* Solon, after having established his celebrated laws in Athens, withdrew from that city, and set out upon his travels, in which he passed several years. When he returned, he found the commonwealth split into three dangerous factions; at the head of one of which was Pisistratus, whose party Solon, with great spirit, but very ineffectually opposed.

Ceterisque sensibus. The Stoics considered the understanding as in the number of the senses. Observe that with *ceteris sensibus* we must supply *integris.* As regards this form of the ablative absolute, consult *Zumpt*, § 645.—*Quæ coagmentavit.* "Which has compacted." —*Quæ conglutinavit.* "Which has conjoined."—*Jam.* Employed here to mark a conclusion that is drawn.—*Omnis conglutinatio recens.* "Every fresh cementing."—*Illud breve vitæ reliquum.* "That short remainder of life which is theirs." Observe the force of *illud.*

§ 73.

Pythagoras. The same idea is found in Plato (*Phædon*, *Op.*, vol. i., p. 140, *seqq.*, *ed. Bip.*) Compare, also, *Cic.*, *Tusc. Disp.*, i., 30; *Somn. Scip.*, 7.—*De præsidio et statione vitæ decedere.* "To retire from the fortress and post of life." The soul in the human body is compared to a soldier at his post in a fortress, which he is not to leave without the orders of his commander. Compare Plato (*l. c.*): ὡς ἔν τινι φρουρᾷ ἐσμὲν οἱ ἄνθρωποι, κ. τ. λ.—*Elegeion.* "A distich," *i. e.*, two lines, the first an hexameter, the second a pentameter, forming the metre of the elegy. The common reading is *elogium*, which, though retained by almost all editors, is manifestly erroneous, since the reference here is to a passage from an elegiac poem of Solon's, in answer to Mimnermus, concerning the period of human life (*Plut.*, *Comp. Sol. et Publ.*, c. 1), and neither to an epitaph, nor to a "*brevior commendatio tamquam mortui ad superstites amicos*," as some maintain, nor to a "*dictum*," as Gernhard terms it. We have not hesitated, therefore, to adopt *elegeion*, the reading of Billerbeck. (Compare *Becker*, *Obs. Crit.*, p. 49; *Jen. Literz.*, 1820, p. 151; *Heidelb. Jahrb.*, 1826, p. 9, 88.) The lines of Solon, to which Cicero alludes, are as follows:

> Μηδ' ἐμοὶ ἄκλαυστος θάνατος μόλοι, ἀλλὰ φίλοισι
> Καλλείποιμι θανὼν ἄλγεα καὶ στοναχάς.

Cicero gives us the following translation of them in his Tusculan Disputations (i., 49):

> "*Mors mea ne careat lacrymis: linquamus amicis*
> *Mœrorem, ut celebrent funera cum gemitu.*"

Sed haud scio, an, &c. "Ennius perhaps, however, (has expressed himself) better." As regards the form of expression *haud scio an*, which is intended to denote uncertainty, but with an inclination in favor of the affirmative, consult, as before, *Zumpt*, § 354, 721, and with *melius* supply *dixerit*, or *cecinerit*. The more literal translation will require, in our idiom, the negative to be supplied with *an*, "I do not know, however, whether Ennius may *not* have expressed himself better."—*Neque funera fletu faxit*. "Nor celebrate my funeral obsequies with weeping." Observe that *faxit* is the old form for *fecerit*. (*Zumpt*, § 161, *note*.) This same quotation is given in a fuller form in *Tusc. Disp.*, i., 15.

§ 74.

Sensus moriendi. "Perception of dying." The idea intended to be conveyed by the whole clause is as follows: the act of dying may, indeed, be attended with a sense of pain, but it is a pain, however, which can not be of long continuance, &c. The true reading here is *moriendi*, not *morienti*, as Ernesti and Wetzel maintain.—*Aut optandus*. "Is either desirable," *i. e.*, is either something that a good and pious man ought to wish for.—*Sine qua meditatione*. Compare *Tusc. Disp.*, i., 30, *extr.*; iii., 16; *Senec.*, *de Vit. Brev.*, c. 7.—*Et id incertum, an*, &c. "And, perhaps, this very day." Literally, "and this is uncertain, whether (we are not to die) on this very day." The expression *incertum est an* falls under the same rule as *haud scio an*. (Consult remarks on *haud scio an* in § 73, and *Zumpt*, § 354.)—*Animo consistere*. "Be of firm mind."

Non L. Brutum. "That not Lucius Brutus alone." Observe that *non* here, and also in the clauses that follow, is equivalent to *non modo*. The allusion is to L. Junius Brutus, the celebrated opponent of the Tarquins, and who fell in battle against the Veientes and Tarquinii. (*Liv.*, ii., 6; *Tusc. Disp.*, i., 37.)

§ 75.

Decios. Decius the son has been already mentioned (chap. xiii., § 43). The father, P. Decius Mus, devoted himself for his country in the battle at the foot of Vesuvius, during the great Latin war, B.C. 340. (*Liv.*, viii., 3, 6, 9, 10; *Val. Max.*, i., 7, 3, &c.)—*M. Atilium.* The celebrated M. Atilius Regulus, a consul during the first Punic war. After his defeat by the Carthaginians under Xanthippus, he was sent to Rome to propose an exchange of prisoners, having been first compelled to bind himself by an oath that he would return in case he proved unsuccessful. When he came to Rome he strongly dissuaded his countrymen against an exchange, and, on his return to Carthage, was cruelly put to death.—*Duo Scipiones.* Consult chap. ix., § 29.—*L. Paulum.* Lucius Æmilius Paulus, who was consul with C. Terentius Varro, and commanded, along with him, the Roman army at the battle of Cannæ. The battle was fought against the advice of Paulus, and he was one of the many distinguished Romans who perished in the engagement, refusing to fly from the field when a tribune of the soldiers offered him his horse. His son, L. Æmilius Paulus, the conqueror of Macedonia, was the father of Africanus the Younger.—*M. Marcellum.* The celebrated M. Claudius Marcellus, the opponent of Hannibal, and who fell in a skirmish between Venusia and Bantia. (*Liv.*, xxvii., 21, *seqq.*)—*Crudelissimus quidem hostis*, &c. Hannibal displayed a generous sympathy for the fate of his fallen foe, and caused all due honors to be paid to his lifeless remains. His ashes were transmitted to his son at Rome.

Legiones nostras. "Whole legions of ours." (Compare *Tusc. Disp.*, i., 37.)—*In Originibus.* "In my Origines." (Compare chap. xi., § 38.)—*Rustici.* The best troops were those that had been recruited from the country. Compare *Cato, R. R.*, 1: "*Ex agricolis et viri fortissimi et milites strenuissimi gignuntur.*"

§ 76.

Studiorum omnium satietas. "A satiety of every employment" Cicero derives consolation to his reader from this distaste, which attends even the proper and reasonable pursuits of man, as he advances from one period to another of his present being.—*Desiderant.* "Regret."—*Ea constans ætas.* "That settled age."—*Occidunt.* "Fall into decay."—*Tempus maturum mortis.* "A seasonable time for death"

CHAPTER XXI.

§ 77.

Vobis. "To you," *i. e.*, to you, two young men of generous feelings, liberally educated, and who will receive in a proper spirit wha I may now be going to impart.—*Cernere.* "To understand."—*Vestros patres.* L. Æmilius Paulus and Caius Lælius. Lælius, the father, was from early manhood the friend and companion of Africanus the Elder, as his son afterward was of Africanus the Younger.—*In his compagibus corporis.* "Within this frame-work of the body." Literally, "within these joinings of the body."—*Munere quodam necessitatis*, &c. "We discharge a certain duty of necessity, and a disagreeable task."—*Est enim animus cœlestis*, &c. That the soul had an existence prior to her connection with the body seems to have been an opinion of the highest antiquity, as it may be traced in the Chaldæan, Egyptian, and Grecian theology, as far back as there are any records remaining of their speculative tenets. (Compare *Tusc. Disp.*, i., 22, 51; *Ovid, Met.*, i., 78, *seq.*; *Heyne. Excurs.* xiii. *ad Virg.*, *Æn.*, vi., 730.)—*Sparsisse.* "Have disseminated." A metaphor borrowed from the sowing or scattering of seed.—*Ut essent.* "That there might be (a class of beings)."—*Vitæ modo atque constantia.* "In the steadiness and regularity of their mode of life."—*Ratio ac disputatio.* "Reason and argument," *i. e.*, reflection and inquiry.—*Nobilitas.* "The high rank."

§ 78.

Incolas pæne nostros. "Inhabitants almost of our own country." Pythagoras, after traveling in many countries, fixed his residence among the Italian Greeks, in Magna Græcia, and particularly at Crotona. Hence Cato styles him and his followers "*incolas pæne nostros*," from their inhabiting a part of the same peninsula with the Romans, and more particularly from their bearing the name of the Italic school.—*Qui essent Italici*, &c. "Since they were formerly denominated the Italic philosophers." Observe the employment of the subjunctive here with the relative, and consult *Zumpt*, § 564.—*Italici.* Not *Itali*, which latter would only have been employed thus by the poets.—*Ex universa mente divina delibatos.* "Culled from the universal soul divine." Pythagoras maintained that the human soul was an emanation from the great soul of the universe, a doctrine adopted by many other philosophers, and very probably of early Oriental origin.

Disseruisset. "Had discoursed," *i. e.*, in the Phædon of Plato. Observe the employment of the subjunctive, "had discoursed, *as is stated.*" So, also, *esset judicatus.* (*Zumpt*, § 545.)—*Qui esset omnium sapientissimus*, &c. Socrates relates this story in the Apology of Plato (c. 5), where he says that an intimate friend of his, named Chærephon, ventured to ask the Delphic oracle if there was any one wiser than Socrates, and that the Pythia replied that there was no one wiser. It would appear probable from this that Socrates, even at the time referred to, had acquired so great a reputation, that his favor was no longer a matter of indifference to the crafty priests at Delphi. (Consult *Wigger's Life of Socrates*, p. 18.)—*Quid multa?* Consult *Zumpt*, § 769.—*Celeritas animorum.* "Quickness of intellect."—*Prudentia.* "Foresight."—*Tot artes tantæ scientiæ.* "So many acquirements of so extensive knowledge," *i. e.*, that require a knowledge so extensive. Observe that *scientiæ* is here the genitive singular, not the nominative plural, as some punctuate the text, and compare the explanation of Gernhard: "*tot artes quæ magnam scientiam sive multarum rerum doctrinam postulant.*"

Semper agitetur. "Is always employed."—*Principium motus.* "First source of motion," *i. e.*, any thing external whence it derives its motion.—*Quidquam admixtum*, &c. "Any thing admixed with it that is opposed and dissimilar to itself."—*Homines scire pleraque*, &c. An allusion to the Socratic doctrine of our having existed in a previous state, and that all our present knowledge is consequently mere remembrance.—*Reminisci et recordari.* Compare, on this head, Plato's *Menon*, c. 15, and the *Phædrus*, c. 18, p. 165, *ed. Bip.*: ὅτι ἡμῖν ἡ μάθησις οὐκ ἄλλο τι ἢ ἀνάμνησις τυγχάνει οὖσα, καὶ κατὰ τοῦτο ἀνάγκη που ἡμᾶς ἐν προτέρῳ τινὶ χρόνῳ μεμαθηκέναι ἃ νῦν ἀναμιμνησκόμεθα.—*Hæc Platonis fere.* The common text has *hæc Plato noster.* We have followed the authority of Orelli, Madvig, and some of the best editors.

CHAPTER XXII.

§ 79.

Apud Xenophontem. In the Cyropædia, viii., 7, 17, *seqq.* In what follows Cicero has not given us a close translation of the Greek of Xenophon, but has abbreviated some things and enlarged on others. —*Nolite arbitrari.* "Do not think." (*Zumpt*, § 586.)—*Filii.* Of these the eldest was Cambyses, who succeeded him.—*Nullum fore.* Consult *Zumpt*, § 688.—*Eundem esse.* "That it still continues the same." Observe here the peculiar force of *esse* in denoting unbroken continuance.

§ 80.

Si nihil eorum ipsorum, &c. "If their own souls did nothing by which we could retain a recollection of them," *i. e.*, if their souls did not watch over and guard their surviving fame. (Compare *Tusc. Disp.*, i., 12, *seqq.*)—*Emori.* "Straightway died."—*Insipientem.* "Unwise."—*Sed cum omni admixtione*, &c. After *sed* supply *mihi semper persuasum fuit.*—*Quo quæque discedant.* Euripides (*Suppl.*, 532, *seqq.*) has this same idea in a more enlarged form: *πνεῦμα μὲν πρὸς αἰθέρα, Τὸ σῶμα δ' εἰς γῆν, κ. τ. λ*—*Cum adest.* "When it is present in the body."—*Nihil esse morti tam simile*, &c. Sleep is called in Homer (*Il.*, xiv., 231) the brother of death.

§ 81.

Dormientium animi. Compare *Baxter's Inquiry into the Nature of the Soul*, p. 194–270, *4to ed.*—*Remissi et liberi.* "Disengaged and free."—*Quales futuri sint.* "Of what nature they will be likely to be." Observe the force of the subjunctive.—*Sic me colitote ut deum.* "So reverence me as (you would) an immortal being."—*Hanc omnem pulchritudinem.* "All this beautiful fabric." The allusion is to the universe, the *κόσμος* of the Stoics.

§ 82.

Nostra. "Our own arguments on the subject." Compare the explanation of Gernhard: "*Nostra*, scil. *argumenta animi immortalitatem confirmantia.*" The idea intended to be conveyed by the whole sentence is given as follows by Melmoth: "Such were the sentiments of the dying Cyrus; permit me now to express my own."—*Patrem tuum Paulum.* L. Æmilius Paulus Macedonicus.—*Paulum et Africanum.* L. Æmilius Paulus, who fell at Cannæ, and Africanus the Elder, the first his grandfather by nature, the second through adoption.—*Africani patrem aut patruum.* The two Scipios, Publius and Cnæus, who fell in Spain; the former was the father of Africanus the Elder, the latter his paternal uncle. (Compare chap. xx.)—*Conatos esse.* "Would have attempted."—*Ad se pertinere.* "Had reference to them," *i. e.*, stood in intimate connection with them.—*Domi militiæque.* "In peace and in war," *i. e.*, in my civil and military employments. (Consult *Zumpt*, § 400.) In his civil capacity Cato had incurred many enmities by his stern and unflinching discharge of public duties, while as soldier, quæstor, prætor, consul, and legatus he had taken part in various and important wars *Si essem terminaturus.* "If I had been going to terminate." (Compare *Orat. pro Arch.*, c. 11; *Tusc. Disp.*, i., 15.)—*Otiosam ætatem et quietam.* "A quiet and peaceful life."

Erigens se. "Ever striving upward." Equivalent to *altiora petens.* Compare Billerbeck, "*die stets aufwärts strebte.*"—*Victurus esset.* "It were going truly to live."—*Quod quidem ni ita se haberet,* &c. "Since, were this indeed not so, that our souls are immortal, the soul of each best one would not most strive after an immortality of glory." Equivalent, in effect, to "*ut quisque esset optimus, ita ejus animus ad immortalitatem gloriæ niteretur.*"

§ 83.

Quid? quod. "What? seeing that." *Quod* may also be rendered here more freely by "as regards," and *moritur* as a participle. (Compare *Zumpt,* § 627.)—*Qui plus cernat et longius.* A circumlocution for *animus sapientior.*—*Ad meliora.* "To a better state of being." For a more literal translation, supply *loca.*—*Cujus acies.* "Whose mental vision."—*Efferor.* "I am transported."—*Quos colui et dilexi.* "Whose friendship I cultivated, and whom I loved." —*Convenire.* "To meet with." (*Zumpt,* § 387.)—*Conscripsi.* "Have written about," *i. e.*, have commemorated in my writings.—*Neque tamquam Peliam recoxerit.* "Nor make me young again like Pelias." Literally, "nor cook me over again like Pelias," *i. e.*, nor make me young again by boiling me like Pelias, in the magic caldron of another Medea. An allusion to the well-known legend of the daughters of Pelias, and their request unto Medea to restore their parent to youth again. As Medea, however, took this opportunity of avenging Jason, and would not make Pelias young again, by completing the charm, Cato must be supposed to allude here merely to the wish of Pelias himself to be restored to youth, since, according to one version of the fable, he himself requested this of Medea, and not his daughters. (Consult *Gernhard, ad loc.*)

Repuerascam. Not *repueriscam.* Compare the analogous form *vesperascere.*—*Et in cunis vagiam.* "And utter the cry of infancy in the cradle." Some read *cunabulis* for *cunis.* As regards the verb *vagire,* compare *Aulus Gellius,* xvi., 17: "*Idcirco* vagire (*de pueris*) *dicitur, exprimente verbo sonum vocis recentis.*"—*Nec vero velim,* &c. "Nor will I feel inclined, after having, as it were, passed over the course, to be called back from the goal to the starting-place." The metaphor is borrowed from the games of the circus. The *carceres,* or barriers, formed the first starting-place. But as, when the doors of the *carceres* were thrown open, some of the horses might rush out before the others, they were brought up by a chalked rope called *alba linea*, until the whole were fairly abreast, when it was loosened from one side, and all poured into the course at once. This *alba linea* was also called *calx ;* and, as it marked the termination as well as the beginning of the race, *calx* is here employed in the former meaning. (Consult *Dict. Antiq.*, *s. v. Circus.*)

§ 84.

Sed habeat sane, &c. The idea intended to be conveyed is this: But admit that its satisfactions and advantages are many ; yet surely there is a time when we have had a sufficient measure of its enjoyments.—*Et ii docti.* "And these learned men." As, for example, Hegesias of Cyrene, on the coast of Northern Africa, who took a very gloomy view of human life, and wrote a book called ἀποκαρτερῶν, in which a man, who had resolved to starve himself, was introduced as representing to his friends that death is actually more to be desired than life, and that we should seek it as soon as possible. According to Cicero, from whom we get this account (*Tusc Disp.*, i., 34), the gloomy descriptions of human misery which this work contained were so overpowering that they drove many persons to commit suicide ; in consequence of which he was forbidden by King Ptolemy to teach in Alexandrea, where his book had been published. (Compare *Diog. Laert.*, ii., 86, &c.)

Ex hospitio. "From an inn."—*Commorandi enim natura*, &c. "For nature has given this life unto us as an inn to stay at, not as a place to dwell in." (Consult *Dict. Ant.*, *s. v. Caupona.*)—*Cum ad illud divinum animorum concilium*, &c. It seems to have strongly entered into the expectations of those eminent sages of antiquity who embraced the doctrine of the soul's immortality, that the felicity of the next life will partly arise, not only from a renewal of those virtuous connections which have been formed in the present one, but from conversing at large with the whole glorious assembly of the great and good.—*Ex hac turba et colluvione.* "From this crowd and conflux of impurities," *i. e.*, from this rabble rout, and these sordid employments of humanity.—*Catonem meum.* His son, M. Porcius Cato Licinianus, who had died only a few years before. (Compare chap. v., § 12, and xix., § 68.)

Quod contra. "Whereas, on the contrary." Literally, "contrary to which." Observe the anastrophe, and consult *Nägelsbach, Latein. Stilistik*, p. 367. Nauck, however, maintains, though certainly with less correctness, that the true construction is *contra decuit.* (*Neue Jahrb.*, 12 suppl. vol., p. 568.)—*Decuit ab illo meum.* The son, as the younger, ought to have performed the father's obsequies.—*Respectans.* "Looking back upon me again and again."—*Mihi ipsi.* Observe here the peculiar force of *ipsi,* the idea involved being this: "though I myself had outlived him."—*Non quo ferrem.* "Not that I actually bore it."

§ 85

His rebus. "By these means," *i. e.*, by thinking and acting thus. —*Dixisti.* Consult chap. ii., § 4.—*Extorqueri.* "To be wrested." —*Mortuus.* "When dead." Equivalent here to *post mortem.* *Quidam minuti philosophi.* "Certain petty philosophers." Compare *Hess, ad loc.*: "Minuti philosophi *apud Ciceronem sunt φιλόσοφοι μικροί, ταπεινοί, φαῦλοι, οὐδενὸς ἄξιοι.*" The allusion is to the Epicureans, who denied the immortality of the soul. (Compare *Cic.*, *De Divin.*, i, 30; *Tusc. Disp.*, i., 23, 55.)—*Mortui philosophi* "These same philosophers when dead." Some editors suspect the genuineness of the term *philosophi*, and therefore inclose it within brackets; but without any propriety. The term in question is necessary for the sense, since the speculations referred to are those in which philosophers especially take interest.

Exstingui suo tempore. "To die in his own due time."—*Modum.* "A bound."—*Ætatis est peractio, tamquam fabulæ.* "Is the last scene of life, as of a play." (Compare chap. xi., § 36, and xix., § 70.)—*Cujus defatigationem*, &c. "A weariness of which we ought to avoid, especially if satiety be united with it," *i. e.*, and one ought not to wish to lengthen out his part till he sink down sated with repetition and exhausted with fatigue.—*Habui, quæ dicerem.* Consult *Zumpt*, § 562.—*Re experti.* "Having experienced them in fact."

NOTES

ON THE

DE AMICITIA.

NOTES

ON

THE DE AMICITIA.

M. T. CICERONIS LÆLIUS, &c. "Marcus Tullius Cicero's Lælius, or concerning Friendship." This work was written after the preceding, to which it may be regarded as forming a companion. Just as the dissertation upon Old Age was placed in the mouth of Cato, because he had been distinguished for energy of mind and body, preserved entire to the very end of a long life, so the steadfast attachment which existed between Scipio Africanus the Younger and Lælius pointed out the latter as a person peculiarly fitted to enlarge upon the advantages of friendship, and the mode in which it might best be cultivated. To no one could Cicero dedicate such a treatise with more propriety than to Atticus, the only individual among his contemporaries to whom he gave his whole heart.

The imaginary conversation is supposed to have taken place between Lælius and his two sons-in-law, C. Fannius and Q. Mucius Scævola, a few days after the death of Africanus the Younger (B.C. 129), and to have been repeated in after times by Scævola to Cicero. Lælius begins by a panegyric on his friend. Then, at the request of the young men, he explains his own sentiments with regard to the origin, nature, limits, and value of friendship; traces its connection with the higher moral virtues, and lays down the rules which ought to be observed in order to render it permanent and mutually advantageous. The most pleasing feature in this essay is the simple sincerity with which it is impressed. The author casts aside the affectation of learning, and the reader feels convinced throughout that he is speaking from his heart. In giving full expression to the most amiable feelings, his experience, knowledge of human nature, and sound sense, enabled him to avoid all fantastic exaggeration; and, without sacrificing his dignified tone, or pitching his standard too low, he brings down the subject to the level of ordinary comprehension, and sets before us a model which all may imitate

The exordium is taken from the Theætetus of Plato, and in the eighth chapter we detect a correspondence with a passage in the Lysis of the same writer. The Ethics of Aristotle, and the Memorabilia of Socrates, by Xenophon, afforded some suggestions; a strong resemblance can also be traced in the fragments of Theophrastus's *περὶ φιλίας*; and some hints are supposed to have been taken from Chrysippus's *περὶ φιλίας* and *περὶ τοῦ δικάζειν*. (*Smith's Dict. Gr and Rom. Biog.*, &c., vol. i., p. 733.)

CHAPTER I.

§ 1.

Quintus Mucius. This is the Quintus Mucius Scævola who was consul with L. Cæcilius Metellus, B.C. 117, and who is commonly called the augur, to distinguish him from Q. M. Scævola, the pontifex maximus. He was distinguished for his knowledge of the Roman law (*Jus Civile*), and was Cicero's master in this; but he was then an old man, as is stated in the text, and, after his death, Cicero attached himself, as is there also mentioned, to Scævola the pontifex. —*Augur.* The dignity of augur was perpetual, the augurs being elected for life, and the term, therefore, is here added as a kind of cognomen.—*C. Lælio.* This was the Caius Lælius so celebrated as the friend of the younger Africanus, and whose father, C. Lælius, had been in like manner the friend of the elder Africanus. Scævola the augur married his daughter Lælia, the elder of the name.—*Sapientem.* "The wise." This, in fact, became a regular surname of Lælius, who is commonly styled C. Lælius Sapiens. (Compare chap. ii., § 6.)

Ita eram deductus. "Was introduced in so special a manner." Under the republic, young men who intended to devote themselves to the study of jurisprudence were usually committed to the care of some eminent lawyer, whom they attended for the purpose of deriving knowledge from his experience and conversation. Under the emperors, regular schools were opened. — *Sumta virili toga.* Cicero was then in his sixteenth year, B.C. 91.—*Quoad possem et liceret.* Observe that *possem* refers to Cicero as the subject, and *liceret* to Scævola as the object. The death of the aged Scævola, soon after this, broke off the connection. — *Prudenter disputata.* "Sagely discussed."—*Commode.* "Aptly." The allusion in *breviter et commode dicta* is to some short and striking remark, assuming in some degree the form of a legal aphorism. (Compare *Seyffert, ad loc.*)—*Prudentia.* "Legal knowledge." Equivalent to *juris civi his cognitio.*—*Pontificem Scævolam.* This was Q. Mucius Scævola the pontifex maximus, already referred to. He was a man of strict integrity and great ability, a distinguished orator, and still more eminent as a jurist. (*Cic.*, *De Or.*, i., 39.) He formed many distinguished pupils, though he did not profess specially to give instruction in the law. This Scævola was the first Roman who attempted to systematize the *Jus Civile*, which he did in a work in eighteen books.—*Et ingenio et justitia.* "Both in point of talent and integrity."—*Alias.* Supply *loquar.*

§ 2.

Cum sæpe multa. As Beier correctly remarks, we must be careful not to supply *memini* here, but *narrare illum de C. Lælio.*—*Domi in hemicyclio sedentem.* "While sitting in his semicircular seat at home." By *hemicyclium* (ἡμικύκλιον) is meant a semicircular seat with a back for reclining, and used for purposes of conversation, since it could accommodate several. It was employed particularly by the old. Compare Plutarch (*Vit. Nic.*, p. 531, *b*): νέους ἐν παλαίστραις, καὶ γέροντας ἐν ἐργαστηρίοις καὶ ἡμικυκλίοις συγκαθεζομένους. Melmoth erroneously renders the term by "semicircular apartment."—*Incidere in eum sermonem.* "Fell upon that subject of conversation." The allusion is to the enmity between Sulpicius and Pompeius.—*Utebare multum.* "You were very intimate with." Anicia, the cousin of Atticus, was married to Marcus Servius, the brother of Sulpicius. (*Corn. Nep.*, *Vit. Att.*, ii., § 1.)—*Capitali odio a Q. Pompeio dissideret.* "Separated in deadly hatred from Quintus Pompeius." The allusion is to Q. Pompeius Rufus, who was consul along with Sulla, B.C. 88. Publius Sulpicius was tribune of the commons that same year, and supported the faction of Marius. The quarrel, therefore, between him and Pompeius was a bitter political one. (*Liv.*, *Epit.*, lxxvii.; *Vell. Paterc.*, ii., 18, *seq.*; *Cic.*, *De Orat.*, iii., 3.)—*Quanta esset hominum*, &c. "How great was either the astonishment or the complaint of men," *i. e.*, how much men were either astonished at the rupture of so intimate a friendship, or else feared lest it might prove the cause of great evils to the state. (*Wetzel, ad loc.*)

§ 3.

Sermonem. "The discourse," *i. e.*, the topics touched upon in the discourse.—*Et cum altero genero.* "And with his other son-in-law." Fannius had married the younger Lælia, the second daughter of Lælius.—*C. Fannio.* Caius Fannius Strabo, whose annals and history, not inelegantly written, are commended by Cicero. (*Brut.*

21, 26; *Tusc.*, iv., 17. Compare *Voss., De Hist. Lat.*, i., 7.)—*Ejus disputationis sententias* "The sentiments expressed in the course of that disputation."—*Arbitratu meo.* "In my own way." More literally, "according to my own discretion," *i. e.*, in such a way as I myself deemed best adapted to the object I had in view.—*Quasi ipsos loquentes.* "As if speaking in their own persons."—*Inquam et inquit.* "Say I, and says he."—*Ut coram haberi sermo videretur.* "In order that the conversation might appear to be held under your very eyes." The reference is to Atticus.

§ 4.

Mecum ageres. "Strove to exert your influence with me," *i. e.*, requested of me. Literally, "treated with me."—*Feci.* "I have brought it to pass." (Consult *Zumpt*, § 619.)—*Senem.* "When advanced in years."—*Aptior persona.* "More suitable character." —*Diutissime.* He lived eighty-five years.—*Fuisset.* Observe the employment of the subjunctive both here and in *floruisset*, because the relative clause contains the reason of what precedes. (*Zumpt*, § 564.)—*C. Lælii et P. Scipionis.* Lælius the Younger and Scipio Africanus Minor. There had also been a strong friendship between the elder Lælius and elder Africanus, but the former was the more memorable one of the two. —*Idonea mihi Lælii persona visa est.* "The character of Lælius appeared to me a suitable one," *i. e.*, Lælius appeared to me a suitable character.—*Disputata.* Supply *fuisse.*—*Meminisset.* Observe the employment of the subjunctive, as indicating what Scævola said he remembered. (*Zumpt*, § 549.) —*Positum in auctoritate.* "Being made to depend upon the authority."—*Et eorum.* "And these (too)."—*Gravitatis.* "Weight." —*Mea.* "My own productions."

§ 5.

Ad senem senex, &c. Cicero, when he wrote the treatise *De Senectute*, was, as we have elsewhere stated, in his sixty-second or sixty-third year, and Atticus in his sixty-eighth. Observe here what the grammarians term the figure *Polyptōton*, that is, the recurrence of the same word, or of kindred words, under different flexions. This figure especially occurs in the comic writers; thus, *Plaut., Amphitr. Prol.*, 34: "*Juste ab justis justus sum orator datus;*" and again, *ibid.*, i., 1, 122: "*Optumo optume optumam operam das.*"—*Sic enim est habitus.* Compare chap. ii., § 6.—*Socerum.* Lælius.—*Tu te ipsum cognosces.* "You will recognize your own self," *i. e.*, you will discover your own portrait in that of the true friend.

CHAPTER II.

§ 6.

Sunt ista, Læli. "Those things which you remark, Lælius, are even so," *i. e.*, what you remark, Lælius, is perfectly correct. Observe, again, the peculiar force of *ista*, as referring to the person spoken to. Literally, "those things of yours, Lælius, are so." The common text supplies *vera*, but this is wanting in the best MSS., and is already implied in *sunt*. Compare the Greek ἔστι ταῦτα.——*Sed existimare debes.* Lælius must be supposed to have remarked to Fannius and Mucius that he regarded the death of Africanus as an irreparable loss to the state, an idea which Fannius seeks to discountenance, by maintaining that Lælius himself is the very man to supply his place, and that, too, in the opinion of all.—*Appellant.* Alluding to his surname of *Sapiens*, "the Wise," or "the Prudent," which, it seems, he had specially received for his forbearance when tribune, in desisting from the attempt to procure a re-division of the state demesnes, and which surname his subsequent career, both in public and private, had fully confirmed.—*Hoc.* "This same distinction."—*Modo.* "In late years." The allusion is to Cato the Censor, who died in his eighty-fifth year, B.C. 149, and, consequently, twenty years before the present conversation is supposed to have taken place. Hence we see that *modo*, like *nuper*, *mox*, and *proxime*, may be made to refer to a considerable interval of time. (Compare *Heusing.*, *De Off.*, ii., 21, 75.)—*L. Atilium.* L. Atilius, a Roman jurist, who received his title of *Sapiens* from his knowledge of the Roman law, and was the first individual on whom the people bestowed that appellation. He is supposed to have lived in the middle of the sixth century of the city. Atilius wrote commentaries on the laws of the Twelve Tables. (*Cic.*, *De Leg.*, ii., 23; *Heinecc.*, *Hist. Jur. Rom.*, § 125.)

Prudens in jure civili. "Wise in our civil code," *i. e.*, in Roman law.—*Multarum rerum usum.* "A profound experience in many things," *i. e.*, a profound experience in the affairs of the world.—*Provisa prudenter.* "Arranged with wise foresight." The reference is to measures indicating great political foresight.—*Constanter.* "With manly firmness."—*Propterea jam.* "On this account, at length." *Jam* must not be referred here to *senectute*, but regarded as marking gradation. (Compare *Hand, ad Tursell.*, iii., p. 117.)—*Te autem.* "They think that you, however." Supply *existimant* In strictness, however, the accusative with the infinitive here depends on *existimant* expressed at the end of the sentence, a the clause *hanc esse in te sapientiam* is merely brought in, for perspicuity' sake, after a long intervening parenthesis.—*Appellare sapientem.* "To call one wise."—*Qualem in reliqua Græcia neminem.* "Such as we have heard of no one's having been in the rest of Greece." *Reliqua Græcia* stands opposed to *Athenis.*

§ 7.

Septem. "The seven (wise men)."—*Ista.* Uttered with a somewhat contemptuous tone, in censure, as it were, of Grecian boastfulness.—*Subtilius.* "More narrowly than usual."—*Athenis unum.* "Of one alone at Athens." The allusion is to Socrates. Compare *De Senectute*, chap. xxi., § 78.—*Ut omnia tua in te posita ducas.* "That you regard all things relating to your own welfare as placed within your own power." This is one of the main doctrines of the Stoic school, to which sect Lælius was attached. According to the Stoics, our primary duty in life is to live agreeably to nature, and hence every man, having within himself a capacity of discerning and following the law of nature, has his happiness in his own power, since to live according to nature is to live happily.—*Virtute inferiores.* "As inferior to virtue," *i. e.*, incapable of disturbing the serenity of a virtuous mind. Compare, on this whole subject, *Cic.*, *Tusc.*, v., 12.

His proximis Nonis. "On the Nones that have just gone by." *Proximis Nonis* would mean merely "on the last Nones," but the presence of the demonstrative pronoun makes the time more distinct, and connects it by a briefer interval with the period when the words are supposed to be uttered. The Nones fell on the 7th of March, May, July, and October, and on the 5th of the other months. The augural college used to meet anciently on the Nones of every month. (*Cic.*, *De Div.*, i., 41, 90.)—*Hortos D. Bruti.* The allusion is to Decimus Junius Brutus, who was consul with Scipio Nasica Serapio, B.C. 138.—*Commentandi causa.* "For the purpose of consulting together," *i. e.*, of consulting or deliberating either concerning auguries already taken, or that were intended to be taken.—*Qui solitus esses.* "Who were accustomed, as they remarked." Observe the employment of the subjunctive, and consult *Zumpt*, § 545

§ 8.

C. Læli. The addition of the prænomen is intended as a mark of greater respect.—*Quem acceperis.* "Which you feel." More literally, "which you have received," the reference being in fact to a wound inflicted. Observe that the subjunctive is here employed on account of the accusative with the infinitive. (*Zumpt*, § 545.)—*Nec potuisse non commoveri*, &c. "That you could neither remain unmoved, nor would such a course as that have been consistent with your goodness of heart." *Non* and *commoveri* are to be taken as one combined idea. Observe the asyndeton in *nec potuisse*, &c., which is justified by this clause's being merely explanatory of *ferre moderate*. (Compare *Seyffert, ad loc.*)—*Valetudinem.* "That the state of your health."—*Mœstitiam.* "Grief." *Mœstitia* and *Mœror* differ precisely in the same way as *lætitia* and *gaudium*, the former denoting the expression of the feeling, the latter the feeling itself. (Compare *Döderlein, Lat. Syn.*, iii., p. 237.)—*Recte tu quidem*, &c. Supply *respondisti.*—*Ab isto officio*, &c. "From that duty to which you allude, and which I always discharged," &c., *i. e.*, the official duty of augur. Observe the force of *isto.*—*Incommodo meo.* "By any trouble of my own," *i. e.*, any private affliction or griefs.—*Constanti homini.* "To a man of proper firmness of mind."

§ 9

Mihi tantum tribui. "That so much is awarded unto me," *i. e.*, that so high an opinion is entertained of my character.—*Facis amice.* "Act a friendly part in this," *i. e.*, the high opinion which you suppose the world entertains of my character is an obliging proof of your friendship.—*Non recte judicas de Catone.* Referring to what Fannius had said of him in § 6.—*Mortem filii tulit.* Consult *De Senectute*, chap. xxiii., § 13. Lælius here praises, in Cato, the very thing which the latter commends in Fabius Maximus. (*De Sen.*, chap. iv., § 5.)—*Paulum.* Æmilius Paulus Macedonicus, the conqueror of Perseus, who lost his two younger sons within a few days of each other. (Compare the *De Senect.*, chap. xix., § 68.)—*Gallum.* Alluding to C. Sulpicius Gallus, of whom mention is made in the *De Senect.*, chap. xiv., § 49.—*Sed hi in pueris.* "These, however, endured this bereavement in the case of mere boys." Supply *mortem ita tulere*, or something equivalent.—*Perfecto.* "In the prime of manhood." (Compare the *De Senect.*, chap. xix., § 68.)

§ 10.

Cave anteponas. "Beware of preferring." *Cave* in this construction is more commonly found without *ne* than with it. (*Zumpt*, § 586.)—*Istum quidem ipsum.* Alluding to Socrates.—*Hujus.* Cato. (Compare *Zumpt*, § 700.)—*Ut jam cum utroque loquar.* He had addressed each separately before this; Scævola in § 8, and Fannius in § 9.—*Sic habetote.* "Think as follows."

CHAPTER III.

Scipionis desiderio. "By a feeling of regret for Scipio."—*Viderint sapientes.* "Let philosophers determine." The Stoics, for example, would praise such apathy, and to the Stoics he here particularly alludes. According to this school, the sum of a man's duty, with respect to himself, is to subdue his passions of joy and sorrow, hope and fear, and even pity. And, in proportion as we approach a state of apathy, we advance toward perfection.—*Moveor enim.* "For I am indeed moved."—*Ut confirmare possum.* "As I may with confidence assert."—*Non egeo medicina* "I need no external assistance to heal the wound." With *medicina* supply *aliorum.*—*Eo errore careo.* "I am free from that erroneous belief," *i. e.*, that there is no future state.—*Nihil accidisse.* "That no evil has happened."—*Suis autem incommodis,* &c. "To be heavily afflicted, however, in such a case, by one's own distresses." An allusion to the selfishness of private sorrow.

§ 11.

Cum illo actum esse præclare. "That his lot was a glorious one." More literally, "that it fared gloriously with him."—*Quod ille minime putabat.* "An idea which he by no means entertained."—*Immortalitatem.* "A total exemption from death." For a literal translation, supply *corporis.*—*Continuo adolescens.* "Immediately from his youth." *Continuo* is a very forcible expression; it properly implies both the commencement and the continuance of a thing; it connects one period of time with another, and denotes the uninterrupted and continued approach of a body from one point of time to another. (*Barker, ad loc.*)—*Superavit.* "Went far beyond."—*Qui consulatum petiit nunquam,* &c. Scipio, at the age of thirty-six, when a candidate for the ædileship, was unanimously elected consul for the year 147 B.C., though the lawful age for the consulship was forty-three. Hence the language of the text, "*primum ante tempus.*" This was during the third Punic war, and he was immediately sent into Africa to command the Roman forces. His command of the army was prolonged for the year 146 B.C., and in the spring of this year he attacked and took Carthage, which he razed to the ground. He was chosen consul again for the year 134 B.C., to finish the war against Numantia, though absent at the time from Rome. According to the *Lex Genutia,* which Sulla had renewed in his *Lex de Magistratibus,* no individual could be re-elected to any high office until after an interval of ten years. As twelve years, therefore, had elapsed since Scipio's first consulship, he is said in the text to have obtained the second one "*suo tempore.*"

Ante tempus. "Before the legal period," *i. e.*, the age of forty-three.—*Sibi suo tempore.* "At the proper period, as far as regards himself," *i. e.*, after the regular interval prescribed by law.—*Reipublicæ pæne sero.* "At one almost too late for the republic," *i. e.*, in consequence of the disgrace which the successful defence of Numantia, now in the eighth year of its siege, had brought upon the Roman arms.—*De moribus facillimis.* "Of his most affable manners."—*Pietate in matrem.* He presented his mother Papiria, after her divorce from his father, with the inheritance which he had received from Æmilia, his adoptive grandmother, and the widow of Africanus the Elder.—*Liberalitate in sorores.* After the death of Papiria, when the inheritance which he had bestowed on her came back to him, he presented it to his two sisters.—*Bonitate in suos* "Of his kindness toward his male relatives." As one instance of this, he bestowed on his elder brother, Q. Fabius Maximus, his own share of his paternal inheritance. (*Cic.*, *Parad.*, vi., 2.)—*Paucorum annorum accessio.* He was about fifty-six years old at the time of his death.—*Eam viriditatem.* "That freshness." The conversation to which Lælius alludes forms the subject of the *De Senectute.*

§ 12.

Vel fortuna vel gloria. "Whether in point of fortune or of glory." Compare Wetzel, "*sive fortunam spectas, sive gloriam.*"—*Moriendi autem sensum,* &c. After some violent debates relative to the distribution of the public lands, in which Scipio opposed the popular party, he went quietly home, accompanied by the senate, and a great number of Latins and Roman allies. In the evening he went into his bedroom with the intention of writing a speech to be delivered the following morning. But in the morning he was found dead in his bed. An investigation into the cause of his death was prevented by the multitude, and the event remained a secret. Public opinion pointed out many who were suspected of having murdered him, and the heaviest suspicion fell upon Papirius Carbo. (*Appian, Bell. Civ.*, i., 19, &c.)—*Populo Romano.* Not the lower orders, but the wealthier and more distinguished portion of the commons, or, in other words, the "*boni cives.*"—*Ut ex tam alto dignitatis gradu,* &c. Lælius means that there was but a step, as it were, from Scipio's elevated station to the skies.

CHAPTER IV

§ 13.

Neque enim assentior iis, &c. Lælius here alludes to the doctrines of the Epicureans, which had not long before this been introduced at Rome. We must not therefore, as some do, refer the term *nuper* to Epicurus himself, since he flourished about two centuries before Lælius.—*Plus apud me antiquorum*, &c. He advances here two arguments in favor of the immortality of the soul, one derived from the opinion of the early Romans, the other from the authority of the Pythagoreans as well as of Socrates.—*Tam religiosa jura.* "Rights so sacred in their nature," *i. e.*, the right of burial, &c. (Compare *Tusc. Disp.*, i., 13.)—*Nihil ad eos pertinere.* "That nothing (of all this) pertained to them," *i. e.*, that the dead were in no way concerned in these.—*Vel eorum qui in hac terra fuerunt.* Referring to the Italic or Pythagorean school, who not only believed in the immortality of the soul, but in its migration into various bodies.—*Magnam Græciam.* Magna Græcia was an appellation used to designate the southern part of Italy, in consequence of the numerous and flourishing colonies which were founded by the Greeks in that part of the peninsula.—*Institutis et præceptis suis erudierunt.* The Pythagorean philosophy produced a very beneficial change in the morals and manners of Magna Græcia.—*Vel ejus, qui*, &c. Alluding to Socrates. (Compare *De Senect.*, xxi., § 78.)—*Qui non tum hoc tum illud*, &c. "Who did not assert at one time this, at another that (on the present subject), as he was accustomed to do in most cases." Supply *dicebat* after *illud.* Nothing disparaging is here meant; the allusion is merely to the so-called irony of Socrates, which the Academics afterward moulded into their ἐποχή, or suspension of judgment.—*Sed idem.* Some editors add *dicebat* after *idem*, and omit it in the previous clause.—*Iisque.* Valckenaer conjectures *piisque*, in his *Diatrib.*, p. 55.

§ 14.

Quasi præsagiret. "As if he had a presentiment of his approaching fate."—*Philus.* L. Furius Philus is meant, who was consul B.C. 136, with Sextus Atilius Serranus. A contemporary of the younger Scipio and of Lælius, Philus participated with them in a love for Greek literature and refinement. He was particularly celebrated for the purity with which he spoke his mother-tongue. He is introduced by Cicero as one of the speakers in his work *De Re publica.*—*Manilius.* Manius Manilius, the jurist. He is mentioned by Pomponius with P. Mucius, pontifex maximus, and Brutus; and Pomponius calls them the three founders of the *Jus Civile.* He was consul in B.C. 149, when the third Punic war commenced, and he and his colleague, L. Marcius Censorinus, made an attack on Carthage, and burned the Carthaginian fleet in sight of the city. (*Liv.*, *Epit.*, xlix.)—*Disseruit de republica.* This imaginary conversation formed the subject of the dialogues or treatise *De Republica*, recovered by Mai in 1822.—*Cujus disputationis extremum.* The allusion is to the *Somnium Scipionis.*—*In quiete per visum.* "During a vision in his sleep."

Id si ita est. "If it be true."—*Mœrere hoc ejus eventu.* "To grieve at this which has befallen him," *i. e.*, at an event attended with such happy consequences to himself.—*Illa veriora.* The Epicurean doctrine.—*Sensus.* "Perception."—*Fit idem.* "The same result takes place."

§ 15.

Ut supra dixi. Compare chap. iii., § 11.—*Mecum incommodius.* "Mine is a harder one." Supply *actum est.*—*Quia cum Scipione vixerim.* The subjunctive is here employed on account of *videar* which precedes.—*Conjuncta cura.* "A united care."—*Communis.* "Were in common."—*Voluntatum, studiorum*, &c. "The most perfect unanimity in our inclinations, our pursuits, our sentiments."—*Modo commemoravit.* Compare chap. ii., § 6.—*Falsa præsertim.* "Especially as it is untrue," *i. e.*, unmerited.—*Mihi eo magis est cordi.* "Delights me the more."—*Tria aut quatuor nominantur*, &c. As, for example, Theseus and Pirithous, Achilles and Patroclus, Orestes and Pylades, Phintias and Damon. (*Cic.*, *Off.*, iii., 10.)—*Quo in genere.* "In which class."

§ 16.

Istud quidem, Læli, &c. "That expectation, indeed, of yours, Lælius, must of necessity be realized." More literally, "it is necessary that that thing indeed, Lælius, be so."—*Otiosi.* "Entirely disengaged."—*Disputaris.* "You now discourse."—*Quid sentias*, &c. "(Informing us) what opinion you may form concerning it, of what nature you may consider it to be, what rules you may lay down respecting it," *i. e.*, respecting the mode in which it is to be conducted.—*Atque, id ipsum cum tecum*, &c. "And when I was endeavoring to bring about this very result with you, Fannius anticipated me," *i. e.*, Fannius has merely anticipated me in the request that I myself was going to make.

CHAPTER V.

§ 17.

Non gravarer. "Would make no difficulty," *i. e*, in acceding to your request.—*Nam et præclara res est.* "For both the subject is a fine one."—*Facultas.* "Ability to cope with it."—*Doctorum est ista consuetudo.* "The custom which you wish me to follow is one peculiar to learned philosophers." Observe again the force of *ista.*—*Ut ponatur.* "That a subject be proposed."—*Opus.* "Undertaking." This mode of giving an answer at once to any question that might be proposed was first professed by Gorgias of Leontini (*Cic.*, *De Fin.*, ii., 1), and afterward by Hippias of Elis. It finally became a badge of the Sophists generally.—*Censeo petatis.* "I think you should ask."—*Tantum.* "Only so far."—*Tam naturæ aptum.* "So adapted to our nature."

§ 18.

Nisi in bonis, &c. Compare Aristotle, *Eth.*, ix., 4. So, also, Diogenes Laertius (vii., 124), in speaking of the Stoics, remarks, *λέγουσι τὴν φιλίαν ἐν μόνοις τοῖς σπουδαίοις εἶναι διὰ τὴν ὁμοιότητα.* —*Neque id ad vivum reseco.* "Nor yet do I press this point too closely." Literally, "nor yet do I cut it to the quick," *i. e.*, to the living flesh. A figurative expression, borrowed from the operations of surgery. Compare Columella, vi., 12: "*Si sanguis in inferiore parte ungulæ est, extrema pars ipsius unguis ad vivum resecatur.*"—*Ut illi, qui subtilius disserunt.*" The allusion is to the Stoics.—*Quemquam virum bonum esse*, &c. "That any man is good save the sage." In order to conceive the true notion of the Stoics concerning their wise man, it must be clearly understood that they did not suppose such a man actually to exist, but that they framed in their imagination an image of perfection, toward which every man should continually aspire.—*Eam sapientiam interpretantur.* "They give us the definition of that wisdom."—*C. Fabricium*, &c. Compare *De Senect.*, chap. vi., § 16.—*Ad istorum normam.* "According to the standard of those philosophers." The pronoun *istorum* here implies disparagement.—*Sibi habeant.* "Let them keep to themselves," *i. e.*, let them enjoy undisturbed.—*Nisi sapienti.* "Save to their sage."

§ 19.

Agamus igitur, &c. "Let us act, then, according to the dictates of plain common sense, as they say." The expression *facere or agere aliquid pingui Minerva* was a colloquial one, for the doing of any thing after a plain and common sense manner, without any exhibition or show of learning or refinement. Compare *Gesner, Thes. L. L., s. v.*: "*Dicitur pinguiore Minerva fieri quid inconditius simpliciusque, quasique indoctius sit; non autem exquisita arte nec exactissima cura.*"—*Probetur.* "Is made a subject of praise." Equivalent to *laudetur.*—*Æquitas.* The true reading. The common text has *æqualitas*, but this would not be a virtue.—*Magna constantia.* "Of great firmness of principle."—*Quia sequantur*, &c. Compare *De Senect.*, chap. ii., § 5.—*Societas quædam.* "A certain degree of social relation."—*Major.* "Increasing in strength."—*Potiores.* "Are connected by a stronger tie."

Cum his enim, &c. Compare the paraphrase of Melmoth: ' In the case of relations, indeed, this principle somewhat rises in its strength, and produces a sort of instinctive amity; but an amity, however, of no great firmness or solidity."—*Benevolentia.* "Kind feeling."—*Propinquitatis.* "That of consanguinity." A much better reading than *propinquitas*, since consanguinity remains as a matter of course.

§ 20.

Ex infinita societate, &c. "Out of the immense society of the human race, which nature herself has united together, the case has been so contracted, and brought within narrow limits."

CHAPTER VI.

Omnium divinarum, &c. "A perfect uniformity of opinion on all subjects of a divine and human nature, united with mutual esteem and affection." (Compare the commencement of chapter xvii.)—*Beluarum hoc quidem extremum est.* "This last, indeed, appertains to the brutes." The reference is to the indulgence of sensual gratifications, as implied in *voluptates.* Compare the paraphrase of Wetzel: "*Quod extremum, extremo loco nominavi, voluptas, hoc, in quam, beluarum est, beluis dignum est, non homine.*"—*Qui autem in virtute*, &c. The Academics and Peripatetics are meant. (Compare *De Off.*, iii., 3, 11.)—*Præclare illi quidem.* Supply *agunt.*—*Sed hæc ipsa virtus*, &c. The idea intended to be conveyed is as follows: But let it be remembered, at the same time, that virtue is at once both the parent and support of friendship.

§ 21.

Jam virtutem, &c. "Let us now define virtue in accordance with the actual practice of life, and the usage of our ordinary discourse,' *i. e.*, now I mean by virtue only that attainable degree of moral merit which is understood by the term in common discourse, and which may be exemplified by the actual practice of every-day life.—*Ut quidam docti.* An allusion to the Stoics, and their imaginary standard of virtue.—*Qui habentur.* "Who are regarded as such in the general opinion of mankind."—*Paulos, Catones*, &c. "The Pauli, Catos," &c., *i. e.*, such men as Æmilius Paulus, Cato, Gallus, the Scipios, Philus. We have already made frequent mention of Æmilius Paulus, the conqueror of Macedonia, and of the elder Cato. By Gallus is meant C. Sulpicius Gallus, with regard to whom consult *De Senect.*, chap. xiv., § 49. By the Scipios he means the brothers Publius and Cnæus Scipio (compare *De Senect.*, chap. xx., § 75), and the elder Africanus. Philus has been already mentioned in chap. iv., § 14.—*Communis vita.* "The world as it goes."—*Eos.* The ideal characters of the Stoics and other schools.

§ 22.

Opportunitates. "Advantages." More literally, "opportunities,' *i. e.*, for accomplishing beneficial results.—*Quî potest esse vita vitalis.* "How can life be alive," *i. e.*, be other than living death. Compare the Greek βιωτὸς βίος, and the fragment of Philemon, cited by Columna (*ad Enn. frag.*, p. 332): ἡμεῖς δ' ἀβίωτον ζῶμεν ἄνθρωποι βίον.—*Quæ non amici mutua*, &c. "That does not repose upon the reciprocating kindness of a friend," *i. e.*, without a friend on whose reciprocating kindness and fidelity one may confidently repose. Many of the commentators regard these words, from *Quæ non amici* to *tecum* inclusive, as an additional quotation from Ennius. (Compare *Beier, ad loc.*, and *C. G. Jacob, ad Lucian., Tox. Prolegom.*. p. xxi.) We have preferred, however, following the authority of Orelli, and assigning them to Cicero.—*Conquiescat.* The subjunctive is the true reading here, not the indicative, because the relative clause contains merely the enunciation of a supposed case.—*Quid dulcius, quam habere*, &c. Beautifully enlarged upon by Seneca (*De Tranq. An.*, c. 7.)—*Fructus.* "Enjoyment."—*Opportunæ sunt singulæ*, &c. "Are in general adapted each for specific ends." The idea of the whole clause is this: Every other object of human desire is confined within certain specific and determinate limits, beyond which it is of no avail.—*Ut utare.* "That you may use them." Equivalent, in fact, to *ad usum.*—*Opes, ut colare.* "Power, that you may be courted." Gifanius observes that Cicero never uses *opes* for "wealth," but always for "power." Hadrianus Cardinalis makes a similar observation, and remarks that *opes* is employed by the purest writers to denote that power which consists in friends, clients, relations, and popular favor. (*Crombie, Gymnas.*, i., p. 130.)

Res plurimas continet. "Embraces within its sphere many ends," *i. e.*, is adapted by its nature for an infinite number of different ends. —*Itaque non aqua*, &c. This clause is incorrectly pointed in all the editions prior to that of Seyffert. There should not be a full stop after *molesta est*, but merely a comma, since we have here, not an independent thought, but one intimately connected with what precedes, and forming, as it were, a more detailed exposition of the same. *Itaque* therefore must not be regarded here as a particle marking a conclusion, but as equivalent merely to *ita-que*, "and in this respect," or, as Seyffert renders it, "*und in dieser Hinsicht*," "*und in so fern*."—*Ut aiunt.* These words refer to *aqua* and *igni* merely, not to the entire proposition; and indicate the light in which these two elements are regarded in popular parlance, namely, as two of the most indispensable things for physical existence. Compare the well-known formula, *aqua et igni interdicere*, as a sentence of banishment.—*Qui pauci nominantur.* "Only a few of whom are named," *i. e.*, of whom examples are so rare. (Compare chap. iv., § 15.)—*Partiens communicansque.* "By dividing, and making them common unto both," *i. e.*, by sharing a friend's misfortunes, and making common cause with him. (Compare *Seyffert, ad loc.*)

CHAPTER VII.

§ 23.

Bonam spem prælucet, &c. "It illumines the path in front of good hope as regards the future," *i. e.*, it dispels the gloom that overcasts the mind, and encourages the hope of happier times. We have retained here the common reading, and the expression becomes a poetical one, like many others that might be pointed out in this exposition by Lælius. Ernesti, however, whom Wetzel and others follow, reads *bona spe* depending on *præ* in composition. Orelli retains the common reading, which is likewise given and defended by Grævius.—*Exemplar aliquod.* "A counterpart."—*Egentes abundant.* Because the poorer are aided by the richer, the possessions of friends being in common. (Compare *De Off.*, i., 16.) —*Mortui vivunt.* The idea is, that both must continue to exist, so long as either of them shall remain alive.—*Benevolentiæ conjunctionem.* "The union resulting from mutual good feeling."—*Minus intelligitur.* "Is less apparent."—*Quæ enim domus tam stabilis* Compare with this the Gospel of *St. Matthew*, xii., 15.

§ 24.

Agrigentinum. "That a native of Agrigentum." The allusion is to Empedocles, the philosopher and poet, who flourished about B.C. 444.— *Vaticinatum* (esse). "Sang." *Vaticinari* is here the same as *canere*, just as *vates* is equivalent to *poeta.*—*Quæ in rerum natura*, &c. "That whatever cohesions of matter, and whatever motions of bodies existed in the system of nature, and in the machinery of the universe, were produced by a principle of friendship or of discord." Literally, "contracted friendship, scattered discord." The verses of Empedocles to which Lælius here alludes have been preserved by Sextus Empiricus. (*Adv. Phys.*, ix., 10.) Compare, also, Diogenes Laertius (viii., 76.)—*Aliquod officium exstitit amici.* "Any instance of serviceableness on the part of a friend has presented itself to the view." Observe that *exstitit* has here the force of *apparuit.*

Qui clamores, &c. "What plaudits were lately raised throughout the whole theatre." Supply *facti sunt.* By *cavea* is meant the whole interior of an ancient theatre.—*M. Pacuvii.* Pacuvius, one of the most celebrated of the early Roman tragedians, was born about B.C. 220, at Brundisium. He was the son of the sister of Ennius.—*Cum, ignorante rege*, &c. The play of Pacuvius referred to in the text was the *Dulorestes*, and the part that excited so much applause was the contest between the two friends Orestes and Pylades, who had gone, in obedience to the advice of Apollo, to the Tauric Chersonese, where Thoas was king. Here they were seized by the natives in order to be sacrificed to Diana, according to the custom of the country, and the friendly altercation thereupon arose between them as to which of the two was Orestes. (Compare *Cic.*, *De Fin.*, v., 22, 63.)—*Ita ut erat.* "As he actually was."—*Stantes plaudebant*, &c. The scene proved so exciting that the audience rose from their seats, and applauded as they stood.—*Vim suam.* The idea is, that it is nature which forms friendships, and that, if nature be neglected, no friendship can be stable. (*Manut.*, *ad loc.*) —*Qui ista disputant.* "Who make those things express subjects of discussion." He refers to the philosophers of the day.

§ 25.

Nos autem a te potius. Supply *quærimus.*—*Ab istis*, &c. Fannius had heard, for example, the Stoic Panætius. (*Cic.*, *Brut.*, 26.)—*Sed illud quoddam filum*, &c. "But the style and spirit of your own discourse is a different thing of its kind," *i. e.*, your mode of handling the subject is a very different thing from theirs. Supply *est* with *filum*. Gernhard reads *quoddam est filum* at once. Other editors, as, for example, Ernesti and Schutz, have *quoddam expetimus filum*, and others, again, *expectamus*. Our reading is that of Orelli and Madvig.—*In hortis Scipionis*, &c. Compare chap. iv., § 14. — *Qualis tum patronus justitiæ*, &c. The third book of the *De Republica*, as we glean from Lactantius and St. Augustine, contained a protracted discussion on the famous paradox of Carneades, that justice was a visionary delusion. L. Furius Philus advocated on that occasion the doctrine of Carneades, and Lælius opposed it.—*Contra accuratam orationem Phili.* "Against the elaborate discourse of Philus." The epithet *accuratus*, in accordance with its etymology, is properly applied to things on which great care and labor have been expended.—*Quid amicitiam?* "What of defending friendship?" Supply *defendere* from the previous sentence.—*Nonne facile.* "Is not this an easy matter?" Supply *est*.—*Servatam.* A much better reading than *servata*, though this latter is found in many MSS.—*Ceperit.* Consult *Zumpt*, § 555.

CHAPTER VIII.

§ 26.

Vim hoc quidem est afferre! "This, indeed, is offering positive violence!" *i. e.*, this is pressing me beyond all power of resistance. — *Studiis generorum.* "The eager wishes of my sons-in law," *i. e.*, of two such esteemed relatives as you are.—*Propter imbecillitatem*, &c. "On account of the weakness and wants of man." This is the Epicurean view of the subject, namely, that friendships are to be formed with reference to the utility to be derived from them. Such, also, in later days, was the opinion of Rochefoucault: "*Ce que les hommes ont nommé amitié, n'est qu'une societé, qu'un menagement reciproque d'interêt, et qu'un échange de bons offices; ce n'est enfin qu'un commerce, ou l'amour propre se propose toujours quelque chose à gagner.*"—*Meritis.* "Kindnesses."—*Hoc quidem.* Referring to the bestowing and receiving of kindnesses, as just mentioned. — *Sed antiquior, et pulchrior*, &c. "But, (whether there might not be, at the same time,) a more deeply-seated, and a nobler, and a different motive originating in our very nature itself."—*Princeps.* "The leading motive."—*Ab iis.* "From those."—*Temporis causa.* "From some temporary inducement"

§ 27.

Indigentia. "Any want of another's aid."—*Et applicatione magis animi, &c.* "And from the inclination of our feelings toward one, in conjunction with a certain sentiment of affection, rather than from any cool calculation," &c.—*Ad quoddam tempus.* "For a certain period," *i. e.*, until they are old enough to shift for themselves. —*Earum sensus.* "The feeling that influences them."—*Cum similis sensus, &c.* "When a like sentiment of affection has arisen in our bosoms," *i. e.*, a sentiment of affection like to that between parents and their offspring.

§ 28.

Ad diligendum. "To the loving of one another."—*C. Fabricii, M'. Curii.* Compare *De Senect.*, chap. vi., § 16.—*Sp. Cassium, Sp. Mælium.* Both of these were charged with plotting against the state. The full name of the former was Spurius Cassius Viscellinus, and he was thrown down from the Tarpeian Rock, A.U.C. 268. (*Liv.*, ii., 44.) The latter has already been mentioned in the *De Senect.*, chap. xvi., § 56.—*Altero.* Pyrrhus.—*Non nimis alienos.* "Not alienated to any very great degree." Pyrrhus was in many respects one of the most generous enemies with whom the Romans ever contended. Hence the comparatively good feeling with which he was subsequently regarded. (Compare *Cic.*, *De Off.*, i., 12, 5.)

CHAPTER IX.

§ 29.

In hoste. As, for example, in Pyrrhus.—*Quibuscum usu conjuncti, &c.* "With whom we have it in our power to be connected by the ties of intercourse." The reference is to our fellow-citizens, as opposed to enemies.—*Amor.* "A first favorable impression."—*Studio perspecto.* "By zeal to serve us clearly seen in another," *i. e.*, by proofs of zeal for our welfare clearly exhibited.—*Consuetudine adjuncta.* "By habits of intercourse added thereto," *i. e.*, by a nearer and more intimate intercourse.—*Illum primum motum.* "That movement, in the first instance."—*Benevolentiæ magnitudo.* "Strength of attachment."—*Ab imbecillitate.* "From a feeling of weakness on our part." (Compare § 26.)—*Ut sit.* "In order that there may be some one."—*Humilem.* "Ignoble."—*Ut quisque minimum, &c.* "In proportion as each one might think that there was in him the least qualification for it," *i. e.*, they who find in themselves the greatest defects would be the best qualified to engage in this kind of connection.

§ 30.

Ut enim quisque sibi plurimum confidit, &c. Lælius here sets himself in opposition to the Stoic doctrine, which maintained that the sage was sufficient in himself for all things, and therefore stood in no need of a friend. (Compare *Senec.*, *Ep.* ix.)—*Ut nullo egeat.* "As to stand in need of no one to aid him."—*Quid enim.* Equivalent to the Greek τί γάρ. (Consult *Zumpt*, § 769.)—*Virtutis ejus.* "Of his merit."—*Auxit benevolentiam consuetudo.* "Mutual intercourse increased mutual esteem."—*Non sunt tamen*, &c. "Still the motives for our loving one another did not arise from any expectation of these."

§ 31.

Non ut exigamus gratiam. "Not with the view of exacting a return."—*Beneficium fœneramur.* "Do we confer a kindness in the hope of receiving a greater." *Fœnerari* properly means to lend out money on interest, to increase by means of interest; and hence its figurative use on the present occasion.—*Sed natura propensi*, &c. Ernesti thinks that *quia* has fallen out from the text here. Not so, however, by any means, if we regard the words *sed natura . . . . sumus* as forming part of the parenthesis.

§ 32.

Longe dissentiunt. "Are far from agreeing with me in opinion," *i. e.*, as to the origin of friendship. He alludes to the Epicureans. —*Suspicere.* "To look up to," *i. e.*, to elevate their thoughts toward.—*Abjecerunt.* "Have flung away."—*Humilem.* "Grovelling."—*Ipsi autem intelligamus.* "Let us, however, our own selves entertain the conviction."—*Sensum diligendi*, &c. "A feeling of love, and an affectionate well-wishing, whenever any indication of probity is given."—*Applicant sese et propius admovent.* "Attach and move themselves more closely unto the individual," *i. e.*, enter into a nearer and more intimate communion with him.—*Usu.* "The society."—*Sint pares in amore et æquales.* "And may be equal as regards both the quantity and the quality of their attachment." *Par* and *æqualis* differ in the former's referring to quantity, the latter to quality. (Compare *Seyffert, ad loc.*)—*Reposcendum.* "Seeking a return."—*Honesta certatio.* "A contest of generosity."—*Erit et gravior et verior.* "Will be both more noble and more pure."—*Utilitas* "Mere interest."—*Meo jure.* Alluding to the privilege of seniority —*Recte tu quidem.* Supply *dicis*.

CHAPTER X.

§ 33.

Nam vel, ut non idem expediret, &c. "For that it often happened, either that the same course was not expedient to both parties," &c. —*Mores*. "The dispositions."—*Exemplum*. "An illustration."—*Ineuntis ætatis*. "Of early life."—*Summi puerorum amores*. "The strongest attachments on the part of boys."—*Prætexta*. The toga prætexta was laid aside by the Roman youth, generally speaking, at the close of the fourteenth year, and was succeeded by the toga virilis. (*Dict. Ant.*, *s. v. Impubes.*)

§ 34.

Uxoriæ conditionis. "In the affair of a wife." The term *conditio* is here employed in a peculiar sense, which is well explained by Gernhard: "*Conditio uxoria est, in qua res uxoria agitur, seu res quæ ad ducendum pertinet, et contentio rei uxoriæ est, cum duo eandem uxorem poscunt.*"—*Labefactari*. Supply *eam*.—*In optimis quibusque*, &c. "(Than) a contest for preferment and fame in the case of each best person."

§ 35.

Libidinis ministri. "The ministers of libertinism."—*Quamvis honeste*, &c. "However much they might do this from correct motives."—*Illos autem, qui quidvis*, &c. "For that they, who thus dared to demand any thing whatever from a friend, professed by that very demand that they were ready to do all things for the sake of a friend," *i. e.*, that they were equally disposed to make the same unwarrantable concessions on their own part.—*Inveteratas*. The common reading was *inveterata*, until Grævius introduced the present one. The expression *inveterata querela* is a harsh one; not so, however, *inveterata familiaritas*. (Compare *Cic.*, *ad Div.*, iii., 9, 12: "*inveterata amicitia.*")—*Non modo sapientiæ*, &c. "Not only a mark of wisdom, but even of good fortune," *i. e.*, to require a large share, not only of good sense, but of good luck.

CHAPTER XI.

§ 36.

Quatenus amor, &c. He means, how far zeal to serve a friend ought to carry us, or, in other words, how far the claims of friendship may reasonably extend.—*Si Coriolanus habuit amicos*. Mel moth mistakes the meaning of this passage. Cicero does not intend these words to imply that Coriolanus was a character not likely to make friends, but he merely puts a supposable case.—*Viscellinum.* Spurius Cassius Viscellinus, already mentioned. (Compare chap. viii., § 28.)—*Sp. Mælium.* Compare chap. viii., § 28.

§ 37.

Rempublicam vexantem. By the commotions which he raised in the case of the famous Agrarian laws.—*Q. Tuberone.* Quintus Ælius Tubero, son of Q. Ælius Tubero by a daughter of Æmilius Paulus Macedonicus. Cicero makes mention of him in the *Brutus*, xxxi., 2, where, among other things, he remarks of him: "*Fuit constans civis, et fortis, et imprimis Graccho molestus, quod indicat Gracchi in eum oratio; sunt etiam in Gracchum Tuberonis.*"—*Æqualibusque amicis.* "And other friends of his own age."—*C. Blossius Cumanus.* "Caius Blossius of Cumæ." The Blossian family was a noble one in Campania.—*Qui aderam Lænati et Rupilio,* &c. "Who was present in council unto the consuls Lænas and Rupilius," *i. e.*, who sat in council as an assessor along with the consuls. Lælius was one of the assessores, or assistant judges, on this occasion. P. Popilius Lænas and P. Rupilius were consuls A.U.C. 622, B.C. 132.—*Tanti fecisset.* "He had entertained so high an esteem for."—*In Capitolium faces ferre.* "To set fire to the Capitol." Literally, "to carry torches or fire-brands" into it. (Consult *Dict. Ant.*, *s. v. Capitolium.*)—*Sed, si voluisset?* The question put to Blossius by Lælius.

Quam nefaria vox. "How unprincipled a remark this was."—*Non enim paruit,* &c. "For he did not second the rash schemes of Tiberius Gracchus, but actually took the lead in them."—*Ducem.* "As the main instigator."—*Itaque hac amentia,* &c. "In consequence, therefore, of this insane conduct on his part, and alarmed at the appointment of an extraordinary commission (to try him)," &c. The ordinary judges were the prætors; but in delinquencies against which no particular law had provided (as in the present instance), the cognizance of the charge was delegated to special judges. These, on the occasion here alluded to, were the consuls and their assessores.—*Ad hostes se contulit.* He fled to Aristonicus, king of Pergamus, who was then at war with the Romans. (*Plut.*, *Vit. T. Gracch.*, c. 20.)—*Pœnas reipublicæ graves,* &c. When Aristonicus was conquered shortly after this, Blossius put an end to his own life for fear of falling into the hands of the Romans. (*Plut.*, *l. c.*)—*Nam cum conciliatrix,* &c. "For, since an opinion of virtue (in another) has been the means of cementing friendship."

§ 38.

Perfecta quidem sapientia simus, &c. "We must be possessed of perfect wisdom, indeed, if the affair is to have no evil consequences connected with it," *i. e.*, this would be a doctrine from which no ill consequences could ensue, if the parties concerned were absolutely perfect, and incapable of the least deviation from the dictates of virtue and good sense.—*Vita communis.* "The ordinary commerce of life."—*Qui ad sapientiam proxime accedunt.* "Who approach nearest to perfection." By *sapientia* is here meant the perfect and absolute wisdom had in view by the Stoic sect

§ 39.

Papum Æmilium. Q. Æmilius Papus is meant, who was consul with C. Fabricius Luscinus, B.C. 282, and, four years afterward, a second time, with the same colleague. He was also censor along with him in B.C. 275.—*Manium Curium et Tiberium Coruncanium* Compare *De Senect.*, chap. vi., § 16.—*Contendisse.* "Strove to obtain."—*Hoc quidem.* Referring to what comes after, namely, *si contendisset, impetraturum non fuisse.*—*Tale aliquid et facere rogatum* "Both to do any such thing when asked of them."—*At vero Tiberium Gracchum sequebantur,* &c. "On the other hand, however, Caius Carbo, Caius Cato, and his own brother Caius (Gracchus), at that time, indeed, by no means (active in the cause), now he the same most zealously engaged therein, adopted the measures of Tiberius Gracchus," *i. e.*, became, like him, disturbers of the public repose and prostituted friendship to evil purposes.—*C. Carbo.* Caius Papirius Carbo was a contemporary and friend of Tiberius Gracchus, and, when tribune of the commons, B.C. 131, he deplored the death of that individual before the people, and stirred them up by means of violent harangues against the elder Africanus.—*C. Cato.* Caius Porcius Cato, grandson of Cato the Censor, was in his youth a follower of Tiberius Gracchus. He was consul in B.C. 114, with Acilius Balbus.—*Caius frater.* Caius Gracchus was serving in the army at Numantia, while Tiberius was prosecuting his agrarian measures at Rome. The death of his brother unnerved him, and for some time he took no part in public affairs. Subsequently, however, he became a most active promoter of the agrarian laws.

CHAPTER XII.

§ 40.

Eo loco. "In that situation." The reference is to the present complexion of the times, which made it peculiarly necessary to guard against introducing principles that might afterward be productive of fatal disturbances in the state.—*Deflexit jam aliquantulum*, &c. "Already, indeed, has the discipline of our forefathers swerved somewhat from its accustomed course and line of direction." A metaphor borrowed from the games of the circus. *Spatium* is the course to be traversed; *curriculum* the line of direction observed in traversing that course. Lælius means that they have already deviated somewhat from that political line by which their wiser ancestors were wont to regulate the state, and he appears to allude to the concessions which the party of the senate had already made to the demagogues of the day. (Compare *Seyffert, ad loc.*)

§ 41.

Regnum occupare conatus est, &c. This was the charge, a most false one, however, which was brought against him by the aristocratic party, and under color of which he was slain by Scipio Nasica and his senatorial followers. The charge appears to have been founded on an absurd report, spread by his enemies, that he had secretly received a diadem and purple robe from a messenger who had arrived from Asia with the will of King Attalus, and by which that monarch had bequeathed his kingdom and property to the Roman people. Cicero and other ancient writers are always biased by aristocratic prejudices in speaking of the Gracchi.—*Regnavit is quidem*, &c. Referring to his unbounded influence at the time with the people.—*P. Scipionem.* P. Cornelius Scipio Nasica Serapio, who headed, as above mentioned, the senatorial party that slew Tiberius Gracchus. The people were so exasperated at him for his conduct on this occasion that they insulted him as often as he appeared in the streets of Rome. The senate, therefore, thought it advisable to send him on an embassy to Asia, although, as pontifex maximus, he could not properly quit Italy. In this kind of banishment he wandered, for some time, from place to place, a melancholy and dispirited exile, till at length grief put an end to his life in an obscure town belonging to the territory of Pergamus. (*Plut.*, *Vit. T. Gracch.*, 21.)—*Nam Carbonem*, &c. Carbo is the only instance of mercy to be found in the disgraceful records of this sanguinary scene; and from the language of the text, "*propter recentem pœnam T. Gracchi*," his life appears to have been spared merely because the people were so irritated by the recent murder of Tiberius Gracchus, that the putting to death of another tribune might have exasperated them beyond all endurance.

De Caii Gracchi autem tribunatu, &c. "What, however, I have reason to expect from the tribuneship of Caius Gracchus (whenever it does come), I do not like to conjecture." Lælius refers to the future tribuneship of Caius, which he takes for granted will come as soon as he is of the legal age for obtaining it (since he was as yet too young for the office), and he purposely closes his eyes on the visions of evil which he thinks he sees in the distance. The present conversation is supposed to have taken place in B.C. 129, and Caius Gracchus did not become tribune until B.C. 123.—*Serpit enim deinde res*, &c. "For, ever since (that last affair), a thing is creeping on silently (among us), which, now that it has once begun to exist, keeps gliding onward for fatal mischief with more and more of a downward tendency." *Deinde* refers to the agrarian commotions in the time of Tiberius Gracchus, and *res* to what Lælius considers the democratic and leveling spirit connected with those disturbances, and which, though partially checked for a time by the violence of the aristocracy, was, nevertheless, gaining ground again. Seyffert, less correctly, refers *res* to the *Lex Papiria de jubendis legibus*, &c.

Videtis in tabella jam ante, &c. "You see how great a plague-spot was produced already before this in the case of the ballot," *i. e.*, by the two *leges tabellariæ*, the Gabinian and Cassian, both of which preceded the tribuneship of Tiberius, the Gabinian law having been passed B.C. 139, and the Cassian in B.C. 137, while the tribuneship of Tiberius was in B.C. 133. Hence the expression *jam ante* in the text. The complaint of Lælius is dictated by an aristocratic spirit, since the laws establishing voting by ballot (*leges tabellariæ*) proved, in fact, a strong safeguard against the encroachments of the patricians.—*Videre jam videor.* "Methinks I already see."—*Plures enim discent*, &c. He means that there will be a greater number of turbulent tribunes to tread in the footsteps of Gracchus, than of spirited senators to resist them.

§ 42.

In republica peccantibus. "Who are acting a criminal part in the case of the republic." A much better reading than *in rempublicam*. (Compare *Horat. Serm.*, 1, 2, 63, and consult *Beier, ad loc.*) The words *magna aliqua re*, which precede the preposition in the ordinary text, appear to be a mere gloss.—*Impietatis*. "Of impiety (toward their country.)"—*Ingratæ patriæ injuriam*, &c. "Did not patiently endure the wrong inflicted by his ungrateful country, which he ought to have so endured." Ernesti regards the words *quam ferre debuit* as an interpolation; but they appear necessary to the sentence, since otherwise it might be inferred from the expression *ingratæ patriæ* that Lælius approved of his conduct. (*Seyffert, ad loc.*) Scheller's suggestion, that *quam* be taken as a particle, equivalent to *ut*, or *quemadmodum*, "as," is unfortunate, since Themistocles did not endure the injury at all. (*Schell.*, *Obs.*, p. 243.)—*Mortem sibi uterque conscivit.* The suicide of Themistocles is extremely doubtful. Thucydides evidently did not believe that he put an end to his own life by poison; and, indeed, as Thirlwall remarks, it is hardly credible that fear of disappointing the Persian king should have urged him to such an act. (*Thirlwall, Hist. Gr.*, vol. ii., p. 431, *8vo ed.*) So, also, various accounts were given of the death of Coriolanus. (Compare *Liv.*, ii., 40; *Cic.*, *Brut.*, 10; *Wachsmuth, Gesch. des Röm. Staates*, p. 313.)

§ 43.

Talis improborum consensio. "Such an agreement of opinion on the part of the evil-minded," *i. e.*, such wicked combinations.—*Tegenda.* "To be screened."—*Sibi concessum.* "That it is allowed him." Supply *esse*.—*Quod quidem, ut res cœpit ire*, &c. "As matters have of late begun to go, this same thing, perhaps, may at some future time actually take place." Quod refers to what immediately precedes, namely, *amicum, vel bellum patriæ inferentem, sequi.* It appears, from several oblique insinuations scattered throughout this performance, that although Cicero's principal design, in drawing it up, was to settle the true measure and offices of a very important moral connection, yet he had an indirect view, likewise, to the particular principles of the times, and the circumstances in which public affairs stood when he composed the work. The present passage evidently glances at the partisans of Julius Cæsar. (*Melmoth, ad loc.*)

CHAPTER XIII.

§ 44.

Sanciatur. Be fully established," *i. e.*, be considered as fully enacted by the wise and good.—*Ne exspectemus.* "That we wait not." A much more forcible reading than *nec*, though the latter is given by Grævius and Wetzel.—*Consilium vero dare gaudeamus libere.* Compare *Euripides, Alcest.*, 1018, *ed. Matth.* : φίλον πρὸς ἄνδρα χρὴ λέγειν ἐλευθέρως, κ. τ. λ.—*Bene.* "For our own welfare."—*Aperte.* "Frankly."—*Acriter.* "With severity."—*Et adhibitæ pareatur.* "And let obedience be rendered unto it when brought to bear."

§ 45.

Nam quibusdam, quos audio, &c. The philosophers here referred to are probably the Epicureans. A similar sentiment is expressed in the Hippolytus of Euripides (v. 253, *seqq.*), but there the poet evidently means it as a mere piece of Socratic irony. The Stoic Chrysippus, who filled his writings with quotations from Euripides and Homer, and who very probably cited this very passage of the Hippolytus in his work περὶ φιλίας, is thought by Valckenaer to be here copied by Cicero. (*Valck., Diatrib.*, p. 28, *seq.*)—*Quod illi non persequantur suis argutiis.* "Which that nation do not hunt after with their sophistical subtleties."—*Nimias amicitias.* "Strong friendships." We must not refer *nimias* here to number, but merely to quality. Cicero's *nimiæ amicitiæ* are directly the reverse of the μέτριαι φιλίαι of Euripides, in the passage of the Hippolytus above referred to. They who refer *nimias* to number are misled by *pluribus.*—*Pro pluribus.* "For more than one," *i. e.*, for himself and his friend.—*Quas vel adducas*, &c. "Which you can either draw unto you or slacken at pleasure," *i. e.*, straiten or relax.—*Caput.* "The primary requisite."—*Securitatem.* "Tranquillity."—*Si tamquam parturiat*, &c. "If, though one, it feel pangs, as it were, for more than one." *Parturio* is here employed in the sense of *vehementer laborare*, or *anxie sollicitus esse*; but the figurative idea itself is borrowed from a part of the passage of Euripides already referred to, namely, τὸ δ'ὑπὲρ δισσῶν μίαν ὠδίνειν | ψυχὴν χαλεπὸν βάρος.

§ 46.

Alios autem, &c. He refers to others of the same sect, namely the Epicurean.—*Inhumanius.* "More illiberally."—*Paullo ante.* Compare chap. viii., and also ix., § 32.—*Firmitatis.* "Of moral courage." Compare the remark of Seyffert: "Firmitas *bezieht sich auf die moralische Stärke des Characters.*"—*Mulierculæ.* "The weaker sex."—*Beati.* "Prosperous." The meaning of *beati* here is fixed by that of its opposite *calamitosi.* It is not equivalent to *divites* as Wetzel maintains.

§ 47.

O præclaram sapientiam. Ironical.—*Quæ est enim ista securitas* "For what is that (boasted) exemption from care?" Observe that *ista* here denotes contempt.—*Blanda.* "Seductive."—*Multis locis.* "On many accounts." Equivalent, as Büchling correctly remarks, to *multis de causis.* Jacobs, less correctly, renders it "in many cases" (*in vielen Fällen*).—*Ne sollicitus sis.* "Lest you be thereby disturbed by any solicitude."—*Curam.* "Every kind of care."—*Cum aliqua cura.* "With some degree of secret dissatisfaction." —*Flagitiosis modestos.* "The continent those who are given up to debauchery."

§ 48.

Cadit in sapientem. "Falls to the lot of the wise man also." The expression *cadere in* appears, both here and elsewhere, to derive its meaning from the casting of lots, and hence to become equivalent, in many cases, to *evenire, accidere,* &c.—*Humanitatem.* "The ordinary feelings of humanity."—*Molestias.* "Annoyances."—*Motu animi sublato.* "If every emotion of the breast be extinguished." More literally, "be taken away."—*Isti audiendi.* Referring to the Stoics.—*Quasi ferream quandam.* Grævius rejects *quandam* from the text as superfluous. Compare, however, the Greek form of expression, ὡς σιδηρέην τινά.—*Tenera atque tractabilis.* "Tender and susceptible," *i. e.*, susceptible of tender sentiments.—*Ut et bonis amici quasi diffundantur,* &c. "In order that men may both be expanded (with joy) at the successes of a friend, and contracted (with sorrow) at his misfortunes," *i. e.*, in order that the heart may expand with joy at the prosperity of a friend, and shrink with sorrow at his evil fortune. Supply *homines,* or *amici.*

CHAPTER XIV.

Cum autem contrahat amicitiam, &c. "When, however, if any indication of virtue shine forth, unto which a congenial mind may apply and attach itself, it cements a friendship, as I have above remarked." The subject of *contrahat* is, properly, the whole clause "*si qua significatio virtutis eluceat.*" Compare *Cic., De Orat.*, ii. 51: "*Plus proficit, si proponitur spes utilitatis futuræ quam præteriti beneficii commemoratio.*"—*Ut supra dixi.* Compare chap. xi., § 37.

§ 49, 50.

Remuneratione benevolentiæ. "Than a reciprocity of kind feeling." —*Vicissitudine studiorum,* &c. "Than an interchange of kind wish es and good offices "—*Similitudo.* "A similarity of character."—*Quasi propinquitate conjunctos atque natura.* "As if united by the ties of blood and natural relationship."—*Nihil appetentius similium sui,* &c. "Nothing more eager after things resembling itself, nothing more prone to seize upon such." Observe here the employment of the genitive with *similis* to denote internal resemblance.—*Bonis inter bonos,* &c. "That there exists for the good among one another a sort of necessary feeling of good-will."—*Sed eadem bonitas etiam,* &c. "This same good feeling, however, extends likewise to all classes of society," *i. e.*, a good man's benevolence, however, is not confined merely to the good, but is extended to every individual.—*Non est enim inhumana,* &c. "For virtue is not at variance with the better feelings of our nature, neither does she exempt herself from the discharge of human duties, nor is she haughty in character." The expression *inhumana* is equivalent to *nihil humanum sentiens,* and directly opposed to the well-known expression of Terence, "*nihil humani a se alienum putans.*" (*Heaut.*, i., 1, 25.) The term *immunis,* again, has the force here of *inofficiosa,* or, as Klotz explains it, "*quæ vult esse vacua a munere gratiarum atque benevolentiæ præstando.*" The reading *immanis,* "unkind," which Ernesti, Wetzel, and others adopt, is decidedly inferior. (Compare *Seyffert, ad loc.*)—*Si a caritate vulgi abhorreret.* "If it were to shrink from any feeling of affection for mankind at large."

§ 51

Qui utilitatis causa fingunt amicitias. "Who form unto themselves an idea of friendships entered into for mere utility's sake." Observe that *fingunt* is here equivalent to *animo fingunt,* and consult *Schütz, Lex. Cic., s. v.* 5.—*Non enim tam utilitas parta,* &c. The idea is, that it is not so much the benefits received as the affectionate zeal from which they flow that gives them their best and most valuable commendation.—*Cum studio.* "Accompanied by a wish for our welfare."—*Tantumque abest.* "And so far is it from being the fact."—*Atque haud scio, an,* &c. "Perhaps, however, it may not, indeed, be absolutely needful that nothing be ever at all wanting to friends," *i. e.*, perhaps, however, it may admit of a question whether one's friend should be so absolutely sufficient for himself as not to need the aid of others. With regard to *haud scio an,* compare *Zumpt,* § 721.—*Ubi enim studia nostra viguissent.* "For in what way could my zeal for his welfare have been able to display itself in all its vigor?" Seyffert refers *studia nostra* to both Lælius and Scipio; but this appears to be at variance with *one nostra* immediately succeeding.

CHAPTER XV.

§ 52.

D liciis diffluentes. "Melting away in sensual delights." The reference is to mere selfish sensualists. Observe the peculiar force of *deliciis diffluere*, as applied to the dissolving of our mental and physical energies in the lap of luxurious indulgence.—*Nec usu nec ratione.* "Neither by experience nor reflection."—*Ut neque diligat quemquam*, &c. "Without loving any one, or being himself beloved by any one." Observe here the force of *ut* with the negative, and compare *Zumpt*, § 539. The more literal version will be, "so that he neither love," &c., *i. e.*, on condition that he neither love.—*Fides.* "Confidence."—*Nulla stabilis benevolentiæ fiducia.* "No firm foundation for lasting good-will."

§ 53, 54.

Coluntur tamen simulatione, &c. "They are courted, however, it is true, with a semblance (of personal attachment), but only for a time."—*Tum exsulantem.* "That then, when in exile." Some commentators consider *tum* here as superfluous, and reject it, accordingly, from the text. Consult, however, *Beier, ad loc.*—*Illa superbia et importunitate*, &c. "If, with that haughty and overbearing temper of his, he could ever have had any one friendly to him."—*Hujus.* Tarquin.—*Multorum opes præpotentium.* "The power of many very influential men," *i. e.*, the being advanced to power and elevated stations.—*Efferuntur.* "They are carried away."—*Insipiente fortunato.* "Than a foolish favorite of fortune."—*Commodis moribus.* "Of obliging manners."

§ 55.

Copiis, facultatibus, opibus. "By their abundant resources, their wealth, their power in the state."—*Supellectilem.* "Garniture."—*Ejus est enim istorum quidque*, &c. "For each of those things becomes the property of him who surpasses them in strength," *i. e.*, for whoever shall invade them with a stronger arm, to him these will infallibly belong.—*Inculta et deserta ab amicis.* "Uncultivated, and lying desert, as far as friends are concerned." On this peculiar force of the preposition *ab*, consult *Zumpt*, § 305

CHAPTER XVI.

§ 56, 57.

Fines, et quasi termini. "Boundaries, and, as it were, limits. —*Ferri.* "Are promulgated."—*Pariter æqualiterque.* "In degree and value." More literally, "in quantity and quality."—*Ut, quanti quisque se ipse facit,* &c. "That each one be estimated by his friends only as highly as he estimates himself." The explanation of this may be gathered from § 59.—*Nec enim illa prima,* &c. This *nec* ought to be followed by another; but, in consequence of the length of the intervening clause *quam multa enim . . . . . fruantur,* a change of construction is brought in at § 58.—*Ut quemadmodum in se quisque,* &c. The apparent contradiction between what is here stated and what we find in *Tusc. Disp.*, iii., 29, § 73, is well explained by Gernhard.—*Quam multa enim,* &c. Imitated from Xenophon, *Mem.*, ii., 4, 7, πολλάκις ἃ πρὸ αὑτοῦ τις οὐκ ἐξειργάσατο, κ. τ. λ. Compare the remark of Madame Lambert, as quoted by Le Clerc: "*Il y a bien des choses qu'un honneur délicat vous défendrait pour vous même, qu'il vous serait permis et honnête de faire pour vos amis.*"—*Precari ab indigno.* Wetzel thinks that this may have some latent reference to Cicero's oration for Marcellus before Cæsar.—*Acerbius.* "With more than ordinary acrimony."—*Honeste.* "Becomingly."

§ 58.

Quæ definit amicitiam, &c. "Which determines the measure of friendship by an equal amount of kind offices and affection," *i. e.*, which determines the measure of our affection and kind offices by exactly proportioning them to the value and quality we receive of each.—*Hoc quidem est nimis exigue,* &c. "This, indeed, is to subject friendship, in too small and narrow a spirit, to mere calculation, in order that the account of debits and credits may be made to balance," *i. e.*, that the debit and credit sides of the account may balance.—*Ne quid excidat,* &c. Compare the remark of Balzac: "*Comme il y a des rivières qui ne font jamais tant de bien que quand elles se débordent; de mesme, l'amitié n'a rien de meilleur que l'exces*"

§ 59.

Tertius ille finis. "The third limitation (of friendship)."—*Animus abjectior.* "Too low an opinion of themselves."—*Spes fractior* "Too enfeebled a hope." —*Jacentem animum.* "The prostrate spirits."—*Si prius edixero.* "After I shall have first made known"

Ernesti entertains doubts respecting *edixero*, and reads *dixero;* but *edixero* is well defended by Scheller and Gernhard, who make *edicere* here to be the same as *patefacere*. (Compare, also, *Kritz, ad Sall., Cat.*, xlviii., 4, p. 221.)—*Vocem.* "Remark."—*Dixisset.* The subjunctive, because the words of the person spoken of are referred to. (*Zumpt*, § 545.)—*Ut si aliquando esset osurus.* "As if he were some time or other going to hate." (Compare *Aristotle, Rhet.*, ii., 13; where, in speaking of the old, he says, *καὶ φιλοῦσιν ὡς μισήσοντες, κ. τ. λ.*)—*Hoc.* The saying just referred to is ascribed to Bias by Aristotle (*Rhet.*, ii., 13), Diogenes Laertius (i., 87), and others. (Compare *Menag., ad Diog. Laert., l. c.*)—*Impuri cujusdam*, &c. "Of some sordid wretch, or of some ambitious individual, or of one who refers," &c. Lælius, or, rather, Cicero is guilty here of injustice toward Bias. The Grecian sage refers merely to *ordinary* acquaintances, as appears plainly from the words of Diogenes Laertius which come immediately after, namely, *τοὺς γὰρ πλείστους κακούς*, and also from the following: *συνεβούλευέ τε ὧδε. Βραδέως ἐγχείρει τοῖς πραττομένοις· ὃ δ' ἂν ἕλῃ, βεβαίως τηρῶν διάμενε.* Consult Beier's note on the present passage.—*Necesse erit cupere et optare*, &c. This, again, is an unfair view of the maxim of Bias. He does not mean that one is to wish that his friend may prove his enemy, and thus afford him an opportunity for breaking off, but that a man must be on his guard in the case of *ordinary* acquaintances, lest such a state of things may occur.

§ 60, 61.

Ut ne quando inciperemus. "That we should never begin." Observe that *quando* is for *aliquando*.—*Potius quam inimicitiarum*, &c. "Rather than that we should think of any period of enmities," *i. e.*, should think that any period could arrive when friendship would be converted into enmity.—*Ut cum emendati*, &c. "That when the characters of friends are irreproachable." More literally, "are free from any defect or stain." This, in fact, forms the first step, namely, that we form connections of friendship with men of irreproachable characters.—*Ut etiam, si qua fortuna acciderit*, &c. "So that, even if it have happened by any chance that," &c.—*Declinandum sit de via.* Grævius cites, as instances of the application of this rule, the defence of Milo by Cicero, and that of Norbanus by Antonius the orator. (*Cic., De Orat.*, ii., 48, 49.)—*Modo ne summa turpitudo sequatur.* "Provided only the highest degree of turpitude do not follow," *i. e.*, be not thereby incurred. This is rather loosely worded, and might seem to justify the suspicion that Cicero thought the privileges of friendship, in certain circumstances, superior to moral obligations of a much higher and more sacred nature. If we compare, however, with the present passage the language of the treatise *De Officiis*, a work subsequently published, we will find therein an idea of what Cicero means by *summa turpitudo*, which may tend to remove the difficulty alluded to. Thus we have in chap. x., book iii., of the latter work, the following limits established: "*Neque contra rempublicam, neque contra jusjurandum ac fidem, amici causa, vir bonus faciet.*"—*Est enim quatenus.* "For there is a limit up to which." —*Nec vero . . . . nec.* "Neither on the one hand, indeed . . . . . nor on the other."—*Telum.* In the sense of *instrumentum.*—*Quam colligere.* "To seek to secure which, however."—*Sequitur.* "Always accompanies"

§ 62.

Quod omnibus in rebus, &c. This whole passage, down to *judicarent*, is drawn from Xenophon's *Memorabilia*, ii., 4, 2, *seqq.*—*Nec habere quasi signa quædam*, &c. Some of these "*signa*," however, are given by Isocrates (*ad Demon.*, p. 11, *ed. Wolf.*): Μηδένα φίλον ποιοῦ, πρὶν ἂν ἐξετάσῃς πῶς κέχρηται τοῖς προτέροις φίλοις, κ. τ. λ.—*Et judicare difficile est*, &c. "And it is difficult, indeed, to judge of one unless previously tried."—*Ita præcurrit amicitia judicium*, &c. "In this way friendship is wont to outstrip judgment, and to take away the means of making a trial."

§ 63.

Sustinere. "To restrain."—*Impetum benevolentiæ.* He means the impulse of rushing into the arms of a new friend, before we have, in some degree at least, put his moral qualifications to the test.—*Quo utamur*, &c. Observe that *quo* is here the conjunction; not the relative pronoun, as Klotz makes it.—*In parva pecunia.* "In the case of a small sum of money."—*Perspiciuntur quam sint leves.* An imitation of the Greek construction for *perspicitur quam leves sint quidam.*—*Cognoscuntur.* "Are found out."—*Imperia.* "Commands of armies."—*Potestates.* "Civil authority."—*Opes.* "Political influence."—*Proposita sint.* "Are placed before the view." —*Obscuratum iri.* "That this circumstance will be thrown into the shade," *i. e.*, that the world will be too much dazzled by the splendor of the objects to take notice of the unworthy sacrifice they make to obtain them.

§ 64.

Qui in honoribus versantur. "Who are occupied with honors." -

Ubi enim istum invenias. The subjunctive is here the true reading, and implies that it is very unlikely that such a person can be found. On the other hand, *invenies* would denote that he may, perhaps, be found.—*Hæc.* Referring to such cases as are indicated by the words immediately preceding.—*Calamitatum societates.* "The sharing of others' misfortunes."—*Amicus certus,* &c. A comic iambic trimeter:

Ămī|cŭs cērt||ŭs īn | re īncērt||ă cērn|ĭtŭr.||

In re incerta. The early editions have *in re certa,* a reading of no value. The reference is to a state of things in which we are altogether uncertain what to do, or in what way to avert a danger that may be threatening our life or fortune. The line is supposed to be quoted from the *Dulorestes* of Ennius, and to be imitated from the Hecuba of Euripides (v. 1226, *ed. Pflugk.*): ἐν τοῖς κακοῖς γὰρ ἀγαθοὶ σαφέστατοι | φίλοι.—*Hæc duo.* "These two **tests.**"—*Contemnunt* Supply *amicos,* and *eos* after *deserunt.*

CHAPTER XVIII.

§ 65, 66.

Simplicem et communem et consentientem. "That an individual who is frank, and open, and of like turn of mind with ourselves." *Simplicem* is here opposed to *multiplex* in the succeeding sentence. With regard to *communem* compare *De Senect.*, chap. xvii., § 59. As respects *consentientem,* compare the language of Sallust (*Cat.*, xx.): "*Nam idem velle atque nolle, ea demum firma amicitia est.*"—*Multiplex ingenium et tortuosum.* "A wily and crooked turn of mind."—*Naturaque consentit.* "And does not agree in disposition."—*Ut ne criminibus,* &c. "That he neither be delighted with bringing charges against a friend," *i. e.*, be neither capable of taking an ill-natured satisfaction in reprehending the frailties of his friend.—*Quod initio dixi.* Compare chap. v., § 18.—*Hæc duo tenere.* "To hold to these two principles of action."—*Ingenui.* "Of a manly spirit."—*Quam fronte occultare sententiam.* "Than to strive to hide one's real sentiments under a smooth brow." Literally, "by means of the brow." —*Aliquid ab amico esse violatum.* "That some rule of amity has been violated by a friend."—*Tristitia autem et in omni re severitas,* &c. "Gloom, however, and severity on every occasion have each, indeed, an air of gravity thrown around it," *i. e.*, are each proper enough for a person of grave character. Observe here what grammarians term the superfluous use of *ille* added to *quidem,* and consult *Zumpt,* § 744.

CHAPTER XI..

§ 67.

Subdifficilis. "Somewhat difficult," *i. e.*, when sought to be practically carried out; not, when sought to be settled in theory, since this would be at variance with what follows. (Compare *Seyffert, ad loc.*)—*Quando.* "At any time." For *aliquando.*—*Veterrima quæque ut ea vina*, &c. Compare the language of Scripture: "Forsake not an old friend; for the new is not comparable to him; a new friend is as new wine: when it is old thou shalt drink it with pleasure." (*Eccles.*, ix., 10.)—*Quæ vetustatem ferunt.* "That bear age."—*Multos modios salis*, &c. "That many pecks of salt are to be eaten with a man, in order that the duty of friendship may be thoroughly fulfilled," *i. e.*, that we must make use of a friend for a long time, before we can be able to determine whether he be truly a friend or not. Compare *Aristotle, Eth. ad Nicom.*, viii., 3, § 6: *κατὰ τὴν παροιμίαν, οὐκ ἔστιν εἰδῆσαι ἀλλήλους πρὶν τοὺς λεγομένους ἅλας συν αναλῶσαι.*

§ 68, 69.

Novitates. "New connections."—*Non fallacibus.* "That never deceive."—*Non sunt illæ quidem*, &c. Observe, again, the superfluous use of *ille* with *quidem*, and compare § 66.—*Vetustas.* "An old friendship."—*Vetustatis et consuetudinis.* "Of old habits of intimacy." Observe the hendiadys.—*Ipso equo.* "In the case of the horse himself."—*In hoc, quod est animal.* "In the case of this, which is an animal."—*Superiorem parem esse inferiori.* "That the superior be equal to the inferior," *i. e.*, that he who has the advantage in point of rank or talents should never appear sensible of his superiority.—*In nostro, ut ita dicam, grege.* "In our little group, if I may so express myself," *i. e.*, in our little circle of friends.—*Philo.* Compare chap. iv., § 14.—*Rupilio.* Compare chap. xi., § 37.—*Mummio.* Spurius Mummius, brother of L. Mummius Achaicus. In politics he was opposed to his brother, and was a high aristocrat, which will account for his intimacy with the younger Africanus.—*Q. Maximum, fratrem.* Scipio's elder brother was adopted by Q. Fabius Maximus, and became Q. Fabius Maximus Æmilianus.—*Per se esse ampliores.* "To become of more consequence through him," *i. e.*, through his own high reputation. (Compare *Seyffert, ad loc.*)

§ 70.

Ea. "Those things in which they excel." We have given *ea* here with Ernesti, Wetzel, Schütz, Orelli, and Madvig. Some editors omit it; others read *eam.*—*In fabulis.* Wetzel instances Œdipus, Cyrus, Paris, Romulus, &c.—*In famulatu.* "In a menial condition."—*Fructus enim ingenii et virtutis.* This is the construction which is so often mistaken by modern Latinists, who substitute for the genitive the preposition *ex* with the ablative.

CHAPTER XX.

§ 71.

In amicitiæ conjunctionisque necessitudine. "In the close relation of friendship and intimate union," *i. e.*, when closely related either in friendship or any other intimate union. Seyffert refers *conjunctionis* to consanguinity; but Gernhard, with more propriety, to the "*jus contubernii, hospitii, collegii, affinitatis, sanguinis;*" that is, not merely consanguinity, but any other close and intimate union.—*Quorum plerique.* "And yet, most of these."—*Aut etiam exprobrant.* "Or even indulge in open remonstrance (against a friend)."—*Si habere se putant,* &c. "If they think that they have something on their side, which they can say has been done in a zealous and friendly spirit, and with some degree of toil on their part," *i. e.*, if they can point to some trait of friendship in which they have manifested their zeal, their attachment, and their willingness to encounter labor.—*Odiosum sane genus hominum.* Not an interjectional clause, as Billerbeck maintains, but in apposition, rather, with *plerique*, as Seyffert correctly remarks.

§ 72.

Summittere se. "To let themselves down," *i. e.*, to act with an easy condescension toward those friends who are of less note than themselves.—*Qui molestas amicitias faciunt.* "Who make friendships so many sources of uneasiness."—*Contemni.* "To be slighted." Equivalent to *negligi.*—*Qui etiam contemnendos se arbitrantur.* "Who even think themselves deserving of being thus slighted," *i. e.*, who entertain too low an opinion of their own merit.—*Hac opinione levandi sunt.* "Are to be relieved from this opinion."—*Opere.* "By actions," *i. e.*, by actual services on our part.

§ 73.

Quantum ipse efficere possis. The first rule here laid down is, that our kindness should be proportioned to our means. (Compare *Cic., de Off.*, i., 14.)—*Sustinere.* The second rule is, that our kindness should not be more than the individual on whom it is conferred has abilities to sustain.—*Quamvis licet excellas.* "However much you may excel," *i. e.*, how great soever your authority and influence may be.—*P. Rupilium.* Publius Rupilius Rufus was consul with P. Popilius Lænas, B.C. 132, and was remarkable for the severity he displayed toward the followers of Tiberius Gracchus, after the death of that tribune. (*Vell. Paterc.*, ii., 7.) The common text has *Rutilium*, which Ernesti improperly retains. In like manner we must read *Rupilius* in *Tusc.*, iv., 17, § 40, where the same editor incorrectly gives *Rutilius.*—*Lucium.* L. Rupilius Rufus. The remembrance of his brother's severity, toward the partisans of the Agrarian law, alienated the favor of the people, and caused his defeat. Pliny says that P. Rupilius, who was laboring under a slight illness at the time, when he heard of his brother's repulse immediately expired. (*Plin.*, *H. N.*, vii., 36. Compare *Cic.*, *Tusc.*, iv., 17, § 40.)

§ 74.

Omnino amicitiæ, &c. "As a universal rule, friendships are then first to be judged of when both our judgments and our years are now strengthened and matured," *i. e.*, when our minds and characters have attained to a certain degree of firmness through maturer years.—*Eos habere necessarios*, &c. "Are they to be deemed to have those as intimate friends, whom they have loved at that season of life, because actuated by a fondness for the same pursuits." We must supply *judicandi sunt* before *eos habere necessarios*, the idea of this being suggested by *judicandæ sunt* which precedes. Beier less neatly supplies *judicandum est*, which will give rise to the inelegant construction *eos eos habere necessarios.* Compare *Scyffert, ad loc.*—*Jure vetustatis.* "Through the right of old acquaintance."—*Sed alio quodam modo.* Goerenz supplies here *curandi.* The true ellipsis, however, is merely *negligendi non sunt* in the sense of *diligendi sunt*

Aliter amicitiæ, &c. The idea intended to be conveyed is this, that were our early attachments the just foundation of amity, it would be impossible for the union ever to be permanent, since our inclinations and pursuits take a different turn as we advance into riper years.—*Mores.* "Habits."—*Distantia.* "Difference." Ernesti objects to *distantia*, and thinks that we should read here *dissensio.* It is true, the substantive *distantia* occurs nowhere else in Cicero; still, however, it is sufficiently defended by the employment of *distare* and *distans* (*Orat.*, x., 34: "*Quid enim tam distans quam a severitate comitas?*") as well as by the analogy of *discrepantia* and *differentia.* Its meaning, moreover, in the present instance is figurative, with regard to which consult *Krebs, Antibarb., s. v.*

§ 75.

Impediat magnas utilitates amicorum. "May prove prejudicial to important interests of our friends," *i. e.*, may prove extremely prejudicial to their interests.—*Trojam Neoptolemus capere potuisset.* According to the legend, it had been prophesied by Helenus that Neoptolemus, otherwise called Pyrrhus, the son of Achilles, and Philoctetes with the arrows of Hercules, were necessary for the taking of Troy. (*Soph., Phil.*, 115.) Lycomedes, king of Scyros, the maternal grandfather of the young warrior, wished to prevent him from going to the Trojan war. Lange and Ernesti find a difficulty here, since what is stated in the present passage respecting Neoptolemus, is, as these critics maintain, said elsewhere of Achilles. The objection, however, is a feeble one, inasmuch as the presence of both father and son was necessary for the capture of the city. (Compare *Wetzel, ad loc.*)—*Iter suum.* His journey to Troy after the death of Achilles.—*Magnæ res.* "Important occasions."—*Ut discedendum sit ab amicis.* "So that a separation from one another by friends becomes necessary."—*Desiderium.* "The absence of the other."—*Infirmus mollisque.* "Weak and unmanly."

CHAPTER XXI.

§ 76.

Quasi quædam calamitas. "A kind of calamity, as it were." Observe that *quasi* is here added, because *calamitas* properly denotes a storm that lays low the stalks (*calami*) of corn.—*In dimittendis.* "In renouncing."—*Ad vulgares amicitias.* "To ordinary friendships," *i. e.*, to that lower species of friendships which occur in the ordinary intercourse of the world. It is in these alone that such a "*calamitas*" can occur, since the nobler alliances of the wise and good admit no rupture of the kind. Hence the peculiar force of *enim* at the beginning of the clause, and also of the expression *oratio nostra delabitur.*—*Remissione usus.* "By a gradual cessation of intimacy."—*Dissuendæ magis quam discindendæ.* "To be unstitched rather than cut asunder," *i. e.*, are to be dropped gradually rather than broken off suddenly

§ 77.

Aut in reipublicæ partibus, &c. "Or some difference of opinion shall have intervened amid the parties of the state," *i. e.*, some difference of opinion with respect to public affairs.—*Non de sapientium* Because the truly wise never allow such matters to interrupt their friendship.—*Q. Pompeii.* Q. Pompeius Nepos, who was consul with Cn. Servilius Cæpio, B.C. 141, and censor with Q. Metellus Macedonicus, B.C. 131.—*Meo nomine.* "On my account." Because, after having promised Scipio that he would aid the application of Lælius for the consulship, he got himself appointed consul. (*Plut., Apophth.*, c. 21.)—*Quæ erat in republica.* "Which existed at that time in relation to public affairs." The quarrel between Scipio and Metellus (Q. Cæcilius Metellus Macedonicus) appears from this to have been occasioned by political differences, not by any private cause. It arose probably when Metellus espoused the cause of L. Cotta, who had been accused by Africanus. (*Brut.*, 21, 41.)—*Collega nostro.* "Our colleague (in the augural college)." Scipio, Lælius, and Metellus were all three augurs.—*Utrumque egit graviter*, &c. "He did each of these things with dignity, with no harsh exercise of personal influence, and no bitterness of resentment." We have adopted, in the clause *auctoritate et offensione animi non acerba*, the explanation of Seyffert, who regards it as epexegetical of *graviter*. As regards the circumstance itself to which the text alludes, it may be remarked, that Metellus also, on his part, conducted his opposition to Scipio without any bitterness or malice, and that he was one of the first at his death to recognize and acknowledge his greatness.

§ 78.

Exstinctæ potius quam oppressæ. "Extinguished rather than crushed," *i. e.*, that the flame of friendship shall appear to have been gradually extinguished rather than suddenly and violently smothered.—*Et hic honos veteri amicitiæ tribuendus*, &c. "And this honor is to be rendered to former friendship, that he be in fault," &c., *i. e.*, and we must pay this compliment to former friendship, namely, of receiving such treatment without making any return, since by this forbearance the reviler, and not the reviled, will appear the person that most deserves to be condemned.—*Una cautio atque una provisio.* "One precaution, and one mode of providing against."

§ 79, 80.

Quibus in ipsis inest causa, &c. Alluding to personal merit as the ground of affection and esteem.—*Fructuosum.* "A source of advantage," *i. e.*, capable of being turned to advantage, as regards the measure of private means, the attainment of public honors, &c.

Per se et propter se. "Through itself and for itself," *i. e.*, through its own immediate workings, and on account of its own intrinsic value. (Compare *Seyffert, ad loc.*)—*Nec ipsi sibi exemplo sunt,* &c. The idea is, nor do they look upon and consider themselves and their own hearts, for, if they did, they would certainly obtain an accurate notion of what true friendship is; since no man loves himself from any expected recompense or reward, but solely from that pure and innate regard which each individual feels for his own person.—*Quod nisi idem.* "Now, unless this same principle of attachment."

§ 81.

Primum ut se ipsæ diligant. Compare *De Off.*, i., 4.—*Deinde ut requirant,* &c. Compare chap. xiv., § 50: "*Nihil est enim appetentius similium sui nec rapacius quam natura.*"—*Cum desiderio.* "With a strong desire."—*In homine natura.* "In man by nature," *i. e.*, neither by opinion, nor through necessity, nor from any hope of advantage.—*Unum ex duobus.* Compare *Plato, Sympos.*, chap. xvi., 8. ἐθέλω ὑμᾶς ξυντῆξαι καὶ ξυμφῦσαι εἰς τὸ αὐτό, ὥςτε δύο ὄντας ἕνα γεγονέναι.

CHAPTER XXII.

§ 82.

Amicum habere talem volunt, &c. The idea is, that they require their friends to be formed by a more perfect model than they themselves are able or willing to imitate.—*Quæque.* Supply *officia.*—*Par est autem.* "It is fitting, however," *i. e.*, whereas their endeavor should be.—*In talibus.* "In such men." The reference is to good men, as mentioned in the clause immediately preceding, not to the individuals referred to at the beginning of the chapter.—*Confirmari potest.* "May be firmly established."—*Neque solum colent inter se,* &c. Observe that *inter se* is here our "one another," but that an other *se* is in reality omitted. There is no need, therefore, of our reading, with the common text, *se colent inter se.* (Compare *Zumpt*, § 300, *s. v. inter.*)—*Verecundiam.* "Mutual respect."

§ 83, 84.

Patere. "Lies open," *i. e.*, is freely extended.—*Virtutum amicitia adjutrix.* This is a Pythagorean tenet, συνδεσμὸς πασῶν τῶν ἀρετῶν φιλία. (Compare *Simplic., in Epictet., Ench.*, c. 37, *ed. Schweigh.*, p. 334.)—*Quos inter.* Observe the anastrophe.—*Eorum est habendus,* &c. That is, two friends united in virtuous attachment will attain most successfully to the *summum bonum,* or highest happiness of

L

existence.—*Honestas.* "An honorable name."—*Optimum maximumque.* "The best and greatest thing that we can enjoy." The reference is to *vita beata.*—*Eos experiri.* "To make trial of them."

§ 85.

Cum judicaveris, &c. The rule here referred to is, that we should never suffer affection to take root in our hearts before judgment has had time to interpose her calmer counsels.—*Negligentia plectimur.* "We are punished for our negligence," *i. e.*, we forbear to deliberate until deliberation becomes of no avail. Equivalent to *negligentiæ pœnam damus.*—*Tum maxime.* "So especially are we." Supply *plectimur.*—*Præposteris enim utimur,* &c. "For we adopt, in such cases, plans of action having that last which ought to have been first, and we proceed to do things which ought to have been done long before." Literally, "we do things already done;" but the literal meaning requires to be dropped here, and a freer one substituted. Compare the explanation of Facciolati: "*facimus postea quod faciendum erat prius;*" and that of Wetzel: "*thun wollen, was man schon lange hätte thun sollen.*" The expression *actum agere* has reference, originally, to legal operations, and, according to Donatus (*ad Terent., Adelph.*, ii., 2, 24), relates, properly, to one who attempts to bring up a matter for judicial investigation which has already been decided.—*Implicati ultro et citro.* "After having been united on both sides." Literally, "on this side and on that."

CHAPTER XXIII.

§ 86.

Quamquam a multis, &c. Facciolati conjectures *namque* for *quamquam,* which Manutius and Grævius even admit into the text. All the MSS., however, give *quamquam,* and the whole difficulty will disappear if we merely connect this latter term more closely with what precedes, than is done in most editions, which make a new sentence commence with *quamquam,* instead of placing merely a colon after *consentiunt.* As virtue forms the basis of true friendship, one would imagine that there would also be an undivided opinion in relation to this quality, but it will be found upon examination that friendship alone enjoys this distinction.—*Venditatio quædam.* "A kind of idle parade." *Venditatio* properly denotes a setting off or recommending of a thing intended for sale, and then, generally, any specious display or idle parade.—*Tenuis victus cultusque.* "A frugal table and a plain mode of life."—*Ut nihil inanius,* &c. Because only to be obtained by a slavish obedience to the behests of the multitude.—*Ii qui rerum cognitione*, &c. The allusion is to philosophers.—*Otiosi.* "In the bosom of retirement."—*Nullam.* "Of no value."—*Aliqua ex parte liberaliter vivere.* "To live in some degree as a man of free and liberal spirit should live.' Compare Facciolati: "*Liberaliter;* ut libero homine dignum est."

§ 87.

Ullam aetatis degendæ rationem. "Any condition of life." Literally, "any mode of passing life." Equivalent to *ullum vivendi genus.*—*Timonem nescio quem.* "One Timon." On the usage of *nescio quis*, consult *Zumpt*, § 553. The allusion is to Timon the misanthrope, a native of the borough of Colyttus in Attica, and remarkable for the whimsical severity of his temper, and his hatred of mankind. (Consult *Plut.*, *Vit. Ant.*, 70, and *Lucian, Tim.*)—*Atque hoc maxime judicaretur.* "And the correctness of this remark would be best judged of," *i. e.*, would be most clearly seen.—*Hominis omnino adspiciendi.* "Of at all beholding any one of our fellow-men," *i. e.*, of having any intercourse whatever with our kind.—*Ferreus.* There appears to be some play in the text on the words *ferreus . . . ferre . . . . auferret*, which can not be expressed in our language, though Beier has attempted it in German.

§ 88.

Tarentino Archyta. Compare *De Senect.*, chap. xii., § 39.—*Nostros senes*, &c. Compare chap. xiii., § 43.—*Insuavem illam admirationem ei fore.* "That that wondrous scene would be without any charms for him."—*Adminiculum.* A metaphor borrowed from the props or supports of vines and fruit-trees.—*Quod in amicissimo quoque*, &c. The idea is, that a man finds his happiest and most secure support in the arms of a faithful friend.

CHAPTER XXIV.

Est enim varius, &c. The idea is this, that the offices of friendship are so numerous, and of such different kinds, that many little suspicions and causes of offence may arise in the exercise of them, which a man of good sense will either avoid, &c.—*Elevare.* "To extenuate." Compare, as regards this usage of the verb, *Cic.*, *N. D.*, iii., 4, 1, and *Ep. ad Div.*, v., 14, 5.—*Una illa sublevanda offensio est*, &c. "That one cause of offence, however, must be encountered by us with dexterity and caution, (which arises from a wish on our part) that both truth and fidelity be preserved in friendship," *i. e.*, there is one cause of offence, however, which must be encountered by us with great dexterity and caution, namely, that which arises from a wish on our part to prove ourselves true friends by the candor and fidelity with which we admonish and reprove. We have given *sublevanda* here, with Beier, as equivalent to *caute subeunda*, an explanation which removes all the difficulty of this much-contested passage.—*Benevole.* "In a kind spirit."

§ 89.

Sed nescio quomodo, &c. "Yet, somehow or other, what my friend (Terence) says in his 'Andrian' is true." The allusion is to one of the plays of Terence entitled *Andria*, "The Andrian," or "Andrian female."—*Familiaris meus.* Terence was on intimate terms of friendship with Lælius and the younger Africanus.—*Obsequium amicos*, &c. "Complaisance begets friends, plain dealing hatred." An iambic trimeter, occurring in the 'Andrian' at i., 1, 41. The scanning is as follows:

ōbsĕquĭ|um ămī||cōs, vēr|ĭtās || ŏdĭūm | părĭt.||

In eo. The person whose failings are winked at.—*In fraudem.* 'Into self-deception." (Compare *Seyffert, ad loc.*)—*Terentiano verbo.* "Terence's expression." Donatus (*ad Terent.*, *l. c.*) censures Cicero for assigning the term *obsequium* to Terence as its inventor, when Plautus and Nævius had used it before him; and Quintilian repeats the charge (viii., 3, 35). Both these writers, however, mistake Cicero's meaning entirely. Having used the term *obsequium* thrice in the compass of a few lines, as a quotation from the verse of the Andrian, he very naturally calls it here a Terentian expression, without at all meaning to imply that Terence coined it.—*Comitas adsit.* He means that complaisance should extend only as far as the rules of courtesy and good breeding require.—*Aliter enim cum tyranno*, &c. The idea is, that if we are to flatter and assent to every vice, and every act of misconduct on the part of a friend, we make him a tyrant over us.

§ 90.

Scitum est enim, &c. "For that is a shrewd remark of Cato's, as many of his are." With *illud* supply *dictum.*—*Melius de quibusdam mereri.* "Deserve better at the hands of some men." The meaning is, that some men are under greater obligations to their bitter enemies than to their complaisant friends.—*Eam molestiam, quam debent capere*, &c. "Feel not that dislike which they ought to feel;

feel that from which they ought to be free," *i. e.*, direct bo.h then dislike and approbation to the wrong object.—*Quod contra.* "Where-as, on the contrary."

CHAPTER XXV.

§ 91, 92.

Alterum libere facere. This *alterum* is equivalent to *prius.*—*Quam vis multis nominibus.* "By as many terms as you please," *i. e.*, by no matter how many terms. This refers to the employment of the three equivalent terms, *adulationem, blanditiam, assentationem,* in the previous clause.—*Ad voluntatem.* "In accordance with another's wishes."—*Judicium veri.* "All means of judging of the truth," *i. e.*, all idea of the truth.—*Sit in eo.* "Consists in this."—*Quid id fieri poterit.* "How shall this be able to be accomplished?"

§ 93, 94.

Tam flexibile, tam devium. "So pliant, so versatile." Grævius suggests *tenerum* here in place of *devium*, and explains the clause as follows: "*quid est, quod tam facile possit flecti ac frangi?*" But the common reading must stand, *devium* being equivalent, as Ernesti remarks (*Clav. Cic., s. v.*), to "*a via recta aberrans, inconstans, aliter alio tempore agens.*"—*Negat quis? nego,* &c. These words form part of the soliloquy of Gnatho, the parasite, in the "Eunuchus" of Terence, ii., 2, 21. The measure is comic trochaic tetrameter catalectic, and the scanning is as follows:

N'găt quĭs ? | nĕgo : ăĭt ? ‖ aĭō | pōstrē‖mo ĭmpĕr|āvi ĕg'‖mēt mĭ|hĭ.

Quod amici genus adhibere, &c. "To have this kind of friend by one's side is the height of imprudence." Compare, as regards *adhibere* here, the explanation of Wetzel: "*bei sich haben, an seinem Tische dulden.*"—*Gnathonum similes.* "Like the Gnathos," *i. e.*, resembling parasites in spirit.—*Cum sint.* "Although they are."

Loco. "In birth." Equivalent to *genere*, or *natalibus.*—*Cum ad vanitatem accessit auctoritas.* "When personal authority has added weight to heartless adulation." Compare, as regards *auctoritas*, the explanation of Wetzel: "Auctoritas, *quæ est viri, genere, fortuna et fama nobilis.*"

§ 95.

Blandus amicus. "A complaisant friend."—*Tam.* "As easily."—*Fucata et simulata.* "Artificial and counterfeit things."—*Levem civem* "A citizen of little weight of character."—*Constantem, seu erum et gravem.* "A firm, inflexible, and influential man." Observe that here, as elsewhere, the idea of weight of character lies at the basis of the term *gravis*, which is opposed to *levis* in the previous clause

§ 96.

C. Papirius. C. Papirius Carbo is meant, who has already been referred to in chap. xi., § 39, and chap. xii., § 41. After the word *Papirius* the common text adds *consul*, which Lange and other editors very correctly remove, as a mere interpolation. Carbo was not consul, but tribune, when he proposed the law in question, which was in A.U.C. 622, about two years before the present conversation is supposed to have taken place. He did not obtain the consulship until A.U.C. 634; so that the common reading can not be correct.—*De tribunis plebis reficiendis.* "About the re-election of tribunes of the commons." The law here referred to provided that a person might be re-elected to the tribuneship as often as the people thought advisable. It was supported by Caius Gracchus, but strenuously opposed by the younger Africanus, and was defeated.—*Nihil de me.* Supply *dico.*

Ducem populi Romani, &c. "That he was the leader of the Roman people, not the mere follower of their will." Scipio, on this occasion, though *unus ex populo*, that is, though a *privatus*, placed himself, by the force of his eloquence, at the head of the people, and pointed out to them the true path, from which they were about to wander. He became, therefore, a δημαγωγός in the highest and noblest sense of the term, and not one of those *populares* whose only object is to flatter the feelings of the multitude, and blindly follow their will and pleasure. (Compare *Seyffert, ad loc.*)

Q. Maximo. The allusion is to Q. Fabius Maximus Æmilianus, elder son of Æmilius Paulus Macedonicus, and who had been adopted into the Fabian family as his brother had been into that of the Scipios. (Compare chap. xix., § 69.)—*Consulibus.* A.U.C. 609; B.C. 145 —*C. Licinii Crassi.* This Crassus was a tribune of the commons B.C. 145, and proposed a law to prevent the colleges of priests from filling up vacancies, and to transfer the election to the people. The measure was defeated, however, by the speech of the then prætor, C. Lælius Sapiens. (*Brut.*, 21.)—*Ad populi beneficium transferebatur* "Was proposed to be transferred to the favor of the people," *i. e.*, the object of the proposed law was to make this a matter of popular favor at the comitia.—*Atque is primus instituit*, &c. "He was also the first that brought in the custom of addressing the people with his face turned toward the forum." More literally, "he was the first that began to treat with the people after having turned himself toward the forum." He turned toward the forum on these occasions, instead of turning toward the comitium and the curia. Plutarch, however (*Vit. C. Gracch.*, 5), attributes the introduction of this mark of independence to Caius Gracchus.—*Tamen illius vendibilem orationem*, &c. "A feeling of reverence, however, for the immortal gods, we upholding the same, easily triumphed over the specious oratory of that individual." *Vendibilis* properly means "saleable," "that may or can be sold," and hence "specious," "plausible," &c., because things of a specious and attractive nature easily find a purchaser.—*Re.* "By the truth itself." More literally, "by the fact itself." Grævius, following a marginal reading, gives *rei veritate.*

CHAPTER XXVI.

§ 97.

Quodsi in scena, id est, in concione. "Now, if on a public stage, that is, in a public assembly," *i. e.*, and I call by this name an assembly of the people. The term *scena* is here employed figuratively for any public place of action, and more particularly for the assembly of the people in the forum, where the *suggestum* took the place of the *pulpita*. Compare *Horat.*, *Sat.*, ii., 1, 71: "*Quin ubi se a vulgo et scena in secreta remorant,*" where the *Schol. Cruq.* explains *scena* by *a publico conspectu;* and also *Cic.*, *Ep. ad Brut.*, 1, 9: "*Ac mihi tum, Brute, officio solum erat et naturæ, tibi nunc populo et scenæ, ut dicitur, serviendum est.*"—*Ne amare quidem aut amari*, &c. "Not even the loving and being loved, since you will not know with what degree of sincerity this is done." The infinitives come in here as nouns.—*Qui ipse sibi assentetur*, &c. The allusion is to one who has a high conceit of his own merit.

§ 98.

Omnino est amans, &c. He here anticipates an objection that might be made, and acknowledges that conscious virtue itself can not be void of self-esteem, as well knowing its own worth, and how lovely its form appears.—*De virtutis opinione.* "Of the opinion of their own virtue (which some are accustomed to form)." The truly virtuous man can not, of course, be devoid of self-esteem; but then he does not entertain a high conceit of his own merit; whereas the man who thinks himself adorned with every virtue is but too apt to form a high notion of himself. Of the latter Lælius is here speaking.—*Ad ipsorum voluntatem.* "For their own gratification."—*Vanam.* "Insincere."—*Lauaum suarum.* "Of their merits."—*Nisi essent milites gloriosi.* "Were there not braggart soldiers in real life."—*Magnas vero agere*, &c. "(Say you so) that Thais did indeed return me many thanks?" This line is quoted from the "Eunuchus" of Terence (iii., 1, 1), and is uttered by Thraso, a braggart captain, to his parasite Gnatho, who had just conveyed Pamphila as a present from Thraso to Thais. Thraso and Gnatho are represented as coming on the stage in the middle of a dialogue, and hence the apparently abrupt commencement of the scene. The most natural mode of supplying the ellipsis is by *aisne tu.* Some less correctly regard *agere* here as an historical infinitive. The line is a comic iambic trimeter, and is scanned as follows:

Māgnās | vēro ăgĕ||rĕ grā|tĭās || Thāīs | mĭhī ?||

Ingentes. "A countless number." Just as we would say in English, "a million." The parasite, in his answer, purposely exaggerates.

§ 99.

Vanitas. "Flattery." More literally, "emptiness," *i. e.*, insincerity.—*Assentatione.* "Adulation."—*Excors.* "Weak." The opposite of the old *cordatus.* (Compare, in explanation of the term, *Cic.*, *Tusc. Disp.*, i., 9, 18.)—*Agnoscitur.* The verb *agnosco* here refers to the recognizing, or taking a thing to be what it really is There is no need, therefore, of our reading *cognoscitur* with Gernhard.—*Det manus.* "Stretches out his hands," *i. e.*, in token of being worsted.—*Plus vidisse videatur.* "May seem to have seen more than he actually has," *i. e.*, may fancy himself possessed of more ability than he really is.—*Quod ne accidat, cavendum est*, &c. "We must take good heed, therefore, lest this happen, as it does in the 'Heiress,' *i. e.*, as it does in the comedy of Cæcilius, entitled Epiclerus (Ἐπίκληρος), or "the Heiress." After *ut* supply *id accidit*, with Gernhard and Seyffert.—*Hodie me ante omnes*, &c. "You will have tricked me this day more than all the dotards represented in comedies, and will have wiped me in fine style." Observe that *versaris* and *emunxeris* are both in the future perfect. *Emunxeris* is Bentley's emendation for the common *unxeris*, and suits better the character of a master addressing his slave. The lines are comic iambic trimeters, and scanned as follows:

Hŏdĭē | me ānte ōmn||ēs cōm|ĭcōs || stūltōs | sĕnēs||
Vērsār|ĭs āt||que ēmūnx|ĕrīs||lāutīss|ĭmē.||

§ 100.

Stultissima persona. "The very foolish character," i. e., the very foolish part played by.—*De hac dico sapientia,* &c. "I am speaking of that friendship which appears capable of falling to the lot of humanity," *i. e.*, when I say the friendships of the perfect, I mean perfect, as far as is consistent with the frailty of human nature.—*Leves amicitias.* "Frivolous friendships," *i. e.*, the vain and frivolous connections of the world.—*Aliquando.* "At length," *i. e.*, finally.

CHAPTER XXVII.

Convenientia rerum. "Union of sentiment." This whole clause is well paraphrased by Gernhard: "*In virtute igitur causa est, cur amici consentiant, sese diligant, et stabiles constanterque sint.*"—*Idem* 'The same character," *i. e.*, the same combination of moral qualities.—*Nulla indigentia, nulla utilitate quæsita.* "The supplying of no want, the reaping of no advantage being had in view." Compare the definition given in the treatise *De Finibus* (ii., 24): "*Quid est amare, e quo nomen ductum amicitiæ est, nisi velle bonis aliquem affici quam maximis, etiamsi ad se ex iis nihil redeat?*" The idea is borrowed, however, from Aristotle (*Rhet.*, ii., 4).—*Quæ tamen ipsa,* &c. The reference is to *utilitas* which precedes; and the idea is, that many beneficial consequences result from true friendship, how little soever these consequences are the objects primarily in view.

§ 101.

L. Paulum. L. Æmilius Paulus Macedonicus, often already mentioned.—*M. Catonem.* M. Porcius Cato, the censor.—*C. Gallum.* C. Sulpicius Gallus. (Consult *De Senect.*, chap. xiv., § 49.)—*P. Nasicam.* Publius Cornelius Scipio Nasica. (Consult *De Senect.*, chap. xiv., § 50.)—*Tib. Gracchum.* Tiberius Sempronius Gracchus, the father of the two Gracchi.—*Scipionis nostri socerum.* "The father-in-law of my friend Scipio," *i. e.*, of my departed friend Africanus the younger. Africanus the younger married Sempronia, the daughter of T. Sempronius Gracchus, and the sister of the Gracchi. (Compare *Val. Max.*, iii., 8, 6; vi., 2, 3.)—*L. Furium.* L. Furius Philus. (Consult chap. iv., § 14.)—*P. Rupilium, Sp. Mummium.* Consult chap. xix., § 69.—*Acquiescimus.* "We take a calm delight in." Compare the explanation of Forcellini: "*Acquiescere,* in re aliqua cum animi quiete et voluptate consistere."—*Vestra.* Referring to Fannius and Mucius together.—*Q. Tuberonis.* Quintus Ælius Tubero. (Consult chap. xi., § 37.)—*P. Rutilii.* Publius Rutilius Rufus, who was tribune of the commons in A.U.C. 617, the year in which the consul Mancinus made his well-known treaty with the Numantines.—*A. Virginii.* The MSS. differ greatly here. We have given the reading of Lange, with the best editors. (Consult *Ernesti, Clav. Cic., s. v.*)—*Ita ratio comparata est vitæ*, &c. "The routine of life and of our nature is so arranged," *i. e.*, the succession of ages is so regulated by nature.—*E carceribus emissus sis*, &c. Compare *De Senect.*, chap. xxiii., § 83.

§ 102.

Scipio, quamvis est subito ereptus. Compare chap. iii., § 12.—*Vivit tamen, semperque vivet.* Compare chap. vii., § 23 : "*Et, quod difficilius est, mortui vivunt.*"—*Semper in manibus.* "Continually in hand," *i. e.*, with which I was daily brought in contact. The reference is to the happiness of daily intercourse with him while alive.—*Nemo unquam animo*, &c. "No one will ever entertain loftier designs than ordinary in mind or in hope," *i. e.*, no one will ever form in mind any lofty enterprise, or proceed with hopeful feelings to its achievement.

§ 103.

De republica consensus. "A coincidence of sentiment relative to the public interests."—*Rerum privatarum consilium.* "A source of advice in my private affairs."—*Quod quidem senserim.* "As far, indeed, as I was aware."—*Idem victus.* Among the many private virtues, remarks Melmoth, which added lustre to the public characters of Scipio and Lælius, their singular temperance was particularly conspicuous.

§ 104.

Studiis. "Our ardor."—*Recordatio et memoria.* "The ever-living recollection." Compare the explanation of Seyffert: "*Recordatio et memoria* ist nichts weiter, als was wir *lebendige Erinnerung* nennen." *Memoria* is the mere recalling of a thing to mind, as far as *mens* and *cogitatio* are concerned, whereas *recordatio* is the dwelling upon it *cum animo et affectu.* (Compare *Herzog, ad Cæs., Bell. Civ.*, iii., 72, p. 444.)—*Desiderium.* "The loss."—*Diutius.* "Much longer," *i. e.*, in the ordinary course of nature.—*Brevia.* "Of brief duration."—*Ut ita virtutem locetis*, &c. "To assign such a place to virtue, without which friendship can not exist, that, virtue excepted, you may think nothing more excellent than friendship," *i. e.*, to assign virtue the highest place in your estimation, and friendship the place next to virtue. Grævius conjectures *colatis* for *locetis*, of which Ernesti approves ; but there is no need whatever of any change in the common reading.

NOTES

ON THE

PARADOXA.

NOTES

ON

THE PARADOXA.

M. TULLII CICERONIS PARADOXA, &c. "The Paradoxa of M. Tullius Cicero, addressed to Marcus Brutus." The Brutus here referred to is the celebrated Marcus Junius Brutus who conspired against Julius Cæsar.

Under this title of *Paradoxa* are comprehended six favorite paradoxes of the Stoics, explained in familiar language, defended by popular arguments, and illustrated, occasionally, by examples derived from contemporary history, by which means they are made the vehicles for covert attacks upon Crassus, Hortensius, and Lucullus, and for vehement declamation against Clodius. This must not be viewed as a serious work, or one which the author viewed in any other light than that of a mere *jeu d'esprit* ("*Ego vero, illa ipsa, quæ vix in gymnasiis et in otio Stoici probant, ludens conjeci in communes locos,*" præf.); for the propositions are mere philosophical quibbles, and the arguments by which they are supported are palpably unsatisfactory and illogical, resolving themselves into a juggle with words, or into induction resting upon one or two particular cases. The theorems enunciated for demonstration are, 1. That which is morally fair (τὸ καλόν) is alone good (ἀγαθόν). 2. Virtue alone is requisite to secure happiness. 3. Good and evil deeds admit of no degree, *i. e.*, all crimes are equally heinous, all virtuous actions equally meritorious. 4. Every fool is a madman. 5. The wise man alone is free, and, therefore, every man not wise is a slave. 6. The wise man alone is rich.

The preface, which is addressed to M. Brutus, must have been written early in B.C. 46; for Cato is spoken of in such terms that we can not doubt that he was still alive, or, at all events, that intelligence of his fate had not yet reached Italy; and there is also a distinct allusion to the *De Claris Oratoribus* as already published. But, although the offering now presented is called a "*parvum opusculum,*" the result of studies prosecuted during the shorter nights which followed the long watchings in which the *Brutus* had been prepared, it is equally certain that the fourth paradox bears decisive evidence of having been composed before the death of Clodius (B.C. 52), and the sixth before the death of Crassus (B.C. 53). Hence we must conclude that Cicero, soon after his arrival at Rome from Brundisium, amused himself by adding to a series of rhetorical trifles commenced some years before, and then dispatched the entire collection to his friend. (*Smith, Dict. Biogr.*, vol. i., p. 737.)

PROŒMIUM.

§ 1.

Catonem, avunculum tuum. M. Porcius Cato Uticensis is meant, who was surnamed *Uticensis* in history, from Utica, the place where he put an end to his existence. Livia, the sister of the celebrated tribune M. Livius Drusus, was married first to M. Porcius Cato, by whom she had Cato Uticensis; and, subsequently, to Q. Servilius Cæpio, by whom she had a daughter, Servilia, who was the mother of Brutus. Servilia was therefore Cato's half-sister.—*Locos graves ex philosophia tractare.* "Is accustomed to discuss grave topics of philosophy." Observe that *locos* answers here to the Greek τόπους, analogous to the *loci communes* of the rhetorical writers. The reference is to general principles of a philosophical character, intended to be subsequently applied to the question under debate.—*Abhorrentes ab hoc usu,* &c. "Altogether foreign to the forensic and popular mode of speaking that we are accustomed to employ." More literally, "to our forensic and popular practice."

§ 2.

Quod eo majus est illi. "A thing which is the more difficult for him." Observe that *majus* is here equivalent to *difficilius*, or *majoris operæ*. The difficulty arose from the circumstance of his being a Stoic, a school which cultivated a concise and dry mode of speaking, and rejected all the ornaments of oratory. Compare *Brut.*, xxx., § 114: "*Stoicis, quorum peracutum et artis plenum orationis genus scis tamen esse exile, nec satis populari assensioni accommodatum.*"—*Ea philosophia.* The Peripatetic and Academic. (Compare *De Orat.*, iii., 18, 67; *Brut.*, xxxi., § 120.)—*Quæ non multum discrepent,* &c. Especially as regards the views which these two schools entertained of the *bona corporis et fortunæ.* We have given the subjunctive here in accordance with *Zumpt*, § 556. The common text has *discrepant.*—*In vulgus.* "By the mass of mankind."—*Hæresi*

"Sect." Observe that *hæresis* is the Greek αἵρεσις (from αἱρέω, "to choose"), Latinized, and denotes a school, or sect of philosophy, chosen in preference to others.—*Dilatat.* In the sense of *amplificat* or *exornat.*—*Minutis interrogatiunculis.* The Stoics were remarkable for their nice and subtle distinctions, which degenerated, eventually, into mere quibbles. Compare *De Fin.*, iv., 3, 7: "*Pungunt quasi aculeis interrogatiunculis angustis, quibus,*" &c. With regard to *interrogatiunculis*, compare the explanation of Facciolati: "*Significat argumentationes Dialecticorum, quæ fiebant interrogando.*"

§ 3.

De morte. Walker and Thomas Bentley conjecture *de contemnenda morte*, because Cato was accustomed to discourse, not concerning death, but concerning the contempt of it.—*Stoice.* "In accordance with the principles of the Stoic sect."—*Oratoriis ornamentis adhibitis.* "The embellishments of oratory, however, being at the same time called into play by him." Those who wish to read, with Lambinus, *nullis oratoriis ornamentis adhibitis*, mistake Cicero's meaning entirely. Cicero always speaks of Cato as an eloquent man (*Brut.*, xxxi., &c.), and he merely wishes to state here, that he only introduced into his orations philosophic discussions on those points in which the Stoics did not differ very widely from other sects. He himself, however, intends to treat of their Paradoxes, which Cato did not do, and hence the expression *feci etiam audacius.*—*Quæ vix in gymnasiis*, &c. "Which the Stoics prove with difficulty in their schools and moments of leisure," *i. e.*, find it a difficult matter to prove either in their public disputations, or their hours of retirement, when seated in their studies, and reducing their thoughts to writing.—*Ludens.* "As a piece of amusement." Equivalent to *ludendi causa.*—*In communes locos.* "Into the form of commonplaces," *i. e.*, of general propositions.

§ 4.

Et ab ipsis etiam, &c. We have inserted *et* on the authority of one of the MSS. The common reading is extremely awkward. Grævius, who omits *et*, places a period after *appellantur.* Bentley conjectures *appellata.*—*Id est in forum.* These words are suspected by some editors of being a gloss, but without any necessity.—*An alia quædam esset*, &c. "Whether the language of the learned was different of its kind from that which we employ in our harangues to the people."—*Socratica.* Compare the remark of Facciolati: "*Exierunt ex Schola Socratis, qui, in rebus omnibus, non vulgi opinionem, sed veritatem et honestatem sequebantur.*"

§ 5.

Parvum opusculum. Lambinus and others omit *parvum;* Cicero, however, often strengthens the idea of smallness contained in the diminutive by appending an adjective.—*His jam contractioribus noctibus.* Compare Introductory Remarks.—*Illud majorum vigiliarum munus.* "That other gift, the result of more protracted vigils." The reference is to the "*Brutus,*" or treatise "*De Claris Oratoribus,*" and not, as Facciolati maintains, to the "*Tusculan Disputations,*" the "*De Finibus,*" and the "*De Natura Deorum.*"—*Degustabis.* "You will have a taste of," *i. e.*, will be able to form an idea of.—*Uti.* "To pursue."—Θετικά. "Theses," *i. e.*, propositions, involving the discussion of general principles.—*Hoc tamen opus in acceptum,* &c. "I do not, however, at all require of you to regard this work as a debt incurred by you," *i. e.*, to consider yourself under any great obligations to me on account of the work which I here transmit, or to think that I am entitled to any great amount of thanks for it at your hands. The phrase *acceptum referre*, or *in acceptum referre,* properly means, to set down something on the debtor's side of an account, as received from another; and hence its figurative employment on the present occasion.

Non est enim ut, &c. Consult *Zumpt,* § 752.—*In arce.* As if it were a valued work of art, like the statue of Minerva by Phidias, which was placed in the Parthenon, on the Acropolis of Athens.—*Ex eadem officina.* "From the same studio," *i. e.*, from the same workshop from which my other work emanated. He merely wishes his friend Brutus to recognize in it the hand of the same writer, *i. e.*, of Cicero.

PARADOXON I.

§ 6.

Quod honestum sit, &c. "That what is morally fair is alone good. The Latin inscriptions given in each of the Paradoxa after the Greek heading are owing probably to the grammarians, and are omitted in many MSS. We have retained them, however, with the best editors. The doctrine of the Stoics here alluded to is as follows: Since those things only are truly good which are becoming and virtuous, and since virtue, which is seated in the mind, is alone sufficient for happiness, external things contribute nothing toward happiness, and, therefore, are not in themselves good. The wise man will only value riches, honor beauty, and other external enjoyments, as means and instruments of virtue; for in every condition he is happy in the possession of a mind accommodated to nature. (*Diog. Laert.* vii., § 92, *seqq.*; *Cic.*, *De Fin.*, iii., 10, 34.)

Stoicorum. The Stoics were a sect founded by Zeno, a native of Citium in the island of Cyprus, and they derived their name from the στοά, or portico, in which their founder was accustomed to teach at Athens.—*Dici poscit.* "Requires to be spoken of." Some editors read *possit*, others *potest.*—*Istorum.* Indicative of contempt. (Compare *Zumpt*, § 127, and 701.)—*Opes.* "The influence." Observe that *opes* denotes the influence in the state which connections, birth, wealth, talent, eloquence, &c., give a man.—*Imperia.* "Military power."—*Circumfluentes.* A much better reading than *circumfluentibus.*—*Cupiditatis sitis.* "The thirst of their cupidity."

§ 7.

Continentissimorum hominum, &c. "I often miss the wonted sagacity of those most continent men, our ancestors," *i. e.*, of our ancestors, men who lived with so much simplicity.—*Pecuniæ membra.* "Appendages of wealth." Some editors omit *membra*, while others read *munera.* There is no necessity, however, for either change.—*Verbo Bona.* "By the term *Bona*," *i. e.*, by the appellation of "*Goods*."—*Re ac factis.* "In reality, and in their whole course of conduct." Compare the Greek version of Petavius: τῷ ὄντι κἀν ταῖς πράξεσιν.—*Malo esse.* Compare *Zumpt*, § 422.—*Atqui ista omnia*, &c. The Stoics called all such things indifferent (ἀδιάφορα), since they can not affect the real happiness of man. Hence the remark of Seneca (*Ep.*, 117): "*Id medium atque indifferens vocamus, quod tam malo contingere quam bono potest, tamquam pecunia, forma, nobilitas*"

§ 8, 9.

Quamobrem licet irrideat, &c. "Wherefore, if any one wishes so to do, let him deride (what is here said)." Observe that *si qui vult* is equivalent, in fact, to *quisquis vult.*—*Vera ratio.* "Right reason." —*In septem.* Supply *sapientibus.*—*Prienen.* Priene was a city of Ionia in Asia Minor, at the foot of Mount Mycale. It was taken in the time of Bias by Alyattes, the father of Crœsus. (Compare *Herod.*, i., 26.)—*Multa de suis rebus.* Lambinus thinks that we should read *multa de suis*, or else *multas de suis rebus.* (Compare *Ochsner*, *Ecl.*, p. 285.)—*Porto.* Compare *Parad.* iv., 1, 29.—*Hæc ludibria fortunæ.* The goddess Fortune was supposed to bestow her gifts oftentimes in mere sport and mockery. (Compare *Liv.*, xxx., 30: "*Hoc quoque ludibrium casus ediderit fortuna.*")

§ 10.

Lentius. "Too coldly," *i. e.*, in too lifeless a manner.—*Subtilius quam satis est.* "With more subtlety than suffices (for all practical purposes)."—*Ullam cogitationem aut auri*, &c. "Any conception either of gold and silver (employed) for gratifying cupidity; or of objects pleasing to the eye (intended) to impart delight; or of furniture to be highly prized; or of banquets for voluptuous indulgence." By *amœnitates* are meant in particular magnificent dwellings, splendid villas, gardens, &c.—*Ad avaritiam.* Ruhnken (*ad Vell. Paterc.*, p. 124) conjectures *ad divitias*, but the emendation is an unfortunate one. Compare the explanation of Wetzel: "*avaritia argentum ap petit, sive argentum explet avaritiam.*"

§ 11.

Vultis a Romulo? Supply *incipere* or *incipiam*, which actually ap pear in different editions, but are nothing more than mere glosses. —*Escendit.* Old form for *ascendit.* (Compare *Tusc. Disp.*, v., 9; *De Senect.*, xxiii., § 88.)—*Minusne gratas*, &c. "Do we think that his two-handled cups, and his small earthenware vessels, were less acceptable to the immortal gods than the pateræ of others, chased with the figures of ferns?" *i. e.*, covered with embossed or chased work, representing branches of fern. Observe that *aliorum* is equivalent to *eorum qui post vixerunt.*—*Capedines.* Small two-handled cups used in sacrifices, and made, according to Varro (*L. L.*, iv., 26), either of wood or of earthenware.—*Hirnulas.* The term *hirnula* (written, also, *hirnella* and *irnella*) is a diminutive of *hirnea*, the root of which may be traced in *ir*, *hir*, *χείρ*. (Compare *Cic.*, *De Fin.*, ii., 8; and *Benfey*, *Wurzel-Lex.*, ii., p. 108.)—*Filicatas.* Compare the *lances filicatæ* mentioned in *Ep. ad Att.*, vi., 1.

§ 12.

Brutum. L. Junius Brutus, who drove out the Tarquins.—*Quid egerit.* "What object he may have had in view." Literally, "what he may have been urging on."—*Quid spectaverint*, &c. "What they may have aimed at, what they may have sought to accomplish."—*C. Mucium.* Caius Mucius, surnamed Scævola, from the loss of his right hand, which he held over the burning altar when his attempt against the life of Porsenna was frustrated. (Consult *Liv.*, ii., 12, *seq.*)—*Coclitem.* Horatius Cocles, who, unaided, defended the *pons Sublicius* against all the host of Porsenna. (*Liv.*, ii., 10.)—*Patrem Decium*, &c. Compare *De Senect.*, xx., § 75.—*Devotavit.* A word of rather rare occurrence, and borrowed from the "Decius" of Accius (*ap. Non.*, p. 98): "*Patrio exemplo et me di-*

cabo, atque animam devotabo hostibus."—*C. Fabricii.* Compare *De Senect.*, vi., § 15.—*M'. Curii.* Compare *De Senect.*, v., § 15.—*Sequebatur.* This verb is to be supplied, either in the singular or plural, in all the clauses that follow, down to *alii.*—*Cn. et P. Scipiones.* Compare *De Senect.*, xx., § 75.—*Carthaginiensium adventum.* "The entrance of the Carthaginians into Italy." The allusion is to the efforts of the two Scipios, who commanded in Spain, in preventing the passage of re-enforcements for the army of Hannibal in Italy.—*Inter horum ætates interjectus Cato.* Cato was quæstor to the elder Africanus; and subsequently, when advanced in years, extolled in the senate the distinguished ability of the younger Africanus during the early part of the third Punic war. (Compare *De Senect.*, vi., § 19.)

§ 13, 14.

Hujus orationis ac sententiæ. "Of this mode of speaking, and of the sentiments here advocated."—*Corinthiis operibus.* "In articles of Corinthian workmanship." The reference is to statues, columns, &c., but, more particularly, to vessels of Corinthian brass. (Compare *Plin.*, *H. N.*, xxxiii., 2.)—*Fabricii.* Compare § 12.—*Quæ modo huc, modo illuc transferuntur.* A circumlocution for *commutabilia.* The reference is to the *ludibria fortunæ*, alluded to in § 9, what the Greek philosophical writers termed *τὰ ἐν κινήσει.* Wetzel and Gernhard are wrong in supposing that by "*mobilia*" are merely meant "*quæ loco suo moveri possunt.*"—*Illud.* Compare *Zumpt*, § 748.—*Voluptatem esse summum bonum.* The doctrine of the Cyrenaic school, so called from its founder, Aristippus, a native of Cyrene. The Cyrenaic doctrine would appear to have arisen from a misapplication of the Socratic. Socrates considered happiness (*i. e.*, the enjoyment of a well-ordered mind) to be the aim of all men; and Aristippus, taking up this position, pronounced pleasure the chief good, and pain the chief evil; but he wished the mind to preserve its authority in the midst of pleasure. (*Smith, Dict. Biogr.*, *s. v.*)—*Quidquamne bonum est*, &c. Compare *Seneca, Epist.*, 87: "*Quod bonum est, bonos facit; fortuita bonum non faciunt; ergo non sunt bona.*"

§ 15.

Laudabilis. Compare *Cic.*, *De Fin.*, iii., 8, 27: "*Quod est bonum, omne laudabile est; quod autem laudabile est, omne est honestum: bonum igitur quod est, honestum est.*" And again, *Plut.*, *Stoic. Repugn.*: *τὸ ἀγαθὸν αἱρετόν, τὸ δ' αἱρετὸν ἀρεστόν· τὸ δ' ἀρεστὸν ἐπαινετόν· τὸ δ' ἐπαινετὸν καλόν.* (*Tennemann, Gesch. d. Phil.*, t. iv p. 83.)—

Quid horum. "What one of these things." The reference is to praise and glory.—*An quisquam in potiundis voluptatibus*, &c. "Or does any one, amid the enjoyment of pleasures, elevate himself in glory and in good report?" *i. e.*, does any one find that the enjoyment of pleasures is a title to honor and glory?—*Demovet.* A metaphor borrowed from the movements of combatants.

PARADOXON II.

§ 16.

In quo virtus sit, &c. This same subject is handled more at large in the fifth book of the Tusculan Disputations, under the title "*Virtutem ad beate vivendum se ipsa esse contentam.*"—*Nec vero ego*, &c. Some editors, in order to avoid the appearance of abruptness in this commencement, suppose the present Paradox to be intimately connected with, and to flow, as it were, from the preceding one. It is better, however, to regard the whole piece as a fragment from an oration against Clodius, who had attacked Cicero on account of the alleged illegality of the condemnation of the followers of Catiline, and as being here introduced for the purpose of showing in what way general propositions, of a philosophical nature, may be made to have a special application. (Compare *Billerbeck, ad loc.*)—*M. Regulum.* Compare *De Senect.*, xx., § 75. Cicero appears nowhere to have had any doubts respecting the actual punishment of Regulus by the Carthaginians.—*Magnitudo animi.* "His lofty spirit."—*Gravitas.* "His rectitude of principle," *i. e.*, his remaining true to his character, and not allowing himself to be intimidated by the fear of a cruel punishment, so as to recommend impolitic and dishonorable terms to his countrymen. — *Qui, tot virtutum præsidio*, &c. "For he, through the safeguard and the glorious retinue of so many virtues." There is no need of our inserting *septus*, or *circumseptus*, or *munitus* into the text, after *comitatu* as some editors have done; for *præsidio* and *comitatu* are causal ablatives, and require nothing to be added.

C. vero Marium vidimus. Marius died B.C. 86, when Cicero was in his twenty-first year. The works of Cicero offer many proofs of his attachment to the memory of Marius. While still a young man, he celebrated his praises in a poem named after him. (*De Leg.*, i. 1.) He constantly cites him as a model of courage and firmness of soul. (*Or. in Verr.*, v., 10; *pro Balb.*, 20, *seq.*; *in Pis.*, 19; *Tusc.*, ii., 15; *De Fin.*, ii., 32, &c.) He compares his own exile to that of Marius (*Post red. ad Quir.*, 8; *pro Sext.*, 22): and he mentions in his treatise on *Divination* (i., 28; ii., 67), the dream in which he thought he saw Marius, who announced to him a happy return to his country. Marius, it will be remembered, was Cicero's fellow-townsman, both having been born at Arpinum.—*Secundis in rebus.* Referring to those of his country, as brought about by his victories. —*Adversis.* Referring to his own, when the party of Sylla was in the ascendant.

§ 17.

Insane. Addressed to Clodius. Some MSS. add *O Marce Antoni!* and hence Bentley thinks that we have here a fragment of an oration against the triumvir. The opinion, however, appears an untenable one, and the addition just mentioned to be a mere gloss. —*Qui est totus aptus ex sese.* "Who is altogether sufficient in himself," *i. e.*, who is αὐτάρκης. An imitation of Plato's language (*Menex.*, p. 247, E.): ὅτῳ γὰρ ἀνδρὶ εἰς ἑαυτὸν ἀνήρτηται πάντα τὰ πρὸς εὐδαιμονίαν φέροντα, κ. τ. λ.—*Ratio.* "Calculations."—*Eum tu hominem*, &c. As if *non me* were understood in opposition to it.—*Istis.* Indicative of contempt.—*Ne recusanti quidem evenerit*, &c. "Will in all likelihood befall me, not even refusing (to receive it), not merely not offering resistance to it," *i. e.*, will not only not be resisted, but even patiently waited for by me. As regards the force of *evenerit* here, consult *Zumpt*, § 527.—*Laboravi*, &c. Alluding to his labors in crushing the conspiracy of Catiline.

§ 18, 19.

Ut omnino ab hominibus. "So that I must depart altogether from among men." Supply *demigrandum sit.*—*Quorum omnia.* "All whose prospects."—*Quasi circumscriptus est.* "Is circumscribed, as it were, within certain limits."—*Non iis, qui omnem*, &c. Cicero's own conduct in banishment agreed very ill with this sentiment.—*Tuæ libidines*, &c. Equivalent to *nam tuæ libidines*, &c.—*Quod est.* "What you at present possess," *i. e.*, your present fortune.—*Ne non sit diuturnum futurum.* "Lest it may not be going to prove lasting." On *ne non* with verbs of fearing, consult *Zumpt*, § 535.—*Ut furiæ.* "Like so many furies."—*Tuæ injuriæ.* "Your wrong-doings."—*Bene esse potest.* "It can go well with."—*Fugienda.* "To be shunned by us."—*Florens.* "Prosperous."

PARADOXON III.

§ 20.

Æqualia esse peccata, &c. "That all crimes are equal, and (also all) virtuous actions," *i. e.*, that good and evil deeds admit of no degree, that is, all crimes are equally heinous, and all virtuous actions equally meritorious. This same Stoic paradox is handled in the *De Fin.*, iii., 9, 32; 10, 34; 14, 45; 15, 48; iv., 27, 75, &c. Compare *Horat.*, *Sat.*, i., 3, 75, *seqq.*—*Rerum eventu.* "By the issue," *i. e.*, by their effects. The reasoning of Cicero is this: When you commit a fault, neither the object nor the effects of your fault are at all to be taken into consideration, but simply the fault itself, and the fact of your conduct being criminal. Hence it follows that all faults are equal *in genere,* though they may differ greatly *in specie.*—*Ipsum illud peccare.* Consult *Zumpt,* § 598.—*Quoquo verteris.* The meaning is, whether you say it was done through imprudence, or through want of self-control.—*Auri navem evertat gubernator,* &c. "Whether a pilot lose a ship laden with gold or with hay, makes a considerable difference as regards the nature of the damage, none as regards the pilot's unskilfulness."—*Lapsa est libido.* "Passion has gone astray," *i. e.*, an outrage has been committed.—*Dolor.* "The trouble consequent upon this."—*Est tamquam transilire lineas.* "Is, as it were, overleaping certain limits." The Stoics represented virtue as a straight line, on either side of which men fell into vice.

Quod autem non licet, &c. "What, however, is unlawful, is made to depend merely on the following circumstance, if it be shown, namely, to be unlawful," *i. e.*, it is merely sufficient to know whether a thing be unlawful; any question about the degree of unlawfulness is foreign to the subject.—*Id.* Referring to the simple fact of an action's being unlawful. This unlawfulness can not be rendered on any occasion either greater or less; that is, for example, it is no more allowed you to kill a mere stranger, than another his own father.—*Quoniam in eo est peccatum,* &c. "Since the fault consists in this, in the fact of the thing's not being lawful, which fact is always one and the same."

§ 21.

Quod si virtutes, &c. "Again, if virtues," &c.—*Nec bono viro meliorem,* &c. "And that a man can not be made better than a good man," &c., *i. e.*, that there is no better man than a good man Compare *Seneca, Ep.*, 66: "*Nihil invenies rectius recto,*" &c. Observe, moreover, that the *vir bonus* here meant is not the *sapiens,* or sage of the Stoics, but the just man of ordinary life.—*Sapiente.* Equivalent here to *prudente.* (Compare *De Off.*, i., 5, 16.)—*In decem millibus pondo.* "In the case of ten thousand pounds," *i. e.*, when he can gain this amount with impunity. With regard to the construction of *pondo*, consult *Zumpt*, § 87, 428.—*Effuderit.* "May have given himself full scope." Supply *sese.*

§ 22.

Una virtus est, &c. "Virtue is one, and in accordance with right reason and undeviating consistency," *i. e.*, and ever in accordance with reason and itself. Compare the explanation of Wetzel: "*Virtus, quæ una est, semper sibi constans, nunquam a ratione discedit.*"—*Quo magis virtus sit.* "By which it may become more of virtue (than it already is)."—*Ut virtutis nomen relinquatur.* "So that the name of virtue can be left." The idea intended to be conveyed is this, that if the smallest part be taken from virtue, it no longer deserves the name of virtue. Compare the remark of Socrates, as quoted by Stobæus: τοῦ βίου καθάπερ ἀγάλματος πάντα τὰ μέρη καλὰ εἶναι δεῖ.—*Pravitates animi.* "The obliquities of the mind." This subject is handled more fully by Cicero in the *Tusc. Disp.*, iv., 13.—*Recte facta.* "Right actions." The Greek κατορθώματα.

§ 23.

A philosophis. That is, from those who do not agree among themselves; for on this very subject, Antiochus of Ascalon, the founder, as he is called, of the fifth Academy, opposed the Stoic doctrine. (*Acad.*, ii., 43.)—*Lenonibus.* "The corrupters of the young." This bitter expression is aimed at the Epicureans.—*Socrates disputabat isto modo.* Consult Gernhard's note on the μαστροπεία playfully professed by Socrates. (*Xen.*, *Symp.*, iii., 10; iv., 57, *seq.*)—*Bajuli.* The Greek βαστάζοντες. (Compare *Aul. Gell.*, v., 3; *Brut.*, c. 73.)—*Quæ magis arceat.* On the subjunctive here, consult *Zumpt*, § 561.—*Stuprum.* "Dishonor."—*Labem libidinis.* "That the stain of libidinous turpitude."

§ 24.

Patrem quis enecet. "Whether one kill his father."—*Nuda.* "Nudely," *i. e.*, without stating likewise the particulars of place, time, impelling motive, &c.—*Saguntini.* The people of Saguntum, in Spain, when their city was besieged by Hannibal, destroyed themselves and their effects by the flames rather than fall into his hands (Compare *Liv.*, xxi., 6, *seqq.*; *Polyb.*, iii., 17; *Val. Max.*, vi., 6.)—*Causa igitur hæc*, &c. "It is the motive, therefore, and not the nature of the action, that makes this distinction," *i. e.* the distinction lies in the motive, not in the nature of the action.—*Quæ quando utro accessit*, &c. "And when the former is added to either side, that side becomes the weightier of the two." A metaphor taken from the operation of weighing, the leading idea in *propensus* being that of hanging, bending or inclining forward, hanging down, &c. The idea, therefore, is this, that it is the motive which causes the balance to incline in this direction or in that.

§ 25.

Multa peccantur. "Many crimes are committed." Cicero here deviates from the principle laid down by him, and is obliged to return to what he calls popular opinion. The murder of a slave, and an act of parricide, both proceed equally from a single impulse of the will; and yet one of these actions is more criminal than the other, because there are more rights and duties violated by it. The atrocity of the crime, therefore, depends on the case itself, and not on the motive.—*Qui in sede ac domo*, &c. The idea is, who has given him a habitation, a home, and a country.—*Multitudine peccatorum.* "In the multitude of crimes that are involved in it."—*Fingere.* "Imagine." Some read *figere*, and compare *Horat.*, *Od.*, iii., 15, 2.—*Modum tenere.* "Exercise a control."

§ 26.

Extra numerum. "Out of the proper measure." Compare the explanation of Wetzel: "*Si in saltando peccavit contra leges saltationis.*" The reference in *numerus* is not merely to the music, but also to the movements of the dance as consequent thereon.—*Si versus pronuntiatus est*, &c. The actor is not hissed for any negligent pronunciation of the line, but the line itself is hissed, and the actor as the representative of the poet. Hence we have the nominative with the passive verb, not *si versum pronuntiavit.*—*Omni gestu moderatior.* "More carefully regulated than any theatrical gesture."—*Aptior.* "More exact."—*Tu ut in syllaba te peccasse dices?* "Will you say that you have erred as in the case of a syllable merely?" *i. e.*, will you say that a fault committed in life is no greater than that in the case of a syllable which mars the measure of a verse?—*Poetam non audio in nugis.* "I take no excuse from a poet in matters of a trifling nature," *i. e.*, where mere empty fictions are concerned. Observe that *non audio* is here equivalent in effect to *non accipio excusationem.*—*Digitis peccata dimetientem sua.* A metaphor borrowed from the custom, on the part of poets, of measuring off their verses by the aid of their fingers.—*Quæ si visa sunt brevi ora*, &c. Observe that *breviora* is here equivalent to *minora*, the figurative allusion to the measuring of verses being still kept up.—*Perturbatione peccetur*, &c. Compare the remark of Wetzel: "*in quovis peccato ratio atque ordo perturbantur.*"

PARADOXON IV.

§ 27.

Omnem stultum insanire. This same object is handled in the Tusculan Disputations, iii., 4, 9, *seqq.* (Compare *Diog. Laert.*, vii., 124; *Horat.*, *Sat.*, ii., 3, 43; *Senec.*, *Benef.*, ii., 35.)—*Ego vero te non stultum*, &c. This Paradox, like the second one, is merely a fragment of an oration against Clodius, though differing from the other in having been delivered after Cicero's return from exile; and the object of its introduction is, as in the former case, to show in what way a special application may be made of a general philosophical proposition.—*Te rebus vincam necessariis.* "Will convince you by reasons that admit of no reply." *Vincam* is for *convincam.* The true reading here has been much disputed; but the meaning of the ordinary text is sufficiently satisfactory. Consult Billerbeck's note.—*Magnitudine consilii.* "By lofty views."—*Tolerantia rerum humanarum.* Compare *Tusc. Disp.*, iii., § 34.—*Qui ne civitate quidem pelli potest.* Compare the beginning of § 28.—*Ferorum et immanium.* "Of lawless and ferocious men."—*Quum judicia jacebant.* "When the public tribunals lay prostrated."—*Mos patrius.* "The customs of our fathers," *i. e.*, ancient institutions.—*Senatus nomen in republica non erat.* All these allusions are to the pernicious effects of the measures of Clodius and his party, which terminated in the banishment of Cicero. Consult *Excursus* I.—*Reliquiæ conjurationis.* After the overthrow of Catiline, his partisans still remained secretly powerful at Rome.—*A Catilinæ furiis*, &c. Compare *Cic. in Pis.*, c. 7: "*Quid enim interfuit inter Catilinam et eum, cui tu senatus auctoritatem, salutem civitatis, totam rempublicam provinciæ præmio vendidisti? Quæ enim L. Catilinam conantem consul prohibui, ea P. Clodium facientem consules adjuverunt.*"

§ 28.

Quæ nulla erat. "Which was no state," *i. e.*, which had no longer any existence, but had been ruined by the wicked and factious.—*Arcessitus in civitatem sum.* "I was recalled unto the state."—*Quum esset in republica consul.* This was in B.C. 57, during the consulship of P. Cornelius Lentulus Spinther and Q. Cæcilius Metellus Nepos These consuls, and the whole of the new college of tribunes, led on by Milo, took up Cicero's cause, and succeeded eventually in effecting his restoration. Consult *Excursus* I.—*Qui tum nullus fuerat.* "Which office at that time (when you were in the tribuneship) had had no existence," *i. e.*, in consequence of the violence of your proceedings, and the overawing effects of your influence with the people. — *Vincula civitatis.* "The bands of the state," *i. e.*, its safeguards. — *Pervenisse ad me nunquam putavi.* Because as a wise man I believed that your attacks could never harm me.—*Quum parietes disturbabas*, &c. The instant that the departure of Cicero into exile became known, his magnificent mansion on the Palatine, and his villas at Tusculum and Formiæ, were given over to plunder and destruction. It is to this that he here alludes.—*Meorum.* "Of the things that were really mine," *i. e.* which I could strictly call my own, in contradistinction from the mere gifts of fortune.

§ 29.

Meas curas. "My cares in behalf of the state."—*Nec fecisti.* "You neither accomplished." Observe that *fecisti* here is for *effecisti.*—*Reditum gloriosum.* Cicero's return resembled a triumph. Traveling slowly from Brundisium, where he had landed, he received deputations and congratulatory addresses from all the towns on the line of the Appian Way ; and, having arrived at the city, a vast multitude poured forth to meet and escort him, forming a sort of triumphal procession as he entered the gates.—*Exitum.* "Departure into exile."—*Meam salutem, ut civis optimi.* Observe that *civis* is put in apposition with the personal pronoun *mei* implied in *meam.* —*Natura ac loco.* "By origin and by the place of birth."—*Animo factisque.* "By sentiments and actions."

§ 30.

Cædem in foro fecisti. This was on the 25th of January, B.C 57, when Clodius, possessing no longer any tribunitian power, was obliged to depend upon his armed bands for preventing the people from passing a decree to recall Cicero. On this day, a rogation to that effect was brought forward by the tribune Fabricius, when Clodius appeared with an armed body of slaves and gladiators. Fabricius had also brought armed men to support him, and a bloody fight ensued, in which the party of Fabricius was worsted. Consult *Excursus* I.—*Armatis latronibus templa tenuisti*, &c. Clodius took possession, on one occasion, of the Temple of Castor with his band ; and he also set fire to the Temple of the Nymphs, for the purpose of destroying the censorial records. (*Cic., Or. in Pis*, c. 15; *pro Sext.*, c. 39.)—*Spartacus.* The celebrated gladiator, who, at the head of a large number of gladiators and slaves, waged for a time a successful war with the Romans in the very heart of Italy. He was finally overthrown by Crassus. (*Liv., Epit.*, 95; *Flor.*, iii., 20, &c.) —*Et me tuo nomine appellas.* "And do you call me by a name which belongs to your own self?" *i. e.*, an exile. Some supply *exulem* in the text, but the common reading is more forcible.—*Exulasse rempublicam.* "That the republic itself went into exile."—*Nunquam nec quid facias, considerabis*, &c. In this way Clodius himself proves the truth of the proposition, *omnem stultum insanire.*—*Præclarissimas res a me gestas.* Alluding to his crushing of the conspiracy of Catiline, for which he was afterward banished.

§ 31.

Exul non appelletur is. This is Orelli's reading, in place of the common lection, *num appellatur inimicus.* — *Cum telo.* Consult *Zumpt*, § 473.—*Ante senatum tua sica deprehensa est.* This refers to an attempt that was made by Clodius, through one of his slaves, upon the life of Pompey. The slave was discovered in the vestibule of the senate-house, prepared for the assassination.—*Qui hominem occiderit?* Supply *is exul non appelletur?* The same ellipsis occurs at *qui incendium fecerit?* and *qui templa occupaverit?*

§ 32.

Communes leges. "The common laws," *i. e.*, the general or public laws, that concern and are binding upon all. The term is used in opposition to what were termed *privilegia*, or enactments that had each for their object a single person, as is indicated by the form of the word *privi-legium*, the expression *privæ res* being the same as *singulæ res.*—*Familiarissimus tuus de te privilegium tulit*, &c. "Your own most intimate friend proposed a special law concerning you, to the effect that if you had (as was alleged) intruded upon the secret sacrifice of the *Bona Dea*, you should be exiled." At the mystic sacrifice of the Bona Dea no males were allowed to be present. The friend here meant was M. Pupius Piso, who was consul in B.C. 61, the year when Clodius was impeached for this offence, which had been committed toward the close of B.C. 62. The mysteries of the Bona Dea were celebrated, in this latter year, at the house of Cæsar. Clodius, who had an intrigue with Pompeia, Cæsar's wife, managed, by the aid of one of the attendants, to enter the house disguised as a female musician. But while his guide was gone to apprise her mistress, Clodius was detected by his voice. The alarm was immediately given, but he made his escape by the aid of the damsel who had introduced him. He was already a candidate for the quæstorship, and was elected; but in the beginning of 61, before he set out for his province, he was impeached for this offence, and Piso the consul, his own friend, was compelled by the senate to propose a rogation to the people for the purpose of specially meeting his case. Clodius, however, eventually escaped by the joint effect of bribery and intimidation. Consult *Excursus* I.

Quomodo . . . . nomen exulis non perhorrescis? The answer to this is found in the proposition which forms the subject of the present Paradox, *omnis stultus insanit.*—*In operto.* "At the secret sacrifice," *i. e.*, at the mysteries of the Bona Dea.—*Ejus loci jus.* "The ights and privileges of that place."

PARADOXON V.

Solum sapientem esse liberum, &c. This Stoic paradox is handled also in the *De Finibus*, iii., 22, 75. Compare *Diog. Laert.*, *Vit. Zen.*, § 122: (*τὸν σοφὸν*) . . . . *μόνον τε ἐλεύθερον· τοὺς δὲ φαύλους δούλους.* In order to conceive the true notion of the Stoics concerning their wise man, it must be clearly understood that they did not suppose such a man actually to exist, but that they framed in their imagination an image of perfection, toward which every man should continually aspire. All the extravagant things, which are to be met with in their writings on this subject, may be referred to their general principle of the entire sufficiency of virtue to happiness, and the consequent indifference of all external circumstances.

§ 33.

Laudetur vero hic Imperator, &c. The subjunctive here indicates concession. We have here a fragment of an oration in which Cicero addresses the people, and advises against the election of a certain individual as commander. It is here introduced to show in what way such a paradox as the present may be applied to purposes of encomium or of censure. Some consider the oration in question as a mere rhetorical exercise, without any particular reference to any existing individual; and this, no doubt, is the true opinion. Facciolati, however, thinks that it is aimed at Sylla; Ernesti, at Mark Antony; and Wetzel, at Lucullus.

Quomodo aut cui, &c. According to the Roman idea, no slave could engage in military service. (Compare *Liv.*, xxii, 37.)—*Animi labes*. "Plague-spots of the soul."—*Improbissimis domiris*. Compare *De Senect.*, xiv., § 47.—*Sed liber habendus*, &c. Observe that *sed* is here for *sed etiam*.—*Præclare enim est hoc usurpatum*, &c. "For excellently well has this maxim been laid down by the wisest men," *i. e.*, by philosophers. Literally, "has this been accustomed to be said," &c.—*Apud prudentissimos*. "Before men of the greatest intelligence."—*Cur ego simulem*. "Why should I pretend," *i. e.*, why should I falsely lead them to suppose.—*Perdidisse*. "Have lost the fruits of that labor." Supply *operam illam*.—*Ab eruditissimis viris*. Not only by the Stoics, but by all the Socratics.

§ 34.

Ut velis. "As you may feel inclined," *i. e.*, as one *should* feel inclined, in accordance, namely, with right reason. The reference is to *voluntas cum judicio*, which stands directly opposed to *libido*. (Compare *De Off.*, i., 20, 70.)—*Ut vult*. "As he wishes," *i. e.*, according to his own will, when he hears the voice of reason.—*Cui vivendi via*, &c. Observe that *cui* here takes the place of *a quo*, and consult *Zumpt*, § 419.—*Eodemque referuntur*. Some editions have *feruntur*, but the compound here is more in accordance with the style of Cicero. Consult Orelli's note.—*Fortuna ipsa cedit*. The wise man is superior to fortune, for the gifts of fortune are mere external things, which have no relation to virtue.—*Sicut sapiens poeta dixit*, &c. "As a wise poet has said, 'She is moulded for each one by his own peculiar character,'" *i. e.*, each man is the artificer of his own fortune. We have released *ea*, with Orelli, from the brackets of Gernhard and other editors. The reference is to *fortuna*. Who the *sapiens poeta* is remains a question. Most commentators, however, think that Appius is meant, because a sentiment very similar to the one in the text is quoted from him by Sallust in the epistle to Cæsar, "*De ordinanda republica*," namely, "*Fabrum esse quemquam fortunæ*;" but we find the same sentiment in Plautus (*Trinumm.*, iii., 2, 84), "*Sapiens ipse fingit fortunam sibi*;" and also in many other writers.

§ 35.

Breve. "May be dispatched in a few words."—*Qui ita sit affectus*. Namely, so as to do nothing unwillingly and from compulsion.—*Servi igitur omnes improbi*. This is Orelli's reading; the common text has *Igitur omnes improbi, servi*. The second part of the paradox begins here.—*Nec hoc tam re*, &c. The meaning is, that the paradox is here more in the word than in the thing itself.—*Ut mancipia, quæ sunt dominorum facta nexu*. "Like purchased ones, which have become the property of masters by a formal sale." (Consult *Dict. Ant.*, *s. v. Mancipium* and *Nexus.*)—*Aut aliquo jure civili.* "Or by any other civil right." Observe that *aliquo* is here equivalent to *alio quo*. The reference is to a slave's having been born under one's roof, or on his domain, or having been obtained by gift, or inheritance, or having been taken from the foe.—*Fracti animi atque abjecti*, &c. "Of a mind without force, and without courage, and deprived of its own free-will."

§ 36.

Cui mulier imperat. They who think that Mark Antony is the individual alluded to by Cicero in this Paradox suppose that Fulvia, the wife of Antony, is here meant. (*Betuleius, ad loc.*)—*Imperanti.* "To her when ordering."—*Poscit; dandum est.* "She asks for a thing; he must give it to her."—*Etiam si in amplissima familia natus sit.* "Even though he may have been born in a most illustrious family," *i. e.*, may belong to a most noble line.—*In magna familia.* "In a large household."—*Lautiores.* "Of a higher class." The allusion is to such slaves as the *medici*, *anagnostæ*, *ab epistolis Græcis*, &c., who looked down with contempt upon those members of the household that were engaged in more menial employments, and fancied themselves much *nicer people* (the literal force of *lautiores* here), though just as much slaves as the others were, and liable at any moment, when their master saw fit, to be degraded to the condition of *mediastini*, or lowest slaves.—*Servi.* After this word the common text has *atrienses ac topiarii*, which is a manifes gloss, since these belonged to the lowest class of slaves.—*Sic i pari stultitia sunt*, &c. The meaning is, that the folly of those persons is no less marked who fancy themselves free, and yet are enslaved by statues, paintings, &c.—*Corinthia opera.* Compare *De Amicitia*, § 55.—*Nimio opere.* "Beyond measure."—*Vos vero ne servorum*, &c. "You are not, however, at the head of even your own slaves," *i. e.*, your own slaves, in all likelihood, are wiser than you yourselves are, and, therefore, as you do not virtually take the lead of them at home, you can not well take lead abroad in matters appertaining to the state. The ordinary reading *conservorum* is justly condemned by Orelli.

§ 37.

Qui tractant ista. "They who have the charge of those things." The reference in *ista* is to the works of art, &c., just mentioned.—*Qui tergunt, qui ungunt*, &c. "Who cleanse, who rub, who sweep, who sprinkle." The verbs *tergunt* and *ungunt* refer to the cleansing, rubbing down, and polishing of statues, silver and bronze vases, &c., some unctuous substance being applied for the purpose of guarding against or removing spots of rust, stains, &c. The allusion in *verrunt* and *spargunt* is to the sweeping and sprinkling of the costly pavements of the Roman dwellings. They, who refer *tergunt* and *ungunt* to the operations of the bath, mistake entirely the meaning of the passage, to say nothing of the awkward collocation of these two verbs before *verrunt* and *spargunt*, if their supposition be correct. And, besides all this, the slaves who waited on their master's person were regarded as belonging to the more honorable class, whereas here the text says of those referred to, "*non honestissimum locum servitutis tenent.*"—*Ipsius servitutis.* A far superior reading to *ipsius civitatis*, as given by some.

Echionis tabula, &c. "Some painting of Echīon holds thee fixed in stupid admiration." Echion was a painter and statuary, who flourished B.C. 352. He is ranked by Pliny and Cicero with the greatest painters of Greece, Apelles, Melanthius, and Nicomachus. (*Smith, Dict. Biogr.*, *s. v.*)—*Polycleti.* Polyclētus was a celebrated sculptor and statuary, who flourished about 430 B.C.—*Mitto.* For *omitto.*

§ 38.

Festiva. "Handsome things."—*Oculos eruditos.* "Eyes capable of judging," *i. e.*, capable of perceiving the beauties of works of art. More literally, "educated eyes."—*Ita venusta.* "Only so far beautiful."—*Vincula virorum.* "The fetters of men of sense." Compare Ernesti: "*Quæ viros in servitutem redigunt.*"—*L. Mummius.* The conqueror and destroyer of Corinth, and who appropriated no part of the plunder to himself, but was so unconscious of the real value of his prize, that he sold the rarer works of painting, sculpture, and carving to the King of Pergamus, and exacted securities from the masters of vessels who conveyed the remainder to Italy, to replace by equivalents any picture or statue lost or injured in the passage. (*Smith, Dict. Biogr.*, vol. ii., p. 1119.)—*Istorum.* "Of that class of persons to which you belong."—*Matellionem Corinthium*, &c. "Cherishing with the most eager feelings some vile utensil of Corinthian brass." *Matellio* is a derivative from *matula.* (Compare *Varro, L. L.*, iv., 25; *Id.*, *ap. Non.*, c. 15, n. 32.)—*Atriensem.* "Hall-slave." Supply *servum.* The *Atriensis* had charge of the *atrium*, or hall, and of all the works of art, &c., accustomed to be placed therein. He had also a general superintendence of the furniture and ornaments of the entire dwelling, &c.

Manius Curius. Compare *De Senect.*, xvi., 55.—*Usum.* "Who has enjoyed."—*Barbatulos mullos exceptantem*, &c. "Taking from the fish-pond and handling the bearded mullets." The fish here meant is the red mullet (*Mullus barbatus*, Linn.), celebrated for its flavor, and for the high estimation in which it was held by the Roman epicures, who were in the habit, according to Varro, of preserving it in artificial waters, as one of the most convincing proofs of their individual wealth. They were accustomed to feed it from the hand, and took great delight, also, in watching over the fish while dying, as the bright red color of its healthy state passed through various shades of purple, violet, bluish, and white, while life was gradually receding. (*Senec.*, *Quæst.*, iii., 17.) So extravagant was the folly of the Romans with regard to this fish, that they often gave for them immense prices. Martial mentions one of four pounds weight, which had cost thirteen hundred sesterces (x., 31, 3); and, according to Suetonius, three mullets were sold in the time of Tiberius for thirty thousand sesterces. (*Suet.*, *Tib.*, 34.) Pliny (*H. N.*, ix., 17, 31) says that one was sold under Caligula for eight thousand. (*Griffith's Cuvier*, vol. x., p. 277.)—*Murænarum.* The *muræna*, or "lamprey," is a species of eel (*Muræna Helena*, Linn.). The Linnæan name has arisen from the remark of Athenæus, that it was the "Helen," or choicest dish at banquets. The murænæ were carefully reared by the Romans in their fish-ponds, and were held in high estimation not only on account of their flavor, but also because they were taught to come at the sound of their master's voice and feed from his hand. (*Martial*, x 30; *Plin.*, *H. N.*, ix., 55.)

§ 39.

Cupiditate peculii. "From a desire of increasing their possessions." Cicero purposely employs here the term *peculium*, which means, in strictness, the property acquired by a slave, with his master's consent.—*Hereditatis spes.* In illustration of this, compare *Horat.*, *Sat.*, ii., 5, 64.—*Orbi.* "Childless."—*Assectatur.* "He is assiduous in his attentions."—*Muneratur.* "He makes him presents." Some read *munerat*, which occurs also in the Oration for Deiotarus (vi., 17).—*Quid horum est liberi.* "What one of these things is indicative of a man of free spirit?"

§ 40.

Honoris, imperii. "Of civil preferment, of military command."—*Cethego, homini non probatissimo*, &c. The reproach contained in these words is aimed at Lucullus, and the Cethegus here meant is

P. Cornelius Cethegus, the friend of Marius, and a man of notoriously bad life. He retained, however, great power and influence after Sulla's death, whose party he had espoused in B.C. 83, after abandoning that of Marius; and Lucullus did not disdain to entreat his concubine to use her interest in his favor when he was seeking to obtain the command of the war against Mithradates. (*Plut., Lucull.*, v., 6; compare *Cic., pro Cluent.*, 31.)—*Amplissimi.* "Men of the highest standing."—*Excessit.* "Has departed," *i. e.*, has ceased.—*Adolescentibus paullo loquacioribus*, &c. "One must, then, be a slave to young men a little more talkative than ordinary." The allusion is to young men who fancy themselves eloquent, but who are, in reality, talkative rather than eloquent, and who seek some opportunity of making their imagined powers of oratory known by accusing some great criminal. Unto these the individual referred to in the text must bend the knee in abject submission, and strive to propitiate their favor.—*Qui aliquid scire videntur.* "Who appear to know any thing (respecting him)," *i. e.*, to be privy to any of his misdeeds.—*Judex.* Lambinus prefers *Index.* But compare *De Leg.*, i., 14, 41: "*Nihil timet nisi testem et judicem;*" and also *Parad.*, ii § 18: "*Te metus exanimant judiciorum atque legum.*"

§ 41.

L. Crassi copiosa magis, &c. The allusion is to the speech of L. Licinius Crassus, the celebrated orator, in favor of the Lex Servilia (B.C. 106), by which it was proposed to restore to the equites the privilege of furnishing *judices* for public trials, which was then in the hands of the senatorian order. The speech of Crassus on this occasion was one of remarkable power and eloquence, and expressed the strength of his devotion to the aristocratic party; but Cicero finds fault with it, both here and elsewhere (*De Orat.*, i., 52), as having been couched in too fawning a tone towards the people, and one calculated to lower the character of the senatorial order with the wise and the good.—*Eripite nos ex servitute.* The passage is quoted more fully and consecutively in the *De Orat.*, i., 52. The allusion in *servitute* is to the various acts of injustice toward the senatorian order of which the equestrian judices had been guilty, and which are compared to the yoke of a regular servitude.—*Omnis animi debilitati*, &c. "Any kind of apprehension on the part of a dispirited, and self-abasing, and timid mind is so much slavery." —*In libertatem vindicari.* "To be set free (from any yoke)."—*Nisi vobis universis.* "Unless to you collectively," *i. e.*, to be slaves to the whole people, not merely to a single order, namely the equites.

M 2

Quibus et possumus et debemus. This is cited in the treatise to Herennius (iv., 3) as an example of the effect of similar endings on the harmony of a sentence.—*Animo excelso et alto,* &c. "Of a lofty and elevated spirit, and one strengthened by manly virtues."—*Quoniam nihil quisquam debet,* &c. "Since no one ought to do any thing save what it is disgraceful for him not to do."—*Convincat* "Prove conclusively."

PARADOXON VI.

§ 42.

Solum sapientem esse divitem. Compare note on *Solum sapientem esse liberum,* at the commencement of *Parad.* v.—*Quæ est ista commemoratio,* &c. "What means that so arrogant a display of thine in recounting thy riches?" He censures those who pride themselves too highly upon their wealth, and particularly Marcus Crassus the Rich. With regard to the wealth of this individual, consult *Plin., H. N.,* xxxiii., 10; *Plut., Vit. Cic.,* c. xxv.; *Id., Vit. Crass.,* c. ii.—*Me audivisse aliquid et didicisse.* "That I have heard and learned something (of the lessons of philosophy)," *i. e.,* of those lessons of wisdom which teach me to despise riches.—*Quem enim intelligimus divitem?* &c. By the definition which the writer proceeds to give of a rich man, he proves Crassus not to be really rich.—*Hoc verbum in quo homine ponimus?* "In the case of what man do we make this term apply?"—*Contentus.* "Content therewith." Supply *ea.*—*Qui nihil quærat.* Compare *Horat., Od.,* iii., 16, 47; *Id., Epist.,* i., 2, 46.

§ 43.

Oportet judicet. On the employment of the subjunctive, as in the present case, without *ut,* consult *Zumpt,* § 626.—*Satiatus est, aut contentus,* &c. Man consists of body and soul. If the latter be rich, the whole man is rich. Hence the change of persons in *dives es.*—*Quum isti ordini,* &c. "When no gain whatever can be becoming unto that order to which you belong." The senatorian order is meant. With *ullus* supply *quæstus.*—*Ærarium expilas.* Pliny (*H. N.,* xxxiii., 1) relates that Crassus, during his third consulship (more correctly his second, as Wetzel states), carried off two thousand pounds of gold from under the throne of the Capitoline Jupiter, which had been buried there by Camillus. If this be true, it is easy to suppose that such a man would not spare the public treasury.—*Si exspectas.* "If you wait with impatience for." This refers to him as an inheritance hunter.—*Supponis.* "Substitute a false one."

, rorge ore. Compare the explanation of Grævius: "*Supponere testamentum* est testamentum falsum fingere, et pro vero substituere; quod est falsariorum."

§ 44.

Animus hominis dives, &c. "The soul of a man ought to be called rich, not his coffer."—*Etenim ex eo*, &c. The idea is, that in the opinion of mankind our actual wants afford the true measure of our riches.—*Filiam quis habet.* "One has a daughter, for example." Equivalent, in fact, to *si quis filiam habet.* (Consult *Zumpt*, § 780.) —*Danao.* Danaus, king of Argos, was fabled to have had fifty daughters. (*Apollod.*, ii., 1, 5.)—*Quærunt.* "Require."—*Egere s* "That he is poor."

§ 45.

Ex te audierunt, quum diceres. "Heard you, when you said." For *te audierunt dicentem*, or *dicere.* On this pleonastic form of expression, employed in quoting indirectly the words of another, consult *Zumpt*, § 749.—*Neminem esse divitem*, &c. This saying of Crassus is quoted, also, in the *De Officiis*, i., 8, 25. (Compare *Plut.*, *Vit. Crass.*, c. 2.)—*Suis fructibus.* "By his income."—*Hoc proposito.* "This being laid down as correct," *i. e.*, admitting the truth of this definition. *Tantum reficiatur.* "So much shall accrue to thee."—*Sex legiones.* This appears to have been the number of legions which formed, at that time, what was termed *justus exercitus.* Before the second Punic war, four legions made such an army. Julius Cæsar increased the number to ten. There is no need, therefore, of the emendation of Manutius, who proposes to read IV. in place of VI.—*Cui tantum desit, ut*, &c. Equivalent to *quum tibi tantum desit, ut*, &c. "When so much is wanting unto you for the fulfillment of your earnest wish."—*Nunquam obscure tulisti.* "You have never obscurely borne," *i. e.*, you have never concealed how ill you bore.

§ 46.

Operis dandis. "In performing services for others," *i. e.*, any services of a becoming nature. Compare Billerbeck: "*durch Dienstleistungen irgend einer anständigen Art.*" Ernesti's explanation is too limited, namely, "*idem est quod* locandis, *sc. ad ædificationes*," &c.—*Publicis sumendis.* "In farming the public revenues." Equivment to *conducendis vectigalibus.*—*Opus esse quæsito.* "That there is need of what they thus acquire," *i. e.*, that their private resources are not sufficient for them, but that these additional gains are required for their support.—*Accusatorum atque judicum*, &c. These meetings were held for the purpose of corrupting the judges, and inducing them to condemn those accused, after whose possessions their accusers were eager. (*Græv., ad loc.*)—*Qui nocentes et pecuniosos reos*, &c. "Who beholds there guilty, but, at the same time, well-moneyed accused, striving through your instrumentality, also, after the corrupting of public justice." Supply *videt*, and so in the several clauses that follow.—*Tuas mercedum pactiones in patrociniis.* "Your bargains about compensation in the causes espoused by you." This would be in direct violation of the Cincian law (passed B.C 204), which forbade a person to take any thing for his pains in pleading a cause.

Intercessiones pecuniarum, &c. "Your becoming security at the private meetings of candidates, for sums of money (to be spent by others in effecting their election)." Compare the explanation of Grævius: "*Sponsiones, interposita fide sua, se soluturum pro iis, ni ipsi solverent, quam promittebant pecuniam.*"—*Ad fenerandas diripiendasque provincias.* "For the purpose of loading with usury, and (thus) plundering the provinces," *i. e.*, to lend out sums of money there at exorbitant interest, and then drain the provinces for repayment.—*Expulsiones vicinorum.* "The expulsion of your neighbors from their estates," *i. e.*, by usurpation, oppression, the sudden calling in of moneys lent, &c. Supply *ex agris.*—*Latrocinia in agris* Compare *Or. in Cat.*, i., 13 ; ii., 7 ; *pro Milon.*, 7.—*Societates.* "Your associations," *i. e.*, for purposes of traffic.

Possessiones vacuas. Whence their lawful owners have been driven, having been either proscribed or slain ; as was particularly the case during the ascendency of Sulla. (Compare *Or. pro Rosc. Amer.* c. 8, § 23.)—*Messem.* Referring to the harvest of plunder which Sulla and his followers reaped from the possessions of the proscribed.—*Qui testamenta subjecta.* Supply *recordetur.*—*Omnia venalia.* "That all things were venal."—*Delectum.* One could in those times either purchase exemption from military service, or obtain by bribery a higher military station, even though not at all qualified for the same. —*Decretum.* Unjust decrees could be purchased.—*Alienam, suam sententiam.* "The opinion of another, one's own opinion," *i. e.*, either in deciding a point, or in voting.—*Forum, domum.* "One's public, one's private acts."—*Hunc.* "That such a man as this." Observe the anacoluthon here. Cicero commenced the whole passage with allusions to Crassus, so that we would naturally expect here *quis te non putet confiteri, tibi*, &c. ; but in the course of the sentence, as we see on reaching the expression *Sullani temporis*, he branches off into a general allusion to all the wrong-doers of that period, and, therefore, gives a general ending to the whole.

§ 47.

Et enim divitiarum fructus in copia. Supply *est*, which some editions give in the text. Others read *Est enim.*—*Copiam declarat.* "Are the manifestations of plentiful resources."—*Quam tu quoniam nunquam assequere.* The idea is, that he will never attain to this state, because he will never think he has enough.—*Mediocris.* "Of ordinary amount."—*Modica.* "It suffices for a moderate man." *Re.* "The case itself."

§ 48.

Si censenda nobis, &c. "If the matter is to be rated, and a proper estimate formed of it by our own consciences."—*Pecuniam Pyrrhi*, &c. Compare *De Senect.*, vi., § 15.—*Aurum Samnitum.* Compare *De Senect.*, xvi. ; *Parad.*, v., 2, 38.—*Responsum M'. Curii.* His answer was, that he preferred ruling over those who possessed gold to possessing it himself. (Compare *De Senect.*, *l. c.*)—*Africani.* The Younger Africanus, whose brother had been adopted into the Fabian family, and thereupon received the name of Q. Fabius Maximus Æmilianus. He surrendered all his share of the patrimony to his brother. (Compare *Polyb. excerpt.*, lib. xxxii., 14 ; *Plut.*, *Vit. Æmil Paul.*, c. 39.)—*Quæ sunt summarum virtutum.* "Which have relation to the highest virtues."—*Quis igitur dubitet.* Consult *Zumpt*, § 529.—*Quin in virtute divitiæ sint.* "But that true riches consist in virtue."

§ 49.

Quam magnum vectigal sit parsimonia. "How great a revenue economy is." (Compare below, § 51 ; *De Off.*, i., 26, 92.)—*Sexcena sestertia.* We have given *sexcena* (by syncope for *sexcentena*), on account of *centena* which follows. The common text has *sexcenta.* With regard to the employment of the term *sestertia*, consult *Zumpt*, § 873.—*Facienti.* Some editors regard this as a mere gloss ; incorrectly, however, since the particle *et* shows that *facienti* is needed.—*Vestem.* "Couch coverings." The reference is to the *vestes stragulæ*, which were of splendid colors in the mansions of the rich, and beautifully embroidered. (Consult *Dict. Ant.*, *s. v. Tapes.*)—*Non modo ad sumtum*, &c. "Such an income as that is a scanty one, not only for supporting his expenditures, but even for paying the interest (on the large sums which he owes)." The class of indi viduals here alluded to were, in general, very deeply in debt, and the payments made for interest often consumed a large portion of their income.—*Detractis sumtibus cupiditatis.* "After the expenses (which I myself incur) for luxuries have been deducted." He allows here that he himself is somewhat under the influence of the errors of the day in this respect, though in a far less degree than the other. Compare § 50, at the commencement.—*Superat.* "There is (always) something over and above."

§ 50.

In hujus sæculi errore verser? The reference is to the indulgence of a taste for expense even on the part of a man of comparatively frugal and economical habits.—*M'. Manilius.* Compare *De Amicitia*, iv., § 14.—*Curios et Luscinos.* "The Curii and Luscini," *i. e.*, such men as Manius Curius Dentatus and C. Fabricius Luscinus, the two famous opponents of Pyrrhus.—*In Carinis.* "In the Carinæ." A quarter of Rome remarkable afterward for the splendid buildings with which it was adorned. It was contiguous to the forum (*Virg.*, *Æn.*, viii., 359), and at the foot of the Esquiline Hill. (*Liv.*, xxvi., 10.)—*In Labicano.* "In the territory of Labicum." Supply *agro.* Labicum was a small town of Latium, near Tusculum, and not far from Rome. The modern town of *Colonna* is supposed to stand on the ancient site.—*Sed non æstimatione census*, &c. "The limit of a man's fortune, however, is determined not by the estimate of his property under the census, but by his table and his mode of life," *i. e.*, we do not estimate the riches of a man by his income, but by the relation which that income bears to his expenses.

§ 51.

Non esse cupidum, &c. "To have few desires is riches; to be moderate in one's expenditures is a source of revenue." Literally "not to be fond of purchasing."—*Rerum.* "Of property."—*Et areas quasdam.* "And certain open tracts of country." Not all open tracts, but only particular ones.—*Minime quasi noceri potest.* Because such kind of property is least liable to be injured by tempests &c.—*Temporum* "Of seasons."

§ 52.

Proprium divitiarum. "The characteristic of true riches."—*Quod est.* "What they already have." Supply *illis.*—*Possessiones.* Omitted in some early editions, but restored, very correctly, by Lallemand, Gernhard, and Orelli. They who leave out *possessiones* from the text, supply *res* from the previous sentence; but this is too far off.

EXCURSUS I.

LIFE AND CHARACTER OF CLODIUS.[1]

P. Clodius Pulcher was the youngest son of Appius Claudius Pulcher, who in B.C. 82 marched with Sulla against Rome, and met his death near the city. (*Plut.*, *Vit. Sul.*, 29.) The form of the name Clodius was not peculiar to him; it is occasionally found in the case of others of the gens (*Orelli*, *Inscript.*, 579); and Clodius was himself sometimes called Claudius. (*Dio Cass.*, xxxv., 14.) He first makes his appearance in history in B.C. 70, serving with his brother Appius under his brother-in-law, L. Lucullus, in Asia. Displeased at not being treated by Lucullus with the distinction he had expected, he encouraged the soldiers to mutiny. He then left Lucullus, and betook himself to his other brother-in-law, Q. Marcius Rex, at that time proconsul in Cilicia, and was intrusted by him with the command of the fleet. He fell into the hands of the pirates, who, however, dismissed him without ransom, through fear of Pompey. He next went to Antiochia, and joined the Syrians in making war against the Arabians. Here, again, he excited some of the soldiers to mutiny, and nearly lost his life. He now returned to Rome, and made his first appearance in civil affairs in B.C. 65, by impeaching Catiline for extortion in his government of Africa. Catiline, however, bribed his accuser and judge, and escaped.

In B.C. 64, Clodius accompanied the proprætor L. Muræna to Gallia Transalpina, where he resorted to the most nefarious methods of procuring money. His avarice, or, the want to which his dissipation had reduced him, led him to have recourse to similar proceedings on his return to Rome. Asconius (*in Mil.*, p. 50, *Orell.*) says that Cicero often charged him with having taken part in the conspiracy of Catiline; but, with the exception of some probably exaggerated rhetorical allusions (*De Harusp. Resp.*, 3; *pro Mil.*, 14), no intimation of the kind appears in Cicero, and Plutarch (*Vit. Cic.*, 29) says that on that occasion he took the side of the consul, and was still on good terms with him.

[1] *Smith's Dict. Biogr.*, vol. i., p. 771, *seqq.*

Toward the close of B.C. 62, Clodius was guilty of an act of sacrilege which is especially memorable, as it gave rise to that deadly animosity between him and Cicero, which produced such important consequences to both and to Rome. The mysteries of the Bona Dea were this year celebrated in the house of Cæsar. Clodius, who had an intrigue with Pompeia, Cæsar's wife, entered the house, with the assistance of one of the attendants, disguised as a female musician. But while his guide was gone to apprize her mistress, Clodius was detected by his voice. The alarm was immediately given, but he made his escape by the aid of the damsel who had introduced him. He was already a candidate for the quæstorship, and was elected; but in the beginning of B.C. 61, before he set out for his province, he was impeached for this offence. The senate referred the matter to the pontifices, who declared it an act of impiety. Under the direction of the senate a rogation was proposed to the people, to the effect that Clodius should be tried by judices, selected by the prætor, who was to preside. The assembly, however, was broken up without coming to a decision. The senate was at first disposed to persist in its original plan; but afterward, on the recommendation of Hortensius, the proposition of the tribune Fufius Calenus was adopted, in accordance with which the judices were to be selected from the three decuries. Cicero, who had hitherto strenuously supported the senate, now relaxed in his exertions. Clodius attempted to prove an alibi, but Cicero's evidence showed that he was with him in Rome only three hours before he pretended to have been at Interamna. Bribery and intimidation, however, secured him an acquittal, by a majority of thirty-one to twenty-five. Cicero, however, who had been irritated by some sarcastic allusions made by Clodius to his consulship, and by a verdict given in contradiction to his testimony, attacked Clodius and his partisans in the senate with great vehemence.

Soon after his acquittal, Clodius went to his province, Sicily, and intimated his design of becoming a candidate for the ædileship. On his return, however, he disclosed a different purpose. Eager to revenge himself on Cicero, that he might be armed with more formidable power, he purposed becoming a tribune of the plebs. For this it was necessary that he should be adopted into a plebeian family; and as he was not in the power of his parent, the adoption had to take place by a vote of the people in the Comitia Curiata. Repeated attempts were made by the tribune C. Herennius to get this brought about. Cicero, who placed reliance on the friendship and support of Pompey, did not spare Clodius, though he at times shows that he had misgivings as to the result. The triumvirs had not yet taken Clodius's side; and when he impeached L. Calpurnius Piso for extortion, their influence procured the acquittal of the accused. But, in defending C. Antonius, Cicero provoked the triumvirs, and especially Cæsar; and within three hours after the delivery of his speech, Clodius became the adopted son of P. Fonteius. The lex curiata for his adoption was proposed by Cæsar, and Pompey presided in the assembly. The whole proceeding was irregular, as the sanction of the pontifices had not been obtained. Fonteius, moreover, was not twenty years old, and, consequently, much younger than Clodius, and was married, nor was there the smallest reason to suppose that his marriage would remain childless; and, indeed, he was afterward the father of several children. The rogation, too, was not made public three nundines before the comitia; and it was passed, although Bibulus sent notice to Pompey that he was taking the auspices. A report soon after got abroad that Clodius was to be sent on an embassy to Tigranes, and that by his refusal to go he had provoked the hostility of the triumvirs. Neither turned out to be true. Clodius was now actively endeavoring to secure his election to the tribuneship. Cicero was for a time amused with a report that his only design was to rescind the laws of Cæsar. With the assistance of the latter Clodius succeeded in his object, and entered upon his office in December, B.C. 59.

Clodius did not immediately assail his enemies. On the last day of the year, indeed, he prevented Bibulus, on laying down his office, from addressing the people; but his first measures were a series of laws calculated to lay senate, equites, and people under obligations to him. The first was a law for the gratuitous distribution of corn once a month to the poorer citizens. The next enacted that no magistrate should observe the heavens on comitial days, and that no veto should be allowed to hinder the passing of a law. This enactment was designed specially to aid him in the attack with which he had threatened Cicero. The third was a law for the restoration of the old guilds which had been abolished, and the creation of new ones, by which means he secured the support of a large number of organized bodies. A fourth law was intended to gratify those of a higher class, and provided that the censors should not expel from the senate, or inflict any mark of disgrace upon any one who had not first been openly accused before them, and convicted of some crime by their joint sentence. The consuls of the year he gained over to his interests by undertaking to secure to them the provinces which they wished. Having thus prepared the way, he opened his attack upon Cicero by proposing a law to the effect that whoever had taken the life of a citizen uncondemned and without a trial, should be interdicted from fire and water. Cicero here committed a fatal mistake. Instead of assuming the bold front of conscious innocence, he at once took guilt unto himself, and, without awaiting the progress of events, changed his attire, and, assuming the garb of one accused, went round the forum soliciting the compassion of all whom he met.

For a brief period public sympathy was awakened. A large number of the senate and the equites appeared also in mourning, and the better portion of the citizens seemed resolved to espouse his cause. But all demonstrations of such feeling were promptly repressed by the new consuls, Piso and Gabinius, who from the first displayed steady hostility, having been bought, as above stated, by the promises of Clodius. The rabble were infuriated by the incessant harangues of their tribune; nothing was to be hoped from Crassus; the good offices of Cæsar had been already rejected; and Pompey, the last and only safeguard, contrary to all expectations, and in violation of the most solemn engagements, kept aloof, and, from real or pretended fear of some outbreak, refused to interpose. Upon this, Cicero, giving way to despair, resolved to yield to the storm, and quitting Rome at the beginning of April, B.C. 58, went into exile.

On the same day on which Cicero left the city Clodius procured the enactment of two laws, one to interdict Cicero from fire and water, because he had illegally put citizens to death and forged a decree of the senate; the other, forbidding any one, on pain of the like penalty, to receive him. The interdict was, however, limited to the distance of four hundred miles from Rome. Clodius added the clause, that no proposition should ever be made for reversing the decree till those whom Cicero had put to death should come to life again. The law was confirmed in the Comitia Tributa, and engraven on brass. On the same day, the consuls Gabinius and Piso had the provinces of Syria and Macedonia assigned to them, with extraordinary powers. Clodius next rid himself of M. Cato, who, by a decree passed on his motion, was sent with the powers of prætor to take possession of the Island of Cyprus, with the treasure of its king, Ptolemy, and to restore some Byzantine exiles. In the former nefarious proceeding, Clodius seems to have taken as a pretext the will of Ptolemy Alexander I., the uncle of the Cyprian king, who, as the Romans pretended, had made over to them his kingdom

Immediately after the banishment of Cicero, Clodius set fire to his house on the Palatine, and destroyed his villas at Tusculum and Formiæ. The greater part of the property carried off from them was divided between the two consuls. The ground on which the Palatine house stood, with such of the property as still remained, was put up to auction. Clodius wished to become the purchaser of it, and, not liking to bid himself, got a needy fellow named Scato to bid for him. He wished to erect on the Palatine a palace of surpassing size and magnificence. A short time before this, he had purchased the house of Q. Seius Postumus, after poisoning the owner, who had refused to sell it. This it was his intention to unite with another house which he already had there. He pulled down the portico of Catulus, which adjoined Cicero's grounds, and erected another in its place with his own name inscribed on it. To alienate Cicero's property irretrievably, he dedicated it to the goddess Libertas, and a small portion of the site of the dwelling, with part of the ground on which the portico of Catulus had stood, was occupied by a chapel to the goddess. For the image of the goddess he made use of the statue of a Tanagrean hetæra, which his brother Appius had brought from Greece. To maintain the armed bands whom he employed, Clodius required large sums of money; but this he did not find much difficulty in procuring: for with the populace he was all-powerful, and his influence made his favor worth purchasing. He went so far as to offend Pompey by aiding the escape of Tigranes, son of the king of Armenia, whom Pompey had brought a prisoner to Rome. In this instance his services were purchased. Pompey, however, did not feel himself strong enough to resent the insult. Clodius soon assailed him more openly. The consul Gabinius sided with Pompey. Frequent conflicts took place between the armed band of the tribune and the consul, in one of which Gabinius himself was wounded and his fasces broken. Clodius and the tribune Ninnius went through the farce of dedicating to the gods, the one the property of Gabinius, the other that of Clodius. An attempt was made by Clodius, through one of his slaves, upon the life of Pompey, who now withdrew to his own house, and kept there as long as his enemy was in office. Clodius stationed a body of men, under his freedman Damis, to watch him, and the prætor Flavius was repulsed in an attempt to drive them off.

The attempts made before the end of this year to procure the recall of Cicero proved abortive. Next year, B.C. 57, Clodius, possessing no longer tribunitial power, was obliged to depend on his armed bands for preventing the people from passing a decree to recall Cicero. On the 25th of January, when a rogation to that effect was brought forward by the tribune Fabricius, Clodius appeared with an armed body of slaves and gladiators; Fabricius had also brought armed men to support him, and a bloody fight ensued, in which the party of Fabricius was worsted. Soon afterward, Clodius with his men fell upon another of his opponents, the tribune Sextius, who nearly lost his life in the fray. He attacked the house of Milo, another of the tribunes, and threatened his life whenever he appeared. He set fire to the Temple of the Nymphs, for the purpose of destroying the censorial records; interrupted the Apollinarian games, which were being celebrated by the prætor, L. Cæcilius, and besieged him in his house. Milo made an unsuccessful attempt to bring Clodius to trial for his acts of violence, and, finding his endeavors unsuccessful, resolved to repel force by force. Accordingly, he collected an armed band of slaves and gladiators, and frequent contests took place in the streets between the opposing parties.

When the senate came to a resolution to propose to the comitia a decree for the restoration of Cicero, Clodius was the only one who opposed it; and when, on the fourth of August, it was brought before the people, Clodius spoke against it, but could do nothing more; for Milo and the other friends of Cicero had brought to the place of meeting a force sufficiently powerful to deter him from attempting any violence, and the decree was passed. Clodius, however, was not stopped in his career of violence. On the occasion of the dearth which ensued immediately after Cicero's recall, the blame of which Clodius endeavored to throw on him, he excited a disturbance; and when, by the advice of Cicero, Pompey was invested with extraordinary powers to superintend the supplies, Clodius charged the former with betraying the senate.

The decree by which Cicero was recalled provided also for the restitution of his property. Some difficulty, however, remained with respect to the house on the Palatine, the site of which had been consecrated by Clodius to the service of religion. The matter was referred to the college of pontifices, but was not decided till the end of September, when Cicero defended his right before them. The pontifices returned an answer sufficient to satisfy all religious scruples, though Clodius chose to take it as favorable to himself, and the senate decreed the restoration of the site, and the payment of a sum of money to Cicero for rebuilding his house. When the workmen began their operations in November, Clodius attacked and drove them off, pulled down the portico of Catulus, which had been nearly rebuilt, and set fire to the house of Q. Cicero. Shortly afterward, he assaulted Cicero himself, and compelled him to take refuge in a neighboring house. Next day he attacked the house of Milo, situated on the eminence called Germalus, but was driven off by Q. Flaccus. When Marcellinus proposed in the senate that Clodius should be brought to justice, the friends of the latter protracted the discussion, so that no decision was made.

Clodius was at this time a candidate for the ædileship, that, if successful, he might be screened from prosecution; and threatened the city with fire and sword if an assembly were not held for his election. Marcellinus proposed that the senate should decree that no election take place till Clodius had been brought to trial. Milo declared that he would prevent the consul Metellus from holding the comitia. Accordingly, whenever Metellus attempted to hold an assembly, he posted himself with a strong body of armed men on the place of meeting, and stopped the proceedings by giving notice that he was observing the auspices. In the beginning of the following year, however, when Milo was no longer in office, Clodius was elected without opposition; for, notwithstanding his outrageous violence, as it was evident that his chief object was not power, but revenge, he was supported and connived at by several, who found his proceedings calculated to further their views. The optimates rejoiced to see him insult and humble the triumvir Pompey, and the latter to find that he was sufficiently powerful to make the senate afraid of him. Cicero had many foes and rivals, who openly or secretly encouraged so active an enemy of the object of their envy and dislike; while the disturbances which his proceedings occasioned in the city were exactly adapted to further Cæsar's designs. Clodius, almost immediately after his election, impeached Milo for public violence. Milo appeared on the second of February to answer the accusation, and the day passed without disturbance. The next hearing was fixed for the ninth, and when Pompey stood up to defend him, Clodius's party attempted to put him down by raising a tumult. Milo's party acted in a similar manner when Clodius spoke. A fray ensued, and the judicial proceedings were stopped for that day. The matter was put off, by several adjournments, to the beginning of May, from which time we hear nothing more of it. In April, Clodius celebrated the Megalesian games, and admitted such a number of slaves that the free citizens were unable to find room. Shortly after this, the senate consulted the haruspices on some prodigies which had happened near Rome. They replied, that, among other things which had provoked the anger of the gods, was the desecration of sacred places. Clodius interpreted this as referring to the restoration of Cicero's house, and made it a handle for a fresh attack upon him. Cicero replied in the speech *De Haruspicum Responsis*. By this time, Pompey and Clodius had found it convenient to make common cause with each other. A fresh attack, which Clodius soon after made on Cicero's house, was repulsed by Milo. With the assistance of the latter, also, Cicero, after being once foiled in his attempt by Clodius and his brother, succeeded, during the absence of Clodius, in carrying off from the Capitol the tablets on which the laws of the latter were engraved.

Clodius actively supported Pompey and Crassus when they became candidates for the consulship, to which they were elected in the beginning of B.C. 55, and nearly lost his life in doing so. He appears to have been, in a great measure, led by the hope of being appointed on an embassy to Asia, which would give him the opportunity of recruiting his almost exhausted pecuniary resources, and getting from Brogitarus, and some others whom he had assisted, the rewards they had promised him for his services. It appears, however, that he remained in Rome. We hear nothing more of him this year. In B.C. 54, we find him prosecuting the ex-tribune Procilius, who, among other acts of violence, was charged with murder; and, soon after, we find Clodius and Cicero, with four others, appearing to defend M. Æmilius Scaurus. Yet it appears that Cicero still regarded him with the greatest apprehension. (*Cic.*, *ad Att.*, iv., 15; *ad Q. Fr.*, ii., 15, *b.*; iii., 1, 4.)

In B.C. 53, Clodius was a candidate for the prætorship, and Milo for the consulship. Each strove to hinder the election of the other. They collected armed bands of slaves and gladiators, and the streets of Rome became the scene of fresh tumults and frays, in one of which Cicero himself was endangered. When the consuls endeavored to hold the comitia, Clodius fell upon them with his band, and one of them, Cn. Domitius, was wounded. The senate met to deliberate. Clodius spoke, and attacked Cicero and Milo, touching among other things, upon the amount of debt with which the latter was burdened. Cicero replied in the speech *De Ære Alieno Milonis.* The contest, however, was soon after brought to a sudden and violent end. On the twentieth of January, B.C. 52, Milo set out on a journey to Lanuvium. Near Bovillæ he met Clodius, who was returning to Rome after visiting some of his property. Both were accompanied by armed followers, but Milo's party was the stronger. The two antagonists had passed each other without disturbance, but two of the gladiators in the rear of Milo's troop picked a quarrel with some of the followers of Clodius, who immediately turned round and rode up to the scene of dispute, when he was wounded in the shoulder by one of the gladiators. The fray now became general. The party of Clodius were put to flight, and betook themselves, with their leader, to a house near Bovillæ. Milo ordered his men to attack the house. Several of Clodius's men were slain, and he himself dragged out and dispatched. The body was left lying on the road, till a senator, named Sextus Tedius, found it, and conveyed it to Rome. Here it was exposed to the view of the populace, who crowded to see it. Next day it was carried naked to the forum, and again exposed to view before the rostra. The mob, enraged by the spectacle, and by the inflammatory speeches of the tribunes Munatius Plancus and Q. Pompeius Rufus, headed by Sextus Clodius, carried the corpse into the Curia Hostilia, made a funeral pile of the benches, tables, and writings, and burned the body on the spot. Not only the senate-house, but the Porcian Basilica, erected by Cato the Censor, and other adjoining buildings, were reduced to ashes.

Clodius was twice married, first to Pinaria and afterward to Fulvia. He left a son, Publius, and a daughter. He inherited no property from his father. Besides what he obtained by less honest means, he received some moneys by legacies, and by letting one of his houses on the Palatine. He also received a considerable dowry with his wife Fulvia. He was the owner of two houses on the Palatine Hill, an estate near Alba, and considerable possessions in Etruria, near Lake Prelius. His personal appearance was effeminate, and neither handsome nor commanding. That he was a man of great energy and ability there can be little question; still less that his character was of the most profligate kind. Cicero himself admits that he possessed considerable eloquence.

The chief ancient sources for the life of Clodius are the speeches of Cicero *pro Cælio, pro Sextio, pro Milone, pro Domo sua, De Haruspicum Responsis, in Pisonem,* and *in Clodium et Curionem,* and his Letters to Atticus and his brother Quintus; Plutarch's Lives of Lucullus, Pompey, Cicero, and Cæsar; and Dio Cassius. Of modern writers, Middleton, in his Life of Cicero, has touched upon the leading points of Clodius's history; but the best and fullest account has been given in Drumann's *Geschichte Roms,* vol. ii. p. 99-370.

EXCURSUS II.

LIFE AND CHARACTER OF CRASSUS.

M. Licinius Crassus Dives was the younger son of P. Licinius Crassus Dives, who was consul B.C. 97. The date of his birth is not precisely recorded, but it is probable that he was born about the year B.C. 115, for Plutarch states that he was younger than Pompey (*Vit. Crass.*, 6), and that he was more than sixty years old when he departed (in the year B.C. 55) to make war against the Parthians. (*Ib.*, 17.)

In the year B.C. 87, when his father and brother suffered death for their resistance to Marius and Cinna, he was not considered of sufficient importance to be involved in the same doom; but he was closely watched, and, after some time, he thought it prudent to make his escape to Spain, which he had visited some years before, when his father had the command in that country. How he concealed himself in a cavern near the sea, upon the estate of Vibius Paciæcus, and how he passed his days in this strange retreat, is related in detail by the lively and amusing pen of Plutarch. After a retirement of eight months, the death of Cinna (B.C. 84) relieved him from his voluntary confinement. He put himself at the head of a needy rabble, for whose sustenance he provided by marauding excursions, and, with twenty-five hundred men, made his way to Malaca. Thence, seizing the vessels in the port, he set sail for Africa, where he met Q. Metellus Pius, who had escaped from the party of Marius. He soon quarreled with Metellus, and did not remain long in Africa; for when Sulla (B.C. 83) landed in Italy, Crassus proceeded to join that victorious general.

He was now brought into competition with Pompey, who also served under Sulla. The mind of Crassus was of an essentially vulgar type. He was noted for envy, but his envy was low and caviling; it was not energetic enough to be cruel and revengeful, even when successful; and it was so far under the control of pusillanimity and self-interest, as to abstain from the open opposition of manly hatred. It was with such feelings that Crassus regarded Pompey; and Sulla played off the rivals against each other. He

[1] *Smith's Dict. Biogr.*, vol. i., p. 874, *seqq.*

understood his tools. He gratified Pompey by external marks of honor, and Crassus with gold. The ruling passion of Crassus was avarice; and, to repair and increase the fortunes of his family, he was willing to submit to servile dependence, to encounter any risk, and undergo any hardship. He undertook a service of considerable danger in levying troops for Sulla among the Marsi, and he after ward (B.C. 83) distinguished himself in a successful campaign in Umbria. He was personally brave, and by fighting against the remains of the Marian faction he was avenging the wrongs of his house. Sulla put him in mind of this, and rewarded him by donations of confiscated property, or by allowing him to purchase, at an almost nominal value, the estates of those that were proscribed. Crassus was reported to have sought for gain by dishonest means. He was accused of unduly appropriating the booty taken at Tuder, an Umbrian colony not far from the Tiber, and of placing, without authority, a name in the proscribed lists, in order that he might succeed to an inheritance.

The desire of wealth which absorbed Crassus was neither the self-sufficing love of possession, which enables the miser to despise the hiss of the people while he contemplates the coin in his chest, nor did it spring from that voluptuousness which made Lucullus value the means of material enjoyment; nor from that lofty ambition which made Sulla and Cæsar look upon gold as a mere instrument of empire. Crassus sought wealth because he loved the reputation of being rich, liked to have the power of purchasing vulgar popularity, and prized the kind of influence which the capitalist acquires over the debtor, and over the man who wants to borrow or hopes to profit. To these objects the administration of civil affairs and warlike command were, in his view, subordinate. He possessed very great ability, and steady industry in obtaining what he desired, and soon began to justify his hereditary surname Dives. He extended his influence by acting as an advocate before the courts, by giving advice in domestic affairs, by canvassing for votes in favor of his friends, and by lending money. At one time of his life there was scarcely a senator who was not under some private obligation to him. He was affable in his demeanor to the common people, taking them by the hand and addressing them by name. Rich legacies and inheritances rewarded his assiduity and complaisance to the old and wealthy. He was a keen and sagacious speculator. He bought multitudes of slaves, and, in order to increase their value, had them instructed in lucrative arts, and sometimes assisted personally in their education. Order and economy reigned in his household. He worked silver mines, cultivated farms, and built houses, which he let at high rents. He took advantage of the distresses and dangers of others to make cheap purchases. Was there a fire in the city, Crassus might be seen among the throng, bargaining for the houses that were burning or in danger of being burned.

From such pursuits Crassus was called to action by that servile war, which sprang from and indicated the deplorable state of domestic life in Italy, and was signalized by the romantic adventures and reverses of the daring, but ill-fated Spartacus. Spartacus had for many months successfully resisted the generals who had been sent to oppose him. A revolt so really dangerous had begun to create alarm, and no confidence was placed in the military talents of the consuls for the year B.C. 71, who regularly, according to a still prevailing custom, would have divided between them the command of the army. But the occasion called for more experienced leaders, and, in the absence of Pompey, who was fighting in Spain, the command of six legions and of the troops already in the field was given to Crassus, who was created prætor. After several engagements, fought with various success, Crassus at length brought the rebel chief to a decisive battle in Lucania. Spartacus was slain, with twelve thousand three hundred (*Plut.*, *Vit. Pomp.*, 21), or, according to Livy (*Epit.*, 97), sixty thousand of his followers; and, of the slaves that were taken prisoners, six thousand were crucified along the road between Rome and Capua. Crassus had hastened operations in order to anticipate the arrival of Pompey, who, he feared, might reap the credit, without having shared the dangers of the campaign. His fears were in some degree verified; for Pompey came in time to cut off five thousand fugitives, and wrote to the senate, "Crassus, indeed, has defeated the enemy, but I have extirpated the war by the roots." Though the victory of Crassus was of great importance, yet, as being achieved over slaves, it was not thought worthy of a triumph; but Crassus was honored with an ovation, and allowed the distinction of wearing a triumphal crown of bay (*laurus*), instead of the myrtle, which was appropriate to an ovation.

Crassus now aspired to the consulship, and was not above applying for assistance to his rival Pompey, who had also announced himself a candidate. Pompey assumed with pleasure the part of protector, and declared to the people that he should consider his own election valueless unless it were accompanied with that of Crassus. Both were elected (B.C. 70). Already had Pompey become a favorite of the people, and already begun to incur the distrust of the optimates, while Cæsar endeavored to increase the estrangement by promoting a union between Pompey and Crassus in popular measures. With their united support the lex Aurelia was carried, by which the judices were selected from the populus (represented by the tribuni ærarii) and equites as well as the senate, whereas the senate had possessed the judicia exclusively during the preceding twelve years, by the lex Cornelia of Sulla. The jealousy of Crassus, however, prevented any cordiality of sentiment, or general unity of action. He saw himself overborne by the superior authority of his colleague. To gain favor, he entertained the populace at a banquet of ten thousand tables, and distributed corn enough to supply the family of every citizen for three months; but all this was insufficient to outweigh the superior personal consideration of Pompey. The coolness between the consuls became a matter of public observation, and, on the last day of the year, the knight C. Aurelius (probably at the instigation of Cæsar) mounted the tribune, and announced to the assembled multitude that Jupiter, who had appeared to him in a dream the night before, invited the consuls to be reconciled before they left office. Pompey remained cold and inflexible, but Crassus took the first step by offering his hand to his rival, in the midst of general acclamations. The reconciliation, however, was hollow, for the jealousy of Crassus continued. He privily opposed the Gabinian rogation, which commissioned Pompey to clear the sea of pirates; and Cicero's support of the Manilian law, which conferred the command against Mithradates upon Pompey, rankled in the mind of Crassus. When Pompey returned victorious, Crassus, from timidity or disgust, retired for a time from Rome.

In the year B.C. 65, Crassus was censor with Q. Catulus, the firm supporter of the senate; but the censors, in consequence of their political discordance, passed the period of their office without holding a census or a muster of the equites. In the following year Crassus failed in his wish to obtain the rich province of Egypt.

Crassus was suspected by some, probably without sufficient reason, of being privy to the first conspiracy of Catiline; and again, in the year B.C. 63, L. Tarquinius, when he was arrested on his way to Catiline, affirmed that he was sent by Crassus, with a message inviting Catiline to come with speed to the rescue of his friends at Rome; but the senate denounced the testimony of Tarquinius as a calumny, and Crassus himself attributed the charge to the subornation of Cicero. (*Sall.*, *B. C.*, 48.) The interests of Crassus were opposed to the success of the conspiracy; for it would have required a man of higher order to seize and retain the helm in the confusion that would have ensued.

In the whole intercourse between Crassus and Cicero may be observed a real coldness, with occasional alternations of affected friendship. In his intercourse with others, Crassus was equally un steady in his likings and enmities. They were, in fact, not deeply seated, and, without the practice of much hypocrisy, could be as sumed or withdrawn, as temporary expediency might suggest. It was from motives of self-interest, without actual community of feel ing or purpose, that the so-called triumvirate was formed between Cæsar, Pompey, and Crassus. Each hoped to gain the first place for himself by using the others for his purposes, though there can be no doubt that the confederacy was really most profitable to Cæsar, and that, of the three, Crassus would have been the least able to rule alone. Cæsar had already found Crassus a convenient friend; for in B.C. 61, when Cæsar was about to proceed to his province in Further Spain, Crassus became security for his debts to a large amount. It may, at first view, excite surprise, that a person of so little independent greatness as Crassus should have occupied the position that he filled, and that men of wider capacity should have entered into a compact to share with him the honors and profits of the commonwealth. But the fact is to be accounted for by considering that the character of Crassus represented, in many points, a large portion of the public. While the young, the daring, and the ambitious, the needy, the revolutionary, and the democratic, adhered to Cæsar—while the aristocracy, the party of the old constitution, those who affected the reputation of high principle and steady virtue, looked with greater favor upon Pompey—there was a considerable mass of plain, moderate, practical men, who saw much that they liked in Crassus. Independently of the actual influence which he acquired by the means we have explained, he had the sympathy of those who, without being noble, were jealous of the nobility, and were rich, or were occupied in making money They sympathized with him because the love of gain was a strong trait in the Roman character, and they saw that his unequivocal success in his pursuit was a proof of at least one unquestionable talent—a talent of the most universal practical utility. He was not without literary acquirement, for, under the teaching of the Peripatetic Alexander, he had gained a moderate proficiency in history and philosophy. There was no profligacy in his private conduct to shock decent and respectable mediocrity. He was not above ordinary comprehension. The many could appreciate a worldly and vulgar minded, but *safe* man, whose principles sat loosely but conveniently upon him; who was not likely to innovate rashly, to dazzle by eccentric brilliancy, or to put to shame by an overstrained rigidity of virtue. Thus, it was more prudent to combine with Crassus as an ally, than to incur the opposition of his party, and to risk the counter-influence of an enormous fortune which made the name of Crassus proverbial for wealth. Pliny (*H. N.*, xxxiii., 47) values his estates in the country alone at two hundred millions of sesterces. He might have maintained no despicable army at his own cost. Without the means of doing this, he thought that no one deserved to be called rich. In other less stirring times he might have lived and died without leaving in history any marked traces of his existence; but in the period of transition and commotion which preceded the fall of the republic, such elements of power as he possessed could scarcely remain neglected and quiescent.

It was part of the triumviral contract—renewed at an interview between the parties in Luca—that Pompey and Crassus should be a second time consuls together, should share the armies and provinces of the ensuing year, and should exert their influence to secure the prolongation for five years of Cæsar's command in Gaul. Notwithstanding the strenuous opposition of L. Domitius Ahenobarbus, backed by all the authority of Cato of Utica (who was forced, on the day of election, to leave the Campus Martius, with his followers, after a scene of serious riot and uproar), both Pompey and Crassus were elected consuls, B.C. 55. A law was passed, at the rogation of the tribune C. Trebonius, by which Syria and the two Spains, with the right of peace and war, were assigned to the consuls for five years; while the Gauls and Illyricum were handed over to Cæsar for a similar period. In the distribution of the consular provinces, Crassus took Syria.

Crassus was anxious to distinguish himself in war. Pompey, he saw, had subjugated the pirates and Mithradates; Cæsar had conquered Gaul, and was marching his army victoriously to Germany and Britain. Mortified at successes which made him feel his inferiority to both, he chose rather to enter upon an undertaking for which he had no genius, than to continue the pursuit of wealth and influence at home. Armed by the lex Trebonia with power to make war, he determined to exercise his authority by attacking the Parthians. This was a stretch and perversion of the law, for the Parthians were not expressly named in the lex Trebonia; and the senate, who constitutionally were the proper arbiters of peace and war, refused to sanction hostilities by their decree. Indeed, there was not the slightest pretext for hostilities; and nothing could be more flagrantly unjust than the determination of Crassus. It was in express violation of treaties; for in the year B.C. 92, Sulla had concluded a treaty of peace with the Parthians, and the treaty had been renewed by Pompey with their king, Phraates. The Romans were not very scrupulous in their career of conquest, and they often fought from motives of gain or ambition; but their ostensible reasons generally bore some show of plausibility, and a total disregard of form was offensive to a people who were accustomed, in their international dealings, to observe certain legal and religious technicalities. It was not surprising, therefore, that, apart from political considerations, the feelings of common justice should excite a strong repugnance to the plans of Crassus, who, having gained his immediate object in obtaining Syria as his province, broke out into a display of childish vanity and boastfulness, which were alien from his usual demeanor. C. Ateius Capito, the tribune, ordered his officer to arrest Crassus, but was obliged to release him by the intercession of his colleagues. However, he ran on to the gate of the city to intercept the consul, who was anxious without delay to proceed to his destination, and resolved to set out at once, without waiting for the termination of his year of office. Posted at the gate, Ateius kindled a fire, and with certain fumigations, and libations, and invocations of strange and terrible deities, mingled the most awful curses and imprecations against Crassus. This was done in pursuance of an ancient Roman rite, which was never solemnized on light grounds; for, while it was believed to be fatal to the person devoted, it was also thought to bring calamity upon the person who devoted another. But Crassus was not deterred. He proceeded on his way to Brundisium. The evil omen daunted the army, and seems to have occasioned an unusual attention to disastrous auguries and forebodings; for Plutarch is copious in his account of tokens of misfortune in almost every stage of the expedition.

The route of Crassus lay through Macedonia, Thrace, the Hellespont, Galatia, and the northern part of Syria to Mesopotamia. Throughout the whole campaign he exhibited so much imprudence, and such a complete neglect of the first principles of the military art, that premature age may be thought to have impaired his faculties, though he was now but little more than sixty years old. He was deaf, and looked older than he really was. The aged Deiotarus, whom he met in Galatia, rallied him on his coming *late* into the field. He was accompanied by some able men, especially the quæstor C. Cassius Longinus (afterward one of Cæsar's murderers) and the legate Octavius; but he did not profit by their advice. He was quite uninformed as to the character and resources of the enemy he was going to attack; fancied that he should have an easy conquest over unwarlike people; that countless treasures lay before him, and that it would be a matter of no difficulty to outstrip the glory of his predecessors, Scipio, Lucullus, Pompey, and push on his army to Bactria and India. He did not attempt to take advantage of the intestine dissensions in Parthia; did not form any cordial union with the Armenians and other tribes who were hostile to the Parthians, and did not obtain correct information as to the position of the enemy's force and the nature of the country. On the contrary, he listened to flatterers; he suffered himself to be grossly deceived and misled, and he alienated, by ill-treatment and insolence, those who might have been useful and were disposed to be friendly. After crossing the Euphrates, and taking Zenodotium, in Mesopotamia (a success on which he prided himself as if it were a great exploit), he did not follow up the attack upon Parthia, but gave time to the enemy to assemble his forces, and concert his plans and choose his ground. He was advised by Cassius to keep the banks of the Euphrates, to make himself master of Seleucia (which was situate on a canal connecting the Euphrates and the Tigris), and to take Babylon, since both these cities were always at enmity with the Parthians. He chose, however, after leaving seven thousand infantry and one thousand cavalry in garrison in Mesopotamia, to recross the Euphrates with the rest of his forces, and to pass the winter in Northern Syria. In Syria he behaved more like a revenue officer than a general. He omitted to muster and exercise the troops, or to review the armor and military stores. It is true that he ordered the neighboring tribes and chieftains to furnish recruits and bring supplies, but these requisitions he willingly commuted for money. Nor was his cupidity satisfied by such gains. At Hierapolis there was a wealthy temple, dedicated to the Syrian goddess, Derceto or Atargatis (the Ashtaroth of Scripture), who presided over the elements of nature and the productive seeds of things. (*Plin.*, *H. N.*, v., 19; *Strab.*, xvi., *in fin.*) This temple he plundered of its treasures, which it took several days to examine and weigh. One of the ill omens mentioned by Plutarch occurred here. Crassus had a son, Publius, who had lately arrived from Italy, with one thousand Gallic cavalry, to join his father's army The son, on going out of the temple, stumbled on the threshold, and the father, who was following, fell over him. Josephus (*Ant.*, xiv.,

7; *Bell. Jud.*, i., 8) gives a circumstantial account of the plunder of the Temple at Jerusalem by Crassus; but the narrative is not free from suspicion, for Jerusalem lay entirely out of the route of Crassus, and was at a distance of between four hundred and five hundred Roman miles from the winter-quarters of the army; and we believe that no historian but Josephus mentions the occurrence, if we except the author of the Latin work "*De Bello Judaico*" (i., 21), which is little more than an enlarged translation of Josephus, and passes under the name of Hegesippus. To the Divine judgment for his sacrilege on this occasion, Dr. Prideaux (*Connection*, part 2) attributes the subsequent infatuation of Crassus. According to this account, Eleazar, treasurer of the Temple, had, for security, put a bar of gold, of the weight of three hundred Hebrew minæ, into a hollowed beam, and to this beam was attached the veil which separated the Holy Place from the Holy of Holies. Perceiving that Crassus intended to plunder the Temple, Eleazar endeavored to compound with him, by giving him the bar of gold on condition that he would spare the other treasures. This Crassus promised with an oath; but had no sooner received the gold, than he seized not only two thousand talents in money, which Pompey had left untouched, but every thing else that he thought worth carrying away, to the value of eight thousand talents more.

Orodes (Arsaces XIV.), the king of Parthia, was himself engaged, with part of his army, in an invasion of Armenia; but he dispatched Surenas, the most illustrious of his nobles, and a young, accomplished general, into Mesopotamia with the rest of his forces, to hold Crassus in check. Before proceeding to hostilities, he sent ambassadors to Crassus, to say that, if the Roman general made war by the authority of the senate, the war could only terminate by the destruction of one or other of the parties; but if at the prompting of his own desire, the king would take compassion on his old age, and allow him to withdraw his troops in safety. Crassus replied that he would give his answer at Seleucia. "Sooner," said the ambassador, Vagises, "shall hair grow on the palm of this hand than thy eyes behold Seleucia." Artavasdes, the king of Armenia, requested Crassus to join him in Armenia, in order that they might oppose Orodes with their united forces; he pointed out to the Roman general that, Armenia being a mountainous country, the cavalry, of which the Parthian army was almost entirely composed, would there be useless; and he promised to take care that in Armenia the Roman army should be supplied with all necessaries. In Mesopotamia, on the other hand, the Romans would be exposed to extreme danger on their march through sandy deserts, where they would be unable to procure water and provisions. Crassus, however, determined to march through Mesopotamia, and engaged Artavasdes to supply him with auxiliary troops; but the king never sent the promised forces, excusing himself on the ground that they were necessary for his own defence against Orodes.

Crassus, in pursuing the imprudent course which he determined upon, was misled by a crafty Arabian chieftain, called, by Plutarch, Ariamnes; by others, Augarus, or Abgarus, or Acbarus. This Arab had formerly served under Pompey, and was well known to many in the army of Crassus, for which reason he was selected by Surenas to betray the Romans. He offered himself as a guide to conduct them, by the shortest way, to the enemy. He told the Roman general that the Parthians durst not stand before him; that unless he made haste they would escape from him, and rob him of the fruits of victory. Cassius, the legate, suspected Ariamnes of treachery, and warned Crassus, instead of following him, to retire to the mountains; but Crassus, deceived by his fair words and fooled by his flattery, was led by him to the open plains of Mesopotamia. Ariamnes, having accomplished his object, seized a frivolous pretext, and rode off to inform Surenas that the Roman army was delivered into his hands; and Crassus soon learned from his scouts that the Parthians were advancing. The conduct of Crassus in this emergency was marked by irresolution. He first drew up his infantry in line, and placed his cavalry on the wings; an arrangement which would have obviated the murderous success of the Parthian archers, and would have prevented the troops from being outflanked by the Parthian horse; but he then altered his mind, and formed the infantry in a solid square, flanked by squadrons of cavalry. To his son he gave one wing, to Cassius the other, and placed himself in the centre. In the battle that ensued the Parthians exhibited their usual tactics, advancing with terrific shouts and the noise of kettle-drums. They worried the densely-marshaled Romans with showers of arrows and javelins, every one of which struck its man. Crassus was disheartened at finding that there was no chance of their missiles being exhausted, as a number of camels were laden with a large supply. By feigned retreats, during which they continued to discharge their arrows, they led the Romans into disadvantageous positions; then they suddenly rallied and charged, while the enemy were in disorder and blinded by dust.

For the details of the engagement, which was distinguished by errors, and misfortunes, and unavailing bravery, we must refer to the account of Plutarch. Crassus lost his son in the battle, and endeavored to encourage the soldiers under a calamity which, he said, concerned him alone. He talked to them of honor and their country; but the faint and languid shout with which they responded to his harangue, attested their dejection. When night came on the Parthians retired, it being contrary to their custom to pass the night near an enemy, because they never fortified their camps, and because their horses and arrows could be of little use in the dark. In this miserable state of affairs, Octavius and Cassius found Crassus lying upon the ground, as if he were stunned and senseless. They held a council of war, and determined to retreat at once, leaving the wounded on the field. Crassus, with such of the troops as had strength to march, retired to Charræ (the Haran of Scripture), and, on the following morning, the Parthians entered the Roman camp, and massacred the sick and wounded to the number of four thousand. They then pursued and overtook four cohorts, which had lost their way in the dark, and put all but twenty to the sword.

Surenas, having ascertained that Crassus and the principal officers of the Roman army were shut up in Charræ, and fearing that they might altogether escape, again had recourse to stratagem and treachery. Crassus was induced to take a guide, Andromachus, who acted as a traitor, and led the army into dangerous defiles. Having escaped from this snare, he was forced, by the mutinous threats of his troops, though his eyes were open to the inevitable result, to accept a perfidious invitation from Surenas, who offered a pacific interview, and held out hopes that the Romans would be allowed to retire without molestation. At the interview, a horse, with rich trappings, was led out as a present from the king to Crassus, who was forcibly placed upon the saddle. Octavius, seeing plainly that it was the object of the Parthians to take Crassus alive, seized the horse by the bridle. A scuffle ensued, and Crassus fell by some unknown hand. Whether he was dispatched by an enemy, or by some friend who desired to save him from the disgrace of becoming a prisoner, is uncertain. In the course of this expedition—one of the most disastrous in which the Romans were ever engaged against a foreign enemy—Crassus is said to have lost twenty thousand men killed and ten thousand taken prisoners. At the time of his death, Artavasdes had made peace with Orodes, and had given one of his daughters in marriage to Pacorus, the son of the Parthian. They were sitting together at the nuptial banquet, and listening to the representation of the Bacchæ of Euripides, when a messenger rrived from Surenas, and brought in the head and hand of Crassus. To the great delight of the spectators, passages from the drama (v 1168, &c.) were applied by the actors to the lifeless head. Orodes afterward caused melted gold to be poured into the mouth of his fallen enemy, saying, "Sate thyself now with that metal of which in life thou wast so greedy" (*Dio Cass.*, xl., 27; *Florus*, iii., 11.)

NOTES

ON THE

SOMNIUM SCIPIONIS.

NOTES

ON

THE SOMNIUM SCIPIONIS.

M. TULLII CICERONIS SOMNIUM SCIPIONIS. "M. Tullius Cicero's Dream of Scipio." The account of this dream, or vision, is put into the mouth of the younger Scipio Africanus, who relates that, in early youth, when he first served in Africa, he visited the court of Masinissa, the steady friend of the Romans, and particularly of the Cornelian family. During the feasts and entertainments of the day, the conversation turned on the words and actions of the first great Scipio. His adopted grandson having retired to rest, the Shade of the departed hero appeared to him in sleep, darkly foretold the future events of his life, and encouraged him to tread in the paths of patriotism and true glory, by announcing the reward prepared in a future state for those who have served their country faithfully in this life. The circumstances of time and place selected for this dream, as well as the characters introduced, have been most felicitously chosen; and Cicero has nowhere more happily united a high reach of thought to brilliant imagination.

Macrobius, to whom we are indebted for the preservation of the *Somnium Scipionis*, has given a curious astronomical, or, rather, astrological commentary on the influence of numbers in forming the crisis of Scipio's life. His tract was greatly admired and extensively studied during the Middle Ages, and contains a succession of discourses on the physical constitution of the universe, according to the views of the New Platonists, together with notices of some of their peculiar tenets on mind as well as matter.

The *Somnium Scipionis* originally formed part of Cicero's work *De Republica*, being contained in the sixth book. It has been published by Mai in his edition of the recovered *De Republica*, and also in the edition of Creuzer and Moser, *Frankf.*, 1826, 8vo. The authenticity of the piece has been attacked by Kunhardt, in *Seebode's Kritische Bibliothek für das Schul- und Unterrichtswesen*, 1820 (p. 474–482; 558–565; 649–653; 1000–1007), and ably defended by Moser

Scipio loquitur. The form selected by Cicero for the *De Republica* (of which, as just remarked, the *Somnium Scipionis* formed a part) was that of dialogue, in imitation of Plato, whom he kept constantly in view. The epoch at which the several conferences, extending over a space of three days, were supposed to have been held, was the *Latinæ feriæ*, or Latin holidays, in the consulship of C. Sempronius Tuditanus and M'. Aquilius, B.C. 129. The dramatis personæ consisted of the younger Africanus, in whose suburban gardens the scene is laid, and to whom the principal part is assigned, his bosom friend, C. Lælius the Wise; L. Furius Philus, consul B.C. 136, celebrated in the annals of the Numantine war, and bearing the reputation of an eloquent and cultivated speaker (*Brut.*, 28); M'. Manilius, consul B.C. 149, under whom Scipio served as military tribune at the outbreak of the third Punic war, probably the same person as Manilius the famous jurisconsult; Sp. Mummius, the brother of him who sacked Corinth, a man of moderate acquirements, addicted to the discipline of the Porch; Q. Ælius Tubero, son of Æmilia, sister of Africanus, a prominent opponent of the Gracchi, well skilled in law and logic, but no orator; P. Rutilius Rufus, consul B.C. 105, the most worthy citizen, according to Velleius, not merely of his own day, but of all time, who, having been condemned in a criminal trial (B.C. 92), although innocent, by a conspiracy among the equites, retired to Smyrna, where he passed the remainder of his life in honorable exile; Q. Mucius Scævola, the augur, consul B.C. 117, the first preceptor of Cicero in jurisprudence; and, lastly, C. Fannius, the historian, who was absent, however, on the second day of the conference, as we learn from the remarks of his father-in-law Lælius, and of Scævola, in the *De Amicitia*, iv., 7. (*Smith, Dict. Biogr.*, vol. i., p. 728.)

CHAPTER I.

In Africam. At the outbreak of the third Punic war.—*M'. Manilio consuli*, &c. "A tribune, as you know, of the soldiers, under the consul Manius Manilius, attached to the fourth legion." As regards Manilius, who was consul in B.C. 149, consult note on *Scipio loquitur*, immediately preceding. There were at this time six tribunes in a legion. (Consult *Dict. Ant.*, *s. v.*)—*Potius.* "A matter of more importance," *i. e.*, more eagerly desired by me.—*Masinissam.* Masinissa, king of the Numidians, was celebrated for the conspicuous part he bore in the wars between the Romans and Carthaginians.—*Amicissimum.* The elder Africanus had restored Mas inissa to his hereditary dominions, and, on the conclusion of the second Punic war, bestowed upon him a large part of the territories which had belonged to Syphax. (*App. Pun.*, 14, *seqq.*; *Polyb.*, xv., 18; *Liv.*, xxx., 44.)

Reliqui cœlites. "Ye other heavenly ones." The reference is to the stars, and more particularly the planets, which were ranked by many of the barbarous nations of antiquity in the number of the gods. (Compare *Lactant.*, ii., 5.)—*Conspicio in meo regno.* Cicero deviates here from the ordinary historical account, according to which, Scipio Æmilianus had already, before this, met with Masinissa in his kingdom. He appears to have gone to Masinissa three times: first, when sent by Lucullus, whose lieutenant he then was in Spain, to procure elephants and re-enforcements, on which occasion he witnessed the conflict between Masinissa and Hasdrubal; secondly, on the present occasion (supposing that this actually occurred); and thirdly, when Masinissa, on his death-bed, sent for Scipio, then serving in Africa as military tribune. The monarch, however, expired before his arrival, leaving it to the young officer to settle the affairs of his kingdom.—*Illius optimi atque invictissimi viri.* Referring to the elder P. Cornelius Scipio, whom the younger, now present, recalled in name.—*Percontatus est.* A distinction to the following effect has been suggested between *interrogare* and *percontari*, namely, that *interrogare* is used in questions where the answer may be simply *Yes* or *No;* whereas *percontari* always requires a detailed reply. Compare the distinction in Greek between ἐρωτᾶν and πυνθάνεσθαι. (*Crombie, Gymnas.*, ii., p. 42.)

Regio apparatu accepti. "After having been entertained with royal magnificence." As regards the usage of *accepti* here, compare *Ep. ad Att.*, xvi., 3: "*Convivis . . . . bene acceptis.*"—*Cubitum discessimus.* "We parted to retire to rest." *Cubitum ivimus* would have denoted their occupying the same couch, or contiguous ones.—*De via.* "On account of (the fatigue of) the journey."—*Qui vigilassem.* Observe the employment of the subjunctive here, as indicating the cause or reason, *qui* having the force of "since I." (*Zumpt*, § 564).—*Quod eramus locuti.* "About which we had been conversing."—*Pariant aliquid in somno tale*, &c. "Produce some such a result in sleep as that which Ennius states with regard to Homer." Ennius, in the commencement of his Annals, had spoken of the vision which showed him in a dream the image of Homer: "*In somnis mihi visus Homerus adesse poeta,*" as the line is quoted by the scholiast on Horace (*Epist.*, ii., 1, 52). Compare *Cic.*, *Acad.*, iv., 16; *Lucret.*, i., 125.—*Quæ mihi ex imagine ejus*, &c. It was customary with the noble families among the Romans to preserve wax busts of the deceased members of the line. These were placed in cases ranged along the walls of the atrium, and were called *imagines.* An interesting account of them is given by Polybius (vi., 53). Consult, also, *Lipsius, Elect.*, i., 29.—*Notior.* This is not very exact, and does not agree well with the "*temporum ratio*," whether, with Sigonius, we make the younger Africanus to have been born the same year that the elder died, or, with others, the year after.—*Ades animo.* "Recover your self-possession." Literally, "be present in mind (again)."

CHAPTER II.

Illam urbem. "Yonder city." Observe the force of *illam*, as marking something at a distance.—*Per me.* At the close of the second Punic war, after the battle of Zama.—*Renovat pristina bella*, &c. This, of course, is the Roman account, and utterly untrue. The conduct of the Romans toward Carthage was marked by the grossest injustice, and eventually drove her people to despair.—*De excelso, et pleno stellarum*, &c. The shade of Scipio is supposed to be standing in the Milky Way, and there to be addressing the younger Africanus.—*Pæne miles.* "Almost (as yet) a mere soldier." The office of military tribune, which the younger Scipio then held was merely the first step in the path of honorary promotion.—*Hanc hoc biennio*, &c. "This city, in two years from the present time, thou, as consul, shalt overthrow." This is loosely, if not carelessly, worded. Scipio, indeed, was elected consul in the second year from the one in which the dream is supposed to have occurred, namely, in B.C. 147; but he did not take Carthage until the year after (146 B.C.), and then merely as proconsul, his command of the army having been prolonged for the year last mentioned. Compare *Excursus* III.—*Cognomen.* Africanus. This surname he had as yet merely by inheritance from his adoptive grandfather; but afterward, more justly, from the overthrow of Carthage itself. Hence the marginal gloss which appears on one of the MSS.. "*Scipio minor ex duabus causis Africanus.*"

Censorque fueris. He was censor in B.C. 142, with L. Mummius. —*Et obieris legatus Ægyptum*, &c. After his censorship, as is commonly supposed, he, together with Sp. Mummius and L. Metellus, travelled through Egypt and the other countries mentioned in the text in order to look into the state of affairs in them. (Compare *Cic., Acad.*, ii., 2.) Hence *legatus* here may be rendered by our term "envoy."—*Absens.* This was in B.C. 134, and he was purposely chosen to terminate the Numantine war. Some commentators, following the authority of Valerius Maximus, make a difculty here. According to this writer (viii., 15, 4), Scipio was present at the time, and entered the Campus Martius not as a candidate for the consulship, but to procure by his aid and influence the office of quæstor for his brother Q. Fabius Maximus. He was, however, chosen by the people to the consulship, without even asking for or expecting it; and hence Sigonius makes *absens* here equivalent to *non petens.* But this appears far-fetched, and it seems better to fall back on the ordinary account.—*Numantiam exscindes.* Nu mantia was a town of the Celtiberi, in Spain, on the River Durius (*Douro*), not far from its source. It was reduced by Scipio in B.C. 134 (twelve years after the destruction of Carthage), after having resisted the Romans for the space of fourteen, or, according to another account, twenty years.

Offendes. "Thou shalt find." The verb *offendo* in this sense is generally applied to something unexpected.—*Nepotis mei.* The allusion is to Tiberius Gracchus, the well-known advocate of the Agrarian laws, whose mother Cornelia was the daughter of the elder Africanus. The Gracchian disturbances began at Rome while the younger Scipio was engaged in the siege of Numantia.—*Animi, ingenii, consiliique tui.* "Of thy spirit, thy genius, and thy wisdom." —*Sed ejus temporis ancipitem,* &c. "In relation, however, to this period (of thy life), I see the route of the fates uncertain, as it were," *i. e.*, I can not clearly trace the order of the fates at this particular period of thy existence. A purposely dark allusion to imminent danger, which was too fatally verified in his death at this time by the hand of violence. Consult *Excursus* III.—*Septenos octies solis anfractus,* &c. "Shall have completed eight times seven oblique circuits and returns of the sun," *i. e.*, eight times seven annual revolutions of the sun. The term *anfractus* refers to the oblique motion of the sun through the signs of the zodiac. Scipio died in his fifty-seventh year.—*Duoque hi numeri.* Eight and seven.—*Quorum uterque plenus,* &c. "Each of which is regarded as a perfect one, (though) the one for a different reason from the other." The number eight was regarded as perfect, on account of its being completely equal; and the number seven on account of a certain mathematical and theurgic excellence which was ascribed to it. (Compare *Bähr, Symbolik des Mosaischen Cultus,* i., p. 187, *seqq.*)—*Summam fatalem.* "The fatal sum," *i. e.*, fifty-six.—*Te senatus, te omnes boni,* &c. Consult *Excursus* III., where the particulars of Scipio's death are given.

Si impias propinquorum manus effugeris. The cause of Scipio's sudden death remained ever a secret. Public opinion pointed out many who were suspected of having murdered him, and the heaviest suspicion fell upon Carbo. Cicero, however, leans here to the account which makes him to have been taken off by a dose of poison, administered by Cornelia, the mother of the Gracchi, with the concurrence and aid of her daughter Sempronia, Scipio's wife. (Compare *Appian, Bell. Civ.*, i., 20.)—*Hic cum exclamasset Lælius,* &c. As regards the parties present at the Dialogues "*De Republica,*" consult Introductory Remarks to the present piece.—*Pax parumper,* &c. "Keep still a little while; listen to the rest of my story." The reading here is altogether uncertain. The earlier MSS. have *et parum rebus,* which is unintelligible. Of the various conjectures proposed, we have adopted that of Orelli.

CHAPTER III.

Ad tutandam rempublicam. Against what Cicero considered the seditious movements of the Gracchi.—*Sic habeto.* "Know this well." Observe that *habeo,* in this construction, takes a meaning similar in effect to *scio.*—*Certum esse in cœlo definitum locum.* "That there is a particular place marked out in the heavens." Some editions give *ac definitum,* which appears in certain MSS.—*Principi.* "Supreme."—*Concilia cœtusque hominum,* &c "Those assemblages and gatherings of men, formed into social bodies by the influence of laws."—*Hinc profecti, huc revertuntur.* Cicero follows here the Platonic doctrine, according to which all they who prove wise and good rulers of states and communities return after death to the skies, as to their native country and original home.—*Paulus pater.* He refers to his father, the celebrated Æmilius Paulus, conqueror of Macedonia.—*Ex corporum vinculis,* &c. This is a strictly Socratic idea, unfolded by Plato in the Phædon, where Socrates, when about to drink the poison, discourses about the soul, and regards the body as its prison-house. (Compare *Wyttenbach, Disp. de vet. philos. sent. de vita et statu animorum post mort. corp.*, p. xliv., *seqq.*—*Id., ad Plat., Phæd.*, p. xv., *seqq.*)—*Quæ dicitur.* "As it is called." Some editions, less correctly, punctuate *vestra vero, quæ dicitur vita, mors est.*—*Ad te venientem.* Proclus, following Porphyry, makes light to be the vehicle of souls.

Equidem. "I can assure you."—*Sanctissime.* "Most revered." Observe the employment of *sanctus* here in a sense other than that which has reference to things of a divine and sacred nature. So we have, in *Ep. ad Fam.*, iv., 13, the epithets *sanctissimus* and *doctissimus* joined together, and in *Or. pro Flacc.*, 29, "*homines frugalissimi et sanctissimi.*"—*Quid moror in terris?* &c. Compare the well-known doctrine of the Stoics, that the sage might, and even ought, on some occasions, to depart from existence εὐλόγῳ ἐξαγωγῇ. (*Lips.*, *Manuduct.*, *ad Stoic. Philos.*, iii., 22.)—*Nisi enim Deus is*, &c. Compare *Plat.*, *Phædon*, p. 62, *Steph.*: ὁ μὲν οὖν ἐν ἀποῤῥήτοις λεγόμενος . . . . λόγος, ὡς ἔν τινι φρουρᾷ ἐσμεν οἱ ἄνθρωποι, καὶ οὐ δεῖ δὴ ἑαυτὸν ἐκ ταύτης λύειν οὐδ' ἀποδιδράσκειν, κ. τ. λ.

Qui tuerentur illum globum. "To be faithful guardians of that globe," *i. e.*, to dwell thereon as faithful conservators and inhabitants of the same, until it shall please the Deity to remove them. Observe that *qui* is here equivalent to *ut illi* (*Zumpt*, § 556), and that the imperfect is employed to denote the design of the Deity in creating man.—*In hoc templo.* The universe is here aptly called the temple of the Deity. Compare *Macrobius* (*ad Somn. Scip.*, i., 14): "*Bene autem universus mundus dei templum vocatur*," &c.—*Divinis animatæ mentibus.* On the divinity of the stars, compare *Cic.*, *N. D.*, ii., 15.—*Circos suos orbesque.* "Their circuits and orbits." We have given *circos* here, with Ochsner, Nobbe, and Orelli, a form employed also by Cicero in the translations from Aratus, v. 248. Other editors give *circulos.*—*Injussu ejus.* Compare *De Senect.*, xx., § 73, and *Tusc. Disp.*, i., 30.—*Ille.* Referring to *animus.*

Sed sic. "But remaining thus," *i. e.*, but while in this life.—*Avus tuus.* His adoptive grandfather, the elder Africanus.—*Quæ, cum sit magna in parentibus*, &c. "Which, while it is powerful in the case of parents and kindred, so, especially, is it most powerful in that of our country." On this elegant construction, compare *Ochsner, ad Cic. Eclog.*, p. 40; and *Moser, ad Cic.*, *de Leg.*, ii., 14, 36, p. 268.—*Splendidissimo candore inter flammas elucens.* "Shining forth with most resplendent brightness, amid blazing stars." Observe that *flammas* is here equivalent to *sidera.*—*Orbem lacteum.* The Greek term is γαλαξίας.—*Ex quo omnia mihi contemplanti*, &c. The younger Africanus imagines himself, also, to be standing in a part of the Milky Way, as well as the elder Scipio. Compare the explanation of Macrobius (*ad Somn. Scip.*, i., 4): "*Sciendum est, quod locus, in quo sibi esse videtur Scipio per quietem, lacteus circulus est, qui galaxias vocatur.*" This is all very appropriate, since the ancients thought that dreams dwelt in the Milky Way. And hence Proclus remarks, δῆμον δὲ ὀνείρων, ὥς φησὶν ἐκεῖνος (Homer) τὸν γαλαξίαν.

Ex hoc loco. Referring to the earth.—*Erat ea minima.* The reference is to the moon.—*Luce aliena.* "With borrowed light."—*Quo quasi punctum ejus attingimus.* "With which we touch merely a point of it, as it were," *i. e.*, we cover merely a point, as it were, of its surface.

CHAPTER IV.

Quæso inquit Africanus. It will be observed that the shade of Africanus the Elder now speaks, and continues speaking and answering throughout the rest of the piece. No further mention is made of the shade of Æmilius Paulus, after the speech in the ensuing chapter, ending at *nuncupatis.*—*Defixa.* "Chained down."—*Quæ in templa.* "Into how glorious a temple." Observe the force of the plural here, and compare note on *templo*, in chap. iii.—*Novem tibi orbibus*, &c. "The universe, mark well, is composed of nine circles, or, rather, (nine) globes, connected together." Literally, "is connected together by means of," &c. Observe the peculiar employment of *tibi* as the *dativus ethicus*, and which we have rendered according to its spirit ("mark well") rather than its literal sense. (*Zumpt*, § 408.)

Quorum unus est cœlestis, &c. "One of which is that of heaven the furthest off, which embraces all the rest, the supreme God himself, restraining and environing the others." On this whole passage, compare *Cic.*, *De Divin.*, ii., 43: "*Docet enim ratio mathematicorum, quanta humilitate* Luna *feratur*, Terram *pæne contingens, quantum absit a proxima* Mercurii *stella, multo autem longius a* Veneris, *deinde alio intervallo distet a* Sole, *cujus lumine collustrari putatur. Reliqua vero tria intervalla, infinita et immensa, a* Sole *ad* Martis, *inde ad* Jovis, *ab eo ad* Saturni *stellam, inde ad cœlum ipsum, quod extremum atque ultimum mundi est.*"

Summus ipse Deus. Compare the language of Cicero elsewhere, *N. D.*, i., 13, 34: "*Unum, qui ex omnibus sideribus, quæ infixa cœlo sunt, ex dispersis quasi membris simplex sit putandus Deus.*"—*In quo infixi sunt*, &c. The more common form of expression would have been, "*in quo infixæ sunt stellæ, quæ cursu sempiterno volvuntur.*" The reference is to the fixed stars, which are here supposed to be attached or fixed to the highest heavens, and to roll around with it in perpetual course.—*Cui subjecti sunt septem*, &c. "Beneath this are placed seven spheres, which turn in a retrograde course, directly opposite to that of the heavens," *i. e.*, within the outermost hollow sphere of the heavens are seven other hollow spheres, moving in a contrary direction to the outermost one. With *subjecti sunt* supply *globi.—Illa, quam in terris*, &c. "That star, which we call on earth the star of Saturn." With *illa* supply *stella.—Prosperus et salutaris ille fulgor.* Jupiter was regarded as a planet of salutary influence, because Jove was viewed as the author of light, and hence termed *Diespiter.* (Compare *Macrobius, Sat.*, i., 15 ; *Id. ad Somn. Scip.*, i., 19.)

Deinde subter mediam fere regionem, &c. "Next in order, beneath nearly the central region, the sun holds its place." Observe that *obtinet* has here an intransitive force, and is equivalent to *locum habet.* The idea is, that the sun rules almost in the centre of this region. Compare the version of Le Clerc: "*au dessous, vers la moyenne region, brille le soleil,*" and that of De Rosoy: "*ensuite, presque au centre de cette region, domine le soleil.*" Cicero, in his arrangement of the planets, differs from Plato. (Compare Macrobius, *ad Somn. Scip.*, i., 19.) Proclus makes Cicero's arrangement agree with that of the Chaldæans and the theurgic books ; but Aristotle and Callippus the astronomer to coincide with that of Plato. (*Mai, ad loc.*)—*Mens mundi et temperatio.* "The soul and regulating principle of the universe." Observe that *temperatio* is here, as Grævius remarks, put for *temperator*, the abstract for the concrete. (Compare *Moser ad loc.*)—*Veneris alter, alter Mercurii cursus.* The one sphere of Venus, the other of Mercury."

Caducum. "Perishable."—*Nam ea quæ est media et nona*, &c Compare *Cic., Acad.*, ii., 39 : "*Nicetas Syracusius, ut ait Theophrastus, cœlum, solem, lunam, stellas, superaque denique omnia stare censet, neque, præter terram, rem ullam in mundo moveri.*"

CHAPTER V.

Hic est, inquit ille, qui intervallis, &c. "This, replied he, is that harmony which, formed from a combination of unequal intervals, but yet, at the same time, strictly calculated according to just proportions, is produced by the impulse and movement of the spheres themselves, and which, blending sharp tones with grave, calls forth varied accords in regular order." We have here the famous Pythagorean doctrine of the music of the spheres. Pythagoras conceived that the celestial spheres, in which the planets move, striking upon the ether, through which they pass, must produce a sound, and that this sound must vary according to the diversity of their magnitudes, velocity, and relative distance. Taking it for granted that every thing respecting the heavenly bodies is adjusted with perfect regularity, he farther imagined, that all the circumstances necessary to render the sounds produced by their motion harmonious, were fixed in such exact proportions that the most perfect harmony is produced by their revolutions. (*Enfield, Hist. Phil.*, b. ii., ch. 12, § 1.)

Tanti motus incitari possunt. "Can movements so great as these be urged onward." Equivalent, in effect, as Hottinger remarks, to *tanta corpora tam celeriter moveri possunt.*—*Natura fert.* "Nature leads at once to the conclusion."—*Quam ob causam summus ille*, &c. Cicero, following the system of Pythagoras, compares the movements of the seven planets and the sphere of the fixed stars to the vibrations of the eight chords which composed the ancient musical instrument called octachord, formed of two disjunct tetrachords, or of eight strings, producing the eight tones or sounds of modern music, namely, *mi, fa, sol, la, si, ut, re, mi;* so that the moon, the lowest of the planets, answers to *mi*, the gravest of the eight sounds; Mercury, to *fa;* Venus, to *sol;* the Sun, to *la;* Mars, to *si;* Jupiter, to *ut;* Saturn, to *re;* and the sphere of the fixed stars, which is the most elevated of all, to *mi*, the sharpest sound, and making the octave with the gravest. These eight sounds, as may be seen, are separated by eight intervals, according to certain proportions; so that from *mi* to *fa* is the distance of a semitone; from *mi* to *sol*, that of a minor third; from *mi* to *la*, that of a quarter tone; from *mi* to *si*, that of a fifth; from *mi* to *ut*, that of a minor sixth; and from *mi* to *re*, that of a minor seventh; which, with the octave, form in all seven accords. (*Burette, ad loc.*)

In quibus eadem est vis duorum. "In which two have the same force." The reference is to the two stars at either extremity, corresponding in their movements to the vibrations of the two extreme strings of the tetrachords, that is, the two *mi*. (*Burette, ad loc.*) Some editions read after *duorum* the words *Mercurii et Veneris;* but these are a mere gloss, and interfere with the sense.—*Distinctos intervallis.* "Separated by regular intervals."—*Qui numerus rerum omnium*, &c. St. Jerome makes an allusion to this passage in his forty-eighth letter, where he says: "*An forsitan Pythagoram, et Archytam Tarentinum, et Publium Scipionem in sexto de Republica de impari numero proferam disputantes?*"

Docti homines. Alluding, in particular, to Orpheus and Amphion. Compare, moreover, as regards the idea expressed in the text, the language of Quintilian (i., 10, 12): "*Atque claros nomine sapientiæ viros nemo dubitaverit studiosos musices fuisse; cum Pythagoras, atque eum secuti, acceptam sine dubio antiquitus opinionem vulgaverint, mundum ipsum ejus ratione esse compositum; quam postea sit lyra imitata.*"—*Nervis imitati.* The reference is to the heptachord, or instrument of seven strings, said to have been invented by Terpander, and which seems not to have been obsolete in Pindar's time Its scale consisted of an octave, with one sound omitted. The addition of this omitted sound (attributed to Lycaon or Pythagoras) would give an octachordal lyre, with a complete octave for its scale —*Divina studia.* "The study of heavenly things." Equivalent to *rerum divinarum studia.*

Nec est ullus hebetior sensus in vobis. "Nor is there any more imperfect sense in you (than that of hearing)." More literally, "any duller sense."—*Catadupa.* "The Cataracts." Cicero uses the term here as a neuter plural, whereas the ordinary form in Greek is Κατάδουποι, *ων, οἱ.* The name is applied by the Greek writers not only to the Cataracts themselves, but also to the parts of Æthiopia in which they were situate. (*Herod.*, ii., 17.) The word is usually derived from *καταδουπέω*, "to fall with a loud and heavy sound;" but it is curious that Κατάδουπα was also the name of an Indian town (*Arr.*, *Ind.*, 4), and *Katadvîpa,* in Sanscrit, means "a flood of rain."—*Præcipitat.* Supply *se.*—*Sensu audiendi caret.* On this ancient fable, consult the remarks of *Bähr*, *ad Herod.*, ii., 17; and, in relation to the Cataracts of the Nile, *Champollion, l'Egypte sous les Pharaons*, i., p. 120, *seqq.*; *Ritter*, *Erdkunde*, i., p. 594, 687, *seq.*—*Hæc admirans.* "Although filled with wonder at these things."

CHAPTER VI.

Quæ si tibi parva, &c. See this idea carried out by Pliny, *H. N.*, ii., 68, where, after remarking that the earth is a mere point, he proceeds as follows: "*Hæc est materia gloriæ nostræ, hæc sedes: hic honores gerimus, hic exercemus imperia,*" &c.—*Tu enim quam celebritatem sermonis hominum,* &c. "For what true celebrity, or what glory really deserving of being sought after, canst thou obtain from the discourses of men?" *i. e.*, canst thou find on earth.—*Habitari in terra raris et angustis in locis.* "That men dwell on the earth in places scattered here and there, and confined within narrow limits." Observe that *raris* is equivalent, as Hottinger remarks, to *hinc inde dispersis.*—*In ipsis quasi maculis.* An unusual meaning for *macula,* and nowhere else employed by Cicero, so that *quasi* is added to excuse it.

Sed partim obliquos, &c. "But occupy positions, partly oblique, partly transverse, partly even opposite to yours." Observe that *obliquos* answers to the Greek *περιοίκους*, *transversos* to *ἀντοίκους*, and *adversos* to ἀντίποδας. By περίοικοι were meant those who were in the same parallel, but opposite meridians; by ἄντοικοι, those under the same meridian, but opposite parallels; and by ἀντίποδες, those who were in opposite parallels and meridians, *i. e.*, diametrically opposite.—*Quasi quibusdam*, &c. The term *quasi* is again employed to excuse the use of terms not usual with Cicero, namely, *redimitum* and *cingulis*. The reference is to the zones.—*E quibus duos*, &c. Alluding to the two frigid zones. Both of these were regarded by the ancients as uninhabitable. (Compare *Horat.*, i., 22, 17, and *Virg.*, *Georg.*, i., 233.)—*Diversos*. The adjective *diversus* is often used by Cicero, as here, in the sense of *oppositus* or *contrarius*. Compare *Or de Leg. Agr.*, ii., 32, 87: "*Corinthus . . . duo maria, maxime navigationi diversa, . . . conjungebat.*" So, also, *Or. pro Leg. Manil.*, iv., 9.—*Cœli verticibus*. Compare *Cic.*, *N. D.*, xi., 41: "*Extremusque adeo duplici de cardine vertex dicitur esse polus.*"—*Solis ardore torreri*. The ancients believed the torrid zone to be also uninhabitable.—*Adversa vobis urgent vestigia*. "Plant footsteps directly opposite to you," *i. e.*, are your antipodes.

Vos contingat. "It has to do with you."—*Tanto nomine*. "Although of so great a name."—*Caucasum hunc . . . . . illum Gangem*. "Caucasus here . . . . . the Ganges yonder." Observe the force of the pronouns here, and their employment δεικτικῶς.—*Obeuntis* Some read *abeuntis*; but compare *Cic.*, *De Div.*, i., 56: "*qui . . . . . siderum ortus, obitus; motusque cognorunt,*" and also *Cic.*, *Arat.*, 467: "*Abditur Orion, obit et Lepus abditus umbra.*"—*Quibus amputatis* "If these now be lopped off."

CHAPTER VII.

Propter eluviones, &c. This is in accordance with the Stoic doctrine, that the world is liable to destruction from the prevalence of moisture, or of dryness; the former producing a universal inundation, the latter a universal conflagration. These succeed each other as regularly as winter and summer. (Compare *Philo*, *de Mund. incorr.*, p. 940; *Euseb.*, *Præp. Ev.*, iv., p. 816; *Polyb.*, vi., 5, 5.)—*Qui ante nati sunt*. A much more correct reading than *nati sint* of the common text.—*Qui nec pauciores et certe*, &c. Compare *Zumpt*, § 338, *sub fin.*—*Unius anni*. The *magnus annus* is here meant, as is subsequently stated, or the period during which the sun, moon, and planets return to the point in the heavens where their revolutions commenced. Compare Cicero, *Hortens.*, p. 1176, *ed. Ern.*, *min.*, p. 104, *ed. Sch.*: "*Annum magnum esse voluerunt omnibus plan-*

stis in eundem recurrentibus locum, quod fit post XII. millia nongentos quinquaginta quatuor annos." So, also, *Cic.*, *N. D.*, ix., 20: "*Quarum ex disparibus motionibus magnum annum mathematici nominaverunt, qui tum efficitur, cum solis et lunæ et quinque errantium ad eandem inter se comparationem confectis omnium spatiis est facta conversio.*"—*Eandem cœli descriptionem.* "The same aspect of the heavens."

Namque, ut olim deficere, &c. He here gives an idea of a *magnus annus*, beginning with the eclipse of the sun at the death of Romulus, and to end when the sun shall again be eclipsed in the same quarter of the heavens and at the same instant.—*Quandoque.* For *quandocunque.*—*Ad idem principium.* "To the same point of beginning."—*Nondum vigesimam partem*, &c. From the death of Romulus to the period of the present dream, five hundred and seventy-three years had elapsed, according to the Roman computation; which would, of course, not be as yet the twentieth part of a *magnus annus*, whether we take the number of years composing one to be, according to Cicero, in his Hortensius, as above cited, twelve thousand nine hundred and fifty-four years, or, according to Macrobius (*ad Somn.*, ii., 11), fifteen thousand years.

Si reditum in hunc locum desperaveris. "If thou despairest of a speedy return to this quarter." This refers to the Younger Scipio's exclamation in chapter iii.: "*Quid moror in terris? quin huc ad vos venire propero?* There is no necessity whatever, therefore, of our reading *speraveris* with some editors.—*In quo omnia sunt.* "In which all things are prepared." Equivalent to *in quo omnia sunt parata.* (*Ramus, ad loc.*)—*Neque te dederis.* "And shalt not have allowed thyself to be influenced by."—*Spem posueris rerum tuarum.* "Shalt make the great object of thy achievements to consist."—*Ad verum decus.* "To true glory."—*Quid de te alii loquantur*, &c. The idea intended to be conveyed is this: Leave to others the care of ascertaining what they are to say of you; for they will make you a subject of conversation, beyond all doubt.—*Sermo autem omnis ille*, &c. The reference is to mere human fame.

CHAPTER VIII.

Si quidem bene meritis, &c. "If, indeed, for those who have deserved well of their country, a path, as it were, lies open for access to the skies." Compare, as regards the term *limes* here, *Dict. Ant.*, *s. v. Agrimensores.*—*Patriis.* Referring to Æmilius Paulus.—*Non esse te mortalem*, &c. Compare *Cic.*, *Tusc.*, i., 22: "*Neque nos cor-*

pora sumus, neque ego tibi hæc dicens, corpori tuo dico."—*Sed mens cujusque*, &c. "But it is the intellectual principle of each one which is that particular one, not the mere figure that can be pointed out with the finger." John of Salisbury (*Metalogic.*, iii., 7) cites this passage, and it is happily imitated by Lactantius (*De Opif. Dei.*, c. 19.)—*Deum te igitur scito esse.* "Know, then, that thou art a god." Compare *Cic.*, *De Sen.*, 22, 81, where the dying Cyrus says to his sons, "*Sic me colitote ut deum.*"—*Ipse Deus æternus.* The supreme deity is here regarded as the soul of the universe.

Nam quod semper movetur, &c. "For what is always in motion is eternal." This whole passage is extracted from the Phædrus of Plato (p. 245, *Steph.*; p. 38, *Bekk.*), and it is also repeated in the Tusculan Disputations (i., 23, &c.).—*Quodque ipsum agitatur aliunde.* "And what is itself put in motion by some other cause."—*Quia nunquam deseritur a se.* Compare *Cic.*, *De Senect.*, 21, 78. — *Quin etiam ceteris*, &c. "Still farther, this is the parent source, this the primary cause of being moved, unto every thing else that is moved." Observe the employment of the gerund in a passive sense. (*Zumpt*, § 658.)—*Principio autem nulla est origo.* "Now a primary cause has no origin from any other cause."—*Quod si nunquam oritur*, &c. "If, then, this never has a beginning, it never, indeed, has an end; for a primary cause, when once destroyed, will neither itself spring up again from any other cause, nor create any thing else from itself."—*Ita fit, ut motus principium ex eo sit*, &c. "Hence it results that the primary cause of motion arises from that which is moved of itself and by itself."—*Vel concidat omne cœlum*, &c. "Or else, as a matter of necessity, the whole heavens must fall together in ruin, and the earth come to a stand, nor be able to acquire for itself any other force by the impulse of which it will again be set in motion as at first."

CHAPTER IX.

Hanc naturam. "That this same nature," *i. e.*, this power of moving itself.—*Inanimum est enim omne*, &c. "For every thing is inanimate that is set in motion by an external impulse; what, on the other hand, is animated, is called into action by an internal principle of motion, and one peculiar to itself."—*Hanc tu exerce.* "Do thou exercise this soul of thine." The quotation from Plato terminates with the sentence before this.—*Sunt autem optimæ.* Supply *res.* It is an erroneous punctuation to have no comma after *optimæ.*—*Eminebit foras.* "It shall lean forth."—*Impulsuque libidi num*, &c. "And by the impulse of passions that render a olind obedience to sensual gratifications," *i. e.*, which sensual gratifications have subjugated.—*Exagitati sæculis.* Compare *Tusc.*, *Disp.*, i., 30: "*Iis devium quoddam iter esse, seclusum a concilio deorum.*"—*Ille discessit: ego somno solutus sum.* Mai thinks that a few words were added here for the purpose of bringing the piece more fully to a close. Not so, however. Cicero, who loves to give something of a dramatic air to his dialogues, could not have found a simpler, and, at the same time, a happier termination for the piece than the present one.

EXCURSUS III.

LIFE AND CHARACTER OF AFRICANUS THE YOUNGER.[1]

P. Cornelius Scipio Æmilianus Africanus Minor, son of L Æmilius Paulus, and adopted son of P. Cornelius Scipio (son of Africanus the Elder), must have been born about 185 B.C.; for in 168 B.C., being then a youth in his seventeenth year, he took a very active part in the battle of Pydna, in which his father defeated Perseus, king of Macedonia. (*Liv.*, xliv., 44; *Plut.*, *Vit. Æm. Paul.*, 22.) From his earliest years he had an ardent love of intellectual occupations, and cultivated the friendship of men like Polybius, Panætius, Lælius, and others. It was, perhaps, on this account that he appeared to his relatives to be wanting in youthful vigor, and no great hopes were entertained of him. But, with his partiality for science, and Greek refinement and art, he esteemed no less the stern virtues of the best of the Romans. Old Cato was, in this respect, his model.

At the beginning of the third Punic war, 151 B.C., when no one was willing to enter his name, either as an officer or as a common soldier, for the campaign in Spain, Scipio, although he was at this same time requested by the Macedonians to settle some disputes among themselves, came forward and declared that he would gladly accept any post that might be assigned to him. This example inspired with courage even those who had hitherto kept back. (*Liv.*, *Epit.*, 48; *Polyb.*, xxxv., 4.) Scipio thus became military tribune under L. Lucullus. Two heroic deeds of Scipio in this expedition are recorded: he was the only Roman who ventured to accept the challenge of a huge Spanish chief, whom he slew in single combat. He was also the first to scale the walls of the town of Intercatia while it was besieged by the Romans. These proofs of personal courage, and his other virtues, filled even the enemy with admiration, and gained for him a greater influence over the Span-

[1] *Penny Cyclopædia*, vol. xxi., p 81.

wards than his avaricious general, Lucullus, was able to acquire. (*Appian*, vi., 54.) The year following, 150 B.C., Scipio was sent by Lucullus to Africa, to request Masinissa to send a number of elephants over to Spain. He was most honorably received. Masinissa and the Carthaginians were just preparing for battle; Scipio beheld the contest from an eminence; and as soon as the Carthaginians were apprised of his presence, they entreated him to act as mediator between them and Masinissa. But he was not able to effect what they wished, and he returned to Spain with the elephants. (*Appian*, viii., 71, &c.).

When the war between Carthage and Rome broke out, Scipio, then still military tribune, went to Africa, and here, again, distinguished himself so much by his courage, prudence, and justice, that he not only gained the unlimited confidence of his own countrymen and Masinissa, but even of the Carthaginians, who trusted no Roman but Scipio. Roman ambassadors, who were sent to the camp in Africa to report on the state of affairs, on their return to Rome were unbounded in their praise of Scipio and of the attachment of the soldiers to him. (*Appian*, viii., 98, &c.) In 148 B.C., when the consul Calpurnius Piso undertook the command in Africa, Scipio returned to Rome, where every body appears to have been convinced that he alone was able to complete the conquest of Carthage. Cato said that Scipio alone was alive, while all the other generals were mere shadows. (*Liv.*, *Epit.*, 49; *Polyb.*, xxxvi., 6.) The consul Piso made very little progress in Africa, and, when Scipio was a candidate for the ædileship, he was unanimously elected consul for the year 147 B.C., though he had not yet attained the legitimate age: he obtained Africa for his province. On his return to Africa he was accompanied by Polybius and Lælius; and immediately after his arrival he saved a considerable body of Roman soldiers, who had penetrated into one of the suburbs of Carthage. (*Appian*, viii., 113, &c.) He restored discipline in the Roman army. His first operation was to cut off all supplies, which the Carthaginians had hitherto received from the interior of Africa, and in the following winter (147–146 B.C.) he succeeded in taking Nepheris, whence the Carthaginians, till then, had received their supplies by sea. His command of the army was prolonged for the year 146 B.C., and in the spring of this year he made his attack upon the city, which was defended with the utmost despair, and by a decree of the senate he razed it to the ground. He is said to have wept over its ruins, and to have uttered the prophetic words of Homer, as applicable to his own native city (*Il.*, vi., 448, *seq.*):

Ἔσσεται ἦμαρ, ὅτ' ἄν ποτ' ὀλώλῃ Ἴλιος ἱρή,
Καὶ Πρίαμος, καὶ λαὸς ἐϋμμελίω Πριάμοιο.

After he had made the necessary arrangements in Africa, and annihilated an enemy who, though humbled, was still looked upon by Rome with jealousy, Scipio returned to Italy, and entered Rome in triumph. In 142 B.C. he was censor with L. Mummius, and at this time of increasing luxury he fulfilled the duties of his office with the greatest strictness, and without any respect to person or rank. In the lustrum which he performed at the close of his census, he did not pray, as had been customary before, for the increase of the republic, but only for its preservation. (*Val. Max.*, iv., 1, 10.) It was, probably, after his censorship that he, together with Sp. Mummius and L. Metellus, travelled through Egypt, Syria, Asia, and Greece, to look into the state of affairs in those countries.

The war against Numantia, in Spain, had been carried on for a long time without success; Scipio was considered the only man who could bring it to a termination, and, although absent at the time of the elections, he was made consul for the year 134 B.C. On his arrival in Spain, he found the Roman army in a most deplorable state, and here, as in Africa, he had to restore military discipline before he could venture upon any enterprise. The brave inhabitants of Numantia held out against him until famine rendered further resistance impossible. The town fell into the hands of Scipio, after most of the inhabitants had put an end to their lives. Fifty of the survivors were selected by Scipio to adorn his triumph; the rest were sold as slaves, and the city was razed to the ground. (*Appian* vi., 84, *seqq.*; *Liv.*, *Epit.*, 57, 59.)

While Scipio was engaged in the siege of Numantia, the Gracchian disturbances began at Rome. Although his wife, Sempronia, was a sister of the Gracchi, Scipio approved of his brother-in-law's having been put to death; but still he was not, like many others, an obstinate advocate of the privileges of a class, for we find him supporting the *lex Cassia tabellaria* against the aristocrats (*Cic.*, *Brut.*, 25), whence he was considered by some as a man of the people. (*Cic.*, *Acad.*, ii., 5.) Scipio was opposed to all violent measures; caution was one of his prominent characteristics. He was certainly sincere and disinterested. But his opposition to the popular party deprived him of a great part of the favor and influence which he had hitherto possessed with the people. The consequence was, that when, in 131 B.C., he was inclined to undertake the command of the war against Aristonicus, he only obtained the votes of two tribes. (*Cic.*, *Phil.*, xi., 8.) But, notwithstanding this slight, he still possessed great influence ; for when the tribune Papirius Carbo proposed a law, that the people should be at liberty to re-elect their tribunes as often as they pleased, the eloquent speech of Scipio induced the people to reject the measure, though it was in their own favor. (*Cic.*, *De Am.*, 25.) Soon after this, however, a circumstance occurred which called forth the bitterest opposition of the popular party against him. Scipio had made a proposition in favor of the old Italian veterans, which had been approved of by the senate, and according to which, the disputes arising out of the distribution of the public land should not be decided by the distributors, but by other persons. This measure produced a delay in the distribution itself, and the popular leaders, F. Flaccus, C. Gracchus, and Papirius Carbo, made the bitterest invectives against Scipio in the assembly, and called him the enemy of the people. When Scipio repeated his approval of the death of Gracchus, the demagogues cried out, "Down with the tyrant!"

After these fierce debates Scipio went quietly home, accompanied by the senate and a great number of Latins and other allies. In the evening he went into his bed-room with the intention of writing a speech to be delivered the following morning. But in the morning Scipio was found dead in his bed (129, B.C.). An investigation into the cause of his death was prevented by the multitude, and the event remained a secret. Public opinion pointed out many who were suspected of having murdered him ; as, for instance, Cornelia the mother of the Gracchi, his own wife Sempronia, and Papirius Carbo, but the heaviest suspicion fell upon the last-mentioned individual. (Compare *Gerlach, Der Tod des P. Cornelius Scipio Æmilianus, eine Historische Untersuchung*, Basel, 1839 ; and *Zimmermann*, *Zeitschrift für die Alterthumswissenschaft*, 1841, No. 52.)

NOTES

ON THE

LIFE OF ATTICUS.

NOTES

ON THE

LIFE OF ATTICUS.

Vita T. Pomponii Attici, &c. "Life of Titus Pomponius Atticus, from Cornelius Nepos." Cornelius Nepos[1] was the contemporary and friend of Cicero, Atticus, and Catullus. He was probably a native of Verona, or of some neighboring village, and died during the reign of Augustus. No other particulars, with regard to his personal history, have been transmitted to us. He is known to have written the following pieces, all of which are now lost:

1. *Chronica.* An Epitome of Universal History, it would appear, in three books. For the name, and some idea of the contents, we are indebted to Ausonius (*Epist.*, xvi.), Aulus Gellius (xvii., 21, § 3, 8, 24), and Solinus (i., § 27, xliv., § 1); while Catullus, when dedicating his poems to Cornelius Nepos, indicates, though obscurely, the object and extent of the production in question.

2. *Exemplorum Libri*, of which Charisius (p. 119, *ed. Putsch.*) quotes the second book, and Aulus Gellius (vii., 18, § 11) the fifth. This was probably a collection of remarkable sayings and doings, of the same description as the compilation subsequently formed by Valerius Maximus.

3. *De Viris Illustribus.* Gellius (xi., 8) tells an anecdote of Cato, adding, "*Scriptum est hoc in libro Cornelii Nepotis* De Illustribus Viris." It is not impossible that it may be the same work as the preceding, quoted under a different title.

4. *Vita Ciceronis*, an error in which is corrected by Aulus Gellius (xv., 28).

5. *Epistolæ ad Ciceronem*, from one of which Lactantius has preserved an extract (*Instit. Div.*, iii., 15); but we can not tell whether they were ever formally collected into a volume.

6. Perhaps poems also, at least he is named in the same category with Virgil, Ennius, and Accius, by the Younger Pliny (*Ep.*, v., 3)

7. *De Historicis.* In the Life of Dion (c. 3), which now bears the name of Cornelius Nepos, there is the following sentence: "*Sed*

---

[1] *Smith, Dict. Biog.*, vol. ii., p. 1156, sqq.

de hoc in meo libro plura sunt exposita, qui De Historicis *conscriptus est.*"

In the year 1471, a quarto volume issued from the press of Jenson, at Venice, entitled *Æmilii Probi de Vita Excellentium,* containing biographies of twenty distinguished commanders, nineteen Greek and one Persian. Next came three chapters headed *De Regibus*, presenting very brief notices of certain famous kings of Persia and Macedonia, of the elder Sicilian Dionysius, and some of the more remarkable among the successors of Alexander. The volume concluded with a biography of Hamilcar, and a biography of Hannibal. A preface, or introduction, to the lives commenced with the words, "*Non dubito fore plerosque, Attice, qui hoc genus scripturæ leve, et non satis dignum summorum virorum judicent;*" and prefixed to the whole was a dedication, in verse, to the Emperor Theodosius in which we find the couplet,

> *Si rogat Auctorem, paulatim detege nostrum*
> *Tunc Domino nomen, me sciat esse Probum.*

A second edition, in quarto, of the same book, without date, was printed at Venice by Bernardinus Venetus. In this a biography of Cato is added. The title in one part of the volume is *Æmilii Probi Historici excellentium Imperatorum Vitæ;* in another, *Æmilii Probi de Virorum Illustrium Vita.* A third edition, in quarto, without date, and without name of place or printer, but known to belong to Milan, and to be not later than 1496, was published as *Æmilius Probus de Viris Illustribus;* and here we have not only the biography of Cato, but a life of Atticus also. Numerous impressions appeared during the next half century, varying from the above and from each other in no important particular, except that in the Strasburg one of 1506 the life of Atticus is ascribed to Cornelius Nepos, a point in which it is supported by many MSS. But in 1569 a great sensation was produced among the learned by the edition of the celebrated Dionysius Lambinus (4to, Paris, 1569), who not only revised the text with much care, but strenuously maintained that the whole work was the production of that Cornelius Nepos who flourished toward the close of the Roman republic, and not of an unknown Æmilius Probus living at the end of the 4th century. The arguments upon which he chiefly insisted were:

1. The extreme purity of the Latinity, and the chaste simplicity of the style, which exhibit a striking contrast to the semi-barbarian jargon and meretricious finery of the later empire. Every critical scholar must feel the weight of this observation.

2. The person addressed in the preface, or introduction, must be Pomponius Atticus, the friend of Cicero. This is fully proved by a passage in the life of Cato (*sub fin.*), where we read, "*Hujus de vita et moribus plura in eo libro persecuti sumus quem separatim de eo fecimus* rogatu Pomponii Attici," which is unquestionably perfectly decisive in so far as the memoir in which they occur is concerned; but this, as we have seen, was not included in the original edition, is wanting in some MSS., and, along with the *Atticus*, is separated, as it were, from the rest in all.

3. The lofty tone in which the grandeur and power of the Roman people are celebrated, the boldness of the comments on free institutions and tyrants, would have been totally out of place at an epoch of degradation and slavery. Allusions, also, it is affirmed, may be detected to the civil war between Cæsar and Pompey. Upon a careful examination of all the quotations adduced, it will be seen that no weight ought to be attached to this portion of the proof.

4. Lambinus was informed, upon what he considered good authority, that one MS. ended in this manner: "*Completum est opus Æmilii Probi, Cornelii Nepotis.*" But, even if we admit the accuracy of a statement vouched for so imperfectly, it leads to no result, for the first clause might be intended to assign the twenty biographies, the *De Regibus*, the *Hamilcar*, and the *Hannibal*, to Probus; the concluding phrase to mark Nepos as the author of the *Cato* and the *Atticus*.

The question thus started has given rise to interminable discussions; but the leading hypotheses may be reduced to three:

1. Many of the contemporaries of Lambinus, unable or unwilling to abandon the belief in which they had been reared, and clinging to the verses addressed to Theodosius, doggedly maintained that the old opinion was, after all, true; and that all the lives, except, perhaps, those of Cato and Atticus, which stood upon somewhat different ground, were the property of Probus, and of no one else This position is now very generally abandoned.

2. Lambinus, as we have seen, pronounced the lives to belong entirely to Cornelius Nepos.. Those who support this hypothesis, which has been more widely received than any other, hold that what we now possess may be regarded either as a portion of the voluminous collection, *De Viris Illustribus*, or as an independent work, which, having fallen into oblivion, was brought to light by Æmilius Probus, who fraudulently endeavored to palm it off as his own, or, perhaps, meant to do nothing more than claim the credit of having discovered and described it; or, that the verses in ques-

tion, which are absent from several MSS., refer to some totally different production, and have by mere accident found their way into their present position.

3. Barthius, steering a middle course, threw out that the biographies, as they now exist, are, in reality, epitomes of lives actually written by Nepos, and that we ought to look upon Probus as the abbreviator; others, adopting the general idea, think it more likely that the abridgments were executed at an earlier period.

Without attempting to enter at large into the merits of these conflicting systems, and of the many minor controversies to which they have given rise, we may remark, that the third hypothesis, under one form or other, will, if properly applied, tend to remove many of the difficulties; and explain many of the anomalies by which the subject is embarrassed, more effectually than either of the two others. It will enable us to account for the purity of the language, and for the graceful, unaffected ease of the clauses, when taken singly, and at the same time to understand the harsh and abrupt transitions which so frequently occur in passing from one sentence, or from one paragraph to another. But, while we may safely admit that we hold in our hands the abridgment of some writer of the Augustan age, we must bear in mind that the evidence adduced to prove that writer to be Cornelius Nepos is miserably defective, an exception being always made in respect of the life of Atticus, which is expressly assigned to him in at least two of the best MSS.

CHAPTER I.

T. Pomponius Atticus. His proper name, after his adoption by Q. Cæcilius, the brother of his mother, was Q. Cæcilius Pomponianus Atticus. (*Cic.*, *Ep. ad Att.*, iii., 20.)—*Ab origine ultima*, &c. "Descended from the earliest period of the Roman race," *i. e.*, sprung from one of the most ancient houses of Rome. Observe the force of *ultima*, and compare *Virg.*, *Æn.*, vii., 49: "*Tu sanguinis ultimus auctor.*" The reference, in these cases, is an ascending one to the founders of the line. According to Plutarch (*Vit. Num.*, 21), the gens Pomponia, or house of the Pomponii, claimed descent from Pompo, the son, or, as Aurelius Victor (*De V. Ill.*, 3) says, the father of Numa Pompilius.—*Perpetuo obtinuit.* "Held during his whole life," *i. e.*, was content during his whole life with the rank of eques, and never aspired to the dignity of senator. Atticus was born B.C. 109, and died B C. 32, at the age of 77 Some editors, disliking the construction of *generatus* with *ab origine*, include the former word within brackets, while others write *generatu perpetuo* But the ordinary reading is successfully defended by Kappe. (*Opusc. Harles.*, p. 466.)

Usus est. Elegant usage for *habuit.*—*Diligente, indulgente.* The first of these epithets is meant to indicate one who was careful in his attention to his private affairs; and the other, one who spared no pains in giving his son a liberal education. (Compare *Daehne, ad loc.*)—*Ut tum erant tempora.* "As times then were," *i. e.*, for those times. The riches of the Eastern world had not yet flowed in upon Rome. — *Litterarum.* "Of literary pursuits." — *Prout.* "Even as."—*Omnibus doctrinis.* "In all those branches of knowledge."—*Impertiri.* "To be made a partaker," *i. e.*, to be instructed in. The construction of *impertio* is two-fold, either *aliquem re*, or *alicui rem.* (*Zumpt*, § 418.)—*Summa suavitas oris ac vocis.* "The greatest sweetness in his mode of speaking and in his voice." We must not refer *oris* here, as some do, to visage or look, but to the physical conformation of the lips and mouth, as is explained immediately after by *excellenter pronuntiaret.* Compare *Quint.*, vi., *prooem.* and consult Tzschucke's note on the present passage.

Nobilis ferebatur. "He was famed as the most conspicuous." Observe that *ferebatur* has here the force of *efferebatur.*—*Generosi* "Generous-spirited." The reference is to a spirit of generous rivalry.—*Studio suo.* "By his own ardor," *i. e.*, in the pursuit of knowledge.—*L. Torquatus.* L. Manlius Torquatus, who was afterward consul in B.C. 65. He became distinguished for his eloquence, and is spoken of by Cicero as a most upright and patriotic man. (*Orelli, Onomast. Tull.*, p. 377.)—*C. Marius filius.* This was the younger Marius, but only an adopted son of the great Marius. His career, though short, was marked by the same merciless severity as that of the elder Marius.—*M. Cicero.* M. Tullius Cicero. Atticus was born three years before him. The intimacy between them is well known.—*Consuetudine sua.* "By his intimacy with them."

CHAPTER II.

Mature. "Early."—*Adolescentulus.* He was at this time in his twenty-second year, for Sulpicius was put to death in B.C. 88. This latter individual had, in conjunction with Marius, succeeded, by means of an armed force, in having a law passed, the effect of which was the appointment of Marius to the command of the war against Mithradates. This gave occasion to Sulla's entering Rome at the head of his legions. Marius saved himself by flight, but Sulpicius was put to death.—*Anicia.* The daughter of Pomponius's aunt.—*M. Servio.* M. Servius Sulpicius. The gens Sulpicia appear from this to have admitted a double prænomen, which was an unusual circumstance. Consult Fischer's note on the present passage.—*Cinnano tumultu.* "By Cinna's tumult." The term *tumultus* is meant to be a very emphatic one here, and refers to the frightful scenes of slaughter that ensued at Rome, when Cinna and Marius entered it with their armed followers. (*Eutrop.*, v., 7.)

Pro dignitate. "In a becoming manner," *i. e.*, in the way that his standing and his attachment to correct principles demanded —*Quin offenderet.* "Without offending."—*Dissociatis.* "Being divided."—*Studiis obsequendi suis.* "Of gratifying his favorite inclinations," *i. e.*, for letters and study.—*Adolescentem Marium.* Atticus and the younger Marius had been, as already remarked, old school-fellows, and there was, therefore, a personal friendship between them.—*Hostem judicatum.* "Although adjudged an enemy to the state."—*Cujus.* For *et ejus.*—*Illa peregrinatio.* "That going abroad," *i. e.*, to Athens.—*Trajecit.* "He transferred."

Nam præter gratiam, &c. "For, independently of his engaging manner, which was already very conspicuous in him while, as yet, a very young man." Compare Tzschucke's explanation of *gratiam* here: "*Ita passim de moribus, qui placent, gratiam conciliant.*" Descuret is altogether wrong in rendering it by the French term *crédit.* —*Versuram facere publice.* "To change a public creditor," *i. e.*, to borrow money of one in order to pay another some debt due by the state. The term *versura* means, properly, a turning or changing, and hence *versuram facere* is to change a creditor, or to borrow of one to pay another. Compare Donatus, *ad Terent.*, *Phorm.*, v., 2, 15: "Versuram facere *dicitur, qui æs alienum ex ære alieno solvit.*"—*Ejus conditionem æquam.* "Fair terms for obtaining it (from others)," *i. e.*, could only procure the requisite loan from the bankers or usurers of the day at a heavy rate of interest.—*Usuram.* "Interest." He deemed it contrary to duty to exact any interest for what was meant to be a friendly loan. And yet, on the other hand, Atticus neglected no means of making money. We read, for instance, of his purchasing a set of gladiators, in order to let them out to magistrates and others who wished to exhibit games. (*Cic.*, *Ep. ad Att.*, iv., 4, *b.*)—*Quam dictum esset.* "Than had been stipulated."—*Neque multiplicandis usuris crescere.* If Atticus had not ent them the money without interest, they would have been compelled to increase their liabilities by paying interest to others.

Auxit hoc officium, &c. "He added to this obliging conduct by another act of liberality also."—*Sex modii tritici.* The modius was the principal dry measure of the Romans, and contained one gallon, 7·8576 pints English. The common text has *septem*, which can not be correct, and must have arisen from an error of the copyists (VII. for VI.). It is well ascertained that the Attic medimnus was equal to six (not seven) Roman modii. (Consult *Wurm, de pond., num., mens., &c., rationibus*, p. 131; and *Böckh, Metrol. Untersuch.*, p. 204.) —*Medimnus.* In Greek, μέδιμνος, or μέδιμνος σιτηρός. This was the principal dry measure of the Greeks, and used especially for measuring corn. It was equal, as just stated, to six Roman modii, or eleven gallons, 7·1456 pints English.

CHAPTER III.

Communis infimis, &c. "Affable to the lowest, equal to the highest," *i. e.*, equal, in point of merit and public esteem, to the first men of the state. As regards the force of *communis* here, compare the explanation of Tzschucke: "*Qui se non superbe supra alios extollit, inferiores maxime, sed se ad eos demittit, communis vocatur.*"—*Civemque facere studerent.* This was regarded as a high honor, and was only conferred upon those who had deserved well of the state. (Compare *Meursius, Fortun. Att.*, c. 5.)—*Quo beneficio ille uti noluit.* Cicero, however, calls him a citizen of Attica (*Ep ad Att.*, i., 16; xi., 1); but this refers, as would appear, merely to his cognomen, not to any actual citizenship.—*Amitti civitatem Romanam*, &c. "That Roman citizenship was lost in case any other was assumed," *i. e.*, acquired. This was in strict accordance with the Roman law. Under the emperors, however, a milder rule prevailed, and a Roman citizen was allowed to acquire the rights of citizenship in another state. (Consult *Salmas., Observ. ad Jus Att et Rom.*, c. 26.)

Ipsi et Phidiæ. The Phidias here meant must not, of course, be confounded with the celebrated sculptor and statuary, who flourished long before. The reference is to some individual of the same name whose faithful public services procured for him the honor mentioned in the text; but of whom no account is given by any other writer. Some editors, therefore, regarding this Phidias as a personage altogether unknown, read *Piliæ* for *Phidiæ*, and make Nepos refer to Pilia, the wife of Atticus, whom Cicero often names in his letters to his friend. This, however, is too far-fetched; and the common reading has been well defended by Van Staveren and others.—*Hunc enim in omni procuratione*, &c. "For they had this latter individual in the management of every public affair, as an active agent and an adviser." The reference is to Phidias, not to Atticus, who, being a Roman, not an Athenian citizen, could not well take any direct part in the management of their public affairs. Consult Ernst's note on this passage.

Primum illud munus fortunæ. Supply *fuit.*—*In qua domicilium*, &c "In which was, as appeared, the dwelling-place of the empire of the world." Observe here the employment of the subjunctive *esset*, as indicating the sentiment of men in general, and compare *Zumpt*, § 545.—*Ut eandem et patriam haberet et domum.* Alluding to the important privilege which Atticus enjoyed of being a native-born Roman citizen.—*Hoc specimen prudentiæ.* Supply *fuit.*—*Humanitate.* 'Refinement." The reference is to all that humanizes, and makes a man truly such. Compare *Aulus Gellius* (*N. A.*, xiii., 16): "*Qui verba Latina fecerunt, quique his probe usi sunt, humanitatem appellaverunt id propemodum, quod Græci παιδείαν vocant, nos eruditionem institutionemque in bonas artes dicimus; quas qui sinceriter cupiunt appetuntque, hi sunt vel maxime humanissimi; hujus enim scientiæ cura et disciplina ex universis animantibus uni homini data est, idcircoque humanitas appellata est.*"

CHAPTER IV.

Ex Asia Sulla decedens. On the close of the Mithradatic war, and when returning to Italy to oppose Marius and his party.—*Sic enim Græce loquebatur*, &c. His intimate acquaintance with the Greek language procured for him the surname of Atticus. (Compare *Cic.*, *De Sen.*, *init.*)—*Sermonis Latini.* "Of his Latin style in conversation."—*Leporem.* "Grace."—*Adscitum.* "Acquired," *i. e.*, by either art or study.—*Poemata.* Not his own, but the productions of others.—*Nusquam eum ab se dimitteret.* "Allowed him to go no where from his side," *i. e.*, had him constantly with him.—*Deducere.* Supply *Romam.*—*Noli velle.* "Do not wish." Much stronger than the simple *noli*. On this mode of paraphrasing the negative imperative, consult *Zumpt*, § 586.—*Cum quibus ne contra te*, &c. "In order that I might not bear arms along with whom against thee I left Italy." He alludes to the Marian party at home, and he entreats not to be led against them because many of his friends are in that party Ernst is altogether wrong in placing a comma after *quibus*, so as to connect *cum quibus*, in construction, with *Italiam reliqui.*—*Adolescentis officio collaudato.* "Having warmly commended the young man's sense of duty," *i. e.*, of the duty which he owed to his friends at home. Atticus lived on the most intimate terms with the most distinguished men of all parties, and there seems to have been a certain charm in his manners and conversation which captivated all who had intercourse with him.—*Munera.* The presents which Sulla had received during his stay at Athens.—*Ei deferri.* "To be carried to his house," *i. e.*, to be given unto him.

Quum. "Although."—*Urbana officia.* "Services connected with the capital," *i. e.*, with Rome. These were services and friendly offices which required his presence at Rome.—*Ad comitia eorum.* "To comitia in which their interests were concerned," *i. e.*, at which they were candidates for office, &c. Observe that *eorum* refers back to *amicis*, and, in illustration of this peculiar employment of the genitive, compare *Cic.*, *in Verr.*, i., 7: "*Mea comitia*;" and *Ep. ad Att.*, i., 4: "*Quinti fratris comitia.*"—*Fugienti.* "When fleeing from Rome," *i. e.*, just before the formal decree of banishment was passed by the Clodian faction.—LLS. The same here as *Sestertiorum*, when expressed in word. Consult *Dict. Ant.*, *s. v. Sestertius.* Two hundred and fifty thousand sesterces would amount to nearly ten thousand dollars.—*Tranquillatis autem rebus Romanis*, &c. This was in B.C. 65, when political affairs had become more settled.—*Quem diem.* "Which day of his departure."—*Sic prosecuta est.* "Solemnized in such a way."

CHAPTER V.

Difficillima natura. "Of a most morose disposition."—*Cujus sic asperitatem*, &c. "Unto whose rugged temper, however, he showed so much respectful deference as to have retained the good-will of this individual, whom no one else could endure," &c.—*Tulit.* "He reaped."—*Heredem ex dodrante.* "Heir to three fourths of his property." The shares of the heredes in Roman wills were generally expressed by reference to the divisions of the as. Thus, *heres ex asse* is heir to the whole property; *heres ex dodrante*, "heir to three fourths;" *heres ex semuncia*, "heir to one twenty-fourth," &c.—*Centies* LLS. Or *centies sestertiorum*, "Ten millions of sesterces." Nearly four hundred thousand dollars. Supply *centena millia.* As regards *centies*, consult *Zumpt*, § 873.—*Q. Tullio Ciceroni.* The brother of the orator. The sister of Atticus was named Pomponia. This marriage was not a happy one, and the quarrels of Pomponia and her husband gave considerable trouble and vexation to Atticus and Cicero.—*Conjunctissime.* "On the most intimate terms."—*Possit judicari.* "It may be concluded."

Utebatur autem intime Q. Hortensio. "He was very intimate, also, with Quintus Hortensius."—*Principatum tenebat.* Hortensius was at the head of the Roman bar, until Cicero dethroned him in the affair of Verres. Compare Quintilian, xi., 3: "*Diu princeps oratorum, aliquando æmulus Ciceronis existimatus est; novissime, quoad vixit, secundus;*" and Aulus Gellius (i., 7): "*Hortensius, omnibus ferme oratoribus ætatis suæ, nisi M. Tullio, clarior.*"—*Obtrectatio* "Disparaging of one another."—*Copula.* "A bond of union between."

CHAPTER VI.

In republica ita versatus est. "He took such a part in public affairs."—*Optimarum partium.* "The party of the good." Literally, "the best party." Atticus did not mix himself up with any of the political parties of the day, and hence the words of the text may be explained by the language of Cicero in many of his letters, where, in speaking of the civil dissensions which agitated his country, he says, "*se a bonis nunquam dissentire,*" "*cum bonis facere,*" "*ceteris bonis viris jungi velle,*" &c.—*In sua potestate.* "Their own masters."—*Maritimis.* Supply *fluctibus.*—*Quum ei paterent,* &c. "Although they lay open to him on account of either his personal influence or his rank." On the construction with *vel . . . . vel,* consult *Zumpt,* § 339.—*In tam effusis ambitus largitionibus.* "Amid such lavish expenditures in canvassing for them," *i. e.,* when money was so profusely spent in procuring votes.—*Neque geri e republica sine periculo.* "Nor be administered to the advantage of the state, without danger (to those who filled them)." The expression *e republica* is equivalent to *ad commodum reipublicæ.*

Hastam publicam. "A sale at public auction." Atticus avoided such sales, because in these troubled times they were principally held for the purpose of disposing of the effects of proscribed persons. It was usual to put up a spear (*hasta*) in sales at auction, a symbol derived, it is said, from the ancient practice of selling under a spear the booty acquired in war.—*Nullius rei neque præs neque manceps factus est.* "In no instance did he ever become either a surety for another, or a buyer or hirer of any public property." Under the word *manceps* Festus remarks, that *manceps* signifies one who buys or hires any public property. *Præs,* therefore, in the present connection, will signify one who becomes surety for a *manceps*.—*Subscribens.* "As an assistant in the prosecution." *Subscribere* is a legal term, and means to write one's name, under that of the principal accuser, to the charge, or *libellus*, preferred against the *reus*, or accused. Hence such an assistant accuser was called *subscriptor*.

In jus de sua re, &c. "He never went to law, he was never summoned before a tribunal about any matter of his own," *i. e.*, he never brought an action against another, nor had one brought against himself, in any thing relating to his own affairs. We have given what appears to be the most natural meaning of this passage. For other explanations, consult Tzschucke's note.—*Multorum consulum*, &c. "Official stations offered him on the part of many consuls and prætors, he only so far accepted as to accompany no one of them to his province; to be content with the mere honor (of the appointment); to despise any increase of his private means (from such a source)," *i. e.*, he merely accepted the office as a compliment, but never actually entered upon it. By *præfecturæ* are meant, in the present passage, official stations connected with the army and military affairs. The term, in general, however, refers to official stations in the provinces of any kind, whether civil or military. (*Tzschucke, ad loc.*)—*Qui ne cum Q. quidem Cicerone*, &c. Observe that *qui* is here equivalent to *nam ille.*—*Asseclam esse prætoris.* Quintus Cicero, after holding the office of prætor at Rome in B.C. 62, succeeded L. Flaccus as governor of Asia, where he remained for upward of three years.—*Criminum.* Alluding to the charges of rapacity and extortion so often brought against the Roman governors and their inferior officers. Even in the case of Q. Cicero, great offence was given by the corruption of his favorite freedman, Statius.—*Ejus observantia.* "His attention (to others)." Observe that *observantia* is here taken actively, as the grammarians term it, as if *erga alios* were added.

CHAPTER VII.

Usus est ætatis vacatione. "He availed himself of the exemption from military service which his age afforded." No one could be called upon to bear arms after fifty years of age. (Compare *Seneca*, *De Brev. Vit.*, c. 20.)—*Ipsum Pompeium conjunctum non offendit.* "Even Pompey himself, with whom he was connected by affinity, he did not offend (by such a course of conduct)," *i. e.*, by not taking an active part with him against Cæsar The *gens Cæcilia*, to which the mother of Atticus belonged, was connected with the gens Cornelia, from which Pompey obtained his wife Cornelia. (*Tzschucke, ad loc.*)—*Nullum ab eo habebat ornamentum.* "He held no post of honor from him." We have thrown out *enim*, introduced by Lambinus after *nullum*, but which disturbs the sense of the passage, and have inclosed these words in a parenthesis, with Fischer.—*Imperaret.* In the sense of *postularet* or *exigeret.*—*Concesserit.* "Gave up to him," *i. e.*, pardoned for his sake.—*Ex Pompeii castris.* "Though from the camp of Pompey," *i. e.*, though they had fought on Pompey's side.

CHAPTER VIII.

Secutum est illud, &c. "That period ensued, after Cæsar had been slain, when," &c. With *illud* supply *tempus*, which some editors introduce into the text. We have adopted here the punctuation of Fischer and others as far superior to that of the ordinary editions, which have a colon after *illud.*—*Brutos.* The two Bruti, Marcus and Decimus, are meant.—*Ad eos.* The common text has *ad eum*, but the context evidently requires the plural.—*Sic M. Bruto usus est.* "He lived on such terms with Marcus Brutus."—*Adolescens.* A term applied here to one who had fully reached man's estate; for Brutus was prætor at the time, and hence forty years old at least. (*Tzschucke, ad loc.*)—*Quam hoc sene.* Supply *uteretur.*—*Principem consilii.* "As his chief adviser."—*In convictu.* "In the number of his daily guests." We must not supply *principem* here, but merely *haberet.*

Ut privatum ærarium constitueretur. "That a private purse should be made up." Observe that *privatum ærarium* is here employed in a sense which was afterward, in the time of the emperors, more properly applied to *fiscus* alone.—*Si et principes,* &c. "If, in particular, the leading men of that order should contribute sums of money." The conjunction *et* has here a peculiar force, bordering on that of *etiam.* Compare the explanation of Hohler: "Wenn *vor allen* die ersten Männer dieses Standes Gelder zusammenschiessen wollten." —*Appellatus est.* "He was called upon."—*Ejus rei princeps esse.* "To take the lead in this affair," *i. e.*, to head the list of contributors.—*Qui existimaret.* "Inasmuch as he thought." Observe the force of *qui* with the subjunctive, and compare *Zumpt,* § 564.—*Sine factione.* "Without any reference to party."—*De suis facultatibus.* "Of his means."—*Neque coiturum.* "Nor would enter into any association." Supply *ad societatem* with Tzschucke.—*Sic ille con-*

sensionis globus, &c. "In this way, that (proposed) clubbing together on the part of assenting friends was broken up by the dissenting voice of this single individual," *i. e.*, by his refusal to contribute.

Provinciarum, quæ iis necis causa, &c. "The affairs of the provinces, which had been given unto them by the consuls on account of the slaying of Cæsar, being despaired of," *i. e.*, having found these provinces too feeble to afford them the means of security. This passage has given rise to much discussion, and some propose *dicis causa*, "for form' sake," *i. e.*, in order to get rid of them. The explanation of Van Staveren, however, appears most satisfactory, and is as follows: The consuls meant were Dolabella and Marc Antony, and the provinces referred to were, in the case of Brutus, Crete; and in that of Cassius, Cyrene. These provinces Dolabella and Antony had been prevailed upon by the senate to give to Brutus and Cassius; and Octavianus expressly censured Antony, on a subsequent occasion, for bestowing such a recompense on two of Cæsar's murderers. (Compare *Appian, Bell. Civ.*, iii., 16.)

Florenti illi parti. "To that party when powerful," *i. e.*, as long as it was powerful. The reference is to the party of Brutus, not, as Hohler thinks, to that of Antony.—*Abjecto.* "When prostrated." Equivalent to *reflante fortuna prostrato.*—LLS. *centum millia.* One hundred thousand sesterces would amount to nearly four thousand dollars.—*In Epiro absens.* Atticus, while in Greece, had purchased an estate at Buthrotum, in Epirus, where he spent much of his time after this.—*Trecenta.* Supply *millia.*—*Potenti.* "Now become powerful."—*Desperatos.* "Those who were abandoned by hope."

CHAPTER IX.

Bellum gestum apud Mutinam. Mutina, now *Modena*, was situate in Cisalpine Gaul. Antony besieged the place, and pressed it vigorously; but Decimus Brutus, who defended it, being apprised of the approach of the consuls Hirtius and Pansa, by means of carrier pigeons, made an obstinate resistance. Antony, being defeated eventually by these generals and Octavianus, was forced to raise the siege. (*Liv., Epit.*, 118, 119.)—*Minus prædicem.* "I shall say less of him," *i. e.*, shall praise him less.—*Divinus.* "Actuated by a prescient spirit."—*Si divinatio appellanda est*, &c. "If an uninterrupted native goodness of disposition ought to be called a spirit of prescience," *i. e.*, if it be not more consistent with truth, and more honorable to his character, to say, that he was actuated on all occasions by kindly feelings toward his fellow-men, rather than prompted to aid them by a cold spirit of prescience.—*Agitur.* In the sense of *agitatur.*

Hostis Antonius judicatus, &c. Antony had been declared a public enemy, and the conduct of the war against him committed to Octavianus and the consuls Hirtius and Pansa, at the beginning of B.C. 43. After his defeat in the battle of Mutina (about the 27th of April, 43), Antony was obliged to cross the Alps and retire into Gaul.—*Inimici.* One of the most active of these was Cicero the orator.—*Qui adversariis ejus se dabant.* The reference is not merely to many of Antony's former friends, but to a large number of those who had hitherto remained neuter.—*Commendationem.* Some editors give *commoditatem,* which makes no bad reading.—*Uxorem Fulviam.* She had been previously twice married; first to P. Clodius, and after his death to C. Scribonius Curio.

Quum. "Although."—*Ad violandum.* "For injuring."—*Texit.* "Protected."—*P. Volumnio.* Volumnius was a Roman knight, better known by the surname of Eutrapeius, which was given him on account of his liveliness and wit. He was an intimate friend of Antony's, and a companion of his pleasures. On the defeat of Antony before Mutina, Eutrapelus, in common with Antony's other friends, was exposed to great danger, but was protected and assisted by Atticus. An opportunity soon occurred of returning this favor; for, on Antony's return into Italy, Eutrapelus, who was *præfectus fabrûm* in his army, protected Atticus, who feared for his own safety, on account of his connection with Cicero and Brutus. (Compare chapter x.)

Quum litibus distineretur. "When she was distracted with lawsuits."—*Officium suum.* "His friendly aid."—*Nullum stiterit vadimonium.* "Appeared in court on no occasion to answer to her recognizance." The phrase *vadimonium sistere* is the same, in effect, as *vadimonium obire,* and means, "to appear to one's recognizance," *i. e.,* to appear in court at the time appointed therein. A more literal signification would be, "to stand to one's recognizance."—*Sponsor omnium rerum.* "Her surety in all cases."—*In diem.* "To be paid for on a particular day." Equivalent to "*in diem præstitutam ad solvendum.*"—*Versuram facere.* "To borrow the money." The meaning of this phrase has already been elucidated. It denotes here, also, as in the previous instance, to borrow money from one in order to pay another. (Compare notes on chapter ii.)—*Memorem gratúmque.* Mindful of and grateful for past protection from Antony. (Compare the conclusion of chapter viii.)—*Temporis causa.*

With any view to the future."—*Sensim.* "By-and-by." This is the explanation of Kappe, "nach und nach." Heusinger, less correctly, explains it by *clanculum.*—*Parum.* "Not sufficiently."—*Sui judicii.* "Adhering to the dictates of his own judgment." Observe the peculiar construction of the genitive, and compare the explanation of Fischer: "*Qui suum judicium, non aliorum incertas opiniones sequebatur.*"

CHAPTER X.

Ad adventum imperatorum. "On the arrival of the leaders." The triumviri are meant, namely, Lepidus, Antony, and Octavianus. (Compare *Florus*, iv., 6.)—*De foro decesserat.* The meaning is that he no longer appeared in public, or occupied himself with business of any kind.—*Fastigio.* "Elevation." Observe that *periculo*, which follows, is not in literal opposition to this, but that the opposition is marked more by the sense and spirit of the term.—*Æqualem simillimumque sui.* "Of the same age, and very closely resembling him in character."—*In ludo.* "At school." The full form of expression is *ludo literarum*, or *ludo literario.*—*Ferebatur.* Much stronger than the simple *erat* would have been.—*Attici officii.* "Of the kind offices of Atticus."—*Statimque.* For *sed ut statim*, a mode of construction by no means uncommon in the case of *que.*—*Quod noctu fiebat.* "Since all this happened during the night."—*Sed conjunctam.* "But always for that of another in connection with his own." —*Nullam sejunctam sibi*, &c. "No fortune (of whatever kind) to be set apart for him by that individual." Observe that *eo* refers back to *quoquam.* The meaning is that he did not wish to be separated from a friend under any aspect of fortune.—*Hieme.* "The wintery storm."

CHAPTER XI.

Se emersit. The conjecture of Lambinus. The more usual employment of *emergo* is as a neuter verb. It occurs, however, transitively, in Cicero also (*De Harusp. Resp.*, 25), and Terence *And.*, iii., 3, 30). There is no need, therefore, of reading *ipse* here in place of *se.*—*Præmiis.* Equivalent to *propter præmia.*—*Conquirerent.* "Were searching after."—*Epirum.* Atticus, as before remarked, had an estate in this country, near Buthrotum.—*Qui etiam* "Nay, he even."

Prælium Philippense. At the battle of Philippi, Brutus and Cassius were defeated by Antony and Octavianus.—*Samothraciam.* Samothrace was an island in the Ægean, off the coast of Thrace, and was famed for the sanctity of its asylum.—*Omnia persequi.* "To enumerate every instance (of his goodness of heart)."—*Neque temporariam, neque callidam fuisse.* "Had neither any reference to the future, nor was dictated by any views of self-interest."—*Ex ipsis rebus ac temporibus.* "From the cases themselves and the occasions when it was exercised."—*Venditavit.* In the sense of *ostentavit.*—*Qui quidem.* "Since he, indeed." Observe, as before, the force of the relative with the subjunctive.—*Florente.* "While he was in a flourishing condition." Supply *eo,* i. e., *Bruto.*

Sic liberalitate utens. "By this exercise of liberality."—*Immortali memoria.* "In undying remembrance."—*Sui cuique mores,* &c. "His own principles of action shape each man's fortune." Compare the more ordinary mode of expressing this proverb, namely, "*Quisque suæ fortunæ faber est.*"—*Ille finxit.* "Did he mould."—*Iure.* Equivalent to *merito.*

CHAPTER XII.

M. Vipsanius Agrippa. The celebrated Agrippa, who proved of such essential service to Octavianus in securing for him the imperial throne.—*Quum propter suam gratiam,* &c. "Although, on account of the favor in which he stood, and the power of (Octavianus) Cæsar, he had the means in his power of making any choice (of a wife)." Observe, in this passage, the distinction between *potentia,* self-acquired power, and *potestas,* authority emanating from another.—*Generosarum nuptiis.* "To nuptials with a patrician female." Supply *filiarum.* The daughter of Atticus (his only child) was called Pomponia or Cæcilia. Cicero sometimes playfully terms her Attica and Atticula. (*Ep. ad Att.,* vi., 5 ; xii., 1 ; xiii., 5, &c.) The issue of her marriage with Agrippa was Vipsania Agrippina, who married Tiberius, afterward emperor, by whom she became the mother of Drusus.

Triumvir reipublicæ constituendæ. This was the title which Antony, Octavius, and Lepidus each assumed when they formed their celebrated coalition in the autumn of B.C. 43. Consult *Dict. Ant., s. v. Triumviri.*)—*Ut nulla in re usus sit ea.* "That he availed himself of this (influence) in no case."—*Perillustre.* Because, at the very time when the triumvirs were vying with one another in bestowing on their friends and adherents the effects of the proscribed, Atticus refused all such gifts and endeavored to procure for his friends the restitution of their property.—*Philosophiæ.* According to Cicero, he was an Epicurean.—*Consuetudine ea,* &c. "According to the custom by which things were then carried on."

L. Julium Calidum. Some of the MSS. have *Calidium;* but this last is a gentile appellation, and not a cognomen.—*Lucretii.* Lucretius, a celebrated Roman poet, wrote on the system of Epicurus, which he unfolded in a poem entitled "*De Rerum Natura,*" that has come down to us.—*Catulli.* Catullus, a celebrated lyric and erotic poet, the friend of Atticus, and also of Cornelius Nepos, to the latter of whom his poems, which have likewise come down to us, are dedicated.—*Nostram ætatem.* This must, of course, be understood to refer to the period immediately anterior to the Augustan era.—*Artibus.* "Acquirements."—*P. Volumnio.* Consult notes on chap x.—*Præfecto fabrum.* Consult *Dict. Ant., s. v. Fabri.*—*Absentem relatum.* "Placed while absent."—*In præsenti.* "In the then state of things."—*Quod cognitum est.* Equivalent to *id autem cognitum est.*

CHAPTER XIII.

Ille vir bonus paterfamilias. Construe *bonus* with *paterfamilias.*—*Pecuniosus.* "Very wealthy."—*Minus fuit emax,* &c. Atticus in this differed widely from the other wealthy Romans, who were extravagant in their expenditures, and had a great rage for building sumptuous abodes and villas.—*Omnibus optimis rebus.* "All the best conveniences."—*Nam domum habuit,* &c. "For he occupied the Tamphilanian mansion." This dwelling was so called from Tamphilus, the builder.—*Non ædificio,* &c. "Not in the building itself, but in a wood (adjacent to it)." The house appears to have been built in the middle of a grove or wood.—*Ipsum enim tectum,* &c. "For this same abode, arranged according to the ancient fashion, had more of salt than of expense connected with it," *i. e.,* was rich in witticisms and pleasant sayings, but plain and old-fashioned as far as the mere building and internal arrangements were concerned.—*Nisi si quid.* Supply *commutare.*—*Familia.* "A body of slaves," *i. e.,* a household.—*Forma.* The wealthy Romans made it a point to have not only a numerous body of slaves, but to procure also those of the best looks and finest exteriors.

Pueri literatissimi. "Slaves very carefully educated." *Literati,* or literary slaves, were used for various purposes by their masters, either as readers, copyists, or amanuenses.—*Anagnostæ.* "Readers." It was the duty of the anagnostæ to read or repeat passages from books during an entertainment, and also at other times.—*Librarii.* "Copyists." These were slaves employed by their masters in writing or copying in any way. Atticus was enabled, by means of these *librarii,* to procure a library for himself at a comparatively small cost, and to supply the public with books at a profit.—*Pedisequus.* "Ordinary attendant."—*Utrumque horum.* Both read and copy.—*Artifices ceteri,* &c. "His other slaves in the different branches of domestic economy, whom the proper management of a household requires, were particularly good." In a Roman dwelling of the higher class there were distinct slaves, or a distinct slave for almost every department of household economy; as bakers, cooks, confectioners, picklers, &c. Such slaves are meant here by the term *artifices,* or those acquainted with domestic arts.—*Factum.* "Trained up."—*Diligentiæ.* "Of his careful attention (to the affairs of his household)."

Intemperanter concupiscere. The wealthy Romans were fond of large retinues of slaves, and very extravagant in their indulgence of this taste.—*Duci.* For *putari.*—*Et potius diligentia,* &c. "And to procure any thing by one's own private exertions, rather than by paying a price for it, is a proof," &c.—*Elegans, non magnificus,* &c Observe the peculiar force of the antitheses.—*Affectabat.* "He aimed at."—*Ut in neutram partem conspici posset.* "So that it could be regarded in neither point of view as any thing unusual," *i. e.,* it was neither marked by extravagant expenditure on the one hand, nor by meanness on the other. The phrase *in neutram partem conspici* derives illustration from Ovid, *Trist.,* ii., 113, *seq.:* "*Domus neque divitiis, neque paupertate notanda, Unde sit in neutrum conspiciendus eques,*" *i. e.,* ut nec dives nec pauper haberi possit.

Imprimis lautus. "Particularly noted for keeping a handsome table." Compare, as regards the force of *lautus* here, Juvenal, xi., 1: "*Atticus eximie si cœnat lautus habetur,*" and consult Tzschucke's note on the present passage.—*Non parum liberaliter.* "With no little hospitality."—*Terna millia æris.* "Three thousand pounds of copper money." *Æs* was the general term for bronze or copper, out of which pieces of money were coined called *asses.* The *asses* at first were each a pound weight, and hence the pound weight became the unit in computations. Subsequently, however, the copper coinage became much reduced in size, and hence arose the expression *æs grave,* to indicate the old heavy coins as distinguished from the later and less heavy ones; or, as Niebuhr, more correctly, perhaps, explains it, to denote any kind of copper coins, whether old Roman or foreign, reckoned according to the old style, or by weight

(*Hussey*, p. 132.) If we follow the computation of Eisenschmidt, the sum mentioned in the text, reckoned according to the *æs grave*, will be about two hundred and eighty-five dollars; but if computed according to the reduced coinage, about forty-eight dollars. The latter sum, of course, is too small to be meant, and even the other hardly appears large enough, so that, perhaps, we ought to read *tricena* with Hottomann.

Peræque. "Regularly." A strengthened form of *æque.*—*Ex ephemeride.* "From his daily register." By *ephemeris* is here meant "a day-book," or register, in which the expenses and transactions of each day were entered.—*Eum expensum sumtui*, &c. "That he was accustomed to set down to the account of expenditures." The phrase *expensum ferre* properly means "to mark down in one's book of accounts moneys paid or expended," and is directly opposed to *acceptum ferre*, "to mark down moneys received."

CHAPTER XIV.

Aliud acroama, quam anagnosten. "Any thing else pleasing to the ears, save the voice of the reader." *Acroama* properly signified, among the Romans, a concert of players on different musical instruments. Here, however, it is taken in a general sense for any thing agreeable to hear.—*Vocabat.* "He used to invite." A similar usage prevails in the case of the Greek καλεῖν.—*Pecuniæ accessio.* Alluding to the sum he inherited from his uncle.—*De quotidiano cultu.* "Of his daily expenditure."—*In sestertio vicies.* "With a property of two millions of sesterces." Literally, "amid two millions," &c. Observe the force of *in*, and with regard to *sestertio* consult *Zumpt*, § 873. The expression *sestertio vicies* is equivalent to *vicies centenis millibus sestertiorum.*—*In sestertio centies.* "When worth ten millions of sesterces (in addition)." Literally, "amid ten millions," &c. The allusion is to the additional sum which he inherited from his uncle. *Sestertio centies* is equivalent to *centies centenis millibus sestertiorum.*—*Parique fastigio steterit*, &c. "And he adhered to the same style of living amid either fortune," *i. e.*, h lived as liberally when his fortune was moderate, as when great wealth had flowed in upon him. Compare Van Staveren: "*in utraque fortùna*, h. e. quum divitias haberet cum minores, tum auctas."

Ardeatinum et Nomentanum, &c. "A farm near Ardea, and another near Nomentum." Ardea was a very ancient city of Italy, and the capital of the Rutuli. Nomentum was a town of the Sabines.—*Pecuniæ reditus.* "Income."—*Usum eum pecuniæ*, &c. The order is, *eum solitum* (esse) *metiri usum pecuniæ non magnitudine sed ratione.*—*Non magnitudine*, &c. "Not by the extent of his resources, but by rational expenditure."

CHAPTER XV.

Mendacium dicebat. Equivalent here to *mentiebatur*, although, strictly speaking, *mendacium dicere* is merely to utter a falsehood, not knowing it to be such. (Compare Aulus Gellius, ix., 11.)—*Neque gravitas sine facilitate.* "Nor his austerity without affability," *i. e.*, he was at once austere and affable.—*Non liberalis, sed levis.* "To be characteristic, not of a liberal, but of a fickle man," *i. e.*, of one wanting stability.—*In nitendo.* "In striving to accomplish." Supply *præstare.*—*Tanta erat cura.* "Was characterized by so much zealous care."—*Suscepti.* "Once undertaken."—*Suam existimationem agi.* "That his honor was concerned."—*Catonis.* After this there follows in some editions *Marii, Q.* But the younger Marius, who is the one meant, died when Atticus was still a young man, and residing at Athens; and the insertion of the prænomen of Hortensius is altogether unnecessary.—*Reipublicæ procurationem.* "The management of public affairs."

CHAPTER XVI.

Humanitatis. "Of the amenity of his character."—*Adolescens.* Atticus was at that time in his twenty-seventh year, and Sulla in his fifty-fifth.—*Senex adolescenti*, &c. Atticus was then sixty-six years of age, and Brutus forty-two.—*Cui ætati.* "For intercourse with which age."—*Sexdecim volumina.* "Sixteen books." The term *volumen* was applied to the paper or parchment, joined together so as to form one sheet, and, when the work was finished, rolled on a staff. When an author, however, divided a work into several books, it was usual to include only one book in a volume or roll, so that, as in the present instance, there was generally the same number of rolls as of books.—*Extremum tempus.* "The close of his life."—*Historiam contextam.* "A continuous history."—*Studiis principum.* "The feelings that actuated the leading men." Among hese may be particularly named Pompey and Cæsar.—*Ut nihil in iis non appareat.* "That every thing is clearly detailed therein."—*Prudentiam.* "A sagacious spirit."—*Quæ nunc usu veniunt.* "Which are now accustomed to happen."—*Cecinit.* "Predicted."

CHAPTER XVII

Pietate. "The filial piety."—*Plura.* "More instances (than those which I am about to relate)."—*Vere.* "With truth," *i. e.*, what was actually the case.—*Extulit.* "He carried forth for interment."—*Se nunquam cum matre*, &c. "That he had never had occasion to be reconciled with his mother." Literally, "had never been reconciled with his mother," *i. e.*, had never done any thing that produced the least estrangement on her part, or rendered a reconciliation at all necessary. This is an instance of a well-known figure, by which the consequent takes the place of the antecedent. —*In simultate.* "Involved in any misunderstanding."—*Natura.* "From the prompting of natural feeling."—*Doctrina.* "From the principles of philosophy which he had imbibed."—*Ita percepta.* "So clearly understood."

CHAPTER XVIII.

Moris. "Of the usages."—*Antiquitatis.* "Of early times," *i. e.*, of the history of the earlier periods of the Roman state.—*In eo volumine.* This was a work in a single book, entitled *Annalis*, and contained an epitome of Roman history from the earliest period to his own time, arranged according to years. (*Cic.*, *Ep. ad Att.*, xii., 23 *Orat.*, 34; *Ascon. in Pison.*, p. 13; *in Cornel.*, p. 76, *ed. Orell.*) It is much to be regretted that none of the writings of Atticus have come down to us, since so high an opinion was entertained of his taste and critical acumen, that many of his friends, especially Cicero, were accustomed to send him their works for revision and correction, and were extremely anxious to secure his approbation and favor.—*Subtexuit.* "Interwove into it."—*Propagines.* "The genealogies."

In aliis libris. These were, in fact, so many genealogical tables. —*Bruti.* Marcus Junius Brutus, who belonged to the *gens Junia*, as his *nomen* indicated.—*Qui.* "Who (belonging to this house)."—*Marcelli Claudii.* Supply *rogatu*, and after *Marcellorum* supply *familiam*, &c.—*Notitiæ clarorum virorum.* "Of becoming acquainted with illustrious men."—*Ne ejus expers esset suavitatis.* That is, because he regarded it as a pleasing relaxation.—*Qui honore*, &c. *Qui* refers to the antecedent *eos* understood, which last is governed by *exposuit*.—*Imaginibus.* The reference is to the waxen images or busts in the atria, or halls of the noble Roman families.—*Quaternis quinisve versibus.* "In four or five verses each."—*Græce confectus* This is said to have been written in a plain and inartificial style. (Compare *Cic.*, *Ep. ad Att.*, ii., 1.)

CHAPTER XIX.

Hactenus Attico vivo, &c. The greater part, therefore, of this biography was composed while Atticus was still alive.—*Sicut supra significavimus.* Compare chap. xi.—*Contentus . . . . pervenit.* For *quamquam contentus . . . . . tamen pervenit.*—*Imperatoris divi filii.* "With the imperator (Octavianus), the son of the deified (Julius)." It has been shown from coins that the title of *divi filius* was given to Octavianus before he received the appellation of *Augustus*, which fixes, therefore, the period during which this must have been written.—*Qua ceteros ceperat*, &c. "By which he had made friends of the other leading men of the state, of equal dignity (with Octavianus), of inferior good fortune." Among these *principes* may be named Sulla, Pompey, Cæsar, Antony, Brutus, and Cicero.—*Cæsarem.* If the reading be correct, Octavianus Cæsar is meant, and the whole clause is explanatory of *fortuna humiliore*, which precedes. Tzschucke, however, thinks that we ought to read *Atticum.*

Neptis. "A grand-daughter." Vipsania.—*Virginem filiam.* Pomponia, already mentioned in a previous note.—*Anniculam.* "A year old."—*Tiberio.* The future emperor, and the successor of Augustus.—*Drusilla.* Livia Drusilla, better known by the name of Livia alone. She was first married to Tiberius Claudius Nero, but, her beauty having attracted the notice of Octavianus, her husband was compelled to divorce her, and surrender her to the triumvir. She had already borne her husband one son, Tiberius.—*Necessitudinem eorum sanxit.* "Knit more closely the tie between them."—*Familiaritatem.* "Their friendly intercourse."

CHAPTER XX.

Sponsalia. "Espousals."—*Abesset.* Octavianus is meant.—*Quin Attico mitteret.* "Without writing word to Atticus." Some supply *literas;* it is better, however, to regard *mitteret* as equivalent here to *scriberet* or *nuntiaret*, a usage of frequent occurrence in Cicero, and analogous to that in the case of the Greek ἐπιστέλλω.—*Attico.* "The society of Atticus."—*Nullus dies temere intercessit* "Hardly a day intervened." *Temere* is here equivalent to *facile.*—*Aliquid de antiquitate.* "Some information on a point of antiquity."

—*Poeticam.* "Relative to poetry."—*Eliceret.* "Drew forth."—*Jovi. Feretrii.* "Of Jupiter Feretrius." This surname Feretrius, applied to Jupiter, is probably derived from *ferire*, "to strike;" for persons who took an oath called upon Jupiter to strike them, if they swore falsely, as they struck the victim they sacrificed to him. (*Fest.*, *v.* Lapidem Silicem.) Others derived it from *ferre*, because he was the giver of peace, or because people dedicated (*ferebant*) to him the *spolia opima*. (*Fest.*, *s. v.* Feretrius; *Liv.*, i., 10; *Propert.*, iv., 10, 46.)—*Detecta prolaberetur.* "Became decayed in its roof, and was falling to ruins."—*Admonitu.* "At the suggestion."—*Accurate.* "With great exactness."—*Ex ultimis terris.* According to Manutius, from Egypt."—*Usum benevolentiamque.* "The friendship and good will."

CHAPTER XXI.

Dignitate. "In consideration."—*Ut annis triginta medicina*, &c. This can not mean that he was never out of health during that period, for the testimony of Cicero is to the contrary (*Ep. ad Att.*, vi., 9; vii., 2; x., 12); but that he was never so seriously unwell as to require the aid of a physician.—*Nactus est morbum.* A somewhat rare usage of *nanciscor*, as applied to things of a harmful nature. Compare Suetonius, *Vit. Tit.*, c. 19: "*febrim nactus*," and the remarks of Gronovius, *ad Aul. Gell.*, i., 24.—*Tenesmon.* "The Tenesmus." This is technically termed *Proctica Tenesmus*, or straining, and is, in other words, a painful and perpetual urgency to go to stool, with dejection of mucus alone, and in small quantity. (*Good's Study of Medicine*, vol. i., p. 271.) The term is from the Greek τεινεσμός, or, as some write it, τηνεσμός. A description of the malady is given by Celsus, iv., 18.—*Ex curatione.* "From the treatment resorted to."—*Imum intestinum.* The rectum.—*Fistula putris.* "A malignant fistula." What is technically called "*fistula stercoralis*."

Agrippam generum. Montaigne has given a version of this passage in his Essays (ii., 13).—*L. Cornelium Balbum*, &c. Balbus and Peducæus were two intimate friends of Atticus. The former of these is one commonly called Balbus Major, to distinguish him from his nephew of the same name. He was a native of Gades in Spain, and was defended by Cicero when accused of having illegally assumed the rights and privileges of a Roman citizen. During the civil contest he was a follower of Julius Cæsar's, and subsequently attached himself to the fortunes of Augustus, by whom he was advanced to the highest offices in the state.—*Peducæum.* Peducæus was an intimate friend, not only of Atticus, but of Cicero, by the latter of whom he is frequently mentioned, in his correspondence, in terms of the greatest affection.

Innixus. "Having supported himself."—*Satisfeci.* There is a zeugma here, which serves to explain the infinitive (*fecisse*) that comes after. Construe, therefore, as follows: *quibus quoniam, ut spero, satisfeci,* simulque docui *me fecisse,* &c.—*Reliquum est.* "It only remains."—*Mihi stat.* "I am resolved."—*Consilium.* "Design."—*Ne frustra dehortando conemini.* "That you make no fruitless efforts in attempting to dissuade me."

CHAPTER XXII.

Constantia. "Firmness."—*Quod natura cogeret.* For *ad quod,* &c., the preposition being omitted for the sake of euphony, on account of its immediately preceding.—*Accelerarct.* Used intransitively.—*Et, quoniam tum quoque,* &c. "And since he might possibly, even then, also, prolong his existence."—*Depressit.* "He put down."—*Subito febris decessit,* &c. Compare Montaigne, *l. c.*: "*Or, ayant choisi de se tuer par abstinence, voyla sa maladie guarie par accident: ce remede, qu'il avoit employé pour se desfaire, le remet en santé. Les médecins et ses amis, faisants feste d'un si heureux événement, et s'en resiouissants avecques luy, se trouvérent bien trompéz; car il ne leur feut possible pour cela de luy faire changer d'opinion,*" &c.

Propositum peregit. "He persisted in his purpose."—*Pridie Kalendas Apriles.* "On the day before the Kalends of April," *i. e.*, the 31st of March. (*Zumpt,* § 868, 870.)—*Cn. Domitio, C. Sosio, consulibus.* This was in A.U.C. 722, B.C. 32.—*In lecticula.* "On a small couch." Among the Romans, in the case of the higher classes the corpse was carried on a couch, to which the name of *Feretrum* or *Capulum* was usually given. In the present case it was one of less than the usual size, as Atticus himself had directed. The bodies of poor citizens and of slaves were carried on a common kind of bier or coffin, called *Sandapila.* The corpse was usually carried out of the house on the eighth day after death.—*Juxta Viam Appiam.* The Roman tombs were on the outside of the city; those of the wealthy being generally erected along the public roads. In a few cases, however, we read of the dead being buried within the city. —*Ad quintum lapidem.* "At the fifth mile-stone," *i. e.*, five miles from Rome. The miles along the Roman roads in Italy were computed from the gates of the capital, not from the gilt milliary pillar which Augustus erected in the Forum.—Before concluding, we may remark, that the life of Atticus, as here given by Nepos, is to be regarded rather as a panegyric upon an intimate friend (*Nep.*, 13; compare *Cic.*, *Ep. ad Att.*, xvi., 5, 14), than, strictly speaking, a biography. According to Nepos, the personal character of Atticus was faultless; and though we can not trust implicitly to the partial statements of his panegyrists, yet, as we have before remarked, Atticus could not have gained and preserved the affection of so many of his contemporaries without possessing amiable qualities of no ordinary kind. (*Smith, Dict. Biogr.*, vol. i., p. 415.)

THE END.

www.ingramcontent.com/pod-product-compliance
Lightning Source LLC
LaVergne TN
LVHW010150110826
845151LV00002B/474

* 9 7 8 1 4 2 5 5 3 8 3 8 5 *